中国特色现代化会计人才培养系列教材

总主编 姚凤民

财智睿读

管理会计

主　编◎马桂芬　陈美华　刘善球
副主编◎马聪慧　吕晓玥

中国财经出版传媒集团
经济科学出版社
·北京·

图书在版编目（CIP）数据

管理会计／马桂芬，陈美华，刘善球主编；马聪慧，吕晓玥副主编． -- 北京：经济科学出版社，2025.1. （中国特色现代化会计人才培养系列教材）． -- ISBN 978 -7 -5218 -6663 -6

Ⅰ．F234.3

中国国家版本馆 CIP 数据核字第 2025PX2880 号

责任编辑：郑诗南
责任校对：杨 海 齐 杰
责任印制：范 艳

管 理 会 计
GUAN LI KUAI JI

主 编 马桂芬 陈美华 刘善球
副主编 马聪慧 吕晓玥

经济科学出版社出版、发行 新华书店经销
社址：北京市海淀区阜成路甲 28 号 邮编：100142
总编部电话：010 -88191217 发行部电话：010 -88191522
网址：www.esp.com.cn
电子邮箱：esp@esp.com.cn
天猫网店：经济科学出版社旗舰店
网址：http://jjkxcbs.tmall.com
北京季蜂印刷有限公司印装
787×1092 16 开 28.25 印张 499000 字
2025 年 1 月第 1 版 2025 年 1 月第 1 次印刷
ISBN 978 -7 -5218 -6663 -6 定价：58.00 元
(图书出现印装问题，本社负责调换．电话：010 -88191545)
(版权所有 侵权必究 打击盗版 举报热线：010 -88191661
QQ：2242791300 营销中心电话：010 -88191537
电子邮箱：dbts@esp.com.cn)

总 序

中国史前人类创造计量记录符号的现实目标，是中国会计产生的历史起点[①]。可见，会计与人类社会的发展共生共存共进，会计学是人类历史上较为古老的知识体系，其知识谱系与方法的演进体现了人类生产的进阶与文明的进步。因此，会计人才的培养在任何时期都承载着其特有的历史使命。当今随着AI、大数据、云计算、区块链的赋能，会计逐步转向共享会计、智慧会计、数字会计，社会需要越来越多适应新时代要求的会计人才，这对会计人才培养提出了新要求、新挑战、新使命。如何提高会计人才培养质量，满足社会需求，已成为新时代我国会计教育所面临的重要任务。

会计教育的本质并非是单一的知识点传授，更是一种思维能力、跨学科能力、综合应用能力的培养；会计不仅仅是专业培养，更是一种职业教育，是技术含量非常高的、专业化的职业。面对当下复杂市场交易的世界以及数智技术的发展，会计人才培养应以提高系统能力与创新能力为目标，培养学生综合的会计思维与能力、数据思维与能力等，从而帮助其具备决策与创造价值的能力。会计人才能力培养的核心是会计相关课程，而课程的载体是教材，教材成为了人才培养的纽带。因此，编写能够满足社会需求和适应数智时代要求的教材是新时代给我们提出的新命题。一直以来，大多数会计类教材内容完整全面但略为繁杂，对民办高校本科学生来说存在着一些瓶颈性的学习困境。如何使"曼妙而充满魅力"的会计科学知识通过教材让教师简而精地教，让学生轻松愉快地学，同时增进学生对主动深入学习会计知识的浓厚兴趣，逐步引导其具有系统能力与创新能力，这应是当下会计教育实践中所追求的。

基于此，广州华商学院会计学院始终关注会计自动化和智能化、信息化和数据化、共享化和标准化的变革趋势与技术发展方向，在不断优化课程设置的基础上，组织编写了《中国特色现代化会计人才培养系列教材》。该系列教材的编写本着以下原则与理念：

1. 教材呈现内容更新。在教材内容上与时俱进，反映制度最新的变化以及领域最新的内容，例如反映最新的会计准则及会计法、公司法，适应新的会计准则要求和实际业务需求；反映企业数据资源相

[①] 郭道扬：《中国会计通史》第一册，中国财政经济出版社2023年版，第3页。

关会计处理，适应数字经济发展的需要；反映税法的最新变化，提升学生到岗后的宏观环境适应能力等。教材内容多维度呈现了会计专业领域的"现代化"元素。

2. 教材突出秉纲执本。"秉纲而目自张，执本而末自从"，本次教材的编写本着少而精的原则，突出重点，纲举目张。通过压缩教材内容"厚度"或"容量"，为学生留有更多的自主学习时间；通过教材内容的精，围绕能力提升而教，促使学生的提升自主学习能力。另外，本系列教材内容融入了思政元素，培养学生的家国情怀、诚信职业道德与法治意识。

3. 教材内容深入浅出。本系列教材通过知识逻辑结构图、引导案例、延伸阅读等方式体现循序渐进，由浅入深，尽量做到通俗易懂与生动有趣。特别是通过引导案例解读抽象的内容，变得更易掌握内容的逻辑或勾稽关系，更容易正确理解和把握其内容实质。

4. 教材突出基本训练。强化知识的掌握与技能的提升是教材的基本目标，教材不仅是知识传授的载体与纽带，更应该强化基本训练。本系列教材配备了学习指导书或相当数量的习题，训练的题目具有多样性、启发性，有助于学生理解应用基本知识和掌握解决问题的方法，有助于培养学生思维能力与习惯。

5. 教材形式的数字化。本系列教材在传统教材内容的基础上，通过设置二维码资源，添加视频、图片等多媒体元素，学生可通过扫描二维码的方式，链接到相关的视频等资源，增强学习体验，提高学习效果。同时，通过在教材页面设置二维码集聚相关知识内容，学生可扫码进行自主扩充学习。本系列教材中，《财务共享服务》《智能会计信息系统－基于用友 YonBIP 和用友 U8V15.0》两种教材被开创性地打造为数字教材，实现了教材形式以及教与学的创新与突破。

西汉刘安《淮南子·说林训》中所言"授人以鱼不如授人以渔"。教材不仅传授给受教者既有知识，更重要的是传授给受教者方法与能力。本系列教材尽可能地介绍清楚问题和概念的来龙去脉，尽可能地解释清楚解决问题的思路和方法，以提高学生的创新意识与探索精神。

以上是华商学院会计学院编写本套系列教材的理念与原则，本套系列教材的编写也是会计学院各位教师经多年深耕教学教研的结晶或众缘成就。受制于各种因素的影响，编写者可能做得并不是非常到位，存在着些许不足与遗憾，但也为编写者进一步完善教材提供了动力。我们希望使用这套系列教材的师生和读者多提宝贵意见，不断完善本套教材。最后，相信我们的会计教育工作者，无愧于新时代的召唤，会为我国的会计教育做出更大的贡献。

是为总序。

广州华商学院会计学院

2024 年 12 月

前　言

　　会计是由经济主体建立的，对自身经济活动或相关经济活动发出的以货币信息为主的经济信息进行输入、加工处理，并向信息使用者报告决策有用信息的一个经济信息系统。会计系统按其运行目标不同可分为财务会计和管理会计两个子系统。其中，财务会计子系统是基于特定经济主体外部利害关系人的共同需要而建立的会计信息系统，而管理会计子系统则是基于企业管理当局的决策要求而建立的会计子系统。因此，管理会计是与企业管理活动联系最为密切的会计子系统。一般而言，企业管理活动大致可分为财务管理、营销管理、技术管理和人力资源管理四大领域。管理会计与财务管理在现实经营管理活动中往往难以区分，但在理论上，二者却泾渭分明：一个为企业管理活动，尤其是财务管理活动提供信息支持；另一个则是利用管理会计提供的信息开展理财活动。事实上，管理会计不仅要为企业财务管理提供决策支持信息，还要为企业管理的其他领域，包括营销管理、技术管理和人力资源管理提供决策支持信息。

　　基于以上理解，本教材依据以下原则确定管理会计的基本内容：（1）管理会计是为企业管理提供信息的，企业管理的基本领域大致可分为财务管理、营销管理、技术管理和人力资源管理，其中，财务管理是企业管理的核心。财务管理活动可分为资金筹集、资金投放、资金耗费、资金收回和资金分配，因此，融资决策、投资决策、成本管理、营运管理构成了管理会计的基本内容。（2）从管理职能的角度讲，管理的基本职能包括战略管理、决策、预算、控制和考评。因此，战略管理、投融资决策和生产经营决策、预算管理、成本控制和风险控制，以及企业绩效考核和企业内部责任单位考核构成了管理会计的基本组成部分；（3）管理会计信息主要是为企业管理提供决策支持信息，而决策主要是面向未来的。面向未来的决策分析，必须考虑货币时间价值和投资风险因素的影响，这些基本问题是管理决策必须面临的基本问题，对这部分内容的学习和了解构成了管理会计的方法基础。

根据以上原则，本教材所确立的管理会计的基本内容主要从基本理论、方法基础和方法应用三个方面共分十一章加以展开，即第一章，导论；第二章，管理会计方法基础；第三章，融资管理会计；第四章，投资管理会计；第五章，预算管理会计；第六章，成本管理会计；第七章，营运管理会计；第八章，绩效管理会计；第九章，风险管理会计；第十章，战略管理会计；第十一章，管理会计信息化。

本教材在以下几方面有所创新：（1）构建了一套全新的管理会计理论概念框架，在管理会计的边界约定，管理会计的目标等方面提出了自己的见解；（2）对管理会计发展历史进行了重新梳理，依据管理会计是为内部管理服务的基本特征，总结了管理会计自发形成的原始阶段的文献资料和基本特征；（3）依照我国最新发布的《管理会计基本指引》和《管理会计应用指引》，构建了相对完整的管理会计结构体系。

本教材由马桂芬副教授、陈美华教授、刘善球教授担任主编，马聪慧、吕晓玥任副主编，各编写人员的具体分工如下：第一章由陈美华撰写；第二章、第五章由马桂芬编写；第三章、第四章由马聪慧编写；第六章由杨萍编写；第七章由董国平编写；第八章、第十一章由吕晓玥编写；第九章由周思达编写；第十章由李睿懿编写。

鉴于本书涉及面较广，相关管理会计应用指引对某些具体问题的处理尚不明确，加之编者学识所限，难免出现错漏或不当之处，恳请各位读者批评指正。

编者

2024 年 12 月

目　录

第一章　导论 ... 1
【学习目标】 ... 1
【知识框架】 ... 1
第一节　财务会计与管理会计 ... 2
第二节　管理会计的历史演进 ... 6
第三节　管理会计的概念框架 ... 10
第四节　管理会计的应用环境 ... 29
【本章小结】 ... 35
【本章重要术语】 ... 35
【复习与思考】 ... 36

第二章　管理会计方法基础 ... 37
【学习目标】 ... 37
【知识框架】 ... 37
第一节　资金时间价值 ... 38
第二节　投资风险收益 ... 49
第三节　成本性态分析 ... 58
第四节　本量利分析 ... 74
【本章小结】 ... 94
【本章重要术语】 ... 95
【复习与思考】 ... 95

第三章　融资管理会计 ... 96
【学习目标】 ... 96
【知识框架】 ... 96
第一节　融资管理会计概述 ... 98
第二节　融资需求决策 ... 100
第三节　资本成本 ... 105

第四节　资本结构优化 ……………………………………………… 114
　　【本章小结】 ………………………………………………………… 121
　　【本章重要术语】 …………………………………………………… 123
　　【复习与思考】 ……………………………………………………… 123

第四章　投资管理会计 ………………………………………………… 124

　　【学习目标】 ………………………………………………………… 124
　　【知识框架】 ………………………………………………………… 124
　　第一节　投资管理会计概述 ………………………………………… 126
　　第二节　现金流量分析 ……………………………………………… 129
　　第三节　非贴现的投资分析方法 …………………………………… 133
　　第四节　贴现的投资分析方法 ……………………………………… 136
　　第五节　项目投资决策 ……………………………………………… 148
　　第六节　证券投资决策 ……………………………………………… 156
　　【本章小结】 ………………………………………………………… 166
　　【本章重要术语】 …………………………………………………… 170
　　【复习与思考】 ……………………………………………………… 170

第五章　预算管理会计 ………………………………………………… 171

　　【学习目标】 ………………………………………………………… 171
　　【知识框架】 ………………………………………………………… 171
　　第一节　预算管理的概述 …………………………………………… 172
　　第二节　预算编制方法 ……………………………………………… 176
　　第三节　预算管理编制 ……………………………………………… 185
　　【本章小结】 ………………………………………………………… 195
　　【本章重要术语】 …………………………………………………… 196
　　【复习与思考】 ……………………………………………………… 196

第六章　成本管理会计 ………………………………………………… 197

　　【学习目标】 ………………………………………………………… 197
　　【知识框架】 ………………………………………………………… 197
　　第一节　成本管理会计概述 ………………………………………… 199
　　第二节　目标成本法 ………………………………………………… 206
　　第三节　变动成本法 ………………………………………………… 215
　　第四节　标准成本法 ………………………………………………… 224
　　第五节　作业成本法 ………………………………………………… 235
　　【本章小结】 ………………………………………………………… 250
　　【本章重要术语】 …………………………………………………… 251

【复习与思考】 ………………………………………… 251

第七章　营运管理会计 ………………………………… 252

　　【学习目标】 ………………………………………… 252
　　【知识框架】 ………………………………………… 252
　　第一节　营运管理会计概述 ………………………… 254
　　第二节　最佳现金持有量决策 ……………………… 261
　　第三节　最优订货批量决策 ………………………… 265
　　第四节　生产决策 …………………………………… 269
　　第五节　营销决策 …………………………………… 277
　　第六节　是否放弃现金折扣的决策 ………………… 290
　　【本章小结】 ………………………………………… 292
　　【本章重要术语】 …………………………………… 292
　　【复习与思考】 ……………………………………… 293

第八章　绩效管理会计 ………………………………… 294

　　【学习目标】 ………………………………………… 294
　　【知识框架】 ………………………………………… 294
　　第一节　绩效管理会计概述 ………………………… 295
　　第二节　企业绩效考核与评价 ……………………… 302
　　第三节　单位内部绩效管理 ………………………… 334
　　【本章小结】 ………………………………………… 350
　　【本章重要术语】 …………………………………… 352
　　【复习与思考】 ……………………………………… 353

第九章　风险管理会计 ………………………………… 354

　　【学习目标】 ………………………………………… 354
　　【知识框架】 ………………………………………… 354
　　第一节　风险管理会计概述 ………………………… 356
　　第二节　企业风险管理框架 ………………………… 365
　　第三节　风险清单 …………………………………… 387
　　第四节　风险矩阵模型 ……………………………… 389
　　【本章小结】 ………………………………………… 393
　　【本章重要术语】 …………………………………… 394
　　【复习与思考】 ……………………………………… 394

第十章　战略管理会计 ………………………………… 396

　　【学习目标】 ………………………………………… 396

【知识框架】 ……………………………………………………………… 396
第一节　战略管理会计概述 ……………………………………… 397
第二节　战略地图 ………………………………………………… 401
第三节　价值链管理 ……………………………………………… 407
【本章小结】 ……………………………………………………… 412
【本章重要术语】 ………………………………………………… 412
【复习与思考】 …………………………………………………… 413

第十一章　管理会计信息化 414

【学习目标】 ……………………………………………………… 414
【知识框架】 ……………………………………………………… 414
第一节　管理会计信息化概述 …………………………………… 416
第二节　管理会计信息化建设 …………………………………… 421
第三节　管理会计信息化的主要模块 …………………………… 426
第四节　企业管理会计报告 ……………………………………… 431
【本章小结】 ……………………………………………………… 435
【本章重要术语】 ………………………………………………… 436
【复习与思考】 …………………………………………………… 436

附录 ……………………………………………………………………… 437

第一章 导 论

【学习目标】

通过本章学习,帮助学生理解管理会计与财务会计的关系,了解管理会计的发展历史,掌握管理会计的概念框架,了解管理会计的应用环境,培养学生的诚信意识、责任感和创新精神,增强学生的文化自信。

【知识框架】

导论
- 财务会计与管理会计
  - 会计的缘起与基本特征
  - 财务会计的基本特征
  - 管理会计的基本特征
- 管理会计的历史演进
  - 管理会计自发形成的初始阶段
  - 以控制为核心的管理会计产生阶段
  - 以决策为核心的管理会计发展阶段
  - 现代管理会计体系基本形成阶段
  - 战略管理会计思想逐步融入阶段
- 管理会计的概念框架
  - 管理会计目标
  - 管理会计的边界约定
  - 管理会计原则
  - 管理会计的工具与方法
- 管理会计的应用环境
  - 管理会计的外部环境
  - 管理会计的内部环境

【引导案例】

ABC集团是世界著名的家电企业,其成功的背后离不开ABC集团在战略、组织变革与管理等方面的持续探索与创新。在财务创新上,主要从管理会计角度提供决策支持与增值服务,与市场、研发和生产等业务紧密融合,进行市场分析、机会洞察和绩效管理等,支持市场目标实现。同时,公司的会计角色已经转变为驱动业务的

引导案例分析要点

"决策支持者"和"战略引领者",即从传统会计向管理会计跨越。ABC集团的管理会计实践从划小核算单元的组织变革入手,通过再造流程促使财务人员高效聚焦业务进程,通过将传统的财务报表转化为每个自主经营体的战略损益表、日清表和人单酬表,使包括财务在内的各级组织与市场需求精准对接;通过建立零库存和零应收的营运资金管理,实现与供应商与经销商的双赢;通过共赢增值表,全面评估企业和用户的价值,实现对企业的动态监测和价值创造的驱动。

实际上,ABC集团并不是个案,国内许多著名的大企业都在推动管理会计转型和应用,如中兴通讯、华为技术、京东集团、宝钢集团等。但是与英美等发达国家相比,我国管理会计发展水平仍相对落后。

根据案例,请思考:
(1) 管理会计与传统会计的区别?
(2) 为什么企业要推动管理会计转型?

全面深化管理会计应用,积极推动会计职能拓展

第一节 财务会计与管理会计

一、会计的缘起与基本特征

会计的产生最早可追溯至"结绳记事""垒石计数""刻竹为书",但这些早期的计量行为同时也被认为是"统计"或"数学"的起源。据考古学家证实,处于新石器时期的河南贾湖人(迄今八千余年),他们所使用的契约符号已领先于埃及的纸草文书。大约两千年以后,人们又可以清楚地看到西安半坡村人和山东大汶口人所运用的数码、楔形符号和彩绘符号。从字意看,"计"从言,从"十",言表示思维或表达活动,而十则表示数量众多,因而"计"最初的含义是计数或数量统计,之后逐步演化成用某种不同的计量单位对计量客体的某一特征进行计量或度量。

可以推断,人类的计量行为可能产生于对生存所依赖的物品的计数,这可能就是最初的"统计"。随后,商品交换促进了货币的产生,进而产生了使用货币作为计量单位的计量行为,货币计量单位的广泛使用,使具有不同计量单位的商品的使用价值可以相互比较,并加以汇总,进而产生了"会计",可见,会计首先是一种计量行为。其次,货币计量单位的产生,又使具有不同计量单位的经济活动具有了可加计汇总的可能。这一点可从"会"字的演化过程可以看出,会字甲骨文写法为"☷",在该字中,最下部分为陶制的蒸锅,中间部分为蒸笼,之上一横代表蒸汽,最上部分为锅盖,整体有热气汇聚之意,之后的金文、大篆、小篆、正文,分别为"會""會""會""會",一直到现在的简化字"会","会"的基本字意从来都没有改变过。

作为两字的组合体,"会计"一词最早见于《周礼·天官》,"司会掌邦之六典、八法、八则之贰,以逆邦国都鄙官府之治……凡在书契、版图者之贰,以逆群吏之治而听其会计。以参互考日成,以月要考月成,以岁会考岁成……"《史记·夏本纪》中记载:"自虞夏时,贡赋备矣。或言禹会诸侯江南,计功而崩,因葬焉,名曰会稽,会稽者,会计也。"这一说法在《管子》《墨子》《吕氏春秋》《淮南子》《吴越春秋》等书中也有类似记载。清代思想家焦循在《孟子正义》中给会计下了一个至今看来仍相当准确的定义,"零星算之为之计,总合算之为之会。"这一定义标志着会计早已有了相对固定的内涵。

可见,"计量"和"汇总"是会计的两个最为重要的特征。计量是汇总的前提,而汇总则要求是有一个能够衡量所有商品价值,并能够将其"加计"的统一计量单位,而这一计量单位不可避免地落在了具有这一特殊功能的"货币单位"身上。因此会计的基本特征可概括如下:

(一) 会计本质:输入、加工、输出货币信息

系统总是在一定环境中存在和发展的,它具有环境适应性的基本特征。系统与环境之间有物质、能量和信息的交换。会计系统与环境之间的交换主要是信息的交换,但能够输入、输出会计系统的信息通常只是能够用货币计量的信息,其他计量单位计量的信息或文字信息虽然有时也能进入会计系统,并由会计信息系统进行加工整理,但其充其量只是帮助人们来理解货币信息的辅助信息,因此,输入、输出货币信息是会计的首要特征。

(二) 会计目标:提供有助于经济决策的货币信息

不论是为政府的宏观经济管理服务,还是为社会各界的经济决策(管理)服务,抑或是为企业的微观经济管理服务,会计系统最基本的服务方式仍然是提供以货币信息为主的经济信息,任何夸大或缩小会计信息系统功能和目标的观点,都难以捕捉会计的本质特征。

二、财务会计的基本特征

财务会计是会计信息系统的一个子系统,因此,它除了具备会计的基本特征外,还具备以下两个基本特征:

1.1 财务会计与管理会计

(一) 基于经济主体外部利害关系人的需要提供基础财务信息

财务会计的目标是基于特定经济主体外部利害关系人的共同需要提供基础信息。所谓特定主体的利害关系人，具体包括与企业有特定经济联系的所有利害关系人，如现有或潜在的投资者和债权人、政府经济管理部门、企业管理当局、企业职工、供应商、客户、注册会计师及社会公众等。所谓共同需要，是指经济主体外部利害关系人有多种多样，所需要的会计信息亦千差万别，企业或单位没有能力也没有必要提供各种利害关系人所需要的所有信息或特殊信息，而只能提供反映企业基本财务活动状况的基础信息。经济主体所提供的基础财务信息当然也是企业内部管理所需的会计信息，但这并不影响财务会计信息系统的服务目标是以服务于外部为主的，因而财务会计又被称为"外部会计"。

(二) 输入、加工及输出信息具有连续性、完整性、系统性

财务会计系统输入、加工及输出的信息具有连续性、完整性及系统性的特征。所谓连续性是指，财务会计系统连续地，无所遗漏地分类记录企业或单位所发生的一切经济业务，并通过定期报告的形式将连续不断的经济业务报告给会计信息使用者。所谓完整性是指，财务会计系统完整地记录经济主体所发生的全部经济业务，既不能遗漏某些经济业务，也不能遗漏经济主体内部经济单位的经营活动，财务报告应完整地反映经济主体财务活动的全貌。所谓系统性是指，财务会计系统的设置符合系统的一般特征，其科目设置、记账程序，以及凭证、账簿、报表体系等均具有整体性、层次性、联系性、有序性等基本特征。连续性、完整性及系统性是财务会计区分于管理会计乃至其他信息系统的最重要的特征。

三、管理会计的基本特征

管理会计是在财务会计系统基础上，伴随着企业经济关系的日益复杂化而逐渐发展起来的。著名会计学者莱昂纳德·R.艾米认为，"向管理当局提供信息并指导其行为，至少同外部报告同样重要，而且，这个职能随着时间的推移而变得日益重要。"他还指出，在当时"为决策提供信息方面是会计师最薄弱的环节，但从战略上说，这是最重要的任务。管理会计着重阐述会计人员必须向管理当局提供有助于计划、决策和控制的信息。"[①] 尽管管理会计的历史算不上太久，

---

① 费文星.西方管理世界的产生与发展 [M].辽宁：辽宁人民出版社，1990：56.

但显示出良好的发展前景。与财务会计系统相对应，管理会计系统的特征可概括为以下两个方面。

（一）为经济单位内部管理提供有用的会计信息

管理会计的目标是基于企业及其他经济单位管理当局的要求提供对其决策有用的会计信息。企业管理当局包括公司董事会与其重要成员董事长、董事，公司经营高层管理者，企业中下层各级管理者，乃至具体管理实施人员；企业管理人员既包括财务管理者，也包括营销、采购、技术、生产及人力资源管理等领域的管理者。所谓对其决策有用的会计信息则指，对其经营管理活动，包括计划、组织、指挥、协调、控制等有益的能够用货币计量的经济信息及其他相关信息。随着股东权益保护要求的日益提高，一些原本只是用来满足企业管理者需要的信息，也成为对外报告的必报信息。如分部报告信息，原来仅仅是一种用来满足内部管理需要的管理会计信息，而现在已成为必须对外报告的财务会计信息。这表明，管理会计信息与财务会计信息最根本的区别不在于所加工的信息最终为谁所用，而在于所提供的信息目标指向是谁。

（二）输入、加工及输出信息具有灵活性

与财务会计相对应，管理会计输入、加工变换及输出信息不具有财务会计连续性、完整性及系统性的特征，而具有灵活性的特征。首先，管理会计加工的信息可以是企业经营活动的某一期间或某一环节，如重大决策事项的可行性研究报告，或制造过程某一环节的成本分析等；其次，管理会计加工的信息往往是针对企业生产经营活动的某个分厂、车间，或某一项具体活动，从而不具有完整性的特征；最后，管理会计报告往往不像财务会计一样，有系统的格式化账表体系，其编制格式及报告形式往往根据管理当局的需要灵活设置。

总的来说，会计是特定经济主体建立的，通过对该主体经济活动或相关经济活动发出的货币信息为主的经济信息进行输入、加工处理，并向信息使用者报告决策有用信息的一个经济信息系统。在这一定义中，针对特定经济主体而建立，规定了会计发生作用的边界或空间范围；输入、加工变换，并输出货币信息体现了会计系统与环境的交换关系；输出对决策有用的信息则是会计系统运行的基本目标。会计系统按其运行目标不同又分为财务会计和管理会计两个子系统。其中，财务会计子系统是基于特定经济主体外部利害关系人的共同需要而建立的会计信息系统，而管理会计子系统则是基于企业管理当局的决策要求而建立的会计子系统。

第二节 管理会计的历史演进

1.2 管理会计的历史演变

一、管理会计自发形成的初始阶段

最初的会计通常是家族、部落、个体或其他经济单位基于自身记录经济活动或计量经济成果需要而产生的。按照当今约定俗成的划分标准，管理会计是基于经济单位的内部管理需要而产生的，而财务会计则是基于经济单位之外的监管需要而产生。如果从这样的角度来看，会计的最初形态必定是管理会计。

在自然经济条件下，生产的目的主要是自给自足，因而所体现的经济关系较为简单。农场主、商人或小手工业者通常只需要借助简单的计量手段或簿记就可以记录自己的经济活动及其结果。在这种环境下，会计不过是记录经济活动的一种特有方法或工具。19世纪上半叶，英国学者克朗赫尔姆（F. W. Cronhelm）在其所著的《簿记新论》一书中认为："簿记，乃是通过记录财产，随时反映所有者资本全部价值及其组成部分的技法。"[①] 美国学者福斯特（B. F. Foster）在其所著《复式簿记解说》一书中也有类似结论："簿记，乃是反映全体价值及其组成部分价值的方法，是记录财产的技术。"《新大英百科全书》一书给会计所下的定义是："一种记录、分类和汇总一个企业交易并解释其结果的技术。"因此，在会计产生的早期，会计不过是一种记录、计算和核对的基本手段，也是一种管理经济活动的工具。

1494年，意大利文艺复兴时期的著名数学家卢卡·帕乔利（Luca Pacioli）在其所著的《算术、几何、比及比例概要》一书中把簿记看成管理的工具，帕乔利在此书中认为，簿记是商人们成功经营的一个重要条件，它在经营管理中具有重要作用，故商人们欲求经营之顺利便离不开复式簿记。帕乔利指出，"一个成功的商人必须具备三个条件：首先，坚持记账规则，正确真实地处理好账目；其次，商人必须是精明的簿记员，要善于应用数学、遵守规则，并精于计算；最后，要善于应用借贷记账法，账簿记录要有条不紊，以使掌控自己的经营活动。"他从对成功商人忠告的角度，介绍了"财产目录"的编制方法，并认为，即使占有一万项财产，也要仔细地逐项进行记录，

---

① 郭道扬. 郭道扬文集 [M]. 北京：中国财政经济出版社，2009：152.

要明确财产的状况和性质。日本会计学家黑泽清认为,会计本质上是在企业中用货币计算来控制(捕捉)资本循环的手段。马克思在其资本论中曾做出一个著名的论断:"过程越是按社会的规模进行,越是失去纯粹个人的性质,作为对过程控制和观念总结的簿记就越是必要。"可见,自古以来,把簿记或会计看成管理活动的一部分是一种十分自然的看法。到了资本主义经济大发展的近代,一些经济学家对此仍有类似看法,法国著名经济学家法约尔(Henri Fayol)曾指出,在公司的经营管理工作中,财务和会计与其他活动结合为一体,成为不可分割的部分,是公司的管理行为之一。"如此等等,经济管理学家笔下的会计,在经济世界里显示出一种管理能动力,无论它在理论上的位置,还是在实践中的位置都始终与经济管理联系在一起。"①

对外报告会计,也就是财务会计的产生大致有以下三种情况,一是产生于诸侯国向国王报告自己的贡献或功绩;二是政府中下级组织向上级组织报告业绩,以接受上级政府组织的监督,如汉唐时期的上计制度;三是在所有权和经营权相互分离的情况下,经营者有必要向所有者报告自己的履责情况,如12世纪,地中海沿岸国家出现的复式记账法,大抵都是在这样的背景下产生的。实际上,在我国近代小农经济生产条件下,由于生产经营规模较小,地主或小业主往往亲自掌管经营活动,这种情况下,所有者虽然也会聘请"账房先生"来代其管账,但这时候的会计严格地来说不是对外报告会计,而是管理会计。可见,会计的最初形态实际上是管理会计,而不是对外报告会计。

二、以控制为核心的管理会计产生阶段

管理会计的正式产生可以追溯到20世纪初泰罗的科学管理思想,其基本思想在于如何提高企业生产效率。当时,美国是资本主义世界经济发展最快的国家,随着企业规模和数量迅速扩大,生产管理日趋复杂,工人"磨洋工"现象大量存在,导致企业生产效率低下,生产成本提高。泰罗认为,企业效率低的主要原因是管理部门缺乏合理的工作定额,对工人缺乏科学指导。因此,必须把科学知识和科学研究系统运用于生产管理实践,科学地挑选和培训工人,科学地研究工人的生产过程和工作环境,并据此制定出严格的规章制度和合理的日工作量,采用差别计件工资调动工人的积极性,并实行例外管理原则。依据泰罗的科学管理思想所形成的一些企业管理制度通常被称为泰罗制。1898年到1901年,泰罗在伯利恒钢铁公司将他的理论

---

① 法约尔. 工业管理与一般管理 [M]. 北京:中国社会科学出版社,1982:31.

进行试验,获得极大成功。泰罗制的主要内容包括:(1)管理的根本目的在于提高效率;(2)制定工作定额;(3)选择最好的工人;(4)实施标准化管理;(5)实施刺激性的薪酬制度;(6)强调雇主与工人合作的"精神革命";(7)主张计划职能与执行职能分开;(8)实行职能工长制。泰罗制的实施,极大地提高了企业的生产效率与工作效率。

为了配合泰罗科学管理制度的实施,"标准成本""差异分析""预算控制"等方法开始引入到会计中来,成为成本会计的一个组成部分。所谓标准成本是指在产品投产之前,按照科学的方法制定材料、人工和费用消耗标准,并以此为基础,形成产品标准成本中的标准人工成本、标准材料成本、标准制造费用等。预算控制是指以产品的标准成本为依据,据以对产品生产的材料成本、人工成本和其他费用进行控制,使之符合预算的要求。差异分析则是将产品生产的实际成本与其标准成本进行对比,以寻找差距,并从数量和质量方面寻找差距产生的原因。1922年,美国学者麦金西(J. O. Mckinsey)编写出版了一部名为《预算控制》的著作,对基于标准成本对产品成本进行预算控制的方法进行了系统介绍。在此基础上,他又于1924年撰写了世界上第一本以管理会计命名的著作《管理会计入门》,在该书中,他主张将会计服务的重心由对外提供会计信息转移到为企业内部管理服务上来,但这一观点在当时并没有受到会计界的普遍重视。

20世纪20年代,法约尔发展了一系列管理原则,强调劳动分工、个人权责的明确划分、命令与纪律、集权,以及个人的首创精神与集体团结精神等概念和原则。到20世纪60年代,该学派又进一步发展了包括金字塔组织结构学说、管理控制跨度的限制、平行协调与工人参与,以及权力的上下分派以保证下属人员愿意接受管理权威等管理思想。在这些管理思想的指导下,作为管理会计基础内容的责任会计随之产生。责任会计通过合理地划分企业内部各责任单位或个人责任、权力,科学地制定个人或内部单位的责任预算,并有效地记录和分析各责任单位业绩,调动起企业内部各责任单位或个人控制成本和创造收益的主观能动性。由于责任会计能够将行为科学理论与管理控制理论结合起来,并且强调责任者的责、权、利有效结合,从而加强了对企业经营的全面控制,极大地激发了经营者的积极性和主动性。

三、以决策为核心的管理会计发展阶段

20世纪50年代以来,随着科学技术的日新月异,经济全球化步伐不断加快,市场竞争日趋激烈,企业管理出现了一系列重大变化:(1)管理重心的变化。随着技术的不断进步,生产能力得到了迅速

提高，从而从整体上解决了产品供不应求的局面，随之而来的是企业管理重心发生了重大变化，即从过去的生产主导，或供应方主导，转向市场需求引导，迫使企业不得不重视市场研究，最终需要根据市场需求情况来决定产品生产。（2）业绩观念的变化。过去的业绩是用利润来表现的，即利润是收入扣除全部成本后的剩余部分，全部成本包括生产资料转移价值、人工成本等变动成本，也包括某些制造费用和管理费用等固定成本。而基于内部管理的业绩则更强调贡献毛益，即业绩是收入扣除变动成本后的剩余部分，按照这种观点，为企业创造利润是贡献，承担固定成本，也是一种贡献。（3）管理目标的变化。企业的目标是创造收益，而不仅仅是控制成本，节约可以增加利润，同样开源也可以创造利润，甚至可以创造更多的利润。这些方面的变化促成了成本性态分析和量本利分析方法的产生。建立在成本性态分析基础上的量本利分析法，是数量—成本—利润分析的简称，这一分析方法，以贡献毛益（边际贡献）为核心，通过分析业务量、成本与利润之间的关系，综合判断它们之间互相影响的程度，为企业短期经营决策提供了重要的分析工具。

美国管理学家赫伯特·西蒙（Herbert A. Simon）认为，决策是管理的中心，管理的核心是决策，决策贯穿管理的全过程。西蒙提出，任何作业开始之前都要先做决策，制定计划就是决策，组织、领导和控制也都离不开决策。决策必然面向未来，不同时间发生的管理活动必须具有可比性，才能够做出选择，随着现金流量概念的引入，以及货币时间价值和风险收益观念在决策中的运用，投资决策成为管理会计的重要内容。投资决策分析方法的引入，使管理会计摆脱了其局限于成本控制会计的原有框架，逐步形成以决策和控制为核心的较为完整的管理会计体系。

四、现代管理会计体系基本形成阶段

20世纪20年代，随着泰罗制的产生，标准成本法、预算控制和差异分析法成为管理会计的最初内容。1950年后，随着企业规模的日趋扩大，行为科学的日趋成熟及其在企业管理中的广泛应用，以内部绩效考核为主要功能的责任会计成为管理会计的基本内容。1952年，会计学术界在伦敦召开的国际会计师代表大会上正式使用"管理会计"（Management Accounting）这一术语，同年，美国会计学会设立管理会计委员会。1958年，美国会计学会在一份研究报告中明确提出管理会计的基本方法包括：标准成本计算、预算管理、保本点分析、差量分析法、变动预算、边际分析等。到20世纪60年代，伴随着企业经营管理的日趋复杂化、系统化和科学化，以量本利分析、经济订货批量分析为代表的经营决策分析方法成为管理会计的基本内容。之后，以货币时间价值和投资风险收益为基本观念，并以现金流量分析为基础的投资决策方法，逐步引入管理会计，形成了以预测、决策为主要特征的现代管理会计，自此，管理会计成为围绕企业管理职能，包括预测、决策、预算、控制、记录、分析和考核等形成的系统完整的学科体系。

五、战略管理会计思想逐步融入阶段

随着战略管理理论的发展和完善，著名管理学家西蒙于1981年首次提出了"战略管理会计"一词，之后很多学者不断地将战略管理研究的最新研究成果引入管理会计中来，进一步丰富和完善了战略管理会计的内容体系。战略管理会计的工具方法主要包括战略环境分析法、价值链分析法、战略成本分析法和战略绩效评价法等。战略管理是管理者确立企业长期发展目标，在综合分析内外部相关因素的基础上制定达到目标的手段和措施，并控制战略实施的过程。价值链分析法是战略管理会计中的一种重要的分析方法，该方法由美国哈佛商学院教授迈克尔·波特提出，是一种寻求确定企业竞争优势的工具。即运用系统性方法来考察企业各项活动及其相互关系，从而找寻具有竞争优势的资源，进而采取差异化战略，获得竞争优势。战略成本管理（Strategic Cost Management，SCM），是从战略角度来研究成本形成与控制的一种思想和方法。20世纪90年代以来，对这一思想与相关方法的讨论日趋深入，日本和欧美的企业管理实践也证明了该方法是一种行之有效的方法。战略成本管理内容通常包括战略成本目标制定、战略成本动因分析、价值工程分析、目标成本管理及生命周期管理等内容。战略性绩效管理，不同于传统的财务评价分析方法，传统的财务评价大多使用比率分析法、因素分析法或趋势分析法来对企业的盈利能力、偿债能力、周转能力和成长能力进行分析。战略管理会计中的业绩评价被称为整体业绩评价，它是通过获取成本和其他信息，并在战略管理方法应用过程中，强调业绩评价必须满足管理者的信息需求，以利于企业寻找战略优势。常见的战略评价分析方法包括关键指标分析法、平衡计分卡分析法，以及以沃尔分析法为代表的综合分析方法。

第三节 管理会计的概念框架

1.3 管理会计的概念框架

管理会计作为一个以提供货币信息为主的经济信息系统，其基本功能有信息输入、信息加工和信息输出三个方面，因此，管理会计概念框架的构建应从信息输入、信息加工和信息输出三个方面来考察。围绕管理会计信息输入、信息加工和信息输出形成了一系列要素和相应的概念，这些要素和概念构成了管理会计理论的基本组成要件，由于这些要素和概念之间具有特定的逻辑联系，因此，又将其称为管理会计概念框架。

管理会计是基于人的特殊要求而构建的一个人造系统。一般而言，人造系统的构成要素通常包括目标、假设、方法和规则等。目标是系统运行的方向；假设是对系统发挥作用的条件所作的基本约定；方法是为实现系统目标应采取的手段或措施；规则是系统运行所应遵循的基本原则。对管理会计信息系统而言，其构成要素具有以下特点：(1) 管理会计目标是管理会计信息系统存在的依据，因此，不论是信息输入筛选、加工处理，还是输出手段，都应该服从于管理会计目标的要求。(2) 管理会计假设实际上就是对管理会计的边界所作的基本约定。管理会计的边界约定实际上是由两部分组成，一是管理会计的目标与财务会计或其他经济信息系统的目标有何区别？二是什么样的经济信息能够进入管理会计信息系统，并由其进行加工处理。(3) 管理会计的方法就是管理会计系统如何加工或转换会计信息，与以借贷记账法为核心的财务会计方法有所不同，管理会计的工具和方法是灵活多样的，也就是说，任何一种有助于管理会计目标实现的方法都是可以采用的，系统地对这些方法和工具进行整理和总结，对增强其有用性和可理解性是有所裨益的。(4) 管理会计的运行规则，是指管理会计信息系统运行应遵循的基本规则，如在选择管理会计信息加工方法时必须遵循成本效益原则，在选择投资方案时，必须考虑货币时间价值和投资的风险收益因素。

整体性、目标性、关联性、有序性和动态平衡性是系统构建的基本要素。作为一个信息系统，管理会计各要素之间应具有内在的逻辑联系。如管理会计的目标是提供经济主体管理决策所需要的经济信息，而经济信息的边界是非常宽泛的，这就需要基本约定对其边界做出限定；在符合基本约定的框架下，按照既定目标加工信息必须遵循一定的规则，如在考察投资项目的未来收益时必须考虑其货币时间价值及风险收益因素；在此基础上再进一步设计管理会计信息加工与输出的具体方法。

一、管理会计目标

(一) 管理会计目标的性质和地位

1960 年美国会计学会正式将会计定义为一个信息系统，之后，这一观点逐步被人们所认可。作为一个信息系统，会计目标决定了系统的运行方向，以及其他要素的功能配置及相互关系，即会计信息系统信息输入、信息变换及信息输出的内容，运行规则、信息加工程序和方法都必须服从会计目标的要求。具体地说，就是什么样的会计信息可以进入会计系统，会计程序及方法应建立在何种前提之上都应该符合会计目标的要求；会计基本分类标准的选择、会计信息加工规则的确立、会计加工程序和方法的设置都应以会计目标为基本依据。

管理会计作为会计的一个子系统，目标是管理会计子系统区别于另一子系统——财务会计的本质特征。管理会计目标的性质主要体现在以下三个方面：（1）管理会计目标是管理会计信息系统建立的依据。蒂文（Devine）曾于1960年指出："为服务职能建立一个理论体系的第一步，就是确立该职能的目的或目标，目的或目标总是变化的，但在某一具体期间，他们必须被确认，或能够被确认。"[①]（2）管理会计目标是管理会计信息子系统区别于其他子系统的根本标志。从管理会计产生与发展的历史来看，管理会计与财务会计同源，且难以区分，只是到了近代，主要服务于外部信息使用者的财务会计，才从会计信息系统分离出来成为一个独立的分支，因此，管理会计目标是管理会计的最重要的标志。（3）管理会计目标是管理会计理论体系构建的起点。对于一个自然系统来说，系统自然天成。因此，在研究利用这一系统时，就必须首先弄清它的本质，以及它有哪些基本功能，然后才能对其加以利用，如要想利用煤炭资源，就首先要弄清它有哪些可利用的基本功能。对于一个人造系统来说，人们之所以建造它，必定有其特殊需要或目的，因此，目标显然应该是人造系统研究的逻辑起点。管理会计作为一个标准的人造系统，目标理应是管理会计理论体系构建的当仁不让的研究起点。

（二）管理会计目标的研究方法

1971年4月，美国注册会计师协会（AICPA）成立了两个研究小组，即"Wheat委员会"和"Trueblood委员会"，其中，"Trueblood委员会"负责财务会计目标的开发，最终促成了《企业财务报告的目标》（1973）的正式发布。"Trueblood委员会"的正式名称为"财务报表目标研究小组"，负责人为罗伯特·特鲁布罗德（Robert Trueblood），其成员共有9名，分别代表会计职业界、学术界、行业和财务分析师协会，并有一个由学术界、注册会计师和咨询人员组成的专家顾问小组。为了指导"Trueblood委员会"开展研究工作，AICPA

---

① Devine. C. T., "Research Methodology and Accounting Theory Formulation", The Accounting Review, July, 1960, P. 399.

提出了四个可供参考的课题：（1）谁需要会计信息？（2）他们需要什么信息？（3）所需信息中，有多少是由会计提供的？（4）提供所需信息，需要什么样的框架？

由此可见，管理会计的目标亦可以从以下几个问题的回答分级确定：

(1) 谁需要管理会计信息？
(2) 管理会计信息用来干什么？
(3) 管理会计信息应具备怎样的质量特征？
(4) 怎样来提供管理会计信息？

实际上，对上述前两个问题的回答，构成了管理会计的基本目标；对第三个问题的回答则构成了管理会计的具体目标，而对第四个问题的回答则描述了管理会计目标的实现方法。

（三）管理会计的基本目标

如上所述，管理会计的基本目标主要回答两个问题：（1）谁需要管理会计信息？（2）管理会计信息用来干什么？

在英美等国家，公司治理结构由三个权力机构所形成，即股东大会、董事会及首席执行官领导的公司治理结构。其中，股东大会是公司的最高权力机构；董事会是股东大会的常设机构，代表股东大会行使公司重大决策权；首席执行官由董事会任命，主要负责公司的日常经营管理。需要说明的是，英美公司中没有监事会，公司治理结构的完善主要是借助于外部审计力量来实现。在英美制衡模式中，董事会的构成主要有以下特征：第一，在董事会内部设立不同的委员会，以便协助董事会更好地进行决策，具体包括执行委员会、任免委员会、报酬委员会、审计委员会等。第二，公司的董事分成内部董事和外部董事。内部董事是指公司现在的职员，以及过去曾经在公司工作过的职员，现在仍与公司保持着重要的商业联系的人员；外部董事大多是通过在股票市场上购买公司股票而形成的股东或与本公司有着紧密的业务和私人联系的外部人员，以及其他法人持股公司的代表。自20世纪70年代以来，英美公司中的外部董事比例呈上升趋势。第三，董事会经营权利的代理人为首席执行官，即CEO。由于公司的经营管理日益复杂化，经理职能也日益专业化，大多数公司又在首席执行官之下为其设一助手，负责公司的日常业务，这就是首席营业官，即COO（Chief Operation Officer）。在大多数公司，这一职务一般由公司总裁（President）兼任，而总裁是仅次于首席执行官的公司第二号行政负责人。在首席执行官下还没有财务、营销、技术和人事等事业部全面领导企业的生产经营管理。其制衡关系见图1-1。

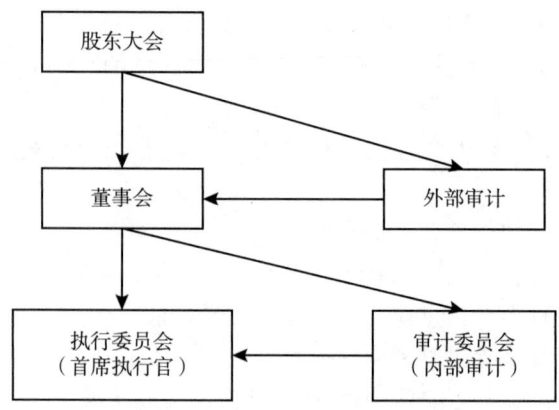

图1-1 英美模式下的法人治理结构

我国的法人治理结构是由股东大会、董事会和监事会构成，在董事会下设总裁或总经理领导企业的经营管理活动，股东大会是公司的最高权力机构，董事会和监事会由股东大会选举产生，董事会行使公司的重大决策权，监事会代表股东大会对公司董事会及下属经营班子进行监督；总经理领导的经营班子由董事会选聘，在总经理领导的经营班子下设财务、营销、生产和人事等事业部，并按管理需要设置下属经营管理机构，公司的具体治理结构以广东省某摩托车制造公司为例，见图1-2。

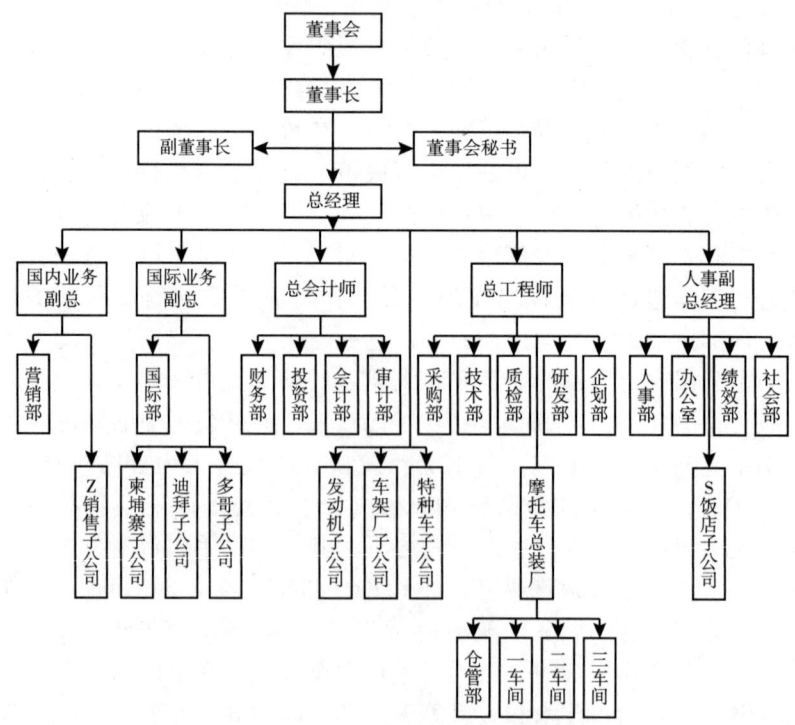

图1-2 我国常见的法人治理结构

图 1-2 表明，股东及股东大会所需要的会计信息，属于企业外部利害关系人所需要的信息，因而是受企业会计准则规范的信息，因而不属于管理会计信息；企业监事会的主要职责是代表股东对董事会及董事会领导的经营机构进行监督，所需的信息虽然会比外部监督机构更多地依赖于企业内部来提供，但从性质上讲，并不属于企业经营管理所需的信息，因而也不属于管理会计信息。由此可见，管理会计信息的使用者主要包括企业董事会，包括董事长或执行董事及其他董事会成员、企业经营班子、各事业部及下属企业、各职能部门、车间、班组乃至负有具体管理职责的职工个人，这些人通过获取管理会计信息履行相应的管理职责。

从管理会计信息用来干什么的角度讲，根据人们对管理的职能的认识不同，有多种观点，丁世连、陈美华认为，管理会计信息主要用于规划和控制，其中规划包括预算、决策和计划，而控制则以预算为依据，具体包括反馈、控制、分析、评价和考核等职能。于增彪认为管理会计的目标可以概括为两个方面：（1）为管理和决策提供信息；（2）参与企业的经营管理。美国管理会计事务委员会在其发布的《管理会计公告》中指出，管理会计的目标包括协助履行规划职能、协助履行控制职能、协助履行组织职能和协助下属业务部门履行经营管理职能；也有人认为，企业管理的职能包括预算、决策、反馈、控制、分析和考核的职能，管理会计信息管理是为企业管理服务的，因此其会计信息应服务于企业管理的这六个职能。

管理会计基本指引

财政部于 2016 年颁布的《管理会计基本指引》所确立的目标是，通过运用管理会计工具方法，参与单位规划、决策、控制、评价活动并为之提供有用信息，推动单位实现战略规划。这表明管理会计信息将用于以下四个方面：

1. 战略规划

战略规划是指，通过充分调查研究，对经济单位在较长的时间内全局性的发展目标及其实施方案作全面规划。经济单位应用管理会计，应做好相关信息支持，参与战略规划拟订，从支持其定位、目标设定、实施方案选择等方面，为单位合理制定战略规划提供支撑。制定战略规划分为三个阶段，第一个阶段就是确定战略发展目标，即企业在未来的发展过程中，要应对各种变化所要达到的具有全局性的发展目标；第二个阶段就是要制定实施计划规划。当目标确定了以后，考虑使用什么手段、什么措施、什么方法来达到这个目标；第三个阶段就是将战略规划形成文本，以备评估、审批。如果审批未能通过的话，那可能还需要多个迭代的过程，需要考虑怎么修正。一般而言，战略规划三个阶段所需的各类信息均由管理会计系统来提供。

2. 决策

决策分析，一般指从若干可能的方案中通过决策分析技术，选择其一的决策过程的定量分析方法。经济单位应用管理会计，应融合财务和业务等活动，及时充分提供和利用相关信息，支持单位各层级根据战略规划做出决策。企业的管理决策一般分为短期经营决策和长期投资决策。短期经营决策主要包括建立在成本习性基础上的量本利分析、定价决策，以及存货订货批量等方法，而长期投资决策则是建立在现金流量分析的基础上，考虑货币时间价值和投资的风险收益因素，使用净现值法、现值指数法、内含报酬率法及年现金流量法等方法做出决策。管理会计信息系统是一个典型的决策支持系统，它既可以为企业的短期经营决策提供支持，也可以为企业长期性的单项决策提供信息支持，还可以为企业综合性的复杂决策提供信息支持。

3. 控制

在战略规划和具体实施计划确定后，企业各管理层级应设定定量定性标准，强化分析、沟通、协调、反馈等控制机制，以支持和引导单位持续高质高效地实施单位战略规划。根据在控制过程中所处的位置，可以分为事前控制、过程控制和反馈控制。事前控制是在行动之前对可能发生的情况进行预测并提前做好准备的控制形式；过程控制是在执行计划的活动过程中对偏差实施的控制，是即时性行为；反馈控制则是指在计划完成之后，经过与目标对照，查找偏差再实施矫正的控制行为。管理会计中的目标成本管理可认为是事前控制，最优经济订货批量决策属于及时控制，而标准成本法则是典型反馈控制，即首先通过预算确定成本预算，其次记录实际发生的成本，然后对照是基于标准之间的差异，最后分析找出成本差异的原因，从而在下期采取有效措施达成控制成本的目的。

4. 评价

经济单位应合理设计评价体系，管理过程实施完毕后，基于管理会计信息，评价单位战略规划实施情况，并以此为基础进行考核，完善激励机制；同时，对管理会计活动进行评估和完善，以持续改进管理会计应用。评价通常包括两个方面：一是对某一活动或项目进行评价；二是对内部责任单位或其领导人的经营业绩进行评价。对某一项活动进行评价，通常指事后评价，主要采用比率分析法将实际执行结果与事前制定的标准进行对比，来评价该项活动的效果。业绩评价是针对某一内部单位，选择某些指标，事先制定统一的标准，然后将实际执行情况与预先制定的标准加以对比，来对经营者业绩作出判断。广义的评价实际上还包括分析、考核和奖惩，如责任会计实际上就是将分析、考核和奖惩结合起来的一种考核评价方法。

（四）管理会计的信息质量要求

在管理会计概念框架中，管理信息质量要求是联系管理会计目标与实现目标之手段的桥梁，是管理会计目标的具体体现，因此，对管理会计信息提出明确的质量要求具有重要的理论及现实意义。

1988年4月，国际会计会计师联合会颁布的《管理会计概念公告》在其第三部分"管理会计的基本概念"提出了6个基本概念：(1) 会计责任（accountability），管理会计系统需要确认和计量完成了什么，应该完成什么，由谁来完成，借以明确各信息生成环节有关人员的责任。(2) 可控性（controllability），管理会计应能保证管理当局所制定的战略目标及各责任层次应完成的目标是他们能够影响和控制的活动。(3) 可靠性（reliability），管理会计提供的信息应值得管理人员的信赖。(4) 增值性（increment），管理会计信息，应能增加企业价值，也就是说能创造新的价值。(5) 依赖性（interdependent），管理会计信息各种来源之间应能相互验证。(6) 相关性（relevance），管理会计信息应与决策相关。可见，在上述这些基本概念中，可靠性、相关性、依赖性和增值性都是用来描述管理会计信息质量要求的。

1972年，美国会计学会下属的管理会计委员会在其提出的一份研究报告中指出，管理会计的基本原则包括：(1) 相关性；(2) 精确性和可靠性；(3) 一致性和可比性；(4) 客观性和中立性；(5) 灵活性和适应性；(6) 及时性；(7) 易懂性和可理解性；(8) 综合性。

管理会计的目标是向决策者提供对其决策有用的信息，而有用的信息必须是与决策相关的、及时的、可靠的。同时，过于琐碎的信息可能会遮挡决策者的视线，干扰决策者做出正确的选择，而且信息的取得是有成本的，因此，管理会计只能向管理者提供重要的信息，以节约信息获取成本，并避免形成干扰信息。管理决策千变万化，因此，管理会计必须适应环境的变化，并具有创造新价值的能力。

1. 相关性

相关性是指管理会计信息应当与企业管理决策相关。由于决策是对未来的情况作出判断，具体表现为三种情况，一是对未来的行动方案做出抉择；二是根据经济活动实际运行情况及其变化或出现的偏差对经济活动过程及时做出调整；三是根据过去发生的情况总结经验，以指导未来的行动。因此，管理会计信息的相关性具体表现为预测性、及时性和反馈性三个方面，不论是反馈价值、调控价值，还是预测价值，都要求管理会计信息必须以信息的可靠性为基本前提，因此，相关性发挥作用离不开管理会计信息的可靠性。

2. 可靠性

可靠性是衡量管理会计信息有用性的一个重要指标。美国会计原则委员会（APB）认为：可靠的信息必须满足以下次级标准：（1）该信息已经如实或者预计如实地反映了有关内容；（2）该信息已排除了故意或系统的偏见；（3）该信息已排除了重大错误；（4）在重要性的范围内，它是完整的；（5）在不确定性条件下提供该信息时，已谨慎地实施了判断并进行了必要的估计①。因此，可靠性实际上是由真实性、公允性、无误性、完整性和谨慎性这五个次级特征构成的。之所以不用"正确性""精确性"或"真实性"等概念反映决策者对管理会计信息的质量要求，是因为信息是有成本的，而且过于繁杂细致的信息有可能会干扰决策者做出正确的选择。因此，考虑到信息成本和干扰信息的影响，决策者通常并不追求管理会计信息绝对真实、准确、细致和充分，也就是说管理会计信息只要不至于误导决策就行，而不必过于追求精确、准确或充分。

3. 重要性

重要性是指，管理会计信息获取或报告要以信息是否重要作为取舍标准。也就是说，对于重要的信息应尽可能充分、准确地获取，而对于不重要的信息，则在不影响决策或不至于误导判断的前提下，适当简化，或允许的误差较大，甚至忽略不计。重要性的提出可以认为是成本效益原则的体现，也就是说，如果管理会计信息所带来的收益大于其获得成本，这样的信息就是重要的，或值得去获取的；相反，如果信息的获取成本大于其所带来的收益，这样的信息是不重要的，也是没有必要去获取的。对于不重要的管理会计信息，即使相关的或可靠的信息，为减少信息成本，可简化获取方法。重要性的判断，可采用定性的方法来描述，也可以采用定量的方法来衡量，前者以不至于导致决策者的决策出现重大失误为判断标准，而后者则通过比较信息收益与信息成本来做出选择。

4. 适应性

适应性是指系统所应具有的环境适应性。人造系统与外部环境的关系主要是通过系统目标连接起来的。管理会计目标一方面体现了环境对系统所提出的要求，另一方面又是系统要素构建的依据。因此，管理会计目标的确定及实现应充分体现环境变化对其产生的影响；管理会计方法的选择、管理会计工具的使用必须根据决策内容的不同及环境的变化而做出不同的选择，如在进行长期投资决策时，如果投资项目的使用年限和投资金额大致相同，可使用净现值法进行决策判

---

① 艾哈迈德·R. 贝克奥伊. 会计理论 [M]. 4版. 上海：上海财经大学出版社，2000：138.

断；当投资金额差别较大，而使用年限大致相同时，则采用现值指数法进行选择；当投资金额差别不大，而使用年限差别较大时，则采用年现金流量法进行选择；而当投资项目的投资金额和使用年限都不同时，内含报酬率法就会成为最佳的投资决策方法。

5. 增值性

增值性是指管理会计信息应具有帮助经济主体创造价值的能力。通过获得更多的信息，既会带来信息收益，也要付出相应的信息成本。信息收益是指因信息的增加带来的决策不确定性的减少所增加的益处。一般而言，未来收益的现值取决于未来现金流量表现的收益金额与其风险相适应的折现率，当收益不确定性减少时，其折现率会因收益的不确定性下降而降低，进而导致其现值提高。信息成本则是为了获取会计信息而付出的代价，按照成本效益原则，当所获信息所带来的益处大于其成本时，该信息能够为经济主体创造价值。反之，不能帮助企业创造价值，这样的信息即使是相关的或可靠的，也是没有利用价值的。

6. 可比性

可比性是指，不同时间的管理会计信息应具有可比性。相对而言，财务会计信息的可比性是指会计信息的纵向可比性与横向可比性。纵向可比性是指同一企业不同时期发生的相同或者相似的交易或者事项，应当采用一致的会计政策，不得随意变更。确需变更的，应当在附注中说明。横向可比性是指不同企业发生的相同或者相似的交易或者事项，应当采用规定的会计政策，确保会计信息口径一致、相互可比。与财务会计不同，管理会计更多是为企业管理者提供面向未来的会计信息。面向未来的信息必然有着不同的发生时间点，为使具有不同时间点的流量信息具有可比性，必须考虑货币的时间价值和投资的风险因素，也就是说，将投资的时间价值和风险因素内置于折现率中，从而使不同时间的现金流量具有可比性。

二、管理会计的边界约定

（一）假设、假定与边界约定

关于假设一般有三种理解，即假设（postulates）、假定（assumptions）、假说（hypothesis）或命题（proposition）。按照《韦氏国际大辞典》的解释：假设通常被人们认为是理所当然的或不言自明的一种先决条件，或是在数学逻辑中被解释为其有效性无须得到证明的公理或公式；假定是指人们提出的主张、设定的条件或概念，通常可作为逻辑推理的小前提或次要前提；假说则是指通过猜测、估计或判断所得出的初步结论；在科学研究中，假说通常又被称为命题，通常是指有待验证的主观判断，如实证研究中的待验命题。可见，在平常用来描述会计假设的几个名词中，假设接近事实的可能性最高，基本上属于"可确定"的范围；假定接近事实的可能性次之，基本上属于"很可能"的范围；而假说或命题接近事实的可能性最差，其可能性仅属于"可能"的范围。将以上两方面的分歧加以概括，可以将广义的会计假设与相关概念之间的关系概括如图1-3所示。

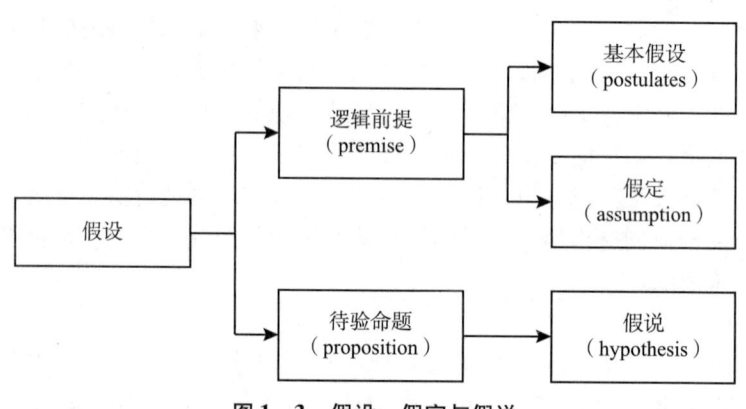

图1-3　假设、假定与假说

关于什么是基本假设，1964年，美国伊利诺伊大学的一个研究小组发表的一篇题为《基本会计假设与会计原则说明》（*A statement of Basic Accounting Postulates and Principles*）的研究报告认为，会计基本假设具有五个特征[①]：（1）假设在本质上是具有普遍性的，而且是指导其他命题的基础；（2）假设是不言自明的命题，他们直接与会计职业相关或是构成其基石；（3）假设虽是普遍认可有效的，但却是无法证明的；（4）假设应具有内在一致性，它们不会互相冲突；（5）每个假设都是独立的基本命题，并不会与其他假设重复或交叉。由此可以推断，基本假设是对系统的运行环境和运行条件所做的一种合理判断。环境是系统的外部制约因素，由于系统的外部制约因素极为复杂且缺乏稳定性，因此，必须采取抽象分析的方法，对其进行总结概括，并剔除其不稳定因素，以创立一个能够保证系统正常运行的外部环境。就其作用而言，基本假设是对系统边界所做的基本约定，如会计之货币计量假设，使会计信息系统与其他信息系统有了明确的界限，财务会计之会计主体假设使财务会计信息系统与管理会计信息系统有了明确的界限。

---

① 葛家澍、杜兴强. 会计理论[M]. 上海：复旦大学出版社，2005：124-126，161.

（二）管理会计的边界约定

1966 年美国管理会计学会给管理会计下的定义是："所谓管理会计，就是运用适当的技术和概念，对经济主体的实际经济数据和预计的经济数据进行处理，以帮助管理人员制定合理的经济目标，并为实现该目标而进行合理决策。"1981 年，美国全国会计师联合会给管理会计下的定义是：管理会计是为向管理当局提供用于企业内部计划、评价、控制，确保企业资源合理利用和管理层履行经营管理责任，而进行确认、计量、归集、分析、编报、解释和传递信息的过程。1982 年，英国成本和管理会计师协会认为：管理会计是为管理当局提供所需信息的那一部分会计工作，使管理当局得以：（1）确定方针政策；（2）对企业的各项活动进行计划和控制；（3）保护财产安全；（4）向外部人员反映财务状况；（5）向职工反映财务状况；（6）对各个行动的备选方案做出决策。1988 年，国际会计师联合会将管理会计定义为：管理会计是管理部门用于计划、评价、控制信息的确认、计量、归集、分析、编报、解释和传递，以确保其资源合理利用并履行相应的经营责任的过程。

在我国，1984 年，李天民教授编写的《管理会计学》认为：管理会计主要是通过一系列的专门方法，利用财务会计及其他有关资料，进行整理、计算、对比和分析，使企业各级管理人员能据此对日常发生的一切经济活动进行规划与控制，并帮助企业领导做出各种决策的一整套信息处理系统。1987 年，王家佑认为：管理会计是西方企业为了加强内部经济管理，实现利润最大化这一企业目标，灵活运用多种多样的方式、方法，收集、加工和阐明管理当局控制经济过程所需要的信息，围绕成本、利润、资本三个中心，分析过去、控制现在、规划未来的一个会计分支。1999 年，余绪缨教授给管理会计下的定义是：管理会计是将现代化管理与会计融为一体，为领导者和管理人员提供管理信息的会计，它是企业管理信息系统的一个子系统，是决策支持系统的重要组成部分。2012 年，孙茂竹等主编的《管理会计学》（第6版）提出：管理会计是以提高经济效益为最终目的的会计信息处理系统。它运用一系列专门的方式方法，通过确认、计量、归集、分析、编制与解释、传递等一系列工作，为管理和决策提供信息，并参与企业经营管理。综上所述，可以把管理会计的边界作如下约定。

1. 信息系统约定

管理会计作为会计的一个子系统，它首先是一个信息系统，它的基本功能是输入、加工变换信息，最终的目标是输出信息。管理会计与财务会计均为会计信息系统的子系统，两个子系统在信息来源、信息加工方法、信息使用者及用途等方面均有显著的差别。信息系统是管理会计区别于其他相关信息系统的一个重要特征,如管理会计与财务管理在实务中密切关联,很难区分;在会计职称考试或注册会计师资格考试内容设计上,由于二者在内容和方法上很难区分,只能将两者的内容合编在一起,而信息系统基本约定的提出,则使二者有了明确的边界约定,即管理会计是一个信息系统,而财务管理则是一个资金管理系统,以资金筹集管理为例,管理会计主要侧重于为决策者提供哪种筹资方案会更好的信息,而财务管理则侧重于介绍利用某种筹资方式应执行哪些具体规定,以及应如何操作等。

2. 货币计量约定

会计的本质特征是货币计量,也就是说会计信息系统输入、加工变换和输出的信息主要是货币表现的信息,这是因为,只有货币计量的信息,才是可以汇总计量的信息,才能称之为会计。当然,全面反映一个企业经营活动,不可避免地要使用其他单位计量的信息,但这些非货币信息,只是帮助人们理解货币信息表达的企业经营活动,是辅助信息。因此管理会计信息系统提供的信息,是以货币信息为主的经济信息。管理会计信息系统是会计信息系统的一个子系统,因而应具有会计信息系统的本质特征,以货币信息为主的经济信息约定是管理会计信息系统区分于其他信息系统的一个重要特征,如企业人事部门提供的关于职工个人思想品德方面的信息,尽管对企业管理是有用的,但这样的信息并不属于管理会计信息。如果没有这样的约定,人们将无法划清管理会计信息系统与其他信息系统的界限。

3. 经济主体

从服务对象看,管理会计是为特定经济主体经营管理服务的。2016年我国财政部颁布《管理会计基本指引》第一条指出,"为促进单位(包括企业和行政事业单位,下同)加强管理会计工作,提升内部管理水平,促进经济转型升级,根据《中华人民共和国会计法》《财政部关于全面推进管理会计体系建设的指导意见》等,制定本指引。"这表明,管理会计的服务对象既包括企业,也包括行政事业单位。也就是说,管理会计的服务对象包括了所有有自身独立经营活动的经济主体。管理会计的目标是为特定主体创造价值,对于非经济主体则不属于管理会计服务的对象。此外,经济主体的外部利害关系人,如股东、债权人、规章制度制定机构及税务当局,甚至国家行政机构等非管理集团服务,虽然也会使用管理会计信息,但管理会计信息系统并非针对这些信息使用者而建立的,如果说他们也会使用或关注管理会计信息,只不过是根据自己的管理要求搭便车而已。经济主体约定使管理会计与财务会计或服务于国家宏观管理决策或其他企业外部利害关系人管理决策的信息系统有了一个明确的界限。

4. 价值创造

价值创造是指通过一系列经营管理活动,提高企业的生存能力和市场价值。价值创造的定性描述是指企业为股东及其他利害关系人创造财富;其定量描述则表现为企业的市场价值的增加。企业的市场价值对上市公司来说直接表现为企业的市价总和;对一般企业来说可概括为企业能够为其股东及其他利害关系人带来未来现金流量的现值。管理会计作为一个信息系统,可以通过以下方式为企业创造价值提供支持:(1) 减少"信息不对称",为企业进行战略规划提供信息支持;(2) 为企业长期投资决策和经营管理决策提供信息支持;(3) 通过预算管理、成本控制,差异分析等方式,为企业日常经营管理提供信息支持;(4) 为企业绩效评价、内部业绩考核提供信息支持。价值创造之所以被认为是管理会计的重要特征,是因为管理会计信息的输入输出、加工变换的信息是与以货币信息为主的价值信息分不开的,其为企业管理服务效果的好坏也直接表现为企业新增价值的数额。

根据以上对管理会计基本特征的描述,我们可以把管理会计定义为:管理会计是特定经济主体建立的,以价值创造为主要目的,通过提供有用的以货币信息为主的经济信息,参与经济单位战略规划、决策、控制和评价等管理活动的一个经济信息系统。

三、管理会计原则

管理会计原则是管理会计信息系统输入、加工、处理和输出管理会计信息应遵循的基本规则。为了实现管理会计目标,企业管理会计信息系统的运行应当遵循以下原则:

(一) 战略导向原则

战略,是指企业从全局考虑做出的长远性的谋划。战略管理,是指对企业全局的、长远的发展方向、目标、任务和政策,以及资源配置作出决策和管理的过程。管理会计是为内部管理服务的,而企业内部管理,包括决策、预算、控制和评价,必须依据企业的发展战略而展开,因此,管理会计的应用应以企业的战略规划为导向,以持续创造价值为核心,促进企业可持续发展。

(二) 融合性原则

融合性原则,是指企业应将管理会计工具和方法与企业管理当局及企业内部各个责任单位的管理活动,以及业务管理的各个环节紧密地结合在一起。在企业的生产经营过程中,每一项业务管理活动,包括子公司、分公司、职能部门、车间、班组,乃至个人,每一项管理活动都需要管理会计信息的支持,因此,管理会计应该嵌入企业的相关领域、层次、环节,以业务流程为基础,利用管理会计工具方法,将会计与业务有机地融合起来。唯有如此,才能感悟管理会计信息背后的"灵性",更好地发挥管理会计的作用。

(三) 适应性原则

适应性原则,是指管理会计信息系统应能适应环境的变化及要求。具体地说,管理会计方法的选择,管理会计工具的使用必须根据决策内容的不同而做出不同的选择;企业内部管理会计部门在划分责任中心、确定责任中心的考核指标时要与外部环境相适应;若外部环境发生变化,管理会计当局应随时、准确地调整各管理中心的管理范围和考核指标。管理会计的适应性原则还表现在管理会计必须与国民经济的宏观决策(如政府的方针、政策等)相适应,即管理会计决策既要符合国家的政策法令,还要适应人们的道德规范等,只有这样,管理会计才能正常、顺畅地发挥作用,才能保证企业的发展方向与国家目标相一致。

(四) 成本效益原则

成本效益原则,是指管理会计活动的开展、管理会计工具和方法的选择,必须坚持收益大于成本的原则。管理会计信息系统的运行成本是指管理会计信息的获取、加工处理和输出信息所付出的代价;管理会计信息产生的收益是指应用管理会计信息后因决策得当、管理有效而带来的企业经济利益的增加,或经济损失的避免,或生产经营费用的节约等。在选择管理会计工具和方法,以及在应用管理会计信息评判一项经济活动是否应开展时,都必须坚持收益大于成本的原则,因此,管理会计的应用应权衡实施成本和预期效益,合理、有效地推进管理会计应用。

四、管理会计的工具和方法

管理会计工具和方法是实现管理会计目标的具体手段,管理会计工具和方法的含义相当宽泛,一般而言,只要有助于经济单位的管理决策,最终实现价值创造的任何经济信息的获取、加工处理和输出的方法都属于管理会计的工具和方法。管理会计工具方法主要应用于以下领域:战略管理、预算管理、成本管理、营运管理、投融资管理、绩效管理、风险管理等。单位应用管理会计,应结合自身实际情况,根据管理特点和实践需要选择适用的管理会计工具方法，并加强管理会计工具方法的系统化、集成化应用。管理会计工具方法具有开放性，随着实践发展不断丰富完善。

（一）战略管理方法

战略管理领域应用的管理会计工具和方法包括但不限于战略分析、战略地图、价值链管理等。

1. 战略分析方法

常用的战略分析方法包括 PEST 分析法、SWOT 分析法和波特五力分析法。

（1）PEST 分析法。是指对企业宏观环境进行分析的方法，PEST 是四个单词的首写字母，其中，P 是政治（politics），E 是经济（economy），S 是社会（society），T 是技术（technology）。在分析一个企业所处环境的时候，通常是通过这四个因素来分析企业集团所面临的状况。

（2）SWOT 分析法。SWOT 是强势（strength）、弱势（weakness）、机会（opportunity）、威胁（threat）的英文首写字母，即首先确认企业各项业务经营面临的强势与弱势、机会与威胁，并据此选择企业战略。

（3）波特五力分析模型。又称波特竞争力模型。五种力量模型将大量不同的因素汇集在一个简便的模型中，以此分析一个行业的基本竞争态势。五种力量模型确定了竞争的五种主要来源，即供应商和购买者的讨价还价能力（suppliers bargaining power）；购买者议价能力（buyer bargaining power）；新进入者威胁（potential new entrants）；替代品的威胁（Threat of substitute product）；行业竞争者的竞争（The rivalry among competing sellers）。

2. 战略地图

战略地图（Strategy Map）是由罗伯特·卡普兰（Robert S. Kaplan）和戴维·诺顿（David P. Norton）提出的，它是在平衡计分卡的基础上发展来的，与平衡计分卡相比，它增加了两个层次的东西，一是颗粒层，每一个层面下都可以分解为很多要素；二是增加了动态的层面，也就是说战略地图是动态的，可以结合战略规划过程来绘制。战略地图是以平衡计分卡的四个层面目标（财务层面、客户层面、内部层面、学习与增长层面）为核心，通过分析这四个层面目标的相互关系而绘制的企业战略因果关系图。战略地图的核心内容包括：企业通过运用人力资本、信息资本和组织资本等无形资产（学习与成长），才能创新和建立战略优势和效率（内部流程），进而使公司把特定价值带给市场（客户），从而实现股东价值（财务）。

3. 价值链分析

价值分析源于迈克尔·波特的"价值链"思想。迈克尔·波特根据价值链之间的有机联系,将价值链分为纵向价值链、横向价值链和企业内部价值链,三大价值链互相联系、相互作用,构成有机的整体。

纵向价值链是指,单个企业一般占有纵向价值链上一个或若干个价值链节。但并非所有的价值链节都能提供同等的盈利机会,企业应选择盈利能力最大的环节创造自身价值。横向价值链是指,某一最终产品的生产可以通过多种途径和组合方式来完成,在整个社会空间上必然存在一系列互相平行的纵向价值链,所有在一组互相平行的纵向价值链上的企业之间就形成了一种相互影响、相互作用的内在联系。横向价值链分析就是对一个产业内部的各个企业之间的相互作用的分析,通过横向价值链分析可以确定企业与竞争对手之间的差异,从而确定能够为企业取得相对竞争优势的差异化战略。内部价值链是指,企业内部活动的各个环节。企业内部价值活动是企业在经济和技术上有明确界限的各项活动,是创造对顾客有价值产品的基础。

这些相互联系的价值活动往往被看作是服务于顾客需要而设计的一系列"作业"的集合体,并形成一个有机关联的"作业链"。纵向价值链分析的结果在于确定企业应该生产什么;横向价值链分析则指出企业生产该种产品的竞争优势所在和相关的限制条件。上述分析的结果要通过企业内部价值链的优化去落实,没有生产经营的合理组织和有效安排,纵向价值链分析和横向价值链分析就失去了意义。

战略管理工具方法,可单独应用,也可综合应用,以加强战略管理的协同性。

(二)预算管理方法

预算管理,是指企业以战略目标为导向,通过对未来一定期间内的经营活动和相应的财务结果进行全面预测和筹划,科学、合理配置企业各项财务和非财务资源,并对执行过程进行监督和分析,对执行结果进行评价和反馈,指导经营活动的改善和调整,进而推动实现企业战略目标的管理活动。

预算管理领域应用的管理会计工具方法,一般包括滚动预算、零基预算、弹性预算、作业预算等。企业可根据其战略目标、业务特点和管理需要,结合不同工具方法的特征及适用范围,选择恰当的工具方法综合运用。企业应用预算管理工具方法,一般按照预算编制、预算控制、预算调整、预算考核等程序进行。企业可整合预算与战略管理领域的管理会计工具方法,强化预算对战略目标的承接分解;整合预算与成本管理、风险管理领域的管理会计工具方法,强化预算对战略执行的过程控制；整合预算与营运管理领域的管理会计工具方法，强化预算对生产经营的过程监控；整合预算与绩效管理领域的管理会计工具方法，强化预算对战略目标的标杆引导。

（三）成本管理方法

成本管理，是指企业在运营过程中实施成本预测、成本决策、成本计划、成本控制、成本核算、成本分析和成本考核等一系列管理活动的总称。成本管理领域应用的管理会计工具方法，一般包括目标成本法、标准成本法、变动成本法、作业成本法和生命周期成本管理等。企业应结合自身的成本管理目标和实际情况，在保证产品的功能和质量的前提下，选择应用适合企业的成本管理工具方法或综合应用不同成本管理工具方法，以更好地实现成本管理的目标。综合应用不同成本管理工具方法时，应以各成本管理工具方法具体目标的兼容性、资源的共享性、适用对象的差异性、方法的协调性和互补性为前提，通过综合运用成本管理的工具方法实现最大效益。

（四）营运管理方法

营运管理，是指为了实现企业战略和营运目标，各级管理者通过计划、组织、指挥、协调、控制、激励等活动，实现对企业生产经营过程中的物料供应、产品生产和销售等环节的价值增值管理。企业进行营运管理，应区分计划（Plan）、实施（Do）、检查（Check）、处理（Act）四个阶段（简称 PDCA 管理原则），形成闭环管理，使营运管理工作更加条理化、系统化、科学化。营运管理领域应用的管理会计工具方法，一般包括量本利分析、敏感性分析、边际分析和标杆管理等。企业应根据自身业务特点和管理需要等，选择单独或综合运用营运管理工具方法，以更好地实现营运管理目标。企业应用营运管理工具方法，一般按照营运计划的制定、营运计划的执行、营运计划的调整、营运监控分析与报告、营运绩效管理等程序进行。

（五）投融资管理方法

投融资管理包括投资管理和融资管理。投资管理，是指企业根据自身战略发展规划，以企业价值最大化为目标，对将资金投入营运进行的管理活动。融资管理，是指企业为实现既定的战略目标，在风险匹配的原则下，对通过一定的融资方式和渠道筹集资金进行的管理活动。企业融资的规模、期限、结构等应与经营活动、投资活动等的需要相匹配。

投融资管理领域应用的管理会计工具方法，一般包括贴现现金流法、项目管理、情景分析、约束资源优化等。企业应用投资管理工方法，一般按照制订投资计划、进行可行性分析、实施过程控制和投资后评价等程序进行。企业应用融资管理工具方法，一般按照融资计划制订、融资决策分析、融资方案的实施与调整、融资管理分析等程序进行。

（六）绩效管理方法

绩效管理，是指企业与所属单位（部门）、员工之间就绩效目标及如何实现绩效目标达成共识，并帮助和激励员工取得优异绩效，从而实现企业目标的管理过程。绩效管理的核心是绩效评价和激励管理。绩效评价，是指企业运用系统的工具方法，对一定时期内企业营运效率与效果进行综合评判的管理活动。激励管理，是指企业运用系统的工具方法，调动企业员工的积极性、主动性和创造性，激发企业员工工作动力的管理活动。激励管理是促进企业绩效提升的重要手段。绩效管理领域应用的管理会计工具方法，一般包括关键绩效指标法、经济增加值法、平衡计分卡、股权激励等。企业可根据自身战略目标、业务特点和管理需要，结合不同工具方法的特征及适用范围，选择一种适合的绩效管理工具方法单独使用，也可选择两种或两种以上的工具方法综合运用。

（七）风险管理方法

风险管理，是指通过对风险的认识、衡量和分析，选择最有效的方式，主动地、有目的地、有计划地处理风险的管理方法。良好的风险管理有助于降低决策错误的概率、避免损失的可能性、相对提高企业本身的附加价值。美国反欺诈交易委员会（COSO）委托普华永道开发的《COSO风险管理整合框架》中指出，企业风险管理基本框架包括八个方面内容：（1）内部环境，包含组织的基调，它为主体内的人员如何认识和对待风险设定了基础，包括风险管理理念和风险容量、诚信和道德价值观，以及他们所处的经营环境。（2）目标设定，企业风险管理应确保管理当局采取适当的程序去设定目标，确保所选定的目标支持和契合该主体的使命，并且与它的风险容量相符。（3）事项识别，必须识别影响主体目标实现的内部和外部事项，区分风险和机会。（4）风险评估，通过考虑风险的可能性和影响来对其加以分析，并以此作为决定如何进行管理的依据。（5）风险应对，风险应对包括回避风险、承受风险、降低或者分担风险等应对措施。（6）控制活动，制定和执行政策与程序以帮助确保风险应对得以有效实施。（7）信息与沟通，相关的信息以确保员工履行其职责的方式和时机予以识别、获取和沟通。（8）监控，对企业风险管理进行全面监控，必要时加以修正。监控可以通过持续的管理活动、个别评价或者两者结合来完成。

企业风险管理并不是一个严格的顺次过程，一个构成要素并不是仅仅影响接下来的那个构成要素。它是一个多方向的、反复的过程，在这个过程中几乎每一个构成要素都能够，也的确会影响其他构成要素。风险管理领域应用的管理会计工具方法包括但不限于单位风险管理框架、风险矩阵模型等。

（八）信息生成与报告方法

管理会计信息包括管理会计应用过程中所使用和生成的财务信息和非财务信息。经济单位应充分利用内外部各种渠道，通过采集、转换等多种方式，获得相关、可靠的管理会计基础信息。单位应有效利用现代信息技术，对管理会计基础信息进行加工、整理、分析和传递，以满足管理会计应用的需要。管理会计报告是管理会计活动成果的重要表现形式，旨在为报告使用者提供满足管理需要的信息。管理会计报告按期间可以分为定期报告和不定期报告，按内容可以分为综合性报告和专项报告等类别。单位可以根据管理需要和管理会计活动性质设定报告期间。一般应以公历期间作为报告期间，也可以根据特定需要设定报告期间。

第四节 管理会计的应用环境

管理会计的应用环境是指管理会计应用的外部影响因素，也是经济单位应用管理会计的基础。经济单位应用管理会计，首先应充分了解和分析其应用环境，包括内部环境和外部环境。内部环境主要指与管理会计建设和实施相关的价值创造模式、组织架构、管理模式、资源、信息系统等；外部环境则主要包括国内外经济、法律和市场等方面。

一、管理会计的外部环境

（一）经济环境

经济环境通常包括经济体制、经济周期、经济发展水平、经济政策及社会通货膨胀水平等。

1. 经济体制

经济体制，是指政府参与国家经济运作，调节经济关系的组织和形式。在市场经济体制下，企业是自主经营、自负盈亏的经济实体，有独立的经营权，同时也有独立的理财权。企业可以从其自身需要出发，合理确定资本需要量，然后到市场上筹集资本，再把筹集到的资本投放到高效益的项目上获取更大的收益，最后将收益根据需要和可能进行分配，保证企业财务活动自始至终根据自身条件和外部环境做出各种管理决策并组织实施。因此，管理会计必须帮助经济单位了解国家的经济运行机制，帮助企业领导者捕捉各种影响企业生存和发展的政策信息。

2. 经济政策

不同的经济政策，对企业管理影响不同。国际经济政策包括金融政策、财税政策、价格政策和会计审计制度等内容。金融政策中的货币发行量、信贷规模会影响企业投资的资金来源、资金结构和投资的预期收益；财税政策会影响企业的投资方向和投资项目的选择等；价格政策会影响资产的来源、资金的投向和产品市场分布；会计、审计制度的改革则会影响会计要素的确认和计量，进而对企业财务活动的预测、决策及评价产生影响。管理会计应能及时获取国际宏观经济政策的变化，帮助企业做出正确的决策。

3. 经济周期

市场经济条件下，经济发展与运行带有一定的波动性。大体上经历复苏、繁荣、衰退和萧条几个阶段。在经济周期的不同阶段，企业应采用不同的发展战略。（1）复苏时期。常见的发展战略有：增加厂房设备；实行长期租赁；建立存货储备；开发新产品；增加劳动力等。（2）繁荣时期，常见的发展战略有：扩充厂房设备；继续建立存货；提高产品价格；开展营销规划，以及增加劳动力等。（3）衰退时期，常见的发展战略有：停止扩张；出售多余设备；停产不利产品；停止长期采购；削减存货，以及停止扩招雇员等。（4）萧条时期，常见的发展战略有：建立投资标准；保持市场份额；压缩管理费用；放弃次要利益；削减存货，以及裁减雇员等。

4. 通货膨胀

通货膨胀对企业管理活动的影响是多方面的。主要表现在：（1）引起资金占用的大量增加，从而增加企业的资金需求；（2）引起企业利润虚增，造成企业资金由于利润分配而流失；（3）引起利率上升，加大企业筹资成本；（4）引起有价证券价格下降，增加企业的筹资难度；（5）引起资金供应紧张，增加企业的筹资困难。为了减轻通货膨胀对企业造成的不利影响，企业应当采取有效措施予以防范。在通货膨胀初期，货币面临着贬值的风险，这时企业可以通过增加实物资产或对外投资，避免风险，实现资本保值；与客户应签订长期购货合同，以减少物价上涨造成的损失；取得长期负债，保持资本成本的稳定。在通货膨胀持续期，企业可以采用比较严格的信用条件，减少企业债权；调整财务政策，防止和减少企业资本流失等。

（二）法律环境

法律环境，是指企业与外部发生经济关系时应遵守的有关法律、规章和制度，主要包括税法、公司法、证券法、金融法、证券交易法、经济合同法、会计法、审计法、内部控制基本规范等。市场经济本质上是法治经济，企业的经济活动总是在一定法律规范内进行的。法律既约束企业的经济行为，也为企业从事各种合法经济活动提供保护。

国家相关法律法规按照对管理活动内容的影响情况可以分如下几类：(1) 影响企业筹资的法规主要有：公司法、证券法、金融法、证券交易法、合同法等。这些法规可以从不同方面规范或制约企业的筹资活动。(2) 影响企业投资的法规主要有：证券交易法、公司法、企业财务通则等。这些法规从不同角度规范企业的投资活动。(3) 影响企业收益分配的各种法规主要有：税法、公司法等。这些法规从不同方面对企业收益分配进行了规范。(4) 影响企业经济信息提供的法规主要有会计法、审计法、管理会计基本指引等，这些法规规范了企业输入、加工和输出会计信息，乃至经济信息的行为。上述不同种类的法律法规、规章，分别从不同方面约束企业的经济行为，进而对管理会计提出了不同的要求。

（三）市场环境

市场环境，又称竞争环境，主要包括商品市场、资金市场、劳动力市场、技术市场、信息市场、产权交易市场等，各种市场环境都会对企业的生产经营及其结果产生不同程度的影响。并对管理会计信息提出不同的要求。

1. 技术环境

技术环境，是指管理会计得以实现的技术手段和技术条件，它决定着管理会计的效率和效果。据估计，以管理会计信息为代表的经济信息约占企业经济信息总量的 70% 以上。在企业内部，管理会计信息主要是提供给管理层决策使用。目前，我国正全面推进会计信息化工作，全力打造会计信息化人才队伍，基本实现了大型企事业单位会计信息化与经营管理信息化的融合，进一步提升了企事业单位的管理水平和风险防范能力，做到数出一门、资源共享，便于不同信息使用者获取、分析和利用，据以进行投资和相关决策；基本实现大型会计师事务所采用信息化手段对客户的财务报告和内部控制进行审计，进一步提升社会审计质量和效率；基本实现政府会计管理和会计监督的信息化，进一步提升会计管理水平和监管效能。通过全面推进会计信息化工作，使我国的会计信息化达到或接近世界先进水平。经济单位信息化水平的全面提高，必将促使管理会计的技术环境进一步完善和优化。

2. 行业环境

行业，是指由产品相似，在市场竞争中相互影响的一类企业构成的组合，如农业、采掘业、制造业、金融业、餐饮业、酒店业等。行业环境对身处其中的企业影响，远大于总体环境影响。行业环境对管理会计的影响主要表现在，管理会计借助行业环境分析为企业管理者提供相关的决策信息。行业环境分析是指对企业经营业务所处行业的行业结构、行业内企业的行为方式、行业平均绩效水平、行业竞争程度等进行分析，其内容具体如下：（1）行业性质确定分析，主要分析确定企业经营业务、行业归属等，行业性质确定分析是行业环境分析的首要内容，也是战略咨询和战略诊断的前提。（2）行业历史和发展趋势分析，确定了客户所处行业后，要通过对这些（或这个）行业的历史和现状相关资料的分析，了解行业演变过程中存在的机遇、威胁，对行业未来发展趋势进行判断和预测。（3）行业结构分析，主要对行业内企业在历史上和当前的策略、行为和应对行业结构变化的反应等行为模式进行深入的剖析。（4）行业内企业行为分析，主要分析处于同一战略群体中的企业和主要竞争对手的行为，重点了解这些企业的战略博弈过程，体现了行业特点及行为模式。（5）行业关键成功因素分析，主要对行业内企业成功的关键因素进行分析，了解这些企业实现成功竞争所必须具备的条件。

3. 金融环境

金融环境，包括金融机构、金融工具、金融市场及其发达程度。金融机构主要是指银行和非银行金融机构。金融工具是指融通资金双方在金融市场上进行资金交易、转让的工具，借助金融工具，资金从供给方转移到需求方。金融工具分为基本金融工具和衍生金融工具两大类。常见的基本金融工具有货币、票据、债券、股票等；衍生金融工具，是在基本金融工具的基础上通过特定技术设计形成的新的融资工具，如各种远期合约、互换、掉期、资产支持证券等，种类非常复杂、繁多，具有高风险、高杠杆效应的特点。金融市场是指资金供应者和资金需求者双方通过一定的金融工具进行交易进而融通资金的场所。金融市场的构成要素包括资金供应者（或称资金剩余者）和资金需求者（或称资金不足者）、金融工具、交易价格、组织方式等。金融市场的主要功能就是把社会各个单位和个人的剩余资金有条件地转让给社会上各个缺乏资金的单位和个人，使财尽其用，促进社会发展。资金供应者，为了取得利息或利润，期望在最高利率条件下贷出；资金需求者则期望在最低利率条件下借入。因利率、时间、安全性条件不会让借贷双方都十分满意,于是就出现了金融机构和金融市场从中协调,使之各得其所。面对不同的金融政策和金融市场,管理会计新系统的主要意义在于,通过提供管理会计信息帮助企业选择管理融资方式、优化资本结构,并评估企业的融资风险。

二、管理会计的内部环境

管理会计的内部环境,是指影响管理会计信息系统构建和运营的企业内部影响因素。主要包括与管理会计信息系统建设和运营相关的价值创造模式、组织架构、管理模式、资源保障、信息系统等因素。

(一)组织架构

组织架构,是指经济单位建立管理会计系统的人力资源管理架构。一般而言,管理会计信息系统的组织架构可分为以下三种情况:(1)建立专门的管理会计组织架构,如成立专职科室或建立绩效考评小组等,专职负责收集、加工处理,并提供经济单位经营管理或行政管理所需要的各种经济信息,这种模式通常仅适用于组织规模或经营规模较大的经济单位。(2)不建立专门机构,而指定专人负责管理会计信息的收集、加工、处理和报告,这种组织方式既可以节约人力物力,又可以满足经济单位对管理会计信息的特殊需要,一般适用于组织规模或经营规模不是很大的中型企业或单位。(3)不设置专门的管理会计组织架构,也不指定专职人员,而是由单位的总会计师或财务负责人或会计人员根据单位的临时需要收集、整理所需要的管理会计信息,这种组织方式通常只适用于小微企业。一般而言,经济单位应根据组织架构特点,建立健全能够满足管理会计活动所需的由财务、业务等相关人员组成的管理会计组织体系,有条件的单位可以设置管理会计机构,组织开展管理会计工作。

(二)管理模式

管理模式,是指经济单位为实现其经营目标而组织资源和经营活动的框架或方式。管理模式通常表现为经济单位组织架构,企业的组织架构本质上是一种决策权的划分体系,以及各部门的分工协作体系。组织架构是进行企业运转流程、部门设置及职能规划的最基本的结构依据,常见组织架构形式包括集权、分权、直线及矩阵式等形式。组织架构需要根据企业总目标,把企业管理要素配置在一定的方位上,确定其活动条件,规定其活动范围,形成相对稳定的、科学的管理体系。很多企业正承受着组织架构不合理所带来的损失与困惑，如组织内部信息传导效率降低、失真严重；组织部门设置臃肿；部门间责任划分不清，导致工作中互相推诿、互相掣肘；企业内耗严重等。要清除这些企业病，只有通过组织架构变革来实现。通过管理会计信息系统的建立，有助于通过内部单位权力和责任的划分与协调，内部管理信息的传递，调动企业内部各部门管理积极性，全面提高企业的管理效率。

（三）资源保障

资源，是指一切可被人类开发和利用的物质、能量和信息的总称，它不仅包括自然资源，而且还包括人类劳动的社会、经济、技术等因素，还包括人力、人才、智力（信息、知识）等资源。资源一般可分为经济资源与非经济资源两大类。经济资源通常可用货币计量，是指能够带来未来经济利益的客观存在，如土地资源、矿产资源、森林资源、海洋资源、石油资源、人力资源、信息资源等。非经济资源则指经济资源之外的其他资源，如精神资源、文化资源等。按照常见的划分方法，经济资源可被划分为人力资源、财力资源和物力资源。经济单位应通过使用管理会计工具和方法，充分挖掘可利用的经济资源，通过加强资源整合，提高资源利用效率和效果，并通过树立正确的管理会计理念，注重会计人员知识培训，加强管理会计人才培养，提高经济资源的利用效果和效率。

（四）信息系统

信息系统，通常是指由计算机硬件和软件、网络和通信设备、信息资源、信息用户和规章制度组成的，以处理信息流为目的的信息采集、加工处理及输出的数据处理系统。信息系统主要有五个基本功能，即对信息的输入、存储、处理、输出和控制。其主要任务是最大限度地利用现代计算机及网络通信技术加强企业的信息管理，通过对企业拥有的人力、物力、财力等资源的调查了解，建立正确的数据，加工处理并编制成各种信息资料，及时提供给管理人员，以便进行正确的决策。管理会计信息系统包括常规管理信息系统和非常规管理信息系统。常规管理信息系统，为企业提供日常管理信息，它具有基础性、日常性等特征；非常规管理会计信息系统为企业的特殊管理事项提供管理信息，它具有灵活性、例外性等特征。经济单位应将管理会计信息化需求纳入信息系统规划，通过信息系统整合、改造或新建等途径，及时、高效地提供和管理相关信息，推进管理会计新系统建设和实施。

(五) 价值创造模式

价值创造,是指经济单位通过为目标客户提供产品或服务等一系列业务活动来实现自身价值增值的过程。价值创造模式,是经济单位通过企业战略规划、决策、控制和评价活动将本单位的人力资源、财力资源和物力资源有效结合,从而实现企业价值增加的资源整合方式。价值创造模式的选择是一项复杂的工程,一旦中间环节出现错误就可能导致选择的失败,严重毁损企业的价值创造活动。经济单位应通过管理会计工具和方法的运用,准确分析和把握本单位价值创造模式,推动财务与业务等的有机融合,进而在资源有限的前提下,实现自身价值的最大化。

【本章小结】

1. 财务会计与管理会计是会计学科的两个子系统,财务会计具有为经济主体外部利害关系人的需要提供基础财务信息及输入、加工及输出信息具有连续性、完整性、系统性两个基本特征,管理会计具有为经济单位内部管理提供有用的会计信息及输入、加工及输出信息具有灵活性两个基本特征。

2. 管理会计的形成与发展包括五个主要阶段:自发形成的初始阶段、以控制为核心的产生阶段、以决策为核心的发展阶段、现代管理会计体系基本形成的阶段和战略管理会计思想逐步融入阶段。

3. 管理会计的概念框架包括管理会计的目标、管理会计的边界约定、管理会计的原则以及管理会计的工具方法。本书将管理会计定义为:管理会计是特定经济主体建立的,以价值创造为主要目的,通过提供有用的以货币信息为主的经济信息,参与经济单位战略规划、决策、控制和评价等管理活动的一个经济信息系统。

4. 管理会计的应用环境包括外部环境和内部环境,外部环境则主要包括国内外经济、法律和市场等方面。经济单位应用管理会计,应充分了解和分析其应用环境;内部环境主要指与管理会计建设和实施相关的价值创造模式、组织架构、管理模式、资源、信息系统等。

【本章重要术语】

1. 管理会计
2. 管理会计基本原则
3. 战略管理
4. 适应性
5. 融合性

本章重要术语

复习与思考

延伸性阅读：RPA如何驱动企业管理会计转型升级

延伸性阅读：中国管理会计名家——余绪缨

【复习与思考】

1. 研究管理会计与财务会计的区别与联系的意义是什么？
2. 简述管理会计的发展阶段。
3. 管理会计的信息有哪些信息质量要求？
4. 管理会计信息有什么作用？

第二章 管理会计方法基础

【学习目标】

通过本章学习，帮助学生理解资金时间价值的概念，掌握复利终值和现值的计算、年金的终值和现值的计算、资本资产定价模型，理解成本性态的概念与成本性态分析的基本原理，熟悉混合成本的分解方法及应用，理解本量利分析的假设及基本原理，掌握单一品种条件下的盈亏临界点分析、实现目标利润分析、安全边际分析和敏感性分析，以及多品种条件下的本量利应用，帮助学生树立正确时间观念和规划意识、风险意识，培养学生实事求是的精神和辩证思维。

【知识框架】

管理会计方法基础
- 资金时间价值
  - 资金时间价值的概述
  - 单利终值和现值的计算
  - 复利终值和现值的计算
  - 年金终值和现值的计算
- 投资风险收益
  - 投资风险与投资收益的概念
  - 单项资产的风险衡量与风险收益
  - 投资组合的风险衡量与风险收益
  - 资本资产定价模型
- 成本性态分析
  - 固定成本
  - 变动成本
  - 混合成本
- 本量利分析
  - 本量利分析的概述
  - 单一产品条件下的本量利分析
  - 多产品条件下的本量利分析

引导案例分析要点

【引导案例】

小张是一名大四的学生，马上面临毕业找工作，但是小张深知工作难找并且国家鼓励创业，加之他对烹饪非常感兴趣，之前在学校选修过有关烹饪的课程，于是他想毕业后开一家酸菜鱼店。家人们劝他调查清楚，不要一时冲动。小张经过一个多月的打听，最终确认了一家意向铺面，具体成本构成如下：（1）铺面租金5 000元/月；（2）聘请师傅1名，工资7 000/元；（3）聘请服务员2名，工资4 000元/月/人；（4）铺面装修120 000元，每月摊销10 000元；（5）每月固定水电费1 000元；（6）酸菜鱼每份售价98元，一条鱼的成本40元，汤底、配料等每份8元，其他成本如煤气、水电等变动成本5元。

请思考：

（1）为了保障小张的酸菜鱼店不亏损，在计算售卖多少份酸菜鱼时，需要考虑哪些因素？

（2）创业并非易事，请你结合案例谈谈如何才能提高创业成功率。

第一节　资金时间价值

一、资金时间价值的概述

（一）资金时间价值的含义

资金时间价值也称为货币时间价值，是指一定量的资金在不同时点上价值量的差额。资金时间价值来源于资金在运动过程中，经过一定时间的投资与再投资后所产生的增值。

资金时间价值在商品经济中是十分普遍的，例如：在不存在风险和通货膨胀的情况下，陈浩将1元存进银行，假设年利率为10%，则在一年后此人从银行能够取得本息1.1元。这就说明1年前的1元经过投资（存入银行）产生了增值（增值了0.1元），这部分的增值额便是资金时间价值。

资金时间价值有两种表达形式：相对数和绝对数。相对数，即时间价值率，是指没有风险和通货膨胀条件下的社会平均资金利润率，通常可以用国库券来代替，例如上述例子中的存款利率10%。绝对数，即时间价值额，是资金在生产过程中带来的绝对增值额，例如上述例子中的年利息0.1元。

(二)资金时间价值的几组重要概念

1. 现值和终值

现值又称为本金,是指未来某一时点上的一定量的资金折合为现在资金的价值。

终值又称为本息和,是指现在一定量的资金折合为未来某一时点上的价值。

2. 复利和单利

复利,不仅是指对本金计算利息,还指对利息计算利息的一种计利方式,即俗称的"利滚利"。

单利,是指按照固定的本金计算利息的一种计息方式。按照单利的计算方法,只有本金在贷款期间获得的利息,不管时间长短,所产生利息均不得加入本金重复计算利息。

3. 年金

年金,是指在一定时期内每间隔相同时期等额收付的系列款项,根据发生时点的不同,年金分为普通年金、预付年金、递延年金、永续年金四种。在提及年金概念的时候,我们需要注意两个问题:一是每期的金额和间隔时间是相等的;二是期数必须在两期(包括两期)以上。

在现代管理会计中,财务估价一般都按照复利计息方式计算资金的时间价值。在本书中,如果题目没有特别强调,则需要采用复利方式进行计算。为了计算方便,在本书中相关符号的含义如下:F 表示终值,P 表示现值,I 表示利息,i 表示利息率(折现率),n 表示计算利息的期数,A 表示年金。

二、单利终值和现值的计算

(一)单利的终值

在单利计息方式下,终值与现值的关系如下:

第 1 年年末的终值 $= P + P \times i = P(1+i)$

第 2 年年末的终值 $= P + P \times i + P \times i = P(1+2i)$

第 3 年年末的终值 $= P + P \times i + P \times i + P \times i = P(1+3i)$

因此,单利终值的一般计算公式如式(2-1)所示:

$$F = P(1 + i \times n) \qquad (2-1)$$

【例 2-1】小陈于今年 1 月 1 日将 1 元存入银行,年利率为 10%,从第 1 年到第 3 年,各年年末的终值计算如下:

第 1 年年末的终值 $= 1 \times (1 + 1 \times 10\%) = 1.1$(元)

第 2 年年末的终值 = 1×(1+2×10%) = 1.2（元）

第 3 年年末的终值 = 1×(1+3×10%) = 1.3（元）

（二）单利的现值

由于单利现值和单利终值互为逆运算，因此计算公式如式（2-2）所示：

$$P = \frac{F}{1+i \cdot n} \qquad (2-2)$$

【例 2-2】小陈打算于第 4 年年末从银行取得 1 000 元的收入，年利率为 10%，按照单利计算，则第 1 年年初应存入多少元？

解：$P = \dfrac{F}{1+i \cdot n} = \dfrac{1\,000}{1+10\% \times 4} = 714.29$（元）

三、复利终值和现值的计算

复利的故事：纽约曼哈顿岛的价值

（一）复利的终值

复利终值，是指若干时期后包括本金和利息在内的未来价值，即是本利和。

复利终值的计算公式推导如下：

1 年后的终值：$F = P + P \times i = P(1+i)$

2 年后的终值：$F = [P(1+i)] \times (1+i) = P \times (1+i)^2$

3 年后的终值：$F = [P(1+i)^2] \times (1+i) = P \times (1+i)^3$

同理可推，第 n 年后的终值：$F = P \times (1+i)^n$ （2-3）

式（2-3）是复利终值的一般计算公式，其中 $(1+i)^n$ 称为复利终值系数或者 1 元的复利终值，记作 (F/P, i, n)。例如，(F/P, 10%, 5) 表示利率为 10%，期数为 5 的复利终值系数。为了方便计算，复利终值系数可查复利终值系数表（附录表 1）。

【例 2-3】陈先生把闲置的 10 000 元存入银行，若银行利率为 10%，问 10 年后陈先生可以一次性从银行取得多少元？

解：$F = P \times (1+i)^n = P \times (F/P, i, n)$

$= 10\,000 \times (F/P, 10\%, 10) = 10\,000 \times 2.5937$

$= 25\,937$（元）

（二）复利的现值

复利现值，是指未来一时点的特定资金按照复利计算方法，折算到现在的价值。或者说是为了取得将来一定本利和，现在所需要的本金。

由于复利现值与复利终值互为逆运算,因此复利现值的计算公式可由复利终值的计算公式推导得出:

因为:$F = P \times (1+i)^n$

所以:$P = F \times (1+i)^{-n}$ （2-4）

式（2-4）中,$(1+i)^{-n}$ 称为复利现值系数或者 1 元复利现值,记作 (P/F, i, n)。例如,(P/F, 10%, 5) 表示利率为 10%,期数为 5 的复利现值系数。为了方便计算,复利现值系数可查复利现值系数表（见附录表2）。

【例2-4】陈先生想在 5 年后存够 200 000 元购买汽车,若银行年利率为 10%,问陈先生现在应一次性存入多少钱?

解:$P = F \times (1+i)^{-n} = F \times (P/F, i, n)$
    $= 200\,000 \times (P/F, 10\%, 5) = 200\,000 \times 0.6209$
    $= 124\,180$（元）

四、年金终值和现值的计算

(一) 普通年金终值和现值的计算

普通年金也称为后付年金,简称年金,每期的金额均发生在每期期末。

1. 普通年金终值的计算

普通年金终值简称为年金终值,是指年金系列中每一笔金额在第 n 年年末的复利终值之和。

假设每期期末支付的相等金额 A,利率为 i,期数为 n。其计算原理如图 2-1 所示:

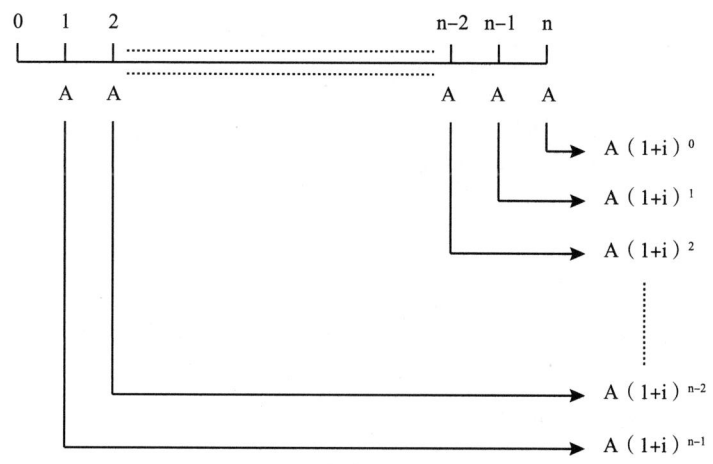

图 2-1 普通年金终值

根据复利终值的计算原理，年金终值的计算公式如下所示：

$$F = A + A(1+i) + A(1+i)^2 + \cdots + A(1+i)^{n-1} \quad ①$$

①两边同时乘于（1+i），可得：

$$F \times (1+i) = A \times (1+i) + A \times (1+i)^2 + A \times (1+i)^3 + \cdots + A \times (1+i)^n \quad ②$$

②-①，可得：$i \times F = A(1+i)^n - A$

经过整理可得：$F = A \dfrac{(1+i)^n - 1}{i}$ (2-5)

式（2-5）中，$\dfrac{(1+i)^n - 1}{i}$ 叫作年金终值系数，记作（F/A, i, n），其含义是在已知 A, i 和 n 的条件下求 F 所用的系数，可查附录表3。因此，年金终值计算公式又可以表示为式（2-6）：

$$F = 年金 \times 年金终值系数 = A \times (F/A, i, n) \quad (2-6)$$

【例2-5】陈先生自2024年末起，连续10年每年存4 000元到银行，假定每年定期存款利率为10%，10年后，陈先生能一次性从银行取出多少钱？

解：$F = A \dfrac{(1+i)^n - 1}{i} = A(F/A, i, n)$

$= 4\,000 \times (F/A, 10\%, 10) = 4\,000 \times 15.937\,4 = 63\,749.6$（元）

2. 年偿债基金的计算

年偿债基金，是指为了在约定的未来某一时点清偿某笔到期债务或者积累一定数额的资金而必须分次等额形成的存款准备金。同时需要注意的是存款的准备金均在每期期末存入。可见，年偿债基金与年金终值互为逆运算，因此，偿债基金的公式为式（2-7）：

$$A = F \dfrac{i}{(1+i)^n - 1} \quad (2-7)$$

式（2-7）中，$\dfrac{i}{(1+i)^n - 1}$ 叫作偿债基金系数，记作（A/F, i, n），其表示的含义是，在已知 F、i 和 n 的条件下计算 A 所用的系数。由于年偿债基金系数和年金终值系数互为倒数，因此，偿债基金的计算公式又可以表示为式（2-8）：

$$A = 年金终值 \times 偿债基金系数 = F \times (A/F, i, n) = \dfrac{F}{(F/A, i, n)} \quad (2-8)$$

【例2-6】陈先生准备在5年后购买一辆价值200 000元的汽车，计划从现在起每年年末存入银行一笔款项。假设年利率为10%，那么每次应存入多少元才可以实现他的购车计划？

解：$A = \dfrac{F}{(F/A, i, n)} = \dfrac{200\,000}{(F/A, 10\%, 5)} = \dfrac{200\,000}{6.105\,1} = 32\,759.5$（元）

3. 普通年金现值的计算

普通年金现值,简称年金现值,是指将在一定时期内每期期末等额收付系列款项的现值之和。其计算原理如图 2-2 所示。

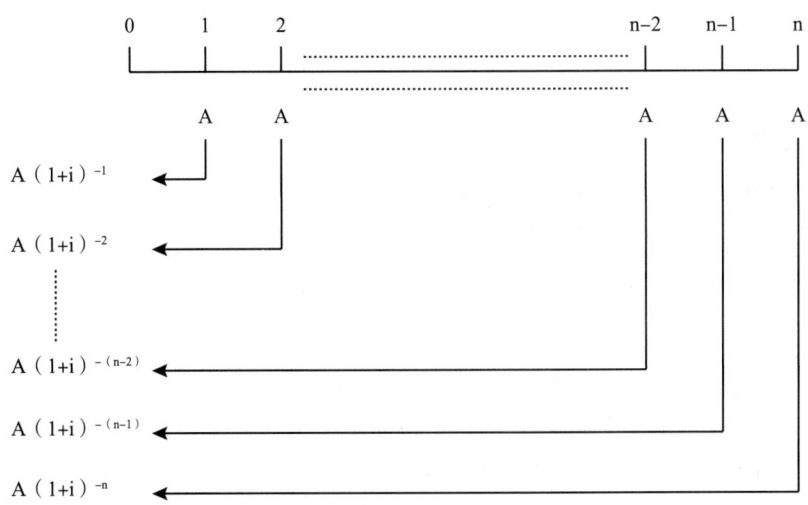

图 2-2 普通年金现值

根据复利现值的方法计算普通年金现值的公式如下:

$$P = A(1+i)^{-1} + A(1+i)^{-2} + A(1+i)^{-3} + \cdots + A(1+i)^{-n} \quad ①$$

①两边同时乘以 (1+i),可得:

$$P(1+i) = A + A(1+i)^{-1} + A(1+i)^{-2} + \cdots + A(1+i)^{-(n-1)} \quad ②$$

②-①,可得:$P \cdot i = A[1 - (1+i)^{-n}]$

整理可得:$P = A \dfrac{1-(1+i)^{-n}}{i}$ \hfill (2-9)

在式 (2-9) 中,$\dfrac{1-(1+i)^{-n}}{i}$ 叫作普通年金现值系数,记作 (P/A, i, n),其含义是在已知 A, i 和 n 的条件下求 P 所用的系数,查附录表4。因此,年金现值计算公式又可以表示为式 (2-10):

$$P = 年金 \times 年金现值系数 = A \times (P/A, i, n) \quad (2-10)$$

【例2-7】太某公司拟购买一台设备,假设该设备不需要调试,购买回来马上投入使用。投产后每年年末可得收入 50 000 元,假设年利率为8%,计算10年收入的现值。

解:$P = A \times \dfrac{1-(1+i)^{-n}}{i} = A \times P(/A, i, n)$

$= 50\,000 \times (P/A, 8\%, 10) = 50\,000 \times 6.7101 = 335\,505(元)$

4. 年资本回收额

年资本回收额,是指在约定年限内等额回收初始投资额或者清偿所欠债务的金额。由于每次回收或者偿还的金额相同,而且是在每期期末发生的。可见,年资本回收额与年金现值互为逆运算,因此年资本回收额的公式为式(2-11):

$$A = P \frac{i}{1-(1+i)^{-n}} \qquad (2-11)$$

在式(2-11)中,$\frac{i}{1-(1+i)^{-n}}$叫作年资本回收额系数,记作(A/P, i, n),其表示的含义是在已知P、i和n的条件下计算A所用的系数。由于年资本回收额系数和年金现值系数互为倒数,因此,年资本回收额的计算公式又可以表示为式(2-12):

$$A = 年金现值 \times 资本回收额系数 = P \times (A/P, i, n) = \frac{P}{(P/A, i, n)} \qquad (2-12)$$

【例2-8】太某公司拟投资4 000 000元的项目,假设投资报酬率为10%,太某公司要求在5年内回本,则该企业在5年内每年年末收回多少元才能收回全部的投资额?

$$解:A = \frac{P}{(P/A, i, n)} = \frac{P}{(P/A, 10\%, 5)} = \frac{4\,000\,000}{3.7908}$$
$$= 1\,055\,186.24\,(元)$$

(二)预付年金终值和现值的计算

预付年金又称为先付年金,是指在一定的时期内,每期期初等额的系列收付款项。

1. 预付年金终值的计算

预付年金终值,是指一定时期内每期期初等额收付系列款项的终值之和。其计算原理如图2-3(b)所示。

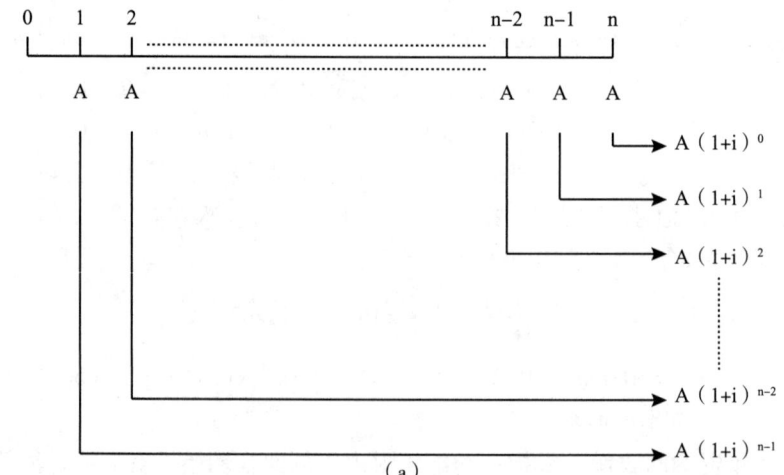

(a)

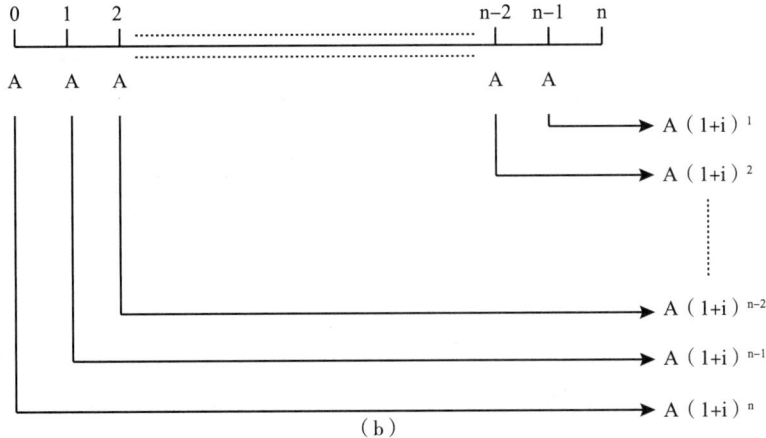

图 2-3　n 期普通年金终值（a）和 n 期预付年金终值关系图（b）

从图 2-3 的（a）和（b）中可以看到，预付年金终值和普通年金终值相比，计算的期数增加了 1 期，即原来普通年金每期的 A 均需要再计算多一期的利息。因此，预付年金终值的计算公式可以在普通年金终值计算公式的基础上乘以（1+i），如式（2-13）所示：

$$F = A\frac{(1+i)^n - 1}{i}(1+i)$$
$$= A\left[\frac{(1+i)^{n+1} - 1}{i} - 1\right]$$
$$= A(F/A, i, n)(1+i)$$
$$= A[(F/A, i, n+1) - 1] \quad (2-13)$$

由此可见，预付年金终值系数通常需要查年金终值系数表获得。

【例 2-9】 陈先生连续 10 年于每年年初存入银行 50 000 元。若银行的存款利率为 5%，则陈先生在第 10 年年末一次性能够取出多少本利和？

解：$F = A(F/A, i, n)(1+i) = 50\,000 \times (F/A, 5\%, 10) \times (1+5\%)$
　　　$= 50\,000 \times 12.5779 \times 1.05 = 660\,339.75$（元）

或者：

$F = A[(F/A, i, n+1) - 1] = 50\,000 \times [(F/A, 5\%, 10+1) - 1]$
　　$= 50\,000 \times [14.2068 - 1] = 660\,340$（元）

2. 预付年金现值的计算

预付年金现值，是指一定时期内每期期初等额收付系列款项的现值。其计算原理如图 2-4 中的（b）所示。

从图 2-4 的（a）和（b）可以看到，预付年金现值和普通年金现值相比，计算的期数减少了 1 期，即原来普通年金每期的 A 均需要少算一期的利息。因此，预付年金现值的计算公式可以在普通年金现值计算公式的基础上乘以（1+i），如式（2-14）所示：

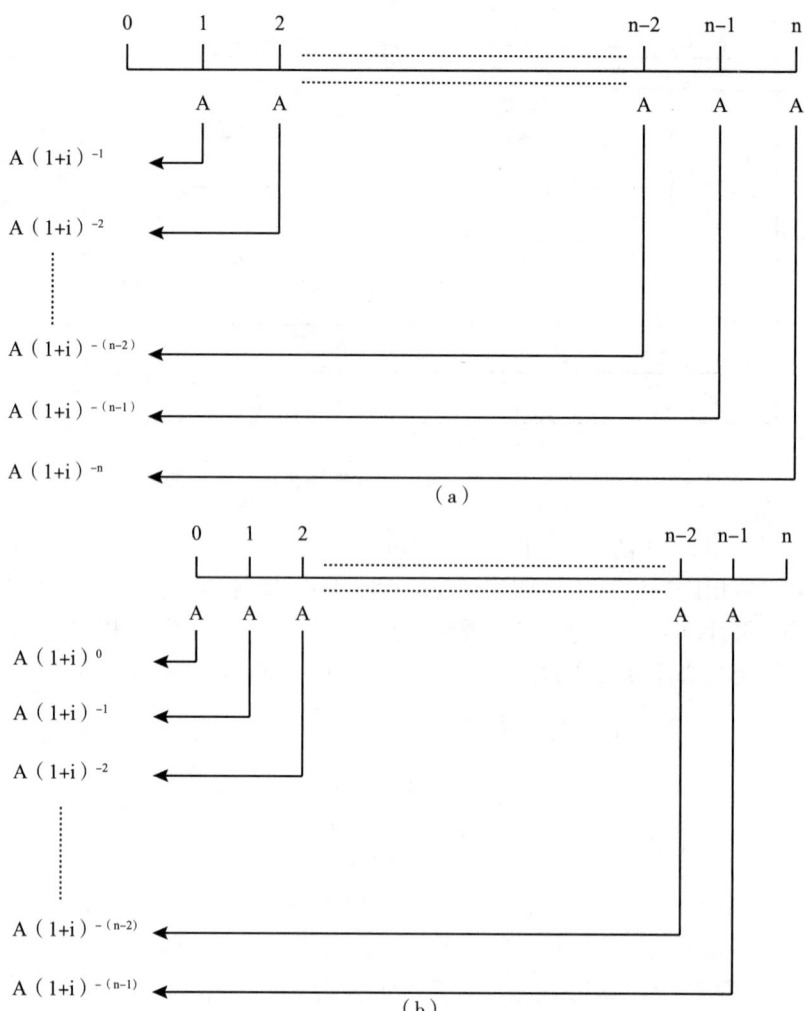

图 2-4　n 期普通年金现值（a）和 n 期预付年金现值（b）

$$P = A \times \frac{1-(1+i)^{-n}}{i}(1+i)$$
$$= A \times \left[\frac{1-(1+i)^{(-n-1)}}{i} + 1\right]$$
$$= A \times (P/A, i, n) \times (1+i)$$
$$= A \times [(P/A, i, n-1) + 1] \qquad (2-14)$$

由此可见，预付年金现值系数通常需要查年金现值系数表获得。

【例 2-10】陈先生选择分期付款方式购车，付款期限为 10 年，每年年初付款 50 000 元，设银行利率为 6%，该项分期付款相当于现在一次性付款的买价是多少？

解：P = A(P/A, i, n) × (1+i)
　　　= 50 000 × (P/A, 6%, 10) × (1+6%)

$= 50\,000 \times 7.3601 \times 1.06 = 390\,085.3$（元）

或者 $P = A[(P/A, i, n-1)+1] = 50\,000 \times [(P/A, 6\%, 10-1)+1]$
$= 50\,000 \times [6.8017+1] = 390\,085$（元）

(三) 递延年金终值和现值的计算

递延年金又称为延期年金，是指在最初的若干期没有收付款项的情况下，后面若干期每期期末有等额的系列收付款项。它是后付年金的特殊形式，凡不是从第一期开始的后付年金都是递延年金。其中没有收付款项的期间称为递延期。

假设最初的 m 期没有收付款项，后面的 n 期有等额收付款项，则递延年金如图 2-5 所示。

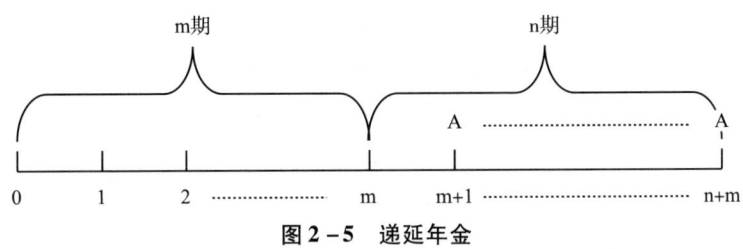

图 2-5 递延年金

1. 递延年金终值的计算

从图 2-5 可见，递延年金的终值与普通年金的终值计算方法是一样的，如式（2-15）所示：

$$F = A(F/A, i, n) \quad (2-15)$$

注意：式（2-15）中的 n 表示 A 的个数，与递延期无关。

【例 2-11】太某服装公司计划入驻太和商场，租赁期为 5 年，前两年免租金，从第三年开始每年年末付租金 200 000 元，年利率为 10%，问第五年年末总租金的终值是多少元？

解：$F = A(F/A, i, n) = 200\,000 \times (F/A, 10\%, 3) = 200\,000 \times 3.3100$
$= 662\,000$（元）

2. 递延年金现值的计算

递延年金现值，是指间隔一定时期后每期期末或者期初收付或者付出的系列等额款项，按照复利计息方式折算的现时价值，即间隔一定时期后每期期末或者期初等额收付资金的复利现值之和。递延年金现值的计算方法有三种：

第一种方法：假设递延期也有年金收付，先求出 (m+n) 期的年金现值，再减去递延期 m 的年金现值，如式（2-16）所示：

$$P = A(P/A, i, m+n) - A(P/A, i, m) \quad (2-16)$$

第二种方法：先把 n 期期初（即 m 期期末）视为第 0 期（即最开

始）计算出现值，实际上这里的现值即为 m 期的终值，再把终值进行贴现。如式（2-17）所示：

$$P = A(P/A, i, n) \times (P/F, i, m) \quad (2-17)$$

第三种方法：先把 n 期期初（即 m 期末）视为第 0 期（即最开始）算出终值（即第 n 期），实际上这里的终值即为第（m+n）期的终值，再把终值进行贴现。如式（2-18）所示：

$$P = A(F/A, i, n) \times (P/F, i, m+n) \quad (2-18)$$

【例 2-12】太某公司准备购置一处房产，付款条件是：从第 7 年开始，每年年初支付 100 000 元，连续支付 10 次，共计 1 000 000 元。假设该公司的资金成本率为 10%，则相当于该公司在第 1 年年初一次付款的金额为多少万元？（要求：用上述的三种方法进行解题）

解：第一种方法：
$P = A(P/A, i, m+n) - A(P/A, i, m)$
$= 100\,000 \times [(P/A, 10\%, 15) - (P/A, 10\%, 5)]$
$= 100\,000 \times [7.6061 - 3.7908] = 381\,530$（元）

第二种方法：
$P = A(P/A, i, n) \times (P/F, i, m)$
$= 100\,000 \times (P/A, 10\%, 10) \times (P/F, 10\%, 5)$
$= 100\,000 \times 6.1446 \times 0.6209 = 381\,518.21$（元）

第三种方法：
$P = A(F/A, i, n) \times (P/F, i, m+n)$
$= 100\,000 \times (F/A, 10\%, 10) \times (P/F, 10\%, 15)$
$= 100\,000 \times 15.9374 \times 0.2394 = 381\,541.36$（元）

（四）永续年金现值的计算

永续年金，是指一种无期限发生的等额收付特种年金，只有起始点而没有终结点。它是普通年金在期限趋于无穷条件下的特殊形式。

由于永续年金没有终结点，因此没有终值的计算，只有现值的计算。由于永续年金是普通年金的特殊形式，因此其现值的公式可以根据普通年金现值的公式推导出来，如式（2-19）所示：

$$P = (n \to \infty) = A \frac{1-(1+i)^{-n}}{i} = \frac{A}{i} \quad (2-19)$$

【例 2-13】陈先生是一位海外华侨，他欲在某高校建立一项永久性的奖励基金，每年年末颁发 200 000 元奖金给品学兼优的学生。假设目前银行的存款利率为 10%，则陈先生现在应存入多少款项才可以使该基金正常运转？

解：$P = \dfrac{A}{i} = \dfrac{200\,000}{10\%} = 2\,000\,000$（元）

第二节 投资风险收益

一、投资风险与投资收益的概念

（一）投资风险的概念

风险是指收益的不确定性。虽然风险的存在可能意味着收益的增加，但人们考虑更多的则是损失发生的可能性。从管理会计的角度看，风险是企业在各项管理活动过程中由于各种难以预料或无法控制的因素作用，使企业的实际收益与预计收益发生背离，从而蒙受经济损失或获取收益的可能性。风险来源一般包括市场风险、信用风险、流动性风险、操作风险等。

风险一般有以下特征：（1）风险具有客观存在性。在一定时期内，每项财务活动中的风险大小都是既定的，每位决策者均无法改变的事实。但是，决策者可以决定是否冒风险以及冒多大的风险，这些是决策者可以进行主观决定和控制的。（2）风险具有相对性。风险的大小是相对一定时间而言的，当经历一段时间之后原来不确定的因素逐渐变得确定，则原来的风险就变成了事实。

由于不同项目的投资风险不同，导致投资者的风险收益不同。风险收益又称为风险价值，是指企业冒风险投资所获取的额外收益。企业在经营过程中，所面对的投资项目繁多，这些项目有些风险比较低，有些风险比较高。如果企业愿意多冒风险，则要求获得额外的收益，否则便没有企业愿意冒风险。一般而言，风险收益与风险大小是正相关的，冒的风险越大所获得的收益就越大，反之，则相反，否则，没有人愿意冒风险进行投资。因此，投资者冒风险投资能够获得的超越无风险投资的额外收益，这种额外收益即为投资的风险收益。

（二）投资收益的概念

投资收益是指资产的价值在一定时期的增值，通常由无风险收益和风险收益构成。

一般情况下，有两种表达投资收益的方式：

第一种方式是以金额表示的，称为投资的收益额，通常以投资价值在一定期限内的增值量来表示,该增值量来源于两部分:一是期限内投资收益的现金净收入;二是期末投资价值(或市场价格)相对于期初价值(价格)的升值。前者多为利息、红利或股息收益,后者称为资本利得。

第二种方式是以百分比表示的,称为投资的收益率或报酬率,是投资增值量与期初投资价值(价格)的比值,该收益率也包括两部分:一是利息(股息)的收益率,二是资本利得的收益率。显然,以金额表示的收益与期初资产的价值(价格)相关,不利于不同规模资产之间收益的比较,而以百分数表示的收益则是一个相对指标,便于不同规模下资产收益的比较和分析。所以,通常情况下,我们都是用收益率的方式来表示投资收益。在实际的财务工作中,由于工作角度和出发点不同,投资收益率可以用实际收益率、预期收益率、必要收益率、最低收益率、期望收益率等表示。

二、单项资产的风险衡量与风险收益

风险是客观存在的,它广泛影响着企业的财务活动,因此,企业应当正视风险并且进行较为准确的量化,为企业的决策提供有益的帮助。风险的量化过程是不易进行的,但是由于风险与概率相关,因此对风险的衡量和计算需要使用概率和统计的方法进行。衡量风险的指标主要有方差、标准离差、标准离差率等。

(一) 概率分布

在经济活动中,有些事件在相同条件下可能发生也可能不发生,这类事件被称为"随机事件"。在概率论中,用来描述该随机事件发生可能性大小的数值叫作"概率"。通常,把必然发生的事件的概率定为1,把不可能发生的事件的概率定为0,而一般性的随机事件的概率则介于0与1的一个数值。概率越大表示该事件发生的可能性越大,反之,概率越小表示该事件发生的可能性越小。概率论中用P_i表示。因此,概率必须符合下列两个要求:(1) $0 \leq P_i \leq 1$;(2) $\sum_{i}^{n} P_i = 1$。

【例2-14】太某公司面临两个投资机会的选择,A项目是一个成熟的产品,市场发展稳定,但是利润较低甚至亏损;B项目是一个高科技的项目,市场竞争激烈,但是如果研制成功,将可以获得较大的市场份额和获得较高的利润。经过预测,A、B产品将会面临的市场行情可能有三种:繁荣、一般、衰退。每种情况发生的概率以及预期报酬率如表2-1所示。

表 2-1 市场行情的概率及预期报酬率 单位：%

市场行情	发生的概率（P_i）	A 项目的预期报酬率（X_i）	B 项目的预期报酬率（X_i）
繁荣	0.3	20	90
一般	0.4	15	20
衰退	0.3	10	-60
合计	1	—	—

（二）期望值收益率

期望收益率，是一个概率分布中的所有可能结果的平均化，它以各自相应的概率为权数计算平均值，即期望值，通常用 $\bar{E}$ 表示。它表示在一定风险的条件下，投资者的合理预期。常用计算公式如式（2-20）所示：

$$\bar{E} = \sum_{i=1}^{n} X_i P_i \qquad (2-20)$$

式（2-20）中，$\bar{E}$ 表示期望值；X_i 表示第 i 种结果的报酬（率）；P_i 表示第 i 种结果出现的概率；n 表示所有可能的个数。

【例 2-15】 根据〖例 2-14〗的数据可得：
$\bar{E}_A = 0.3 \times 20\% + 0.4 \times 15\% + 0.3 \times 10\% = 15\%$
$\bar{E}_B = 0.3 \times 90\% + 0.4 \times 20\% + 0.3 \times (-60\%) = 17\%$

从上述计算结果可见，A 项目的期望值比 B 项目的期望值小，那么是否意味着我们必须投资 B 项目呢？答案是否定的。在投资决策中，我们还需要分析风险的大小。我们常常利用方差、标准离差以及标准离差率等指标来分析项目的离散程度。通常，离散程度越大，风险越大；相反，离散程度越低，风险越小。

（三）离散程度

（1）方差。方差是用来表示随机变量与期望值之间的离散程度的一个数值，计算公式如式（2-21）所示：

$$\sigma^2 = \sum_{i=1}^{n} (X_i - \bar{E})^2 \times p_i \qquad (2-21)$$

式（2-21）中，σ^2 表示方差；$\bar{E}$ 表示期望值；X_i 表示第 i 种结果的报酬（率）；P_i 表示第 i 种结果出现的概率；n 表示所有可能的个数。

【例 2-16】 根据〖例 2-14〗与〖例 2-15〗的数据可得：
$\sigma_A^2 = 0.3 \times (20\% - 15\%)^2 + 0.4 \times (15\% - 15\%)^2 + 0.3 \times (10\% - 15\%)^2 = 0.15\%$
$\sigma_B^2 = 0.3 \times (90\% - 17\%)^2 + 0.4 \times (20\% - 17\%)^2 + 0.3 \times (-60\% - 17\%)^2 = 33.81\%$

（2）标准离差。标准离差也称为均方差，是方差的平方根。计算公式如式（2-22）所示：

$$\sigma = \sqrt{\sum_{i=1}^{n}(X_i - \bar{E})^2 \times P_i} \qquad (2-22)$$

式（2-22）中，σ 表示标准离差；$\bar{E}$ 表示期望值；X_i 表示第 i 种结果的报酬（率）；P_i 表示第 i 种结果出现的概率；n 表示所有可能的个数。

标准离差以绝对数衡量风险的高低。标准离差越大，风险越大；标准离差越小，风险越小。

【例 2-17】 根据〖例 2-16〗的计算结果可得：

$\sigma_A = \sqrt{0.15\%} = 3.87\%$

$\sigma_B = \sqrt{33.81\%} = 58.15\%$

从上述结果可知，A 项目的风险要低于 B 项目的风险。

（3）标准离差率。标准离差率是标准离差与期望值的比值，通常用字母 V 表示。计算公式如式（2-23）所示：

$$V = \frac{\sigma}{\bar{E}} \qquad (2-23)$$

式（2-23）中，V 表示标准离差率；σ 表示标准离差；$\bar{E}$ 表示期望值。

标准离差率是一个相对数指标。通常，标准离差率越大，风险越大；标准离差率越小，风险越小。

【例 2-18】 根据〖例 2-14〗与〖例 2-17〗的计算结果可得：

$V_A = \dfrac{3.87\%}{15\%} = 25.8\%$

$V_B = \dfrac{58.15\%}{17\%} = 342.06\%$

从上述结果可知，A 项目的风险低于 B 项目的风险。此判断结果与标准离差率的判断结果是一样的，但并不是任何情况下这两个指标的判断结果都相同。只有在项目的期望值相同的情况下，二者的判断结果才总是相同的。因此，当计算得出项目的期望值相同时，我们可以直接根据标准离差判断风险的大小，而不需要再计算标准离差率。但是，如果项目的期望值不相同时，则必须使用标准离差率判断风险的高低。

三、投资组合的风险衡量与风险收益

两个或两个以上资产所构成的集合，称为投资组合。如果投资组合中的资产均为有价证券，则该投资组合也称为证券投资组合或证券组合。投资组合的风险与收益具有与单个资产不同的特征。尽管方差、标准差、标准差率是衡量风险的有效工具,但当某项资产或证券成为投资组合的一部分时,这些指标就可能不再是衡量风险的有效工具。以下首先讨论投资组合的期望收益率的计算,再进一步讨论投资组合的风险及其衡量。

(一) 投资组合的期望收益率

投资组合的期望收益率是组成投资组合的各种资产的预期收益率的加权平均数,即式(2-24):

$$E(R_p) = \sum W_i \times E(R_i) \quad (2-24)$$

式(2-24)中,$E(R_p)$ 表示投资组合的期望收益率;W_i 表示第 i 项资产在整个资产中所占的比重;$E(R_i)$ 表示第 i 项资产的预期收益率。

【例 2-19】 太某公司的一项投资组合中包含 A、B 和 C 三种股票,权重分别为 20%、40% 和 40%,三种股票的预期收益率分别为 20%、15%、10%。要求计算该投资组合的预期收益率。

解:$E(R_p) = 20\% \times 20\% + 40\% \times 15\% + 40\% \times 10\% = 14\%$

(二) 投资组合的风险及其衡量

(1) 两项投资组合的方差,如式(2-25)所示:

$$\sigma_p^2 = w_1^2\sigma_1^2 + w_2^2\sigma_2^2 + 2w_1w_2\sigma_1\sigma_2\rho_{12} \quad (2-25)$$

(2) 两项投资组合的标准差,如式(2-26)所示:

$$\sigma_p = \sqrt{w_1^2\sigma_1^2 + w_2^2\sigma_2^2 + 2w_1w_2\sigma_1\sigma_2\rho_{12}} \quad (2-26)$$

式(2-26)中:σ_p^2 表示两项投资组合的方差;σ_p 表示证券投资组合的标准差,它衡量的是证券投资组合的风险;σ_1 和 σ_2 分别表示组合中两项资产收益率的标准差;w_1 和 w_2 分别表示组合中两项资产所占的价值比例;$\rho_{1,2}$ 反映两项资产收益率的相关程度,即两项资产收益率之间的相对运动状态,称为相关系数。理论上,相关系数介于区间 [-1, 1] 内。

当 $\rho_{1,2}$ 等于 1 时,表明两项资产的收益率具有完全正相关的关系,即它们的收益率变化方向和变化幅度完全相同。这时,$\sigma_p^2 = (w_1\sigma_1 + w_2\sigma_2)^2$,即 σ_p^2 达到最大。由此表明,组合的风险等于组合中各项投资风险的加权平均值。换句话说,当两项资产的收益率完全正相关时,两项投资的风险完全不能相互抵消,所以这样的组合不能降低任何风险。

当 $\rho_{1,2}$ 等于 -1 时,表明两项资产的收益率具有完全负相关的关系,即它们的收益率变化方向和变化幅度完全相反。这时,$\sigma_p^2 = (w_1\sigma_1 + w_2\sigma_2)^2$,即 σ_p^2 达到最小,甚至可能是零。因此,当两项资产的收益率完全负相关时,两项投资的风险可以充分地相互抵消,甚至完全消除。这样的组合能够最大限度地降低风险。

【例 2 - 20】太某公司投资甲、乙两种证券,有关资料如表 2 - 2 所示。

表 2 - 2　　　　　　　甲、乙两种证券的基本资料

项目	甲证券	乙证券
预期收益率	10%	30%
标准差	12%	20%
投资比重	0.6	0.4

要求:

(1) 计算当甲乙投资组合的相关系数为 0.5 时的预期收益率及投资组合的标准差;

(2) 计算当甲乙投资组合的相关系数为 1 时的预期收益率及投资组合的标准差;

(3) 计算当甲乙投资组合的相关系数为 - 1 时的预期收益率及投资组合的标准差;

解:(1) 甲乙投资组合的预期收益率:$10\% \times 0.6 + 30\% \times 0.4 = 18\%$

当甲乙投资组合的相关系数为 0.5 时,

$\sigma_p = \sqrt{0.6^2 \times 12\%^2 + 0.4^2 \times 20\%^2 + 2 \times (0.6 \times 12\%) \times (0.4 \times 20\%) \times 0.5}$
$= 13.17\%$

(2) 甲乙投资组合的预期收益率:$10\% \times 0.6 + 30\% \times 0.4 = 18\%$

当甲乙投资组合的相关系数为 1 时,

$\sigma_p = \sqrt{0.6^2 \times 12\%^2 + 0.4^2 \times 20\%^2 + 2 \times (0.6 \times 12\%) \times (0.4 \times 20\%) \times 1}$
$= 15.2\%$

(3) 甲乙投资组合的预期收益率:$10\% \times 0.6 + 30\% \times 0.4 = 18\%$

当甲乙投资组合的相关系数为 - 1 时,

$\sigma_p = \sqrt{0.6^2 \times 12\%^2 + 0.4^2 \times 20\%^2 + 2 \times (0.6 \times 12\%) \times (0.4 \times 20\%) \times (-1)}$
$= 0.8\%$

从例题可得出以下结论:(1) 无论投资组合中两项资产之间的相关系数如何,只要投资比例不变,各项资产的预期收益率不变,则该投资组合的预期收益率就不变;(2) 投资组合的风险与各单项资产之间报酬率的相关系数有关,相关系数越大,投资组合的风险越大。

在实务中,两项资产的收益率具有完全正相关和完全负相关的情

况几乎是不可能的。绝大多数资产两者之间都具有不完全的相关关系，即相关系数小于 1 且大于 -1（多数情况下大于零）。因此，会有 $0<\sigma_p<(w_1\sigma_1+w_2\sigma_2)$，即：证券投资组合的风险小于组合中各项投资风险之加权平均值。因此，大多数情况下，投资组合能够分散风险，但是不能完全消除风险。

在投资组合中，能够随着资产种类增加而降低直至消除的风险，被称为非系统性风险；不能随着资产种类增加而分散的风险，被称为系统性风险。下面对这两类风险进行详细论述。

（三）系统风险与非系统风险

1. 非系统风险及其衡量

非系统风险，是指发生于个别公司的特有事件造成的风险。例如，一家公司的工人罢工、新产品开发失败、失去重要的销售合同、诉讼失败等。这类事件是非预期的、随机发生的，它只影响一个或者少数公司，不会对整个市场产生太大影响。这种风险可以通过投资组合来分散，即发生于一家公司的不利事件可以被其他公司的有利事件所抵消。

由于非系统风险是个别公司或个别资产所特有的，因此也称"特殊风险"或"特有风险"。由于非系统风险可以通过投资组合分散掉，因此也称"可分散风险"。

值得注意的是，在风险分散的过程中，不应当过分夸大资产多样性和资产个数的作用。实际上，在投资组合中资产数目较低时，增加资产的个数，分散风险的效应会比较明显，当资产数目增加到一定程度时，风险分散的效应就会逐渐减弱。经验数据表明组合中不同行业的资产个数达到 20 个时，绝大多数非系统风险均已被消除掉。此时，如果继续增加资产数目，对分散风险已经没有多大的实际意义，只会增加管理成本。另外，不要指望通过资产多样化达到完全消除风险的目的，因为系统风险是不能够通过风险的分散来消除的。

2. 系统风险及其衡量

系统风险又被称为市场风险或不可分散风险，是影响所有资产的，不能通过投资组合而消除的风险。这部分风险是由那些影响整个市场的风险因素所引起的。这些因素包括宏观经济形势的变动、国家经济政策的变化、税制改革、企业会计准则改革、世界能源状况、政治因素等。

不同资产的系统风险不同，为了对系统风险进行量化，用 β 系数衡量系统风险的大小。通俗地说，某资产的 β 系数表达的含义是该资产的系统风险相当于市场组合系统风险的倍数。换句话说，用 β 系数对系统风险进行量化时，以市场组合的系统风险为基准，认为市

场组合的 β 系数等于 1。

市场组合是指由市场上所有资产组成的组合。市场组合的收益率指的是市场平均收益率,实务中通常用股票价格指数收益率的平均值来代替。由于包含了所有的资产,因此,市场组合中的非系统风险已经被消除,所以市场组合的风险就是市场风险或系统风险。

绝大多数资产的 β 系数是大于零的,也就是说,绝大多数资产的变化方向与市场平均收益率的变化方向是一致的,只是变化幅度不同:当某资产的 β 系数大于 1 时,说明该资产收益率的变动幅度大于市场组合收益率的变动幅度。

由于无风险资产没有风险,所以,无风险资产的 β 系数等于零。极个别的资产的 β 系数是负数,表明这类资产的收益率与市场平均收益率的变化方向相反,当市场平均收益率增加时,这类资产的收益率却在减少。比如西方个别收账公司和个别再保险公司的 β 系数是接近零的负数。

在实务中,并不需要企业财务人员或投资者自己去计算证券的 β 系数,一些证券咨询机构会定期公布大量交易过的证券的 β 系数。我国也有一些证券咨询机构定期计算和编制各上市公司的 β 系数,人们可以通过中国证券市场数据库等查询。

对于证券投资组合来说,其所含的系统风险的大小可以用组合 β 系数来衡量。证券投资组合的 β 系数是所有单项资产 β 系数的加权平均数,权数为各种资产在证券投资组合中所占的价值比例。计算公式为式(2-27):

$$\beta_p = \sum_{i}^{n} W_i \times \beta_i \qquad (2-27)$$

式(2-27)中,β_p 表示投资组合的 β 系数;W_i 表示第 i 种资产所占的权重;β_i 表示第 i 种资产的 β 系数。

由于单项资产的 β 系数不尽相同,因此通过替换投资组合中的资产或者改变不同资产在组合中的价值比例,可以改变投资组合的系统风险。

四、资本资产定价模型

(一)资本资产定价模型的基本原理

资本资产定价模型中,所谓资本资产主要指的是股票资产,而定价则试图解释资本市场如何决定股票收益率,进而决定股票价格。

资本资产定价模型是"必要收益率 = 无风险收益率 + 风险收益率"的具体化,资本资产定价模型的一个主要贡献是解释了风险收益率的决定因素和度量方法,资本资产定价模型中,风险收益率 = $\beta \times (R_m - R_f)$,资本资产定价模型的完整表达式为式(2-28):

$$R = R_f + R_R = R_f + B_p(R_m - R_f) \qquad (2-28)$$

式(2-28)中,R 表示资产组合的必要收益率;β_p 表示该资产的系统风险系数;R_f 表示无风险收益率,一般以国库券利率衡量;R_R 表示风险收益率;R_m 表示市场组合收益率,又称为平均风险的必要收益率、市场组合的必要收益率等;$(R_m - R_f)$ 称为市场风险溢酬或者平均风险收益率。

资本资产定价模型把投资的收益分成两部分:一是无风险收益,二是风险收益。可以通过图 2-6 来表示。

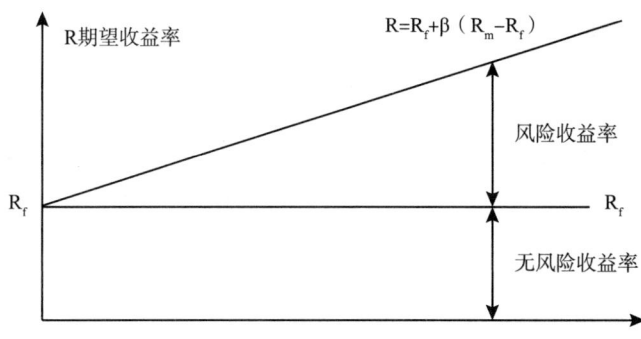

图 2-6 资本资产定价模型

在资本资产定价模型中,计算风险收益率时只考虑了系统风险,没有考虑非系统风险,这是因为非系统风险可以通过资产组合消除,一个充分的投资组合几乎没有非系统风险。在投资研究中假设投资人都是理智的,都会选择充分投资组合,非系统风险与资本市场无关。资本市场不会对非系统风险给予任何价格补偿。

资本资产定价模型对任何公司、任何资产(包括资产组合)都是适合的。只要将该公司或资产的 β 系数代入到 $R = R_f + \beta_p(R_m - R_f)$ 中,就能得到该公司或资产的必要收益率。

【例 2-21】太某公司持有甲、乙和丙三种股票的资产组合,它们的 β 系数分别为 3、1 和 0.5,它们在该资产组合中的投资比重分别为 50%、30% 和 20%,股票的平均市场收益率为 20%,无风险报酬率为 10%,试确定该资产组合的:

①组合资产的 β 系数;②组合投资的风险报酬率;③组合资产的报酬率。

解:①$\beta_p = 3 \times 50\% + 1 \times 30\% + 0.5 \times 20\% = 1.9$

②$R_R = 1.9 \times (20\% - 10\%) = 19\%$

③$R = 10\% + 19\% = 29\%$

(二) 资本资产定价模型的有效性和局限性

资本资产定价模型最大的贡献在于提供了对风险和收益之间的一种实质性的表述，资本资产定价模型首次将"高收益伴随着高风险"这样一种直观认识，用这样简单的关系式表达出来。到目前为止，资本资产定价模型是对现实中风险与收益关系最为贴切的表述，因此长期以来，被财务人员、金融从业者以及经济学家作为处理风险问题的主要工具。

然而，将复杂的现实简化了的这一模式，必定会遗漏许多有关因素，也必定会限制在许多假设条件之下，因此也受到了一些质疑。直到现在，关于资本资产定价模型有效性的争论还在继续，拥护和批驳的辩论相当激烈和生动。人们也一直在寻找更好的理论或方法，但尚未取得突破性进展。

尽管资本资产定价模型已经得到了广泛的认可，但在实际运用中，仍存在着一些明显的局限，主要表现在：(1) 某些资产或企业的 β 值难以估计，特别是对一些缺乏历史数据的新兴行业。(2) 经济环境的不确定性和不断变化，使得依据历史数据估算出来的 β 值对未来的指导作用必然要打折扣。(3) 资本资产定价模型是建立在一系列假设之上的，其中一些假设与实际情况有较大偏差，使得资本资产定价模型的有效性受到质疑。这些假设包括：市场是均衡的，市场不存在摩擦，市场参与者都是理性的、不存在交易费用、税收不影响资产的选择和交易等。

由于以上局限，资本资产定价模型只能大体描绘出证券市场运动的基本情况，而不能完全确切地揭示证券市场的一切。因此，在运用这一模型时，应该更注重它所揭示的规律。

第三节 成本性态分析

中国移动运营商发送一条短信的成本性态

成本性态，亦称为成本习性，是指成本总额与特定业务量之间在数量方面的依存关系。成本总额对业务量的依存关系是客观存在的，而且是有规律的。对成本按照性态这一标准进行划分是管理会计的重要基石，其许多决策方法尤其是短期决策方法都需要借助成本性态这一概念。①

成本按照形态可以划分为固定成本、变动成本及兼具固定成本和变动成本的混合成本三类。

---

① 孙茂竹，文光伟，杨万贵. 管理会计学 [M]. 六版. 北京：中国人民大学出版社，2013.

若以 y 表示成本总额，a 表示固定成本，x 表示业务量，b 表示单位变动成本，则成本性态模型可以表达为 $y = a + bx$。

一、固定成本

2.1 固定成本

（一）固定成本的概念

固定成本，是指总额在一定期间和一定业务量范围内，不受业务量变动的影响而保持固定不变的成本，例如制造费用中的固定部分即固定性制造费用、行政管理人员的工资、办公费、财产保险费、固定资产折旧费、不动产税等，都是属于固定成本。

（二）固定成本的特征

（1）固定成本总额的不变性，是指固定成本总额在一定期间内不随业务量的变动而变动。

（2）单位固定成本的反比例变动，是指单位固定成本在一定期间内随业务量的变动而变动，且两者呈反比例变动关系。

【例 2 - 22】太某公司生产 A 产品，其专用生产设备的月折旧额为 120 000 元，该设备最大加工能力为 40 000 件/月。当该设备分别生产 10 000 件、20 000 件、30 000 件和 40 000 件时，固定成本、单位固定成本如表 2 - 3 所示。

表 2 - 3　　　不同产量下的固定成本、单位固定成本　　　单位：元

产量（件）	固定成本	单位固定成本
10 000	120 000	12
20 000	120 000	6
30 000	120 000	4
40 000	120 000	3

从〖例 2 - 22〗可以看出，在一定时期内固定成本总额不随产量的变动而变动，而单位固定成本与产量呈反比例关系，即产量增加可以使产品的单位固定成本下降。

将〖例 2 - 22〗的有关数据在坐标图中表示，如图 2 - 7 所示。

（三）固定成本的分类

符合固定成本概念的支出在"固定性"的强弱上是有差别的，所以固定成本又细分为酌量性固定成本和约束性固定成本。

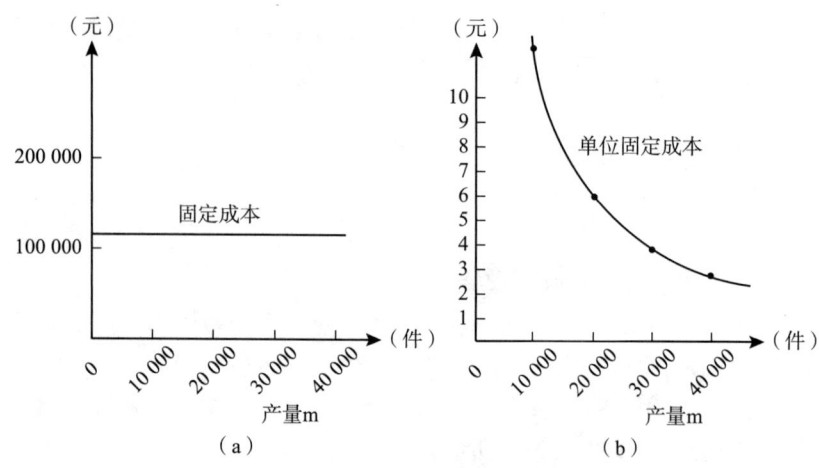

图 2-7 固定成本的性态模型

酌量性固定成本也称为选择性固定成本或者任意性固定成本，是指管理者根据企业的经营目标确定的一定期间（通常是一年）的预算而形成的固定成本，如广告费，职工教育培训费，技术开发费、研发费用等。这些成本的基本特征是，数额的大小直接取决于企业管理者根据企业的生产经营状况所作出的决策。但是需要说明的是，这并不意味着酌量性固定成本可有可无。因为从性质上讲，酌量性固定成本仍是企业的一种"存在成本"，其支出的大小直接关系到企业未来竞争能力的大小，因此管理者的判断非常重要。企业管理者应权衡预期未来竞争能力的大小和为取得这种未来竞争能力所付出的现实成本，对酌量性固定成本作出合理决策。

约束性固定成本，是指管理者的决策无法改变其支出数额的固定成本，因而也称为承诺性固定成本或者经营能力成本或者能量成本。例如，厂房及机器设备按直线法计提的折旧费、房屋及设备租金、不动产税、财产保险费、照明费、行政管理人员的薪金等，均属于约束性固定成本。孙茂竹等（2013）认为约束性固定成本是企业维持正常生产经营能力所必须负担的最低固定成本，其支出数额的大小取决于生产经营规模与质量，即使经营暂时中断，该项固定成本依然维持不断，具有很大的约束性。因此，约束性固定成本一旦形成，企业管理者很难在短期内改变其数额。

从短期决策角度分析，酌量性固定成本及约束性固定成本与企业的业务量水平均无直接关系。

（四）固定成本的相关范围

前面在给固定成本下定义时，曾冠以"在一定时期和一定业务量范围内"这样一个定语，也就是说固定成本的"固定性"不是绝对的，而是有限定条件的。这种限定条件或范围在管理会计中叫作"相关范围"，表现为一定的时间范围和一定的空间范围。

就时间范围而言，固定成本表现为在某一特定期间内具有固定性。就空间范围而言，固定成本表现为在某一特定业务量水平内具有固定性。固定成本的相关范围还必须解决这样一个问题：当原有的相关范围被打破，固定成本是否还表现为某种固定性？答案是肯定的。原有的相关范围被打破，自然又有了新的相关范围；原有的固定成本总额发生变化，自然就会有新的固定成本总额，只不过其"固定性"体现在新的相关范围内罢了（孙茂竹等，2020）。我们沿用〖例2－22〗的条件，假定该企业生产设备增加了1倍，其加工能力由原来的40 000件增加到80 000件，月折旧费用由120 000元增加到240 000元，那么折旧费用（固定成本）的变化如图2－8所示。

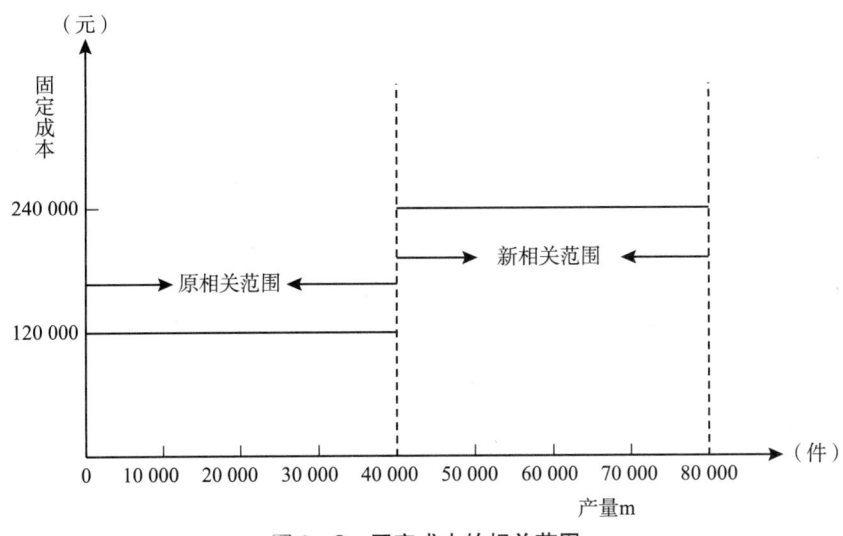

图2－8 固定成本的相关范围

二、变动成本

（一）变动成本的概念

变动成本是指在一定期间和一定业务量范围内，其总额随着业务量的变动而呈正比例变动的成本。例如，直接材料费、产品包装费、按件计酬的工人薪金、推销佣金以及按加工量计算的固定资产折旧费等，均属于变动成本。

若以 y 表示变动成本总额，x 表示业务量，b 表示单位变动成本，则变动成本的性态可以通过计算公式 y = bx 表达。

2.2 变动成本

(二)变动成本的特征

(1)变动成本总额的变动性,是指变动成本总额随着业务量的变化呈正比例变动关系。

(2)单位变动成本的不变性,是指单位变动成本在一定期间内不受业务量增减变动的影响而保持不变,也就是单位业务量的变动成本是一个定量。

【例2-23】假定〖例2-22〗中单位产品的直接材料成本为200元,当产量分别为10 000件、20 000件、30 000件和40 000件时,材料的总变动成本和单位产品的材料成本如表2-4所示。

表2-4　　　　材料总变动成本和材料单位变动成本　　　　单位:元

产量(件)	材料总变动成本	材料单位变动成本
10 000	2 000 000	200
20 000	4 000 000	200
30 000	6 000 000	200
40 000	8 000 000	200

从〖例2-23〗可以看出,材料单位变动成本不随产量的变动而变动,而材料总变动成本与产量呈正比例关系,即产量的增加可以使产品的总变动成本上升。

将〖例2-23〗中的有关数据在坐标图中表示,则变动成本的性态模型如图2-9所示。

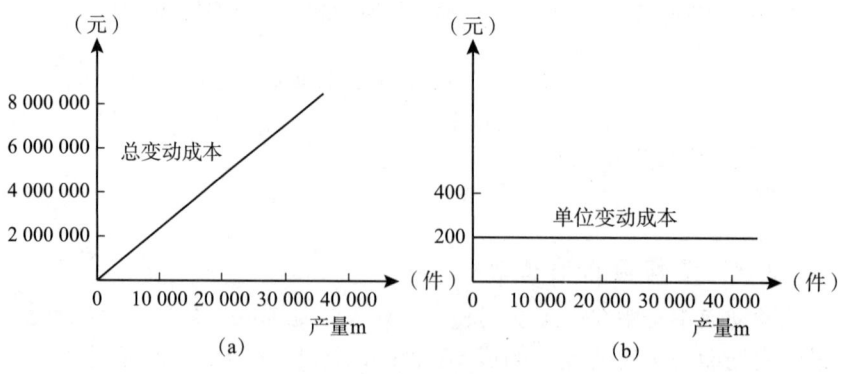

图2-9　变动成本的性态模型

(三)变动成本的分类

变动成本可以按照其变动性的强弱分为酌量性变动成本和约束性变动成本。

酌量性变动成本是指企业管理者的当前决策可以改变其支出数额的变动成本，如按销售收入的一定比例计算的销售佣金等。这些支出的比例或标准取决于企业管理者的决策，如计算销售佣金的百分数。当然，企业管理者在作上述决策时不能脱离当时的各种市场环境。企业要想降低酌量性变动成本，应当通过合理决策，降低单位产品变动成本的消耗量。

约束性变动成本指企业管理者的当前决策无法改变其支出数额的变动成本。约束性变动成本的大小对企业管理者而言就有了很大程度的约束性，这类成本的改变往往也意味着企业的产品改型了。理论上，若企业不生产该产品，则约束性变动成本便为零。企业要降低约束性变动成本，应当通过改进设计、实现技术革新和技术革命，提高材料综合利用率、劳动生产率和产出率以及避免浪费、降低单位耗用量来实现。

（四）变动成本的相关范围

变动成本的变动性，即"随着业务量的变动而呈正比例变动"，也有其相关范围。也就是说，变动成本总额与业务量之间的这种正比例变动关系（即完全线性关系）只是在一定业务量范围内才能实现，超出这一业务量范围，两者之间就不再是这样一种正比例变动关系。

例如，当企业的产品产量较小时，单位产品的材料成本和人工成本可能比较高。但当产量逐渐上升到一定范围内时，由于材料的利用可能更加充分、工人的作业安排可能更加合理等原因，单位产品的材料成本和人工成本会逐渐下降。而当产量突破上述范围继续上升时，可能使某些变动成本项目超量上升（如加倍支付工人的加班工资），从而导致单位产品中的变动成本由降转升。上述变化情况可以用图2-10来表示。

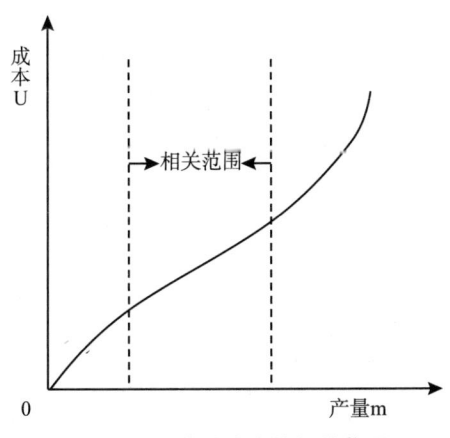

图2-10 变动成本的相关范围

图 2-10 表明，当产量开始上升时，变动成本总额不一定总是与产量的变动呈正比例变化，而通常是前者的增长幅度小于后者的增长幅度，表现在图 2-10 中就是变动成本总额线呈现向下弯曲的趋势（即其斜率随着产量的上升而变小）；当产量继续上升时，变动成本总额的增长幅度又会大于产量的增长幅度，表现在图 2-10 中就是变动成本总额线呈现一种下凸的趋势（即其斜率随着产量的上升而变大）；而在产量上升的中间阶段，变动成本总额线弯曲程度平缓，基本呈直线状态（即线性关系）。变动成本的相关范围指的就是这个中间阶段。

需要说明的是，现实经济生活中几乎不存在可以将变动成本总额与业务量的关系描述为绝对线性关系的例子，但这并不妨碍我们在一定的业务量范围内假设它们之间存在这种线性关系，并依此进行成本性态分析。而且，如果我们能够合理地确定上述相关范围，即使将变动成本总额与业务量之间的非线性关系描述为线性关系，也不妨碍为相关的预测和决策行为提供数据支持，这样成本性态分析方法的适用范围也就更广了。

此外，正如在固定成本相关范围问题中所讲的，原有的相关范围被打破，也就有了新的相关范围。不过由于固定成本呈现跳跃性变化，相关范围之间的界限相对来说容易划分，而变动成本由于呈现渐进性变化，划分起来要更加困难一些。

2.3 混合成本

三、混合成本

（一）混合成本的概念

前面所讲的固定成本和变动成本，实际上在现实生活中是两个成本性态中的极端类型，大多数成本是处于两者之间的成本，即混合成本。

混合成本是指包含了固定成本和变动成本两种不同形态的成本。在现实经济生活中，许多成本项目发生额的高低虽然直接受业务量大小的影响，但不存在严格的比例关系，人们需要对混合成本按形态进行近似的描述（称为混合成本的分解），只有这样才能为决策所用。其实，企业的总成本就是一项混合成本，一项最大的混合成本。

（二）混合成本的分类

混合成本根据其发生的具体情况，通常可以分为以下三类。

1. 半变动成本

此类成本的特征是当业务量为零时，成本为一个非零基数，当业务发生时,成本以该基数为起点,随业务量的变化而呈比例变化,呈现出变动成本性态。半变动成本是典型的混合成本,大部分混合成本都属于半变动成本,如电费、水费、电话费等,均属半变动成本。企业支付的上述费用通常都有一个基数部分,超出部分则随业务量的增加而增大。

【例2-24】假设太某企业每月电费支出的基数为2 000元,超基数费用为0.3元/千瓦,每生产1件产品需耗电5千瓦。那么,当企业本月共生产2 000件产品时,其支付的电费总额为5 000元。如以y代表企业支付的电费总额,a代表每月电费基数(2 000元),b代表单位产品所需电费(0.3×5),x代表产品产量(2 000件),则本例各数据之间的关系可以通过 y = a + bx = 2 000 + 1.5x 这一数学模型来表示。若在坐标图中以本例来演示半变动成本的特征,则如图2-11所示。

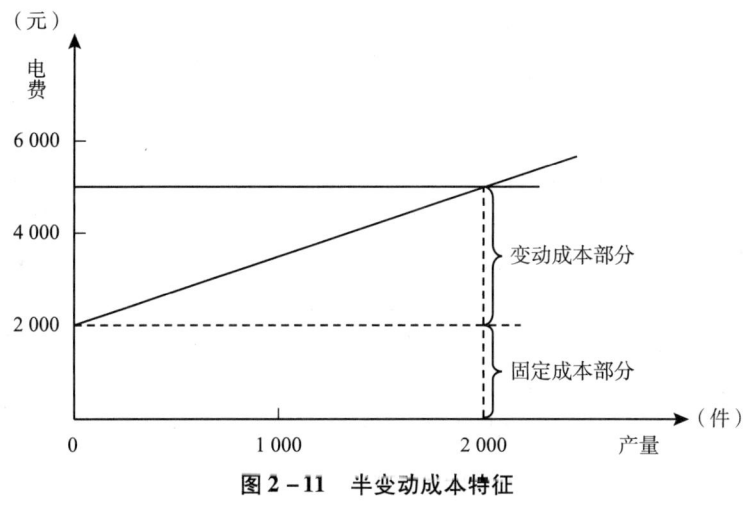

图2-11 半变动成本特征

2. 半固定成本

此类成本的特征是在一定业务量范围内,其发生额的数量是不变的,体现固定成本性态,但当业务量的增长达到一定限额时,其发生额会突然跃升到一个新的水平,然后在业务量增长的一定限度内(即一个新的相关范围内),其发生额的数量又保持不变,直到另一个新的跃升为止,因而也称为阶梯式变动成本。不难看出,在每一个相关范围内,半固定成本均体现固定成本形态。例如,企业工资费用中化验员、质检员的工资,受开工班次影响的设备动力费,按订单进行批量生产并按开机次数计算的联动设备的折旧费等,均属于这种成本。

【例2-25】假设太某公司的每个质检员最多检验500件产品,也就是说产量每增加500件就必须增加一名质检员,而且是在产量一且突破500件的倍数时就必须增加,那么,该企业质检员的工资成本就属于半固定成本。随着产品产量的增加,该项成本呈现阶梯式跃升。假设质检员的工资标准为2 000元,则质检员的工资支出如图2-12所示。

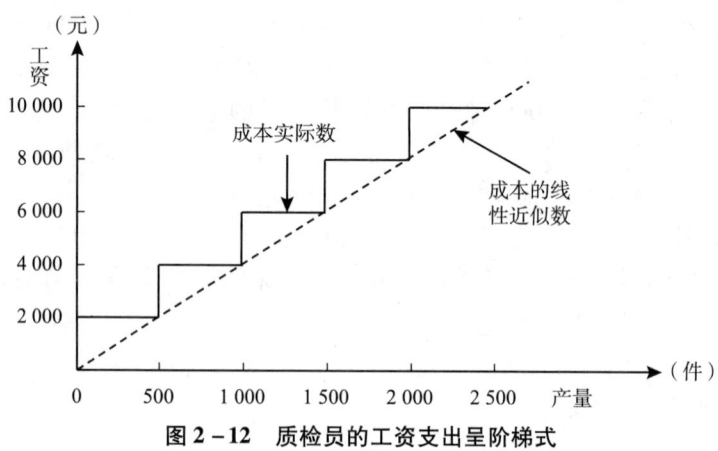

图2-12 质检员的工资支出呈阶梯式

与半固定成本不同的另一方面是,半固定成本较难用数学模型来表达。当产量的变动范围较小（如上例中产量在500~1 000件之间变动）时,半固定成本可以视为固定成本,用 $y = a$ 这样的数学模型来表示,而且这一数学模型还适用于任何一个以500为差数、以500的倍数为界端的区域范围,如图2-12中成本实际数所示,当产量的变动范围较大（如上例中产量在500~2 500件变动甚至超过2 500件）时,半固定成本应该视为变动成本,因为在这种情况下,质检员工资成本固定不变的相关产量范围只占整个产量可变范围的很小一部分。此时,需要用平滑的方式将半固定成本描述为一种近似的变动成本性态,即图2-12中虚线成本的线性近似数,其数学模型与变动成本总额的数学模型一样,即 $y = bx$,其变动率b（即图中虚线的斜率）为4元/件（即企业为单位产品所支付的质检员工资）。

3. 延伸性变动成本

此类成本的特征是在业务量的某一临界点以下表现为固定成本,超过这一临界点则表现为变动成本。例如当企业实行计时工资时,其支付给职工的正常工作时间内的工资总额是固定不变的,但当职工的工作时间超过了正常水平,企业需按规定支付加班工资,并且加班工资的大小与加班时间的长短存在正比例关系。

【例2-26】假设太某公司职工正常工作时间为300小时,正常工资总额为3 000元,即小时工资率为10元,职工加班时按规定需支付双薪。该企业工资总额的成本性态如图2-13所示。

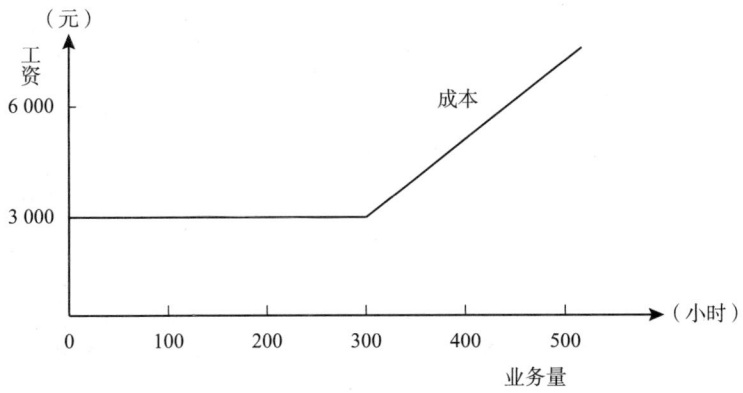

图 2-13 太某公司工资总额的成本性态

将图 2-13 与半变动成本中的图 2-11 进行比较，不难看出，延伸变动成本就是将纵轴"延伸"至业务量"临界点"（上例中的 3 000 小时）时的半变动成本。所谓延伸变动成本，顾名思义就是指随着业务量的"延伸"，原本固定不变的成本成为变动成本。

需要说明的是，现实经济生活中，成本的种类繁杂、形态各异，前面所讲的变动成本、固定成本和各种混合成本当然不能囊括成本的全部内容，但我们总是可以将其近似地描述为某种形态。

通过上述可以知道，无论哪类混合模型，都可以直接或者间接地用一个直线方程 $y = a + bx$ 模拟，这就为成本性态分析中的混合成本分解提供了数学依据。

（三）混合成本的分解

为了规划和控制企业经济活动，为管理者提供决策支持，必须把全部成本划分为固定成本和变动成本，基于此，需要将混合成本进行分解，分解为"固定部分"和"变动部分"，然后再分别纳入变动成本和固定成本中。

混合成本的分解方法很多，通常有高低点法、工程分析法、回归直线法、账户分析法。

1. 高低点法

高低点法是历史成本法中最简便的一种分解方法。基本做法是，以某一期间内最高业务量（即高点）的混合成本与最低业务量（即低点）的混合成本的差数，除以最高业务量与最低业务量的差数，得出的商数即为业务量的成本变量（即单位业务量的变动成本额），进而可以确定混合成本中的变动成本部分和固定成本部分。

如前所述，混合成本是混合了固定成本与变动成本的成本，在一定的相关范围内，总可以用 $y = a + bx$ 这样一个数学模型来近似地描述，这也是高低点法的基本原理。在这个相关范围内，固定成本 a 既然不变，那么总成本随业务量的变动而产生的变化量就全部为变动成本。高点和低点的选择完全是出于尽可能覆盖相关范围的考虑。

高低点法分解混合成本的具体步骤如下：

第一步，确定高低点坐标。从由各期业务量与相关成本所构成的所有坐标点中，找出由最高业务量（x_1）和同期成本（y_1）组成的高点坐标（x_1, y_1）和由最低点业务量（x_2）及同期成本（y_2）组成的低点坐标（x_2, y_2）。

第二步，根据高低点坐标值，计算单位变动成本（或者混合成本的变动部分）b。

b 的计算公式如式（2-29）所示：

$$b = \frac{y_1 - y_2}{x_1 - x_2} = \frac{高低点成本之差}{高低点业务量之差} \tag{2-29}$$

第三步，计算固定成本（或者混合成本中的部分）a。将低点和高低的坐标值和 b 值代入式（2-30）：

$$a = y_2 - bx_2 = 低点成本 - b \times 低点业务量$$

或者　　　　$= y_1 - bx_1 = 高点成本 - b \times 高点业务量 \tag{2-30}$

第四步，建立成本性态模型。将 a 和 b 的值代入 y = a + bx，得到该项成本的形态模型。

经过上述步骤，就可以分解混合成本。

【例 2-27】假定太某公司 2024 年 12 个月的产量和电费支出的有关数据如表 2-5 所示。

表 2-5　　　　　　　　产量和电费支出的有关数据

月份	产量（件）	电费（元）
1	8 000	20 000
2	6 000	17 000
3	9 000	22 500
4	10 000	25 500
5	8 000	21 500
6	11 000	27 500
7	10 000	24 600
8	10 000	25 200
9	9 000	23 200
20	7 000	19 500
11	11 000	26 500
12	12 000	29 000

该年产量最高的月份是 12 月,为 12 000 件,相应电费为 29 000 元;产量最低的月份是 2 月,为 6 000 件,相应电费为 17 000 元。按前面的运算过程进行计算如下:

$$b = \frac{290\ 000 - 17\ 000}{12\ 000 - 6\ 000} = 2\ (元/件)$$

$a = 29\ 000 - 2 \times 12\ 000 = 5\ 000$(元)

或者 $a = 17\ 000 - 2 \times 6\ 000 = 5\ 000$(元)

以上计算表明,该企业电费这项混合成本属于固定成本的为 5 000 元;单位变动成本为每件 2 元。用数学模型来描述这项混合成本即为:

$$y = 5\ 000 + 2x$$

采用高低点法分解混合成本,最大的优点是计算简便,但是采用高低点法时需要注意:(1)观测值能反映企业正常的生产状态;(2)所求得的混合成本分解式只适用于最高点业务量与最低点业务量之间的活动范围。

2. 回归直线法

如前所述,散布图法是通过目测的结果来勾画混合成本性态的,由于可以勾画出多条反映成本性态的直线,所以很难判断哪一条直线描述得更为准确。回归直线法则是运用数理统计中常用的最小平方法的原理,对所观测到的全部数据加以计算,从而勾画出最能代表平均成本水平的直线。这条通过回归分析方法而得到的直线就称为回归直线,它的截距就是固定成本 a,斜率就是单位变动成本 b,这种分解方法也就称作回归直线法。又因为回归直线可以使各观测点的数据与直线相应各点误差的平方和最小,所以这种分解方法又称为最小平方法。

回归直线法的具体步骤如下:

第一步,列表求值。根据历史资料列表,求出 n、$\sum x$、$\sum y$、$\sum xy$、$\sum x^2$ 和 $\sum y^2$ 的值。

第二步,计算相关系数 r,并判断 x 和 y 之间是否存在必然的内在联系。相关系数(r)用于揭示两组数据(x 与 y)之间关联程度的数学指标,其取值范围一般在 [−1~1] 之间。当 r = −1 时,说明 x 与 y 之间完全负相关;当 r = 0 时,说明 x 与 y 之间不存在任何关系;当 r = 1 时,说明 x 与 y 之间完全正相关。

回归直线法要求业务量 x 与成本 y 之间基本上保持线性关系,否则研究就没有意义。

相关系数计算公式如式(2−31)所示:

$$r = \frac{n\sum xy - \sum x \sum y}{\sqrt{n\sum x^2 - (\sum x)^2} \times \sqrt{n\sum y^2 - (\sum y)^2}} \quad (2-31)$$

第三步，计算回归系数 a 和 b。具体计算公式如式（2-32）和式（2-33）所示：

$$b = \frac{n\sum xy - \sum x \sum y}{n\sum x^2 - (\sum x)^2} \quad (2-32)$$

$$a = \frac{\sum y - b\sum x}{n} = \frac{\sum x^2 \sum y - \sum x \sum xy}{n\sum x^2 - (\sum x)^2} \quad (2-33)$$

第四步，建立成本性态模型：y = a + bx。

【例 2-28】根据〖例 2-27〗计算出 xy，x^2 和 y^2 的值，如表 2-6 所示。

表 2-6　　　　　　　xy，x^2 和 y^2 的计算表

月份	产量 x（件）	电费 y（元）	xy	x^2	y^2
1	8 000	20 000	160 000 000	64 000 000	400 000 000
2	6 000	17 000	102 000 000	36 000 000	289 000 000
3	9 000	22 500	202 500 000	81 000 000	506 250 000
4	10 000	25 500	255 000 000	100 000 000	650 250 000
5	8 000	21 500	172 000 000	64 000 000	462 250 000
6	11 000	27 500	302 500 000	121 000 000	756 250 000
7	10 000	24 600	246 000 000	100 000 000	605 160 000
8	10 000	25 200	252 000 000	100 000 000	635 040 000
9	9 000	23 200	208 800 000	81 000 000	538 240 000
10	7 000	19 500	136 500 000	49 000 000	380 250 000
11	11 000	26 500	291 500 000	121 000 000	702 250 000
12	12 000	29 000	348 000 000	144 000 000	841 000 000
∑	111 000	282 000	2 676 800 000	1 061 000 000	6 765 940 000

检测 x 与 y 的线性关系：

$$r = \frac{n\sum xy - \sum x \sum y}{\sqrt{n\sum x^2 - (\sum x)^2} \times \sqrt{n\sum y^2 - (\sum y)^2}}$$

$$= \frac{12 \times 2\,676\,800\,000 - 111\,000 \times 282\,000}{\sqrt{12 \times 10\,610\,000\,000 - 111\,000^2} \times \sqrt{12 \times 6\,765\,940\,000 \times 282\,000^2}}$$

$$= 0.9321 \rightarrow +1$$

因此，x 与 y 基本呈现正相关关系。

$$b = \frac{n\sum xy - \sum x \sum y}{n\sum x^2 - (\sum x)^2} = \frac{12 \times 2\,676\,800\,000 - 111\,000 \times 282\,000}{12 \times 1\,061\,000\,000 - 111\,000^2}$$

$$= 1.99（元/件）$$

$$a = \frac{\sum y - b \sum x}{n} = \frac{\sum x^2 \sum y - \sum x \sum xy}{n \sum x^2 - (\sum x)^2}$$

$$= \frac{282\,000 - 1.99 \times 111\,000}{12} = 5\,092.5 \text{（元）}$$

建立的回归直线模型为：

$$y = 5\,092.5 + 1.99x$$

回归直线法相对而言比较麻烦，但与高低点法相比，由于选择了包括高低两点在内的全部观测数据，因而避免了高低点法中高低两点的选取带来的偶然性；与散布图法相比，则是以计算代替了目测方式，所以是一种比较好的混合成本分解方法。不过，无论计算如何准确，与高低点法和散布图法一样，其分解的结果仍具有一定的假定和估计成分，决策者在据以决策时需加以考虑。同时，与高低点法和散布图法一样，此法也应剔除非正常值的影响。

3. 账户分析法

账户分析法是根据各个成本、费用账户（包括明细账户）的内容，直接判断其与业务量之间的相互变动关系，从而确定其成本性态的一种成本分解方法。

账户分析法的基本做法是根据各成本、费用账户的具体内容，判断其特征是更接近于固定成本还是更接近于变动成本，进而直接将其确定为固定成本或变动成本。例如，"制造费用"账户中的车间管理部门的办公费、按折旧年限计算的设备折旧费等，虽与产量的关系比管理费用密切一些，但基本特征仍属"固定"，所以也应视为固定成本；而"制造费用"账户内的燃料动力费、维修费等，虽然不像直接材料费那样与产量成正比例变动，但其发生额的大小与产量变动的关系很明显，因而可以将其视为变动成本。

【例2-29】假设太某公司的A生产车间作为分析对象，2024年12月的成本数据如表2-7所示。

表2-7　　　　　　　A生产车间成本资料　　　　　　单位：元

账户	总成本
生产成本——材料	60 000
——工资	30 000
制造费用——燃料动力	20 000
——工资	14 000
——折旧费	20 000
——办公费	6 000
合计	150 000

如果该车间只生产单一产品，那么本月发生的 150 000 元费用将全部构成该产品的成本，如生产多种产品，假定上述属于共同费用的数据，是在合理进行分配的基础上得到的，有关成本的分解过程如表 2-8 所示。

表 2-8　　　　　　　　　成本的分解过程　　　　　　　　　单位：元

账户	总成本	成本性态	
		固定成本	变动成本
生产成本——材料	60 000		60 000
——工资	30 000		30 000
制造费用——燃料动力	20 000		20 000
——工资	14 000		14 000
——折旧费	20 000	20 000	
——办公费	6 000	6 000	
合计	150 000	26 000	124 000

表 2-8 的分解理由是：直接材料和直接人工（即"生产成本"账户项目）通常为变动成本；燃料动力费、修理费、间接人工费虽然不与产量的变动成正比例变动关系，但有明显的变动关系，所以也确定为变动成本；折旧费和办公费与产量变动没有明显关系，因而确定为固定成本。不难看出，上述分解过程是在一定的假设条件下进行的：假设生产工人的工资实行计件工资制，那么直接人工就是变动成本；假设生产设备的折旧额不是按加工量或加工时间计算的，那么折旧费就属于固定成本。如果假设条件不是这样的，分解的结果当然就不一样了。不过，相对于特定的分解对象而言，相应的假设条件由于经常使用而约定俗成为既定前提了，所以，对于一些常见的成本费用，如直接材料、直接人工等，可以依据前述的既定前提，直接将其确定为固定成本或变动成本。

根据表 2-8，该车间的总成本被分解为固定成本和变动成本两部分，其中：

$a = 26\ 000$ 元

如设该车间当月产量为 1 000 件，那么：

$b = \dfrac{124\ 000}{1\ 000} = 124$（元/件）

以数学模型来描述该车间的总成本，即：

$$y = 26\ 000 + 124x$$

账户分析法是混合成本分解的诸多方法中最为简便的一种，同时也是相关决策分析中应用比较广泛的一种。但由于有关分析人员的判断能力，因而不可避免地带有一定的片面性和局限性。

就账户分析法的对象而言，这一方法通常用于特定期间总成本的分解，而且对成本性态的确认通常也只限于成本性态相对比较典型的成本项目，面对成本性态不那么典型的成本项目，则应该选择其他的成本分解方法。

4. 工程分析法

工程分析法是运用工业工程的研究方法来研究影响有关成本项目数额的每个因素，并在此基础上直接估算出固定成本和单位变动成本的一种成本分解方法。

工程分析法分解成本的基本步骤是：

第一步，确定研究的成本项目；

第二步，对形成成本的生产过程进行观察和分析；

第三步，确定生产过程的最佳操作方法；

第四步，以最佳操作方法为标准方法，测定标准方法下成本项目的每一项构成内容，并按成本性态分别确定为固定成本或变动成本。

【例2－30】设太某公司的粉末冶金车间对精密金属零件采取一次模压成型、电磁炉烧结的方式进行加工，如果以电费作为成本研究对象，经观察，电费成本与电磁炉的预热和烧结两个过程的操作有关。按照最佳的操作方法，电磁炉从开始预热至达到可烧结的温度需耗电 1 500 千瓦时，烧结每千克耗电 500 千瓦时。每一工作日加工一班，每班电磁炉预热一次，全月共 20 个工作日，电费价格为 0.8 元/千瓦时。

设每月电费总成本为 y，每月固定电费成本为 a，单位电费成本为 b，x 为烧结零件重量，则有：

$a = 20 \times 1\ 500 \times 0.8 = 24\ 000$（元）

$b = 500 \times 0.8 = 400$（元/千克）

该车间电费总成本分解的数学模型即为：

$$y = 24\ 000 + 400x$$

工程分析法适用于任何可以从客观立场上进行观察、分析和测定的投入产出过程，如对直接材料、直接人工等制造成本的测定；也可以用于仓储、运输等非制造成本的测定。工程分析法的优点十分突出：（1）工程分析法是一种独立的分析方法，即使在缺乏历史成本数据的情况下也可以采用；（2）工程分析法可以排除那些发生在分析期间的无效或者不正常的支出。工程分析也存在缺点：（1）工程分析法的分析成本较高；（2）对于那些不能直接将其归属于特定投入与产出过程的成本，或者属于不能单独进行观察的联合生产过程中的成本，如各种间接成本，就不能使用工程分析法。

从混合成本分解的各种方法中不难看出，成本分解的过程实际上是一个对成本性态进行研究的过程。就成本分解的各种方法而言，应该说是短长互见。因此，应该根据不同的分解对象所需的精确程度和所能承担的成本支出来选择适当的分解方法。得到分解结果后，还应当尽可能采用其他方法进行印证，以获得比较准确的数据。

第四节 本量利分析

管理会计应用指引第 401 号——本量利分析

2.4 本量利分析的概述

一、本量利分析的概述

（一）本量利分析的含义

本量利分析（cost-volume-profit analysis），简称 CVP 分析，是指以成本性态分析和变动成本法为基础，运用数学模型和图式，揭示固定成本、变动成本、业务量、单价与利润等因素之间的依存关系，发现变动的规律性，为企业进行预测、决策、计划和控制等活动提供支持的一种定量分析方法。

本量利分析是现代管理会计的重要方法，本量利分析的应用十分广泛。它与经营风险分析相联系，可促使企业努力降低风险，与预测技术相结合，企业可进行保本分析、保利分析等，与决策融为一体，企业据此可进行生产决策、定价决策和投资不确定性分析，企业还可以将其应用于全面预算、成本控制和业绩考评等。

（二）本量利分析的假设

本量利分析所建立和使用的有关数学模型和图形，是以下列基本假设为前提条件的：

1. 成本性态假设

假设企业能将成本按照成本性态划分为固定成本和变动成本。这是进行本量利分析的重要前提。如果成本划分不准确，那么提供的数据也会不准确，从而影响分析的结果。

2. 相关范围假设

成本按照形态进行划分的基本假设前提是"在一定期间和一定业务量范围内"，也是固定成本和变动成本划分的前提条件。

3. 模型线性假设

在相关范围假定下，成本和业务量之间才能用 $y = a + bx$ 表示，同时，销售收入用 $y = px$ 表示。这一假定排除了在时间和业务量变动的情况下,各生产要素的价格(原料、工资率等)、技术条件、工作效率和生产率以及市场变化的可能性。

4. 产销平衡假设

本量利分析法中的"量"指的是销售量而非产量,在销售价格不变的条件下,"量"指的是收入。也就是说,本量利分析法的研究核心是收入和成本之间的对比关系。而在变动成本法中,产量这一业务量的变动将会对固定成本和销售成本都可能产生影响,也就是影响了收入与成本的对比关系。因此,本量利的方法运用的前提必须是产销平衡。

5. 品种结构不变假设

当企业生产一种产品时并不存在品种结构假设的影响,但是在现实生产中,大部分企业是多品种的生产模式。而由于每种产品的获利能力不尽相同,因此品种结构的比例发生变动势必影响销售收入。基于此,本量利分析法必须站在品种结构假设的基础上。

以上是一些主要的基本假设,不难看出假设进行本量利分析所需要的数据属于静止状态,所以一般只适用于短期分析。但是,在实际工作中必须从动态角度分析企业的销售价格、产品组合等,因此应积极应用动态分析、敏感性分析等技术克服本量利的局限性(李玉周,2022)。

(三)本量利分析的基本指标

1. 本量利分析的基本等式

在变动成本法下,利润的计算可用以式(2-34)表示:

$$P = xp - xb - F = x(p - b) - F = CM - F \qquad (2-34)$$

式(2-34)中,P 表示利润;x 表示销售量;p 表示销售单价;b 表示单位变动成本;F 表示固定成本;CM 表示贡献毛益。

由于本量利分析的数学模型是在上述公式基础上建立起来的,故可以将上式作为本量利的基本等式。显然,在等式中一共涉及五个变量,即利润总额(P)、销售量(x)、销售单价(p)、单位变动成本(b)和固定成本(F),只要掌握了任何的四个变量就可以求出第五个变量。

2. 贡献毛益的相关指标

贡献毛益又称为边际利润或者边际贡献,是管理会计中非常重要的概念,可以通过单位贡献毛益、贡献毛益总额、贡献毛益率表示。

(1)贡献毛益总额,是指销售收入扣除自身的变动成本后的差额,当然这种差额只有扣除了固定成本后才能真正成为企业的利润,即式(2-35):

$$CM = x(p - b) \qquad (2-35)$$

式(2-35)中,CM 表示贡献毛益总额;p 表示销售单价;b 表示单位变动成本;x 表示销售量。

(2) 单位贡献毛益，是指单位产品单价与单位变动成本的差额，也就是每一件产品带来的利润水平的增加，即式（2-36）：

$$PCM = p - b \qquad (2-36)$$

式（2-36）中，PCM 表示单位贡献毛益；p 表示销售单价；b 表示单位变动成本。

(3) 贡献毛益率，是指贡献毛益在销售收入中所占的百分比，反映产品给企业做出的贡献能力，即式（2-37）：

$$CMR = \frac{CM}{S} = \frac{x(p-b)}{xp} = \frac{p-b}{p} \qquad (2-37)$$

式（2-37）中，CMR 表示贡献毛益率；CM 表示贡献毛益总额；S 表示销售收入；p 表示销售单价；b 表示单位变动成本；x 表示销售量。

(4) 变动成本率，是一个与贡献毛益率密切相关的指标，它是用于衡量变动成本与销售收入之间的关系，即式（2-38）：

$$BR = \frac{xb}{S} = \frac{xb}{xp} = \frac{b}{p} \qquad (2-38)$$

式（2-38）中，BR 表示变动成本率；S 表示销售收入；p 表示销售单价；b 表示单位变动成本；x 表示销售量。

从贡献毛益率及变动成本率的定义中不难看出，贡献毛益率与边际成本率如式（2-39）的关系：

$$CMR + BR = 1 \qquad (2-39)$$

【例 2-31】太某公司只生产和销售甲产品，当年销售了 10 000 件，单价 20 元/件，单位变动成本 12 元/件，固定成本 50 000 元。要求：

(1) 计算单位贡献毛益、贡献毛益总额、贡献毛益率、变动成本率；
(2) 计算利润。

解：(1) 单位贡献毛益 = 20 - 12 = 8（元/件）
贡献毛益总额 = 8 × 10 000 = 80 000（元）
贡献毛益率 = 8/20 × 100% = 40%
变动成本率 = 12/20 × 100% = 60%
(2) 利润 = 80 000 - 50 000 = 30 000（元）
从该例题中，验证了 CMR + BR = 1 的关系成立。

二、单一产品条件下的本量利分析

（一）盈亏临界点分析

1. 盈亏临界点计算

盈亏临界点分析，也称盈亏临界点分析或者损益转折点分析，是

2.5 盈亏临界点

指分析、测定盈亏平衡点,以及有关因素变动对保本点的影响等,是本量利分析的核心内容。盈亏临界点分析是本量利分析的基础,是分析企业经营安全程度的重要依据。盈亏临界点分析所提供的信息对于企业合理计划和有效控制经营非常有用,如预测成本、收入、利润和销售单价、销售量等。

单一品种的盈亏临界点有两种表达形式:一是盈亏临界点销售量;二是盈亏临界点销售额。

根据本量利分析的基本公式:

$$P = xp - xb - F = x(p - b) - F = CM - F$$

当计算盈亏临界点时,即 $P=0$ 时,计算公式为:

$$0 = xp - xb - F = x(p - b) - F = CM - F$$

可得式(2-40):

$$x_0 = \frac{F}{p-b} = \frac{F}{PCM} \qquad (2-40)$$

式(2-40)中,x_0 表示盈亏临界点销售量;F 表示固定成本;p 表示销售单价;b 表示单位变动成本;PCM 表示单位贡献毛益。

盈亏临界点除了可以使用销售数量指标外,还可以使用销售金额指标,即式(2-41):

$$S_0 = x_0 \times p = \frac{F}{p-b} \times p = \frac{F}{CMR} \qquad (2-41)$$

式(2-41)中,S_0 表示盈亏临界点销售额;x_0 表示盈亏临界点销售量;F 表示固定成本;p 表示销售单价;b 表示单位变动成本;CMR 表示贡献毛益率。

【例 2-32】太某公司生产和销售 A 产品,该产品的销售单价为 500 元,单位变动成本为 300 元,固定成本为 500 000 元,要求计算:

(1)盈亏临界点销售量;(2)盈亏临界点销售金额。

解:(1)盈亏临界点销售量 = 500 000/(500 - 300) = 2 500(件)

(2)贡献毛益率 = (500 - 300)/500 = 40%

盈亏临界点销售金额 = 2 500 × 500 = 500 000/40% = 1 250 000(元)

2. 盈亏临界图

在平面直角坐标系中使用解析几何模型反映本量利关系的图像,统称为本量利盈亏临界图。它不仅能够清楚反映本量利各有关因素变动对盈亏临界点和利润的影响,而且能够反映固定成本、变动成本、销售量、销售收入、贡献毛益、盈亏临界点、安全边际、亏损区、利润区等情况。本量利盈亏临界图有很多种类型,常见的包括传统式、贡献毛益式、利量式三种盈亏临界图。

2.6 单一产品的本量利盈亏临界图

(1)传统式。传统式是盈亏临界分析图中最基本的形式,应用最为广泛,其他形式则是出于不同考虑由传统式演变而来的。

传统式盈亏临界图的绘制方法如下：

第一，在直角坐标系中，以横轴表示销售数量，以纵轴表示成本或者收入。

第二，绘制固定成本线。在纵轴上确定固定成本的数值，并以此作为起点，绘制一条与横轴平行的直线，即为固定成本线。

第三，绘制总成本线。在横轴上任取一点的销售数量，计算其总成本并标于坐标系中，然后将此点与纵轴上的固定成本点相连并适当向上延伸。

第四，绘制销售收入线。在横轴上任取一点的销售数量，计算其销售收入，在坐标中找到与之相对应的点，将该点与坐标原点相连，即为销售总收入线。

上述总成本线与销售收入线的交点就是盈亏临界点。

【例2-33】太某公司生产和销售单一产品，销售单价为60元，正常销售为3 000件，固定成本为50 000元，单位变动成本为35元。该企业的传统式盈亏临界图如图2-14所示。

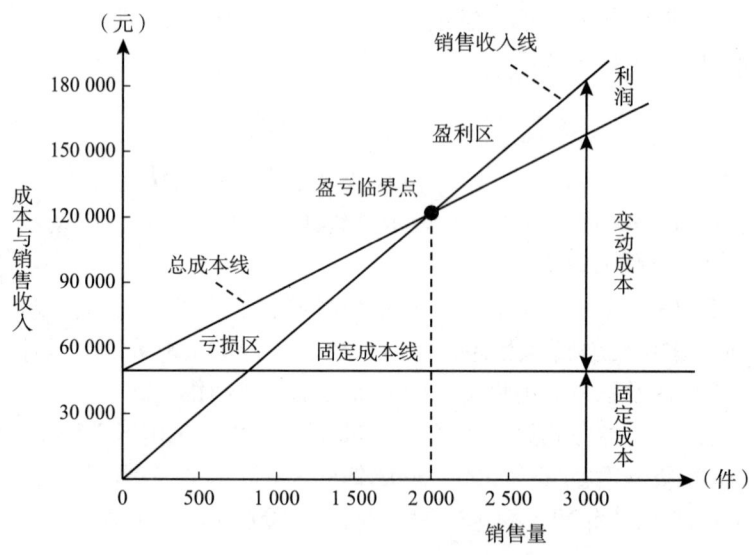

图2-14 传统式盈亏临界

图2-14从动态上集中又形象地反映了销售数量、成本和利润之间的相互关系，从而可以得到如下规律：

第一，在固定成本、单位变动成本、销售单价不变的情况下，也就是说盈亏临界点是既定的，销售量越大，实现的利润也就越多（当销售量超过盈亏临界点时），或者是亏损越少（当销售量低于盈亏临界点时）；反之则利润越少或亏损越大。

第二，销售单价和固定成本总额既定的情况下，盈亏临界点的位置随单位变动成本的变动而同向变动:单位变动成本越高(表现在坐标图中就是总成本线的斜率越大),盈亏临界点就越高;反之,盈亏临界点就越低。

第三,在销售总成本既定的条件下,盈亏临界点受单价变动的影响而变动。产品单价越高,表现为销售总收入线的斜率越大,盈亏临界点就越低;反之,盈亏临界点就越高。

第四,在销售收入既定的条件下,盈亏临界点的高低取决于固定成本和单位变动成本的多少。固定成本越多,或者单位产品的变动成本越多,盈亏临界点就越高;反之,盈亏临界点就越低。

(2)贡献毛益式。贡献毛益式的特点是将固定成本置于变动成本之上,能够直观地反映贡献收益、固定成本和利润之间的关系。

贡献毛益式盈亏临界图的绘制方法如下:

第一,销售收入线和变动成本线(均以原点作为起点)

第二,以纵轴上与固定成本数相应的数值作为起点,画一条与变动成本线平行的直线,该线也就是总成本线。这条线与销售收入线的交点即盈亏临界点。

仍以〖例2-33〗为例,绘制图2-15。

从图2-15不难看出:盈亏临界点的贡献利益刚好等于固定成本;超过盈亏临界点的贡献利益大于固定成本,也就是实现了利润;而低于盈亏临界点的贡献利益小于固定成本,则表明发生了亏损。

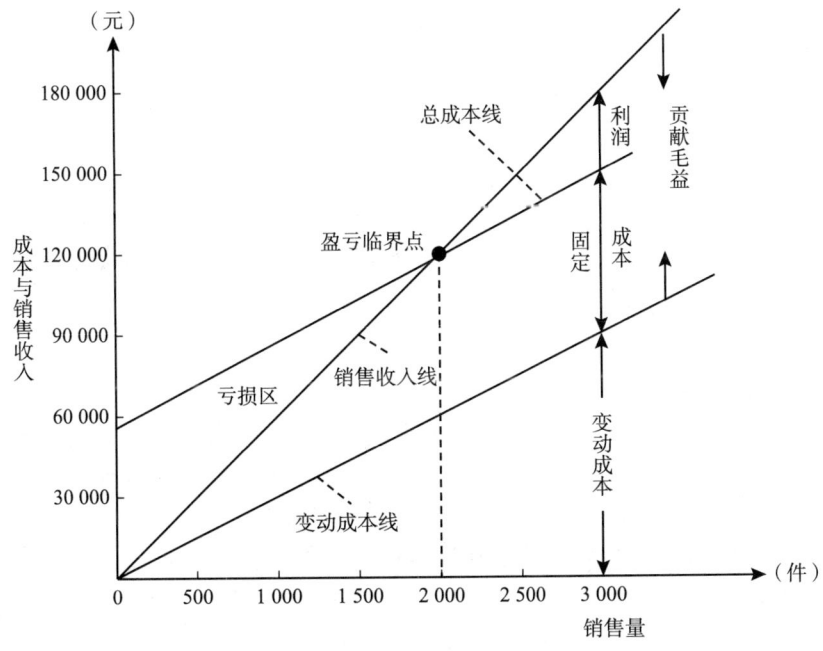

图 2-15 贡献毛益式盈亏临界图

(3) 利量式。利量式盈亏临界图也称为利润图，因为纵坐标的销售收入与成本因素均被省略，仅仅反映销售数量与利润之间的依存关系。

利量式盈亏临界图的绘制方法如下：

第一步，在直角坐标系中，以横轴表示销售数量（也可以是金额），以纵轴表示利润；

第二步，在纵轴上找到与固定成本数相应的数值（零点下方，取负值），并以此为起点画一条与横轴相互平行的直线；

第三步，在横轴上任取一点的销售量并计算该销售量的贡献利益，将由此两点决定的交叉点标于坐标图中。该交叉点与纵轴上相当于固定成本的那一点相连，就是利润线。

仍以〖例 2-33〗为例，绘制图 2-16。

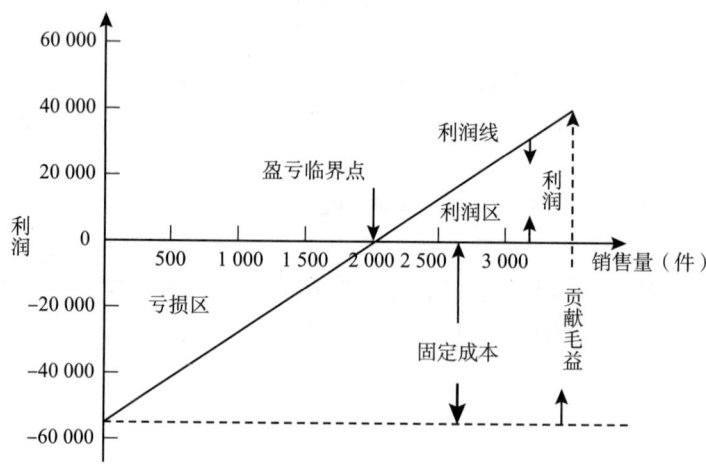

图 2-16　利量式盈亏临界图

从图 2-16 可直接观察发现以下规律：当销售量为零时，企业的亏损就等于固定成本；而随着销售量的增长，亏损逐渐减少直至盈利。此外，利量式将固定成本置于横轴之下，能更加清晰地表示固定成本在盈亏中的特殊作用。

3. 有关因素对盈亏临界点的影响

从盈亏临界点的计算模型可以看到，产品的销售价格、固定成本、变动成本及品种结构等因素的变动都对盈亏临界点产生影响。因此，企业如果能事先了解有关因素对盈亏临界点的影响，就能及时采取措施降低盈亏临界点，以此避免亏损或者减少亏损。

（1）固定成本变动对盈亏临界点的影响。虽然固定成本不随业务量的变动而变动，但是企业的生产经营能力的变动和管理层的决策都将会导致固定成本的升降，尤其是酌量性固定成本。

如在前面传统式盈亏临界点中，盈亏临界点为收入线和总成本线的交点，而固定成本则是总成本线的起点，在单位变动成本（即总成本线的斜率）不变的情况下，固定成本线的高低就直接决定了总成本线，因此固定成本的变化自然就对盈亏临界点有所影响。

【例 2-34】太某公司生产和销售单一产品，产品的售价为 60 元，单位变动成本为 40 元，全年固定成本为 60 000 元，则盈亏临界点的销售量为：

盈亏临界点销售量 = 60 000/(60-40) = 3 000（件）

假设其他条件不变，只是固定成本由原来的 60 000 元下降到 50 000 元，则：

盈亏临界点销售量 = 50 000/(60-40) = 2 500（件）

可见，由于固定成本的下降，导致盈亏临界点的临界值下降。上述变化如图 2-17 所示。

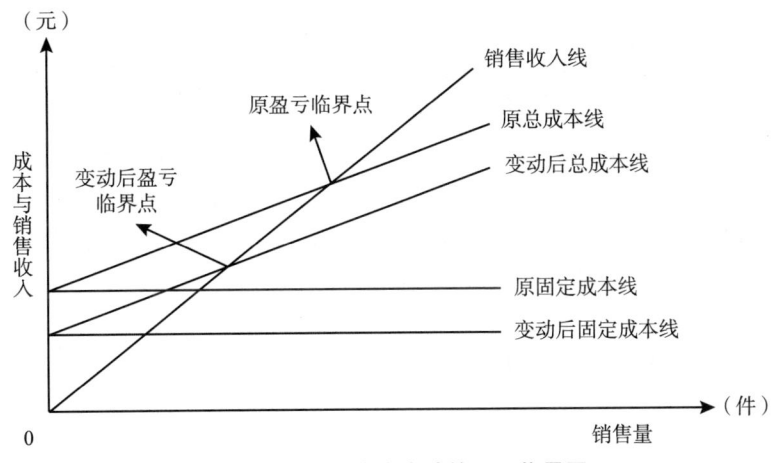

图 2-17 固定成本变动的盈亏临界图

如图 2-17 所示，由于固定成本的下降，导致总成本线的下移和盈亏临界点的左移，亏损区域变小而盈利区域扩大。

（2）单位变动成本变动对盈亏临界点的影响。单位变动成本的变动将影响变动成本总额，进而影响总成本。

【例 2-35】如果〖例 2-33〗的其他条件不变，只是单位变动成本由原来的 40 元下降到了 35 元，则盈亏临界点的销售量由原来的 3 000 件变为：

盈亏临界点销售量 = 60 000/(60-35) = 2 400（件）

可见，由于单位变动成本的下降，导致盈亏临界点的临界值下降。上述变化如图 2-18 所示。

如图 2-18 所示，由于单位变动成本的下降，导致总成本线的斜率下降引起盈亏临界点下降，亏损区域变小而盈利区域扩大。

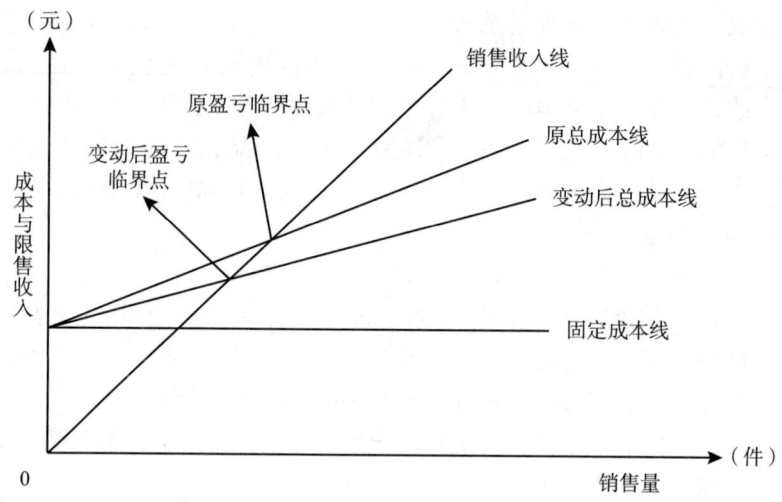

图 2-18 变动成本变动的盈亏临界图

（3）销售单价变动对盈亏临界点的影响。在盈亏临界图上，销售单价的变动对盈亏临界点的影响是最为明显和直接的。基于一定的成本水平，单价越高，表现为"销售总收入线"的斜率越大，盈亏临界点就越低。这样，同样的销售量实现的利润就越多，或者亏损的就越少。

【例 2-36】在〖例 2-33〗中的其他条件不变，而销售单价由原来的 60 元提高到 70 元，则：

盈亏临界点销售量 = 60 000/(70 - 40) = 2 000（件）

可见，由于销售单价提高了，导致盈亏临界点的临界值下降。上述变化如图 2-19 所示。

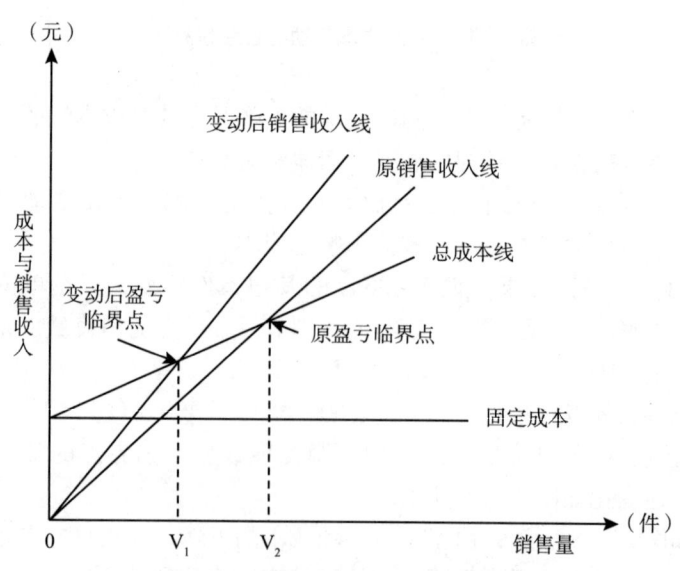

图 2-19 销售单价变动的盈亏临界图

如图 2-19 所示,由于销售单价提高了,导致总收入线的斜率变大,从而导致盈亏临界点左移,亏损区域变小而盈利区域扩大。

对于相关因素变动对盈亏临界点的影响,有两点需要指出:

第一,在该问题的论述中,为了简化说明和突出一致性,所举例子中的因素变化均为积极性变动,即会导致盈亏临界点降低。如果是消极的影响,道理一样,只是盈亏临界点上升或者在图示法中向右移动。

第二,在进行盈亏临界点分析时,都是假定了产销平衡,而事实上产销经常不平衡。盈亏临界点分析是作为变动成本法思想自然发展而来的分析方法,当然也会受到产销不平衡的影响,这种影响集中体现在对固定性制造费用的处理上。

(二) 目标利润分析

1. 目标利润分析的概念

盈亏临界点分析以企业不盈不亏为前提条件。但是企业应以盈利为目标,而且要尽可能地超越盈亏临界点实现盈利,否则企业就无法发展,甚至影响未来的生存。因此,只有在考虑了盈利存在的条件下才能充分揭示成本、业务量和利润之间的正常关系。

2.7 目标利润分析

目标利润分析,就是在确保企业目标利润实现的正常条件下,充分揭示成本、业务量和利润之间的关系。通过目标利润分析,可以确定为了实现目标利润而应达到的目标销售量和目标销售额,从而以销定产,确定目标生产量、目标生产成本以及目标资金需要量等,为企业实施目标控制奠定了基础,从而为企业短期经营明确方向。

2. 目标利润点的计算

目标利润点是指在单价和成本水平不变的情况下,为了确保预先确定的目标利润或者税后利润能够实现,而应达到的销售量和销售额的统称。为此,目标利润点也称为实现目标利润的业务量和销售额,具体包括目标利润量和目标利润额两项指标。

为了方便分析和预测,需要建立实现目标利润的有关模型,可以从税前目标利润和税后目标利润两个角度进行分析:

(1) 实现税前目标利润的模型。在变动成本法下,实现目标利润的计算可用式 (2-42) 表示:

$$P_t = x_t p - x_t b - F = (p - b)x_t - F = CM_t - F \qquad (2-42)$$

式 (2-42) 中,P_t 表示税前目标利润;x_t 表示实现税前目标利润的销售量;p 表示销售单价;b 表示单位变动成本;CM_t 表示实现目标利润的贡献利益总额;F 表示固定成本。

则:
$$x_t = \frac{P_i + F}{p - b} = \frac{P_i + F}{PCM} \qquad (2-43)$$

$$S_t = x_t \times p = \frac{P_t + F}{PCM} \times p = \frac{P_t + F}{CMR} \qquad (2-44)$$

其中，P_t 表示税前目标利润；x_t 表示实现税前目标利润的销售量；p 表示销售单价；b 表示单位变动成本；PCM 表示单位贡献毛益；CMR 表示贡献毛益率；F 表示固定成本；S_t 表示实现税前目标利润的销售收入。

【例 2 – 37】太某公司生产和销售单一产品，产品单价为 400 元，单位变动成本为 200 元，固定成本为 50 000 元，假设目标利润设定为 20 000 元，要求计算：

①实现目标利润的销售量；②实现目标利润的销售额。

解：①目标利润销售量 = (20 000 + 50 000)/(400 – 200)
= 350（件）

②贡献毛益率 = (400 – 200)/400 = 50%

目标利润销售额 = 350 × 400 = (50 000 + 20 000)/50%
= 140 000（元）

(2) 实现税后目标利润的模型。因为税前利润和税后利润只是相差了所得税费用，两者之间关系可表示为：$P_t' = P_t \times (1 - T)$，则有式 (2 – 45)：

$$P_t = \frac{P_t'}{1 - T} \qquad (2-45)$$

式 (2 – 45) 中，P_t 表示税前利润；P_t' 表示税后利润；T 表示所得税税率。因此，实现税后目标利润的销售量的计算可以表示为式 (2 – 46)：

$$x_t' = \frac{P_t'/(1-T) + F}{PCM} \qquad (2-46)$$

式 (2 – 46) 中，x_t' 表示为了实现税后利润的销售量；P_t' 表示税后利润；T 表示所得税税率；F 表示固定成本；PCM 表示单位贡献毛益。

$$S_t' = x_t' \times p = \frac{P_t'/(1-T) + F}{PCM} \times p = \frac{P_t'/(1-T) + F}{CMR} \qquad (2-47)$$

式 (2 – 47) 中，S_t' 表示为了实现税后利润的销售收入；x_t' 表示为了实现税后利润的销售量；P_t' 表示税后利润；T 表示所得税税率；F 表示固定成本；p 表示销售单价；PCM 表示单位贡献毛益；CMR 表示贡献毛益率。

【例 2 – 38】在〖例 2 – 37〗中，其他条件不变，税后利润为 15 000 元，所得税税率为 25%，则：

$$实现目标利润销售量 = \frac{15\,000/(1-25\%) + 50\,000}{400 - 200} = 350（件）$$

$$实现目标利润销售额 = \frac{15\,000/(1-25\%) + 50\,000}{50\%} = 140\,000（元）$$

3. 相关因素的变动对实现目标利润的影响

实现目标利润的模型就是盈亏临界点模型的拓展和延伸,导致盈亏临界点变化的各个因素都可能对实现目标利润产生影响。以下分别进行具体的说明:

(1) 固定成本变动对实现目标利润的影响。从公式(2-41)可知,若其他条件不变的情况下,固定成本和目标利润之间是彼消此长的关系。固定成本降低,则目标利润增大或者会使实现目标利润的销售量下降。

【例2-39】太某公司生产和销售单一产品。该企业计划年度内预计销售产品360件,全年固定成本预计50 000元。该产品单价为500元,单位变动成本为250元。则计划年度内的目标利润为:

目标利润 = 360 × (500 - 250) - 50 000 = 40 000 (元)

假设固定成本降为40 000元,则计划年度内实现的利润为:

实现的利润 = 360 × (50 - 25) - 40 000 = 50 000 (元)

可见,固定成本下降了10 000 (50 000 - 40 000) 元,则目标利润 (40 000元) 不仅可以实现,还能超过目标利润10 000 (50 000 - 40 000) 元。

(2) 单位变动成本变动对实现目标利润的影响。从式(2-41)可知,若其他条件不变的情况下,单位变动成本变动将会影响单位贡献毛益或者贡献毛益率,从而影响目标利润或者影响实现目标利润的销售量。

【例2-40】假设〖例2-39〗的其他条件不变,只是单位变动成本由原来的250元降为了200元,则计划年度内实现的利润为:

实现的利润 = 360 × (500 - 200) - 50 000 = 58 000 (元)

可见,单位变动成本下降了50 (250 - 200) 元,则目标利润 (40 000元) 不仅可以实现,还能超过目标利润18 000 (58 000 - 40 000) 元。

(3) 单位售价变动对实现目标利润的影响。从公式(2-41)可知,若其他条件不变的情况下,单位售价变动将会影响单位贡献毛益或者贡献毛益率,并且,单位售价的变动对盈亏临界点的影响最为直接。

【例2-41】假设〖例2-39〗的其他条件不变,只是单位售价由原来的500元下降到450元,则计划年度内实现的利润为:

实现的利润 = 360 × (450 - 250) - 50 000 = 22 000 (元)

可见,单位售价下降了50 (500 - 450) 元,则利润下降了18 000 (40 000 - 22 000) 元,即目标利润无法实现。

(4) 多因素变动对实现目标利润的影响。在实际经济生活中,除了所得税税率这一因素外,以上因素之间是有一定关联性的,只是有些关联性强,有些关联性较弱。企业为了达到目标利润,往往采取综合措施而不是单纯变动某一因素,例如同时采取增加销量、降低固定成本,这就需要企业反复进行衡量和预测,确定改变哪些相关因素,以实现目标利润。

【例 2-42】 太某公司生产和销售单一产品,当年有关数据如下:销售产品 300 件,产品单价 500 元,单位变动成本 250 元,固定成本 50 000 元,则当年实现的利润为 25 000 元 (300×(500-250)-50 000)。企业下一年的目标利润定为 40 000 元。如其他条件不变的情况下,实现目标利润的销售量为 360 件 ((40 000+50 000)/(500-250))。

如果计划年度内各要素的变化较为复杂,则假设计划年度企业采取了以下措施实现目标利润。

第一步,确认生产能力及降低单价。经过生产部门研究,企业生产能力最高也只能达到 350 件。另外,销售部门也提出,为了能够顺利把 350 件产品销售出去,需要把价格至少降低 2%,则单价降为 490 元 (500×(1-2%))。在上述条件下,计划年度内可实现的利润为:

计划年度的利润 = 350×[490-250]-50 000 = 34 000(元)

可见,目前离目标利润仍有 6 000 元 (40 000-34 000) 的差距,企业应该考虑成本方面是否有挖掘的潜力。

第二步,降低单位变动成本。在经过分析后,考虑降低单位变动成本。在上述产销量和单价已经确定的条件下,能实现目标利润的单位变动成本计算如下:

由 $P = xp - xb - F = x(p-b) - F = CM - F$,可得:$b = p - (P+F)/x$

可得:$b = 500 - (40\ 000 + 50\ 000)/350 = 242.86$(元/件)

也就是说,如果单位变动成本可以由 250 元降低到 242.86 元,则目标利润 (40 000 元) 可以实现。经生产部门研究,认为单位变动成本最低只能降低到 245 元,这意味着企业还需要在降低固定成本方面进行研究。

第三步,降低固定成本。在上述产销量、单价和单位变动成本已经确定的条件下,能实现目标利润的固定成本为:

由 $P = xp - xb - F = x(p-b) - F = CM - F$,可得:$F = x(p-b) - P$。

可得:$F = 350×(490-245) - 40\ 000 = 45\ 750$(元)。

可见,如企业能够把固定成本降低 4 250 元 (50 000-45 750),则目标利润依然可以实现。

需要特别说明的是,以上分析的顺序并不是唯一的,也不是唯一视角。企业应结合自身的实际情况,从对实现目标利润影响较大的因素开始,按从大到小的顺序分析,而且这一分析往往需要反复进行。例如,在上例中如果企业的固定成本无法压缩到 45 750 元,就需要再回头寻找增收节支的办法并且再次推算。

（三）安全边际分析

1. 盈亏临界点作业率指标

这一指标是盈亏临界点的另一种表达形式，也称为保本作业率，它是盈亏临界点销售量占正常销售量的比率，或者是盈亏临界点销售额占正常销售额的比率。如式（2-48）和式（2-49）所示：

$$\text{BEPR} = \frac{x_0}{x} \times 100\% \qquad (2-48)$$

或者

$$\text{BEPR} = \frac{S_0}{S} \times 100\% \qquad (2-49)$$

其中，BEPR 表示盈亏临界点作业率；x_0 表示盈亏临界点销售量；x 表示正常销售量或者预计销售量，S_0 表示盈亏临界点销售额；S 表示正常销售额。

管理会计应用指引第 403 号——边际分析

盈亏临界点作业率反映企业要获得利润，其作业率必须达到百分之几以上，该指标对于企业安排生产具有重要意义。该指标是一个反向指标，指标越小越好，越小说明经营安全程度越高。

2. 安全边际指标

安全边际，是指正常销售或者现有销售超过盈亏临界点销售量的差额。这一差额表明企业销售量在超过了盈亏临界点的销售量之后，到底有多大的盈利空间；或者说，现有的销售量降到多少，就会出现亏损。安全边际可以通过实际或者预计销售量与盈亏临界点销售量的差值表示，或者通过实际或者预计销售额与盈亏临界点销售额的差额表示，可用式（2-50）和式（2-51）表示：

$$\text{MS} = x - x_0 \qquad (2-50)$$

或者

$$\text{MS} = S - S_0 \qquad (2-51)$$

其中，MS 表示安全边际；x_0 表示盈亏临界点销售量；x 表示正常销售量或者预计销售量；S 表示正常销售额；S_0 表示盈亏临界点销售额。

盈亏临界点状态只是意味着该点的销售量下的贡献利益刚好全部被固定成本所抵消，只有销售量超过盈亏临界点销售量，超出的部分（即安全边际）所提供的贡献利益才能真正形成企业的利润。

安全边际除了可以用现有销售与盈亏临界点的差额度量外，还可以用相对数度量，即安全边际率，是指安全边际销售量占正常销售量的比率或者安全边际销售额占正常销售额的比率。

$$\text{MSR} = \frac{x - x_0}{x} \times 100\% \qquad (2-52)$$

或者

$$\text{MSR} = \frac{S - S_0}{S} \times 100\% \qquad (2-53)$$

由基本概念可知：
$$BEPR + MSR = 1 \qquad (2-54)$$

【例 2-43】 太某公司盈亏临界点为 30 000 件，预计正常销售量为 40 000 件，销售单价为 50 元。要求计算：

(1) 盈利临界点作业率；(2) 安全边际率。

解：(1) 盈亏临界点作业率 = 30 000/40 000 × 100% = 75%

或者：盈亏临界点作业率 = (30 000 × 50)/(40 000 × 50) × 100%
= 75%

(2) 安全边际量 = 40 000 − 30 000 = 10 000（件）

安全边际率 = 10 000/40 000 × 100% = 25%

或者：安全边际率 = (10 000 × 50)/(40 000 × 50) × 100% = 25%

或者：安全边际率 = 1 − 75% = 25%

安全边际和安全边际率都是正指标，即越大越好。按照国际惯例，安全边际率与经营安全性的关系如表 2-9 所示。

表 2-9　　　　　安全边际率与经营安全性的关系

边际率	<10%	10%~20%	20%~30%	30%~40%	>40%
安全度	非常危险	危险	值得注意	安全	非常安全

根据〖例 2-43〗的计算结果为 25%，因而从经营角度讲是值得注意的。

（四）敏感性分析

敏感性分析是一种应用广泛的分析方法，是指从定量分析视角研究有关因素发生变化对另一个或者另一组关键指标影响程度的不确定分析方法。其本质是通过逐一改变相关变量数值的方法揭示关键指标受这些因素变动影响大小的规律。

在本量利关系中，进行敏感性分析的主要目的是：一是研究与提供能够引起目标发生质变，也就是由盈利转为亏损时各因素变化的界限；二是各个因素的变化对利润变化影响的敏感程度。

1. 有关因素临界值的确定（最大值或者最小值的确定）

销售量、单价、单位变动成本和固定成本的变化都会对利润产生影响。这些因素变化到何种程度才不会使产品由盈转亏，也就是不使产品发生亏损的各因素变动的最大范围，具体而言：求取达到盈亏临界点的销售量和单价的最小允许值以及单位变动成本和固定成本的最大允许值。

由实现目标利润的模型 $P = xp - xb - F = x(p - b) - F = CM - F$，

管理会计应用指引第 402 号——敏感性分析

2.8　敏感性分析

可以推导出当 P 等于零时求取最大、最小值的有关公式，如式（2-55）~式（2-58）所示：

$$p = \frac{F}{x} + b \qquad (2-55)$$

$$b = p - \frac{F}{x} \qquad (2-56)$$

$$x = \frac{F}{p-b} \qquad (2-57)$$

$$F = x(p-b) \qquad (2-58)$$

其中，x 表示销售量；F 表示固定成本；p 表示销售单价；b 表示单位变动成本。

【例 2-44】太某公司生产和销售单一产品，计划年度内预计有关数据如下：销售量 50 000 件，单价 50 元，单位变动成本 20 元，固定成本为 600 000 元。则目标利润为：

P = 50 000 × (50 - 20) - 600 000 = 900 000（元）

（1）销售量的临界值（最小值）。

x = 600 000/(50 - 20) = 20 000（件）

降低率 = (50 000 - 20 000)/50 000 × 100% = 60%

从计算结果可知，产品销售量不能低于 20 000 件，即销售量下降幅度不能超过 60%，否则企业将会发生亏损；或者说实际销售量只要达到计划年度预计销售量的 40%（20 000/50 000），企业就可以保本。

（2）单价的临界值（最小值）。

p = 600 000/50 000 + 20 = 32（元）

降低率 = (50 - 32)/50 × 100% = 36%

从计算结果可知，产品单价不能低于 32 元，即单价降低幅度不能超过 36%，否则便会发生亏损。

（3）单位变动成本的临界值（最大值）。

b = 50 - 600 000/50 000 = 38（元）

上升率 = (38 - 20)/20 × 100% = 90%

从计算结果可知，单位变动成本不能高于 38 元，即单位变动成本上升率不能超过 90%，否则便会发生亏损。

（4）固定成本的临界值（最大值）。

F = 50 000 × (50 - 20) = 1 500 000（元）

上升率 = (1 500 000 - 600 000)/600 000 × 100% = 150%

从计算结果可知，固定成本不能高于 1 500 000 元，即固定成本上升率不能超过 150%，否则便会发生亏损。

2. 有关因素变动对利润变动的影响程度

销售量、单价、变动成本、固定成本这些因素的变化，都会引起利润的变化,但是它们的影响程度不同。有些因素只要有较小的变动就会引起利润的较大变化,这些因素被称为强敏感因素;有些因素虽然有较大变化,但是对利润的影响却不大,这些因素被称为弱敏感因素。

测定敏感程度的指标称为敏感系数,如式(2-59)所示:

$$SAF = \frac{\Delta A/A}{\Delta F/F} \qquad (2-59)$$

式(2-59)中,SAF 表示敏感系数;ΔA/A 表示目标值变动百分比;ΔF/F 表示因素值变动百分比。

在进行敏感性分析时:(1)敏感系数的正负号表示因素值与目标值变动方向相同,即敏感系数若为正数,表明它和利润为同向增减关系;敏感系数若为负数,表明它与利润呈反向增减关系。(2)敏感系数的绝对值表示敏感性的大小,与敏感系数是正值还是负值无关紧要,敏感系数绝对值越大则敏感程度越高。

确定敏感系数的目的,是使管理决策者清楚地知道在影响利润的诸多要素中,其敏感程度的轻重,以便分清主次,及时采取必要的调整措施,确保目标利润的完成。

【例 2-45】在《例 2-44》中的销售量、单价、单位变动成本和固定成本均分别增长 30%,其他条件不变。计算各因素的敏感系数如下:

(1)销售量的敏感系数。

销售量增长 30%,则有:x = 50 000 × (1 + 30%) = 65 000(件)
P = 65 000 × (50 - 20) - 600 000 = 1 350 000(元)
利润变化百分比 = (1 350 000 - 900 000)/900 000 × 100% = 50%
销售量的敏感系数 = 50%/30% = 1.67

(2)单价的敏感系数。

单价增长 30%,则有:p = 50 × (1 + 30%) = 65(元)
P = 50 000 × (65 - 20) - 600 000 = 1 650 000(元)
利润变化百分比 = (1 650 000 - 900 000)/900 000 × 100% = 83.33%
单价的敏感系数 = 83.33%/30% = 2.78

(3)单位变动成本的敏感系数。

单位变动成本增长了 30%,则有:b = 20 × (1 + 30%) = 26(元)
P = 50 000 × (50 - 26) - 600 000 = 600 000(元)
利润变化百分比 = (600 000 - 900 000)/900 000 × 100% = -33.33%
单位变动成本的敏感系数 = -33.33%%/30% = -1.11

(4)固定成本的敏感系数。

固定成本增长了 30%,则有:F = 600 000 × (1 + 30%) = 780 000(元)
P = 50 000 × (50 - 20) - 780 000 = 720 000(元)

利润变化百分比 =（720 000 - 900 000）/900 000 × 100% = - 20%
固定成本的敏感系数 = - 20%/30% = - 0.67

根据上面的计算，按照其敏感性排序是：单价（敏感系数为 2.78）、销售量（敏感系数 1.67）、单位变动成本（敏感系数为 - 1.11）、固定成本（敏感系数为 - 0.67）。可见，最敏感的影响因素是单价，敏感系数为 2.78，意味着利润将以单价变动百分比的 2.78 倍变动。

当然，在分析决策中也不能拘泥于敏感系数的高低，而忽略了销售量对利润的重大影响。在销路看好、生产又有保证的情况下，销售可以大幅增加，但是单价的增幅却可能很小甚至为零。尤其在市场供大于求，销路欠缺，销售量大幅度下降时，就宁可降低单价，薄利多销，以打开销路。

三、多产品条件下的本量利分析

（一）多品种产品盈亏临界点的确定

现实生活中，大多数企业都是生产多种产品。在企业生产并销售多种产品时，由于不同产品在实物上不具有可加性，因此无法像对单一产品为基础的盈亏临界的销售量和销售额进行计算。计算多品种条件下的盈亏临界点可以采用综合贡献毛益率法、联合成本法、分算法、顺序法、主要品种法等，但是由于后四种方法只有在一定条件下才能使用，因此这里只介绍综合贡献毛益率法。

2.9 多品种条件下的本量利分析

综合贡献毛益率法，又称为加权贡献毛益率法，将各产品的贡献毛益率与各产品销售收入占全部销售收入的比重进行相乘相加，求得反映企业多品种条件下综合创利指标。将企业固定成本除以综合贡献毛益率，可求得全部产品的综合盈亏临界点销售额。

综合贡献毛益率法的基本步骤如下：

（1）计算各产品的贡献利益率；
（2）计算各产品的销售收入比重；
（3）计算综合贡献毛益率 = $\sum$（产品贡献毛益率 × 占总销售收入的比重）；
（4）计算综合盈亏临界销售额 = 固定成本/综合贡献毛益率；
（5）计算某产品的盈亏临界点销售额 = 综合盈亏临界销售额 × 某产品销售比重；
（6）计算某产品的盈亏临界点销售量 = 某产品的盈亏临界点销售额/销售单价。

【例 2-46】 太某公司采用综合贡献毛益率法进行本量利分析，本期计划生产甲、乙、丙三种产品，企业固定成本为 350 000 元，其他资料如表 2-10 所示。

表 2-10　　　　　　甲、乙、丙三种产品有关资料　　　　单位：元/件

项目	甲产品	乙产品	丙产品
产销量（件）	2 000	5 000	4 375
单价	40	10	16
单位变动成本	30	6	8

要求：运用综合贡献毛益率法计算甲、乙、丙产品的盈亏临界点销售额、盈亏临界点销售量。

解：(1) 计算各产品的贡献利益率

甲产品贡献毛益率 = (40 - 30)/40 × 100% = 25%

乙产品贡献毛益率 = (10 - 6)/10 × 100% = 40%

丙产品贡献毛益率 = (16 - 8)/16 × 100% = 50%

(2) 计算各产品的销售比重

销售总额 = 2 000 × 40 + 5 000 × 10 + 4 375 × 16 = 200 000（元）

甲产品销售比重 = 2 000 × 40/200 000 × 100% = 40%

乙产品销售比重 = 5 000 × 10/200 000 × 100% = 25%

丙产品销售比重 = 4 375 × 16/200 000 × 100% = 35%

(3) 计算综合贡献毛益率

综合贡献毛益率 = 25% × 40% + 40% × 25% + 50% × 35% = 35%

(4) 计算综合盈亏临界点销售额

综合盈亏临界点销售额 = 350 000/35% = 1 000 000（元）

(5) 计算各产品的盈亏临界点销售额

甲产品盈亏临界点销售额 = 1 000 000 × 40% = 400 000（元）

乙产品盈亏临界点销售额 = 1 000 000 × 25% = 250 000（元）

丙产品盈亏临界点销售额 = 1 000 000 × 35% = 350 000（元）

(6) 计算各产品的盈亏临界点销售量

甲产品盈亏临界点销售量 = 400 000/40 × 100% = 10 000（件）

乙产品盈亏临界点销售量 = 250 000/10 × 100% = 25 000（件）

丙产品盈亏临界点销售量 = 350 000/16 × 100% = 21 875（件）

(二) 多种产品条件下的盈亏临界图

利量式盈亏临界图除了可以用于单一产品的盈亏临界点分析，还可以用于多产品条件下的盈亏临界点分析，这是利量式临界图的又一优点。

【例2-47】太某公司的年固定成本为500 000元，生产甲、乙、丙三种产品，有关资料如表2-11所示。

表2-11　　　　　甲、乙、丙三种产品的有关资料

产品	销售量（件）	单价（元）	单位变动成本（元）	单位贡献毛益（元）
甲	20 000	50	20	30
乙	10 000	50	30	20
丙	10 000	50	40	10

根据表2-11绘制图2-20，具体步骤如下：

第一步，以横轴表示多品种的组合销售收入，以纵轴表示利润。

第二步，假定企业只销售产品甲，则：

利润 = 30 × 20 000 - 500 000 = 100 000（元）

据此，可确定利润表 P_1，并连接纵轴上的固定成本点与 P_1 即可画出产品甲的利润线。

第三步，假设企业同时销售甲、乙产品，则：

利润 = 30 × 20 000 + 20 × 10 000 - 500 000 = 300 000（元）

同理可以确定利润点 P_2，连接 P_1 和 P_2 两点，可画出产品乙的利润线。

第四步，企业销售产品甲、乙、丙产品（实际情况），则：

利润 = 30 × 20 000 + 20 × 10 000 + 20 × 10 000 - 500 000 = 400 000（元）

可确定利润点 P_3，连接 P_2 和 P_3，可画出丙产品的利润线。

第五步，以纵轴上的固定成本点为起点，以 P_3 为终点，画出一条直线即企业的总利润线。企业总利润线与 x 轴的交点即盈亏临界点。

需要注意的是，利润线是唯一的，与绘图时各产品的先后顺序没有关系，其斜率反映的是企业加权贡献毛益率。在图2-20中，各段虚线则反映各种产品不同的贡献利益率，其斜率各不相同，表明各种产品的盈利能力不同。

（三）产品品种构成变动对盈亏临界点的影响

如果企业生产和销售多种产品，一般来说各种产品的获利能力不会完全相同，有时差异比较大，所以当产品品种构成发生变化时，盈亏临界点的临界值肯定发生变化。在假设与盈亏临界点计算有关的其他条件不变的情况下，盈亏临界点变动的幅度大小取决于以各种产品的销售收入比例为权数的加权平均贡献毛益率的变化情况。

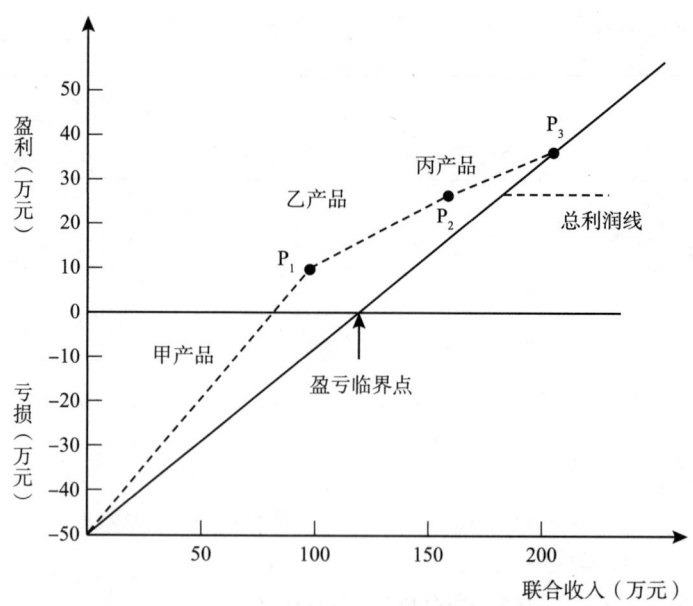

图 2-20　多品种条件下利量式临界图

【例 2-48】依据〖例 2-46〗，当甲、乙、丙的品种结构分别为 40%、25% 和 35% 时，销售收入为 1 000 000 元，企业处于不盈不亏状态。假设品种结构调整为 20%、25% 和 55% 时，则综合贡献毛益率为 42.5%（25%×20%+40%×25%+50%×55%），则：

盈利临界点销售额 = 350 000/42.5% = 823 529.41（元）

可见，盈亏临界点的销售额由 1 000 000 元下降到 823 529.41 元的原因是提高了贡献毛益率较高的丙产品的比重，降低了贡献毛益率较低的甲产品的比重。

【本章小结】

1. 利息的计算方式包括单利计息和复利计息，没有特别强调的情况下按照复利计息。资金时间价值主要包括复利终值和现值的计算、普通年金终值和年偿债基金的计算、普通年金现值和年资本回收额的计算、预付年金终值和现值的计算、递延年金终值和现值的计算、永续年金现值的计算。

2. 投资风险不同风险收益有所不同，通常高风险高收益。单项资产通常用期望值表示期望报酬率，用方差、标准离差、标准离差率衡量风险的高低。投资组合一般用投资组合期望值表示期望报酬率，用方差、标准差、β 系数衡量风险的高低。资本资产定价模型是"必要收益率 = 无风险收益率 + 风险收益率"的具体化。

3. 成本按照成本性态划分为固定成本、变动成本和混合成本，固定成本可进一步细分为酌量性固定成本和约束性固定成本，变动成本可进一步细分为酌量性变动成本和约束性固定成本，混合成本可分为半变动成本、半固定成本和延伸性变动成本，可采用高低点法、回归直线法、账户分析法、工程分析法对混合成本进行分解。

4. 本量利分析是决策中常用的分析模型，帮助企业解决实际的经营问题，具体应用于盈亏临界点分析、目标利润分析、安全边际分析和敏感性分析。

【本章重要术语】

1. 资金时间价值
2. 年金
3. 风险收益
4. 成本性态
5. 固定成本
6. 变动成本
7. 混合成本
8. 本量利分析
9. 盈亏临界点分析
10. 目标利润分析
11. 盈亏临界点作业率
12. 安全边际率
13. 敏感系数
14. 综合贡献毛益率法

本章重要术语

【复习与思考】

1. 年金可以分为哪几类？与其他年金相比，永续年金的最大特点是什么？
2. 什么是投资收益？什么是风险收益？
3. 固定成本的基本特征有哪些？
4. 变动成本的基本特征有哪些？
5. 本量利的基本假设有哪些？
6. 什么是盈亏临界点分析？在本量利分析中，四个因素怎样变动才能增加企业利润？
7. 在本量利分析中，进行盈亏临界点分析有何意义？
8. 在本量利分析中，进行敏感性分析的主要目的是什么？敏感性分析的作用是什么？

复习与思考

延伸性阅读：本量利在 MCLY 的应用

第三章 融资管理会计

【学习目标】

通过本章的学习，帮助同学了解融资管理会计的概念，融资管理的原则、程序；理解因素分析法、销售百分比法和资金习性预测法；理解个别资本成本和边际资本成本，掌握个别资本成本和边际资本成本的计算；掌握资本结构决策的资本成本比较法、每股收益无差别点分析法和公司价值比较法。引导学生认识到企业融资不仅关系到企业自身的发展，还对社会经济有着重要的影响，强调企业在融资过程中应考虑社会责任和可持续发展，避免过度负债或不负责任的融资行为，在选择和实施融资方案时必须遵守相关法律法规和行业规范，培养学生的法治观念和合规意识。

【知识框架】

$$
\text{融资管理会计}\begin{cases}\text{融资管理会计概述}\begin{cases}\text{融资管理会计的概念}\\\text{融资管理的原则}\\\text{融资管理的程序}\end{cases}\\\text{融资需求决策}\begin{cases}\text{因素分析法}\\\text{销售百分比法}\\\text{资金习性预测法}\end{cases}\\\text{资本成本}\begin{cases}\text{个别资本成本}\\\text{边际资本成本}\end{cases}\\\text{资本结构优化}\begin{cases}\text{比较资本成本法}\\\text{每股收益无差异点分析法}\\\text{企业价值比较法}\end{cases}\end{cases}
$$

引导案例分析要点

【引导案例】

农担公司加强对灾区的融资担保支持

今年夏秋期间，受极端强降雨影响，我国多地遭受特大暴雨洪水灾害，部分地区受灾严重，农业产业损失较大。灾情发生后，在国家对农担公司的指导下，受灾地区省级农担公司充分发挥政策性担保功能和财政支农作用，全力加大对受灾地区的融资担保支持力度，帮助受灾农业经营主体尽快恢复生产、渡过难关。

北京农担公司对因极强降雨导致生产经营受到重大影响的京郊农业经营主体，紧急推出专项措施。协调合作银行，确保不抽贷、断贷，担保贷款到期后无条件提供展期、续保。复产过程中，在保客户对担保融资有增量需求的，在合理额度内尽力予以支持。对于符合条件的农业担保项目，全额免收农业经营主体担保费，免除时间为 12 个月；对新增受灾农业经营主体降低门槛，简化手续，大力支持其开展灾后恢复生产。截至目前，北京农担公司已为房山、门头沟、大兴、怀柔受灾农业经营主体提供担保信贷超 6 800 万元；为受灾在保项目退还已收担保费超 90 万元；通过受灾项目担保费免收、退还等措施，让渡担保费 120 余万元。

河北省农担公司针对不同农业经营主体采取相应支持措施。对在保受灾农业经营主体，续保或展期阶段免收一年的担保费，并协调合作银行，对具有经营基础和发展前景的受灾农业经营主体贷款时，能续尽续、能展尽展。为蓄滞洪区的农业经营主体免收项目担保费一年，同时开辟担保绿色通道，优先受理，并协调经办银行快速放贷。对受灾情影响的相关行业给予差异化担保政策，包括为灾后粮食种植和畜禽养殖恢复生产提供融资担保和支持，对粮食种植、奶牛养殖、肉羊养殖行业的农业经营主体免收项目担保费一年等。截至目前，河北省农担公司在全省范围内免除担保费项目 374 笔，担保金额合计超 2 亿元，免除担保费 170 余万元。

黑龙江省农担公司强化基础金融服务保障，全力支持全省农业生产经营主体灾后重建，第一时间研究出台《关于灾后重建的金融支持方案》。积极协调合作银行，对受灾且还款困难的存量客户以展期、续贷、借新还旧、无还本续贷等方式办理相应手续，确保受灾客户不抽贷、不断贷。针对存量绝产客户设计三年期无还本续贷或分期还款担保产品，积极协调合作银行出台配套产品，降低还款压力。针对受灾客户进一步降低门槛，简化手续，对在下个周期申请担保的存量受灾客户，开通救灾应急快速审批通道。原则上，存量减产客户免除一年担保费，存量绝产客户免除三年担保费。新增受灾客户，在下个周期申请贷款担保的，可执行优惠担保费率。

在重庆，市农担集团赶赴潼南区和铜梁区慰问受灾客户，为受灾客户增加贷款支持灾后复产，并且免收新增贷款担保费。重庆农担负责区域业务工作的第七分公司与风控部门，对 60 余户有资金需求的客户快速完成项目初审。联合潼南区相关部门，召开灾情复查专场评审会。通过集中评审，同意为97户受灾农户发放担保贷款6 500余万元，并在一周内将资金陆续发放到客户账户。

此外，2023年以来，湖南省湘西、张家界、怀化、邵阳、永州、衡阳、郴州等地先后遭受低温雨雪、风雹、洪涝、干旱、地质灾害等自然灾害侵袭，部分地区损失严重。灾情发生后，湖南省农担公司充分发挥财政金融协同支农作用，通过开辟绿色审批通道，为灾区的在保客户及时办理展期、续贷、借新还旧、无还本续贷、调整还款计划等手续；不抽贷、不断贷，为受灾农业经营主体缓解还款压力。湖南省农担公司还通过多方协调，为客户提供转贷服务，争取保险赔付资金以及财政专项补贴资金，为农业经营主体排忧解难。

案例来源：财政部网站. https：//www.mof.gov.cn/zhengwuxinxi/caizhengxinwen/202311/t20231129_3918875.htm.

请思考：

在灾后重建过程中，政策性担保如何作为一种融资管理工具来帮助受灾农业经营主体？

"信易贷"工作由"扩面"向"提质"转变　提升中小微企业融资便利水平

第一节　融资管理会计概述

一、融资管理会计的概念

融资管理，是指企业为实现既定的战略目标，在风险匹配的原则下，对通过一定的融资方式和渠道筹集资金进行的管理活动。融资管理活动是企业资金流转运动的起点，融资管理要求解决企业为什么要融资、需要筹集多少资金、从什么渠道以什么方式筹集，以及如何协调财务风险和资本成本，合理安排资本结构等问题。管理会计是为企业管理服务的，因此，融资管理会计就是为企业融资管理提供信息支持的一个管理会计信息分支系统。

二、融资管理的原则

企业进行融资管理，一般应遵循以下原则：（1）价值创造原则。投融资管理应以持续创造企业价值为核心。（2）战略导向原则。投融资管理应符合企业发展战略与规划，与企业战略布局和结构调整方向相一致。（3）风险匹配原则。投融资管理应确保投融资对象的风险状况与企业的风险综合承受能力相匹配。

三、融资管理的程序

（一）建立健全融资管理的制度体系

企业融资管理一般采取审批制。企业应设置满足融资管理所需的，由业务、财务、法律及审计等相关人员组成的融资委员会或类似决策机构，对重大融资事项和融资管理制度等进行审批，并设置专门归口管理部门牵头负责融资管理工作。

（二）选择合适的融资管理工具

融资管理一般按照融资计划制定、融资决策分析、融资方案的实施与调整、融资管理分析等程序进行，企业应根据融资管理所处的阶段选择合适的融资管理工具。

（三）合理编制融资计划

企业对融资安排应实行年度统筹、季度平衡、月度执行的管理方式，根据战略需要、业务计划和经营状况，预测现金流量，统筹各项收支，编制年度融资计划，并据此分解至季度和月度融资计划。必要时根据特定项目的需要，编制专项融资计划。年度融资计划的内容一般包括编制依据、融资规模、融资方式、资本成本等；季度和月度融资计划的内容一般包括年度经营计划、企业经营情况和项目进展水平、资金周转水平、融资方式、资本成本等。企业融资计划可作为预算管理的一部分，纳入企业预算管理。

（四）根据融资决策分析编制融资方案

企业应根据融资决策分析的结果编制融资方案，融资决策分析的内容一般包括资本结构、资本成本、融资用途、融资规模、融资方式、融资机构的选择依据、偿付能力、融资潜在风险和应对措施、还款计划等。

（五）落实融资方案，明确管理部门的责任

融资方案经审批通过后，进入实施阶段，一般由归口管理部门具体负责落实。如果融资活动受阻或者融资量无法达到融资需求目标，归口管理部门应及时对融资方案进行调整，数额较大时应按照融资管理程序重新报请融资委员会或类似决策机构审批。

（六）定期进行融资管理分析

企业融资完成后，应对融资进行统一管理，必要时应建立融资管

理台账。企业应定期进行融资管理分析,内容一般包括还款计划、还款期限、资本成本、偿付能力、融资潜在风险和应对措施等。还款计划应纳入预算管理,以确保按期偿还融资。

(七)编制融资管理报告

融资报告应根据融资管理的执行结果编制,反映企业融资管理的情况和执行结果。融资报告主要包括以下两部分内容:(1)融资管理的情况说明,一般包括融资需求测算、融资渠道、融资方式、融资成本、融资程序、融资风险及应对措施、需要说明的重大事项等;(2)融资管理建议,可以根据需要以附件形式提供支持性文档。

(八)融资管理报告编制的要求

融资报告是重要的管理会计报告,应确保内容真实、数据可靠、分析客观、结论清楚,为报告使用者提供满足决策需要的信息。

(九)融资管理报告编制的时间

企业可定期编制融资报告,反映一定期间内融资管理的总体情况,一般至少应于每个会计年度出具一份;也可根据需要编制不定期报告,主要用于反映特殊事项和特定项目的融资管理情况。

(十)评估融资管理的效果

企业应及时进行融资管理回顾和分析,检查和评估融资管理的实施效果,不断优化融资管理流程,改进融资管理工作。

第二节 融资需求决策

合理的融资需求

融资需求决策主要是资金需求量预测,是指企业根据生产经营的需求,对未来所需资金的估计和推测。企业需要的资金,一部分来自企业内部,另一部分通过外部融资取得。由于对外融资时,企业不但需要寻找资金提供者,而且需要作出还本付息的代价或展现企业盈利前景,使资金提供者确信其投资是安全并可获利的,这个过程往往需要花费较长的时间。因此,企业需要预先知道自身的财务需求,确定资金的需要量,提前安排融资计划,以免影响资金周转。资金需要量预测的方法主要包括因素分析法、销售百分比法和资金习性预测法等。

一、因素分析法

因素分析法又称为分析调整法,是以有关项目基期年度的平均资金需要量为基础,根据预测年度的生产经营任务和资金周转加速的要求,进行分析调整,来预测资金需要量的一种方法。因素分析法计算简便,容易掌握,但预测结果不太精确。它通常用于品种繁多、规格复杂、资金用量较小的项目。因素分析法的计算公式见式(3-1):

资金需要量=(基期资金平均占用额-不合理资金占用额)
　　　　　×(1±预测期销售增减率)
　　　　　×(1-预测期资金周转速度变动率)　　(3-1)

【例3-1】太某公司上年度资金平均占用额为5 000万元,经分析,其中不合理部分为500万元,预计本年度销售增长率为5%,资金周转速度变动率为5%。请预测本年度资金需要量。

解:预测本年度资金需要量=(5 000-500)×(1+9%)×(1-5%)=4 659.75(万元)

二、销售百分比法

(一)基本原理

销售百分比法,是假设某些资产、负债与销售收入存在稳定的百分比关系,根据预计销售收入和相应的百分比预计资产、负债,然后确定融资需求的一种财务预测方法。企业的销售规模扩大时,要相应地增加流动资产;如果销售规模增加很多,还必须增加长期资产。为取得扩大销售所需增加的资产,企业需要筹措资金。这些资金一部分来自随销售收入同比例增加的流动负债,还有一部分来自预测期的收益留存,另一部分则通过外部筹资取得。

(二)基本步骤

1. 确定随销售而变动的资产和负债项目

随着销售额的变化,经营性资产项目占用更多的资金,这类资产称为"敏感性资产"。同时,随着经营性资产的增加,相应的经营性短期债务也会增加,这类债务称为"自发性债务"或"敏感性债务",可以为企业提供暂时性资金来源。经营性资产与经营性负债的差额通常与销售额保持稳定的比例关系。经营性资产项目包括库存现金、应收账款、存货等项目;经营性负债项目包括应付票据、应付账款等项目,不包括短期借款、短期融资券、长期负债等筹资性负债。

2. 确定有关项目与销售额的稳定比例关系

如果企业资金周转的营运效率保持不变,经营性资产项目与经营性负债项目将会随着销售额的变动而呈正比例变动,并保持稳定的百分比关系。企业应当根据历史资料和同业情况,剔除不合理的资金占用,寻找与销售额的稳定百分比关系。

3. 确定需要增加的筹资数量

预计由于销售增长而导致资金需求量的增加,扣除留存收益后,即为所需要的外部筹资额。

销售百分比法计算外部融资金额的计算公式如式(3-2)所示:

$$外部融资需要量 = A/S_1 \times (\Delta S) - B/S_1 \times (\Delta S) - E \times P \times (S_2) \quad (3-2)$$

式(3-2)中,A 为随销售而变化的敏感性资产;B 为随销售而变化的敏感性负债;S_1 为基期销售额;S_2 为预测期销售额;ΔS 为销售的变动额;P 为销售净利率;E 为留存收益比率;A/S_1 为敏感资产与销售额的关系百分比;B/S_1 为敏感性负债与销售额的关系百分比。

【例 3-2】太某公司 2024 年 12 月 31 日的简要资产负债表如表 3-1 所示。假定太某公司 2024 年销售额 20 000 万元,销售净利率为 10%,留存收益比率为 50%。2025 年销售额预计增长 20%,公司具备足够的生产能力,无须追加固定资产投资。

表 3-1　　　太某公司资产负债表(2024 年 12 月 31 日)

资产	金额(万元)	与销售关系(%)	负债与权益	金额(万元)	与销售关系(%)
现金	1 000	5	短期借款	5 000	N
应收账款	3 000	15	应付账款	2 000	10
存货	6 000	30	预提费用	1 000	5
固定资产	6 000	N	公司债券	2 000	N
—	—	—	实收资本	4 000	N
—	—	—	留存收益	2 000	N
合计	16 000	50	合计	16 000	15

首先,确定有关项目及其与销售额的关系百分比。在表 3-1 中,N 表示不变动,是指该项目不随销售额的变化而变化。

其次,确定需要增加的资金量。从表 3-1 可以看出,销售收入每增加 100 元,必须增加 50 元的资金占用,但同时自动增加 15 元的资金来源,两者差额的 35 元便是新增的资金需求量,即销售收入增长额的 35% 便是新增的资金需求量。因此,销售额从 20 000 万元增加到 24 000 万元，增加了 4 000 万元，按照 35% 的比率可预测将增加 1 400 万元的资金需求。

最后，确定外部融资需求的数量。2024 年的净利润为 2 400 万元（24 000×10%），留存收益比率为 50%，即将有 1 200 万元（2 000×50%）利润被留存下来，则 200 万元（1 400 - 1 200）的资金缺口将从外部筹集。

根据太某公司的资料，可求得外部融资需求量为：

外部融资需求量 = 50% × 20 000 × 20% - 15% × 20 000 × 20% - 10% × 50% × 20 000 × (1 + 20%) = 200（万元）

销售百分比法的优点是，能为筹资管理提供短期预计的财务报表，以适应外部筹资的需要，且易于使用。但在有关因素发生变动的情况下，必须相应地调整原有的销售百分比。

三、资金习性预测法

资金习性预测法，是指根据资金习性预测未来资金需要量的一种方法。所谓资金习性，是指资金的变动同产销量变动之间的依存关系。按照资金同产销量之间的依存关系，可以把资金区分为不变资金、变动资金和半变动资金。

不变资金，是指在一定的产销量范围内，不受产销量变动的影响而保持固定不变的那部分资金，主要包括：为维持营业而占用的最低数额的现金、原材料的保险储备、必要的成品储备、厂房和机器设备等固定资产占用的资金。

变动资金，是指随产销量的变动而同比例变动的那部分资金，一般包括原材料、外购件等占用的资金。另外，在最低储备以外的现金、存货、应收账款等也具有变动资金的性质。

半变动资金，是指虽然受产销量变化的影响，但不成同比例变动的资金，如一些辅助材料所占用的资金。半变动资金可采用一定的方法划分为不变资金和变动资金两部分。

资金习性预测法一般需根据历史上企业资金占用总额与产销量之间的关系，把资金分为不变和变动两部分，然后结合预计的销售量来预测资金需要量。

设产销量为自变量 x，资金占用量为因变量 y，它们之间的关系可用式（3-3）表示：

$$y = a + bx \quad (3-3)$$

式（3-3）中，a 为不变资金，b 为单位变动资金。可见，只要求出 a 和 b，并知道预测期的产销量，就可以用上述公式测算资金需求情况。a 和 b 可采用高低点法或者回归直线法求得。

（一）高低点法

资金预测的高低点法，是指根据企业一定期间资金占用的历史资料，按照资金习性原理和 y = a + bx 直线方程式，以某一期间内最高业务量（即高点）所对应收入的资金占用量与最低业务量（即低点）所对应收入的资金占用量的差，除以最高业务量与最低业务量的差，先求得 b 的值，然后再代入原直线方程，求出 a 的值，从而估计推测资金发展趋势。其计算公式为式（3-4）和式（3-5）：

$$b = \frac{最高收入期资金占用量 - 最低收入期资金占用量}{最高销售量 - 最低销售量} \quad (3-4)$$

$$a = 最高收入期资金占用量 - b \times 最高销售量$$

$$或 = 最低收入期资金占用量 - b \times 最低销售量 \quad (3-5)$$

【例3-3】太某公司2020~2024年的产销量和资金占有数量的历史资料如表3-2所示，该企业预计2025年产销量将达到90万件，试计算2025年的资金需要量。

表3-2　　　　　　　　产销量与资金占用量资料

年份	产销量（x）（万件）	资金占用量（y）（万元）
2020	15	200
2021	25	220
2022	40	250
2023	35	240
2024	55	280

解：根据以上资料采用高低点法计算如下：

b =（280 - 200）÷（55 - 15）= 2（元/件）

a = 280 - 2 × 55 = 170（万元）

或 = 200 - 2 × 15 = 170（万元）

建立预测资金需要量的数学模型为：y = 170 + 2x

如果2025年的预计产销量为90万件，则：

2025年的资金需要量 = 170 + 2 × 90 = 350（万元）

高低点法简便易行，在企业资金变动趋势比较稳定的情况下，较为适宜。

（二）回归直线法

回归直线法是根据若干期业务量和资金占用的历史资料，运用最小平方法原理计算不变资金和单位销售额变动资金的一种资金习性分析方法。其计算公式为式（3-6）和式（3-7）：

$$b = \frac{n\sum xy - \sum x \sum y}{n\sum x^2 - (\sum x)^2} \quad (3-6)$$

$$a = \frac{\sum y - b\sum x}{n} \quad (3-7)$$

【例3-4】沿用〖例3-3〗的资料，该企业2025年的资金需要量可以通过以下步骤求得：

解：（1）根据表3-2整理编制表3-3。

表3-3　　　　　　　　计算过程分析表

年份	产销量（x）	资金占用量（y）	xy	x^2
2020	15	200	3 000	225
2021	25	220	5 500	625
2022	40	250	10 000	1 600
2023	35	240	8 400	1 225
2024	55	280	15 400	3 025
n=5	$\sum x = 170$	$\sum y = 1\ 190$	$\sum xy = 42\ 300$	$\sum x^2 = 6\ 700$

（2）把表3-3的资料代入公式：

$$b = \frac{5 \times 42\ 300 - 170 \times 1\ 190}{5 \times 6\ 700 - 170^2} = 2$$

$$a = \frac{1\ 190 - 2 \times 170}{5} = 170$$

（3）把a=170，b=2代入y=a+bx求得：y=170+2x。

（4）将2025年预计销售量90万件代入上式，得出：y=170+2×90=350（万件）。

从理论上讲，回归直线法是一种计算结果最为精确的方法。但是运用线性回归法必须注意以下三个问题：第一，资金需要量与业务量之间线性关系的假定应符合实际情况；第二，确定a、b数值，应利用连续若干年的历史资料，一般要有3年以上的资料；第三，应考虑价格等因素的变动情况。

第三节　资本成本

融资方式，是指企业筹措资金所采用的具体形式。如果说融资渠道客观存在，那么融资方式则属于企业的主观能动行为。如何选择适宜的融资方式并进行有效地组合，以降低成本，提高融资效益，成为

融资方式选择——
股权融资

企业融资管理的重要内容。目前，我国企业的融资方式主要有以下七种：吸收直接投资、发行股票、留存收益、银行借款、商业信用、发行债券、融资租赁。在进行融资方式选择时，主要依据资本成本的高低进行选择。

一、个别资本成本

个别资本成本是指企业单种筹资方式的资本成本，包括债务资本成本和权益资本成本。

（一）债务资本成本

债务资本成本主要包括长期借款资本成本和债券资本成本。根据国际惯例和我国税法的规定，债务的利息一般允许在企业所得税前支付，即具有抵税效应，企业实际负担的债务利息为税后债务成本，因而在计算债务成本时应从利息支出中扣除可以抵扣所得税的部分。

1. 长期借款资本成本

长期借款的资本成本主要包括筹资费用和借款利息。其筹资费用为银行或其他金融机构在发放贷款时收取的手续费，一般数额很小，有时可以忽略不计。

长期借款资本成本可以通过式（3-8）进行计算：

$$K_l = \frac{I(1-T)}{L \times (1-f)} = \frac{L \times i \times (1-T)}{L \times (1-f)} = \frac{i \times (1-T)}{1-f} \qquad (3-8)$$

式（3-8）中，K_l 表示长期借款成本；I 表示长期借款年利息；T 表示企业所得税税率；L 表示长期借款筹资额（借款本金）；f 表示长期借款筹资费用率；i 表示长期借款年利率。

当银行借款手续费忽略不计时，此时式（3-8）便可简化为式（3-9）：

$$K_l = i \times (1-T) \qquad (3-9)$$

【例3-5】太某公司欲从银行取得一笔长期借款1 500万元，手续费1%，年利率6%，期限3年，每年结息一次，到期一次还本。公司所得税税率为25%。这笔借款的资本成本率为：

$$K_l = \frac{L \times i \times (1-T)}{L \times (1-f)} = \frac{1\,500 \times 6\% \times (1-25\%)}{1\,500 \times (1-1\%)} = 4.55\%$$

如果忽略银行筹资费用率，其资本成本为：

$$K_l = 6\% \times (1\% - 25\%) = 4.5\%$$

如果借款合同中存在其他限制性条款，比如补偿性余额时，在计算企业可动用的借款筹资额时，应扣除补偿性余额，此时借款的实际利率和资本成本都将会提高。

$$K_l = \frac{I(1-T)}{L(1-\text{补偿性余额比率})} \quad (3-10)$$

但是以上的公式是在不存在筹资费用的前提下，若存在筹资费用，那么，要先根据补偿性余额比例关系，求解出补偿性余额的实际利率，然后再进行计算。

【例 3-6】 太某公司欲借款 2 000 万元，年利率 6%，期限 3 年，每年结息一次，到期一次还本。银行要求补偿性余额 20%。公司所得税税率为 25%。这笔借款的资本成本率为：

$$K_l = \frac{2\,000 \times 6\% \times (1-25\%)}{2\,000 \times (1-20\%)} = 5.63\%$$

在借款年内结息次数超过一次时，借款实际利率也会高于名义利率，从而资本成本率上升。这时，借款资本成本率的测算公式为式（3-11）：

$$K_l = \left[\left(1+\frac{R}{M}\right)^M - 1\right] \times (1-T) \quad (3-11)$$

式（3-11）中，K_l 表示长期借款成本；T 表示企业所得税税率；R 表示长期借款年利率；M 表示代表 1 年结息的次数。

【例 3-7】 太某公司借款 6 000 万元，年利率 6%，期限 3 年，每季结息一次，到期一次还本。公司所得税税率为 25%。这笔借款的资本成本率为：

$$K_l = \left[\left(1+\frac{R}{M}\right)^M - 1\right] \times (1-T) = \left[\left(1+\frac{6\%}{4}\right)^4 - 1\right] \times (1-25\%) = 4.6\%$$

2. 长期债券资本成本

企业发行债券的成本主要是指筹资费用和债券利息费用。债券的筹资费用即发行费用，包括申请费、注册费、印刷费、上市费以及推销费等。债券的筹资费用一般较高，所以在计算成本时不能忽略不计。债券的利息在所得税前列支，具有抵税作用。

债券的发行价格有平价、溢价和折价三种。债券的利息按票面价值和票面利率的乘积计算，但债券的筹资额应按实际发行价格确定。

（1）在不考虑资金时间价值的情况下，债券资本成本的计算公式如式（3-12）所示：

$$K_b = \frac{M \times i \times (1-T)}{B_0(1-f)} \quad (3-12)$$

式（3-12）中，K_b 表示债券的资本成本；T 表示企业所得税税率；B_0 表示债券发行总额，按债券的发行价格确定；f 表示债券筹资费用率；M 表示债券的面值；i 表示债券的票面利率。

【例 3-8】 太某公司拟等价发行面值 1 000 元，期限 5 年，票面利率 8% 的债券，每年结息一次，发行费用为发行价格的 5%。公司所得税税率为 25%。则该债券的资本成本率为：

$$K_b = \frac{1\,000 \times 8\% \times (1-25\%)}{1\,000 \times (1-5\%)} = 6.32\%$$

如果例题中的债券是按溢价发行，发行价格为1 200万元，此时债券的资本成本为：

$$K_b = \frac{1\,000 \times 8\% \times (1-25\%)}{1\,200 \times (1-5\%)} = 5.26\%$$

如果例题中的债券是按折价发行，发行价格为800万元，此时债券的资本成本为：

$$K_b = \frac{1\,000 \times 8\% \times (1-25\%)}{800 \times (1-5\%)} = 7.89\%$$

根据〖例3-8〗的计算结果可以看出，债券的发行价格同债券的资本成本存在一定的关系，即在其他条件不变的情况下：债券发行价格＞面值，即溢价发行，则资本成本低；债券发行价格＜面值，即折价发行，则资本成本高。

在实际工作中，由于债券的利率高于银行借款的利率，加上债券的发行费用较高，所以，债券的资本成本一般高于银行借款的资本成本。由于债券的利率水平要高于长期借款的利率，加上债券的发行费用较高，所以，债券的资本成本一般高于长期借款的资本成本。

（2）在考虑资金时间价值时，公司债券的税前资本成本率也就是债券持有人的投资必要报酬率，再乘以（1-T）折算为税后的资本成本率。测算过程如下：

第一步，先测算债券的税前资本成本率，测算公式为式（3-13）：

$$P_0 = \sum_{t=1}^{n} \frac{I}{(1+R_b)^t} + \frac{P_n}{(1+R_b)^n} \qquad (3-13)$$

式（3-13）中，P_0表示债券筹资净额，即债券发行价格（或现值）扣除发行费用；I表示债券年利息额；P_n表示债券面额或到期价值；R_b表示债券投资的必要报酬率，即债券的税前资本成本率；t表示债券付息期数；n表示债券期限。

第二步，测算债券的税后资本成本率，其测算的公式为式（3-14）：

$$K_b = R_b \times (1-T) \qquad (3-14)$$

【例3-9】太某公司计划发行一批面额为1 000元，票面利率为10%，期限为5年的债券，发行溢价为96元。每年结息一次。平均每张债券的发行费用16元。公司所得税税率为25%。则该债券的资本成本率为：

$$P_0 = \sum_{t=1}^{n} \frac{I}{(1+R_b)^t} + \frac{P_n}{(1+R_b)^n}$$

$$1\,000 + 96 - 16 = \sum_{t=1}^{5} \frac{1\,000 \times 10\%}{(1+R_b)^t} + \frac{1\,000}{(1+R_b)^5}$$

可得：$R_b = 8\%$

则：$K_b = 8\% \times (1 - 25\%) = 6\%$

（二）权益资本成本

按照公司股权资本的构成，股权资本成本率主要分为优先股资本成本率、普通股资本成本率和留存收益成本率等。根据所得税法的规定，公司只能以税后净利润向股东派发股利，故股权资本成本没有抵税利益。

1. 优先股成本

优先股成本包括筹资费用和优先股股利。优先股同时具有债券和普通股的一些特征，具体表现为需定期向持股人支付固定股利，但其股利是从税后利润中支付，不具有抵减所得税的作用。优先股成本可以通过式（3-15）进行计算：

$$K_p = \frac{D_p}{P_0(1-f)} \quad (3-15)$$

式（3-15）中，K_p 表示优先股资本成本；D_p 表示优先股年股利，按面值和固定的股利率确定；P_0 表示优先股筹资额，按发行价格确定；f 表示优先股筹资费用率。

【例3-10】太某公司发行总面值为170万元的优先股，股息率为15%，若股票发行价格为200万元，发行费用率为5.5%，所得税税率为25%，则该优先股的资本成本：

$$K_p = \frac{170 \times 15\%}{200 \times (1 - 5.5\%)} = 13.49\%$$

当企业资不抵债时，优先股持有人参与剩余财产分配的顺序仅次于债券持有人，而优于普通股持有人。因此，优先股的风险要大于债券、小于普通股，其资本成本要高于债券的成本、低于普通股的成本。

2. 普通股成本

按照资本成本率实质上是投资的必要报酬率的思路可知，普通股的资本成本就是普通股投资的必要报酬率。普通股成本的确定方法与优先股类似，但是普通股的股利是不固定的，其股利率会随着企业经营状况的变动而变化，正常情况下是呈逐年增长的趋势。当企业资不抵债时，普通股持有人参与剩余财产的分配权在债券和优先股持有人之后，其投资风险最大，股利支付率也比债券利率和优先股利率高，故普通股资本成本也最高。对于普通股资本成本的预测，主要有三种方法：股利贴现模型法、资本资产定价模型法和风险溢价法。

（1）股利贴现模型法。股利贴现模型法是股票估价的基本模型，也叫"贴现现金流量法"。股东购买股票是期望获得股利，也就是股票发行人需要付出的成本，根据股票内在投资价值等于未来可收到的股利现值之和的原理，可以得到测量普通股资本成本的公式为式（3-16）：

$$P_0 = \sum_{t=1}^{\infty} \frac{D_t}{(1+K_s)^t} \qquad (3-16)$$

式（3-16）中，P_0 表示普通股内在价值，表示股票筹资获得的现金流入量；D_t 表示第 t 年年底预期得到的每股股利；K_s 表示普通股资本成本。

如果股票发行人采取固定股利的股利分配政策，即 D_t 是一个固定金额时，普通股成本的计算方法跟优先股成本的计算方法相同，则资本成本率公式为式（3-17）：

$$K_s = \frac{D}{P_0(1-f)} \qquad (3-17)$$

【例 3-11】太某公司拟发行一批普通股，发行价格 18 元/股，每股发行费用 1 元，预计每年分派现金股利每股 1.8 元。其资本成本率测算为：

$$K_s = \frac{D}{P_0(1-f)} = \frac{1.8}{18-1} = 10.59\%$$

如果股利以一个固定的增长率 g 递增时，在式（3-16）的基础上经过推算，可以得到发行普通股资本成本的计算公式为式（3-18）：

$$K_s = \frac{D_1}{P_0(1-f)} + g \qquad (3-18)$$

式（3-18）中，K_s 表示普通股资本成本；D_1 表示预期第 1 年年末每股股利；P_0 表示普通股内在价值；f 表示普通股筹资费用率；g 表示普通股股利年增长率。

【例 3-12】太某公司准备增发普通股，每股的发行价格 12 元，发行费用 1.2 元，预定第一年分派现金股利每股 1.2 元，以后每年股利增长 4%。其资本成本率测算为：

$$K_s = \frac{D_1}{P_0(1-f)} + g = \frac{1.2}{12-1.2} + 4\% = 15.11\%$$

（2）资本资产定价模型法。按照资本资产定价模型法，只需要计算某种股票在证券市场的组合风险系数 β，即可预计股票的资本成本。资本资产定价模型的计算公式为式（3-19）：

$$K_s = R_f + \beta(R_m - R_f) \qquad (3-19)$$

式（3-19）中，K_s 表示普通股资本成本；R_f 表示无风险报酬率；β 表示股票的系统风险系数；R_m 表示平均风险股票必要报酬率。

【例 3-13】某期间政府发行的国库券年利率为 12%，平均风险股票的必要报酬率是 15%，太某公司普通股的 β 系数为 1.4。则该普通股的资本成本为：

$$K_s = R_f + \beta(R_m - R_f) = 12\% + 1.4 \times (15\% - 12\%) = 16.2\%$$

(3) 风险溢价法。风险溢价法，是指在企业发行的长期债券利率的基础上加上风险溢价报酬率，即可得到普通股的资本成本。这种方法的理论依据是：相对于债券持有者，普通股股东承担了较大的风险，理应得到比债券持有者更高的报酬率。实证研究表明，风险溢价报酬率的变化范围约为 1.5%~4.5%。其计算公式为式（3-20）：

$$K_s = K_b + R \qquad (3-20)$$

式（3-20）中，K_s 表示普通股资本成本；K_b 表示同一公司的债券资本成本；R 表示股东要求的风险溢价。

【例 3-14】太某公司已发行债券的投资报酬率为 8%。现准备发行一批股票，经分析，该股票高于债券的投资风险报酬率为 4%。则该股票的必要报酬率即资本成本率为：

$$K_s = K_b + R = 8\% + 4\% = 12\%$$

3. 留存收益成本

留存收益实质是股东对企业的追加投资，企业使用留存收益用于公司发展，是以失去外部投资的报酬为代价的，是一种机会成本，所以留存收益也有资本成本。其资本成本计算方法跟普通股类似，不同的是留存收益没有发生筹资费用。

在股利贴现模型法下，留存收益成本的计算公式为式（3-21）：

$$K_c = \frac{D_1}{P_0} + g \qquad (3-21)$$

式（3-21）中，K_c 表示留存收益资本成本；D_1 表示预期年股利额；P_0 表示普通股筹资额；g 表示普通股股利年增长率。

【例 3-15】太某公司普通股每股市价为 100 元，第一年年末的股利为 10 元，以后每年增长 5%，其中筹资费用率为 0.5%，则留存收益资本成本为：

$$K_s = \frac{D_1}{P_0} + g = \frac{10}{100} + 5\% = 15\%$$

综上所述，负债资金的利息具有抵税作用，而权益资金的股利（股息、分红）不具有抵税作用，所以一般情况下，权益资金的资本成本要比负债的资本成本高。从投资人的角度看，投资人投资债券要比投资股票的风险小，所以要求的报酬率比较低，筹资人弥补债券投资人风险的代价也相应要小。对于借款和债券，因为借款的利息率通常低于债券的利息率，而且筹资费用也比债券筹资费用低，所以借款的筹资成本要小于债券的筹资成本。对于权益资金，优先股股利固定不变，投资风险小，所以优先股股东要求的回报低，筹资人的筹资成本比普通股的资本成本低；留存收益没有筹资费用，所以留存收益的筹资成本也要比普通股的资本成本低。

二、边际资本成本

边际资本成本,是指企业追加筹资时的资本成本,即企业每新增1元资本所需负担的成本。在现实生活中可能会出现这样一种情况:当企业以某种筹资方式筹资超过一定限度时,边际资本成本就会增加。此时,即使企业保持原有的资本结构,仍有可能导致加权平均资本成本增加。

【例3-16】太某公司准备追加筹资130万元用于投资项目,该公司目前的资本结构为:长期借款占20%,债券占25%,普通股占55%。各类资本筹资规模及对应成本资料如表3-4所示,要求计算该公司追加筹资的边际资本成本。

表3-4　　　　　　　　增资情况及个别资本成本变动

资本种类	目标资本结构(%)	新筹资额的数量范围	资本成本(%)
长期借款	20	5万元以内	4
		5万~10万元	6
		10万元以上	8
长期债券	25	15万元以内	9
		15万~30万元	10
		30万元以上	11
普通股	55	55万元以内	14
		55万~110万元	15
		110万元以上	16

计算太某公司追加筹资的边际资本成本可以按照以下步骤进行:

第一步:确定企业的目标资本结构。经过企业财务人员的分析,认为目前的资本结构就是最优资本结构,企业追加筹资后应保持原有的目标资本结构,即长期借款占20%,债券占25%,普通股占55%。

第二步:确定各种筹资成本率的变动情况。随着企业筹资规模的不断增加,各种筹资成本率水平也会随之升高,具体变动情况见表3-4。

第三步:计算各种筹资方式的筹资总额分界点。筹资总额分界点是指在现有目标资本结构条件下,保持某一资本成本不变时可以筹集到的资金总限额,即特定筹资方式下的资本成本变化的分界点,也叫筹资突破点。在筹资总额分界点范围内筹资,原来的资金成本率不会改变；一旦筹资额超过筹资总额分界点，即使维持现有的资本结构，其资金成本率也会增加。

筹资总额分界点的计算公式如式（3-22）：

$$筹资突破点 = \frac{某种筹资方式的成本分界点}{目标资本结构中该种筹资方式所占的比重}$$

（3-22）

根据上述资料，计算出如下几个筹资总额分界点，如表3-5所示。

表3-5　　　　　　　　筹资总额分界点计算

资本种类	资本成本（%）	新筹资额的数量范围	目标资本结构（%）	筹资总额分界点
长期借款	4	5万元以内	20	25万元
	6	5万~10万元		50万元
	8	10万元以上		—
长期债券	9	15万元以内	25	60万元
	10	15万~30万元		120万元
	11	30万元以上		—
普通股	14	55万元以内	55	100万元
	15	55万~110万元		200万元
	16	110万元以上		—

第四步：划分筹资范围，计算各个范围的边际资本成本。由表3-5可以得到7组筹资成本不同的筹资总额范围：0~25万元、25万~50万元、50万~60万元、60万~100万元、100万~120万元、120万~200万元、200万元以上。现在分别计算这7组筹资总额的综合资本成本，即边际资本成本，如表3-6所示。

从表3-6中可以看出，如果企业追加筹资130万元，其边际资本成本为12.60%，如果企业能将追加筹资控制在120万元以内，那么其边际资本成本为12.35%，成本下降了0.25%。

表3-6　　　　　　不同筹资范围的综合资本成本计算

筹资范围	资本种类	资本结构	个别资本成本	边际资本成本
0~25万元	长期借款	20%	4%	4%×20% + 9%×25% + 14%×55% = 10.75%
	长期债券	25%	9%	
	普通股	55%	14%	

续表

筹资范围	资本种类	资本结构	个别资本成本	边际资本成本
25万~50万元	长期借款	20%	6%	6%×20% + 9%×25% + 14%×55% = 11.15%
	长期债券	25%	9%	
	普通股	55%	14%	
50万~60万元	长期借款	20%	8%	8%×20% + 9%×25% + 14%×55% = 11.55%
	长期债券	25%	9%	
	普通股	55%	14%	
60万~100万元	长期借款	20%	8%	8%×20% + 10%×25% + 14%×55% = 11.80%
	长期债券	25%	10%	
	普通股	55%	14%	
100万~120万元	长期借款	20%	8%	8%×20% + 10%×25% + 15%×55% = 12.35%
	长期债券	25%	10%	
	普通股	55%	15%	
120万~200万元	长期借款	20%	8%	8%×20% + 11%×25% + 15%×55% = 12.60%
	长期债券	25%	11%	
	普通股	55%	15%	
200万元以上	长期借款	20%	8%	8%×20% + 11%×25% + 16%×55% = 13.15%
	长期债券	25%	11%	
	普通股	55%	16%	

深化国有金融资本管理改革

第四节 资本结构优化

资本结构，是指企业各种长期资本来源的构成和比例关系。通常情况下，企业的资本由长期债务资本和权益资本构成，资本结构指的就是长期债务资本和权益资本各占多大比例。一般来说，在资本结构概念中不包含短期负债。短期资本的需要量和筹集是经常变化的，且在整个资本总量中所占的比重不稳定，因此不列入资本结构管理范围，而作为营运资本管理。

最优资本结构，是指企业在一定期间内，使加权平均资本成本最低、企业价值最大时的资本结构。其判断标准有三个：(1) 有利于最大限度地增加所有者财富，能使企业价值最大化；(2) 企业加权平均资本成本最低；(3) 资产保持适宜的流动，并使资本结构具有弹性。其中，加权资本成本最低是其主要标准。

企业利用债务筹资具有双重作用，合理地利用债务，可以降低企业资本成本，但当企业债务比率过高时，会给企业带来较大的财务风险。所以，企业在进行资本结构决策时就必须衡量资本成本和财务风险之间的关系，确定最优资本结构。最优资本结构的决策方法主要有三种：（1）比较资本成本法；（2）无差别点分析法；（3）企业价值比较法。

一、比较资本成本法

比较资本成本法是通过计算不同资本结构的加权平均资本成本，并以此为标准，选择其中加权平均资本成本最低的资本结构。资本成本高低作为确定最佳资本结构的唯一标准，在理论上与股东或企业价值最大化时相一致，在实际运用中则简单实用。该种方法的决策步骤包括：（1）确定各方案的资本结构；（2）确定各结构的加权平均资本成本；（3）进行比较，选择加权平均资本成本最低的资本结构为最优资本结构。

加权平均资本成本由个别资本成本和加权平均权数两个因素决定，其计算公式为式（3-23）：

$$K_w = \sum_{j=1}^{n} K_j W_j \quad (3-23)$$

式（3-23）中，K_w 表示加权平均资本成本；K_j 表示第 j 种资本的个别资本成本；W_j 表示第 j 种资本的个别资本成本占全部资本的比重，即资本结构。

资本结构可以按照账面价值权数、市场价值权数和目标资本结构确定，但是由于账面价值的资料容易取得，企业一般都以账面价值作为计算权重的基础。

【例3-17】太某公司拟融资300万元，有三个备选方案，其资本结构分别和个别资本成本如表3-7所示。

表3-7　　　　　　A、B、C方案的资本资料

融资方式	方案 A		方案 B		方案 C	
	融资额（万元）	个别资本成本（%）	融资额（万元）	个别资本成本（%）	融资额（万元）	个别资本成本（%）
长期借款	50	6	70	6.5	100	7
债券	150	9	80	7.5	120	8
普通股	100	15	150	15	80	15
合计（万元）	300		300		300	

计算各方案的加权平均资本成本（K_w）。

$$K_w(A) = \frac{50}{300} \times 6\% + \frac{150}{300} \times 9\% + \frac{100}{300} \times 15\% = 10.5\%$$

$$K_w(B) = \frac{70}{300} \times 6.5\% + \frac{80}{300} \times 7.5\% + \frac{150}{300} \times 15\% = 11.02\%$$

$$K_w(C) = \frac{100}{300} \times 7\% + \frac{120}{300} \times 8\% + \frac{80}{300} \times 15\% = 9.53\%$$

根据上面计算的结果，方案 C 的资本成本最低。因此，选择长期借款 100 万元、债券 120 万元、普通股票 80 万元的资本结构最为可行。

此方法通俗易懂，计算过程比较简单，是确定资本结构的一种常用方法，一般适用于资本规模较小、资本结构较为简单的非股份制企业。但是，因为拟定的方案数量有限，故有把最优方案漏掉的可能。同时，资本成本比较法仅以资本成本率最低为决策标准，没有具体测算财务风险因素，其决策目标实质上是利润最大化而不是企业价值最大化。

二、每股收益无差异点分析法

每股收益无差异点法，也称为息税前利润平衡点法，或者每股收益无差别点法，简写为（EBIT – EPS）分析法，是指使不同资本结构的每股收益相等时的息税前利润点。企业合理的资本结构，对企业的盈利能力和股东财富产生了一定的影响，因此将息税前利润（EBIT）和每股收益（EPS）作为分析确定企业资本结构的两大因素。每股收益无差异点法就是将息税前利润和每股收益这两大要素结合起来，分析资本结构与每股收益之间的关系，进而确定最佳资本结构的方法。每股收益无差异点的计算公式如式（3 – 24）所示：

$$\frac{(\overline{EBIT} - I_1)(1-T) - D_1}{N_1} = \frac{(\overline{EBIT} - I_2)(1-T) - D_2}{N_2} \quad (3-24)$$

式（3 – 24）中，$\overline{EBIT}$ 为每股收益无差异点的息税前利润；I_1，I_2 为两种融资方式（债务性融资和权益性融资）下的年利息；T 为企业所得税税率；D_1，D_2 为两种融资方式（债务性融资和权益性融资）下的优先股股利；N_1，N_2 为两种融资方式（债务性融资和权益性融资）下的流通在外的普通股股数。

采用每股收益无差异点法时，往往可以遵循以下的步骤：

第一步，根据已知条件计算 I_1，I_2。

I_1 = 原资本结构中的债务利息 + 方案 1 的债务利息；

I_2 = 原资本结构中的债务利息 + 方案 2 的债务利息。

第二步，根据已知条件计算 N_1，N_2。
N_1 = 原资本结构中的普通股股数 + 方案1的普通股股数；
N_2 = 原资本结构中的普通股股数 + 方案2的普通股股数。
第三步，根据已知条件计算 D_1，D_2。
第四步，将以上计算结果代入公式（3-24）中，求得$\overline{EBIT}$及$\overline{EPS}$。

第五步，每股收益无差异点的息税前利润计算出来以后，可与预期的息税前利润进行比较，据以选择融资方式。当预期的息税前利润大于无差异点息税前利润时，应采用负债融资方式；当预期的息税前利润小于无差异点息税前利润时，应采用普通股融资方式。

第六步，根据以上计算结果，绘制（EBIT-EPS）分析图。

【例3-18】 太某公司欲筹集新资金400万元以扩大生产规模。筹集新资金有两个方案：方案1，增发普通股，则计划以每股10元的价格增发40万股；方案2，采用长期借款，则以10%的年利率借入400万元。已知该公司现有资产总额为2 000万元，负债比率为40%，年利率8%，普通股100万股。假定增加资金后预期息税前利润为500万元，所得税税率为30%，试采用每股收益分析法计算分析应选择何种融资方式？

解：根据以上资料，可以得到以下指标：
$I_1 = 2\ 000 \times 40\% \times 8\% = 64$（万元）
$I_2 = 2\ 000 \times 40\% \times 8\% + 400 \times 10\% = 104$（万元）
$N_1 = 100 + 40 = 140$（万股）
$N_2 = 100$（万股）

计算每股收益无差异点。根据资料计算如下：
$$\frac{(EBIT - 64) \times (1 - 30\%)}{140} = \frac{(EBIT - 104) \times (1 - 30\%)}{100}$$
求得：$\overline{EBIT} = 204$（万元）
将该结果代入上式可得无差异点的每股收益：
$$\overline{EPS} = \frac{(204 - 64) \times (1 - 30\%)}{140} = 0.7（元）$$

计算预计增资后的每股收益（见表3-8），并选择最佳融资方式。

表3-8　　　　　　预计增资后的每股收益　　　　　　单位：万元

项目	方案1（增发股票）	方案2（增加长期借款）
预计息税前利润（EBIT）	500	500
减：利息	64	104
税前利润	436	396
减：所得税	130.8	118.8

续表

项目	方案1（增发股票）	方案2（增加长期借款）
税后利润	305.2	277.2
普通股股数（万股）	140	100
每股收益（EPS）（元）	2.18	2.77

由表3-8计算得知，预期息税前利润为500万元时，追加负债融资的每股收益较高（2.77元），应选择负债方式筹集资金。由此表明，当息税前利润等于204万元时，采用负债或发行股票方式融资都是一样的；当息税前利润大于204万元时，采用负债方式融资更有利；当息税前利润小于204万元时，则应采用发行股票方式融资。该公司预计EBIT为500万元，大于无差异点的EBIT（204万元），故采用长期借款的方式融资较为有利，此结论也可通过分析图3-1加以证明。

绘制EBIT-EPS分析图，如图3-1所示。由图3-1可以看出，当EBIT为204万元时，两种融资方式的EPS相等；当EBIT大于204万元时，采用负债融资方式的EPS大于普通股融资方式的EPS，故应采用负债融资方式；当EBIT小于204万元时，采用普通股融资方式的EPS大于负债融资方式的EPS，故应采用普通股融资方式。

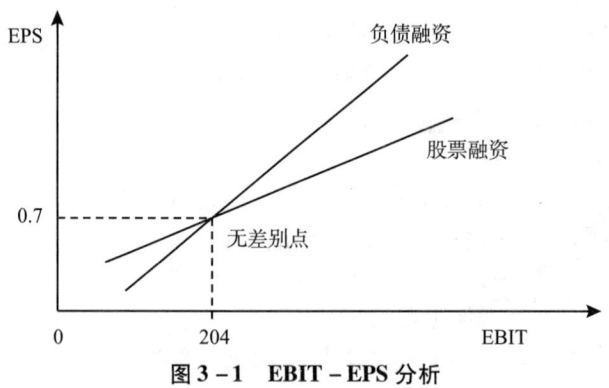

图3-1　EBIT-EPS分析

每股收益分析法确定最优资本结构，是以每股收益最大为分析起点，它直接将资本结构与企业财务目标、企业市场价值等相关因素结合起来，因此是企业在追加融资时经常采用的一种决策方法。但是，这种分析方法只考虑了资本结构对每股收益的影响，并假定每股收益最大，股票价格也最高，而没有考虑资本结构对风险的影响，是不全面的。因为随着负债的增加，投资者的风险加大，股票价格和企业价值也会有下降的趋势，所以，单纯地运用EBIT-EPS分析法有时也会做出错误的决策。这种方法一般可用于资本规模不大、资本结构不太复杂的股份有限公司。

三、企业价值比较法

从根本上讲，财务管理的目标在于追求股东财富最大化。然而，只有在风险不变的情况下，每股收益的增长才会导致股东财富上升，实际上经常是随着每股收益的增长，风险也会加大。如果每股收益的增长不足以补偿风险增加所需的报酬时，尽管每股收益增加，股东财富仍然会下降。所以，公司的最佳资本结构应当是使公司的总价值最高，而不一定是每股收益最大的资本结构。同时，在该资本结构下，公司的加权平均资本成本也是最低的。

衡量企业价值的一种合理的方法是：企业的市场价值等于其股票的市场价值加上长期债务的价值再加上优先股的价值，即式（3-25）：

$$V = S + B + P \qquad (3-25)$$

式（3-25）中，V表示企业的市场价值；S表示股票的市场价值；B表示长期债务的价值；P表示优先股的价值。

为使计算简便，假设长期债务（长期借款和长期债券）和优先股的现值等于其账面价值，且长期债券和优先股的账面价值等于其面值；股票的现值则等于企业未来的净收益按股东要求的报酬率折现。假设企业的经营利润永续，股东要求的回报率（权益资本成本）不变，则股票的市场价值为式（3-26）：

$$S = \frac{(EBIT - I)(1 - T) - D}{R_s} \qquad (3-26)$$

式（3-26）中，S表示股票的市场价值；EBIT表示息税前利润；I表示年利息额；T表示公司所得税税率；D表示优先股股息；R_s表示权益资本成本。

采用资本资产定价模型计算股票的资本成本R_s，如式（3-27）：

$$R_s = R_f + \beta(R_m - R_f) \qquad (3-27)$$

式（3-27）中，R_f表示无风险利率；R_m表示平均风险股票报酬率；β表示股票的系统风险系数。

通过上述公司计算出企业的总价值和加权平均资本成本，以企业价值最大化为标准确定最佳资本结构，此时的加权平均资本成本最小。公司的资本成本则应用加权平均资本成本来表示。在不存在优先股的情况下，其公式为：

加权平均资本成本 = 债务税前资本成本 × 债务额占总资本比重 ×（1-税率）+ 权益资本成本 × 股票额占总资本比重，即式（3-28）：

$$K_w = R_d(1 - T) \times \frac{B}{V} + R_s \times \frac{S}{V} \qquad (3-28)$$

式（3-28）中，K_w表示加权平均资本成本；R_d表示债务税前资本成本；R_s 表示权益资本成本；V 表示企业市场价值；B 表示债券市场价值；S 表示股票市场价值；T 表示企业所得税税率。

【例 3-19】太某公司的长期资本构成均为普通股，无长期债务资本和优先股资本。股票的账面价值为 3 000 万元。预计未来每年 EBIT 为 600 万元，所得税税率为 25%。该企业认为目前的资本结构不合理，准备通过发行债券回购部分股票的方式，调整资本结构，提高企业价值。假设长期债务利率等于债务税前资本成本，债务市场价值等于债务面值。经咨询，目前的长期债务利率和权益资本成本的情况如表 3-9 所示。

表 3-9　　不同债务水平下的债务资本成本和权益资本成本

债券市场价值 B（万元）	债务税前资本成本 R_d（%）	股票 β 值	无风险利率 R_f（%）	平均风险股票报酬率 R_m（%）	权益资本成本 R_s（%）
0	—	1.2	8	12	12.8
300	10	1.3	8	12	13.2
600	10	1.4	8	12	13.6
900	12	1.55	8	12	14.2
1 200	14	1.7	8	12	14.8
1 500	16	2.1	8	12	16.4

根据表 3-9 的资料，即可以计算出不同长期债务规模下的企业价值和加权平均资本成本，计算结果如表 3-10 所示。

表 3-10　　企业市场价值和加权平均资本成本

企业市场价值 V（万元）①=②+③	债务市场价值 B（万元）②	股票市场价值 S（万元）③	市净率 S/(3 000-B)	债务税前资本成本 R_d（%）	权益资本成本 R_s（%）	加权平均资本成本 K_w（%）
3 515.63	0	3 515.63	1.1719	—	12.8	12.8
3 538.64	300	3 238.64	1.1995	10	13.2	12.72
3 577.94	600	2 977.94	1.2408	10	13.6	12.58
3 498.59	900	2 598.59	1.2374	12	14.2	12.86
3 389.19	1 200	2 189.19	1.2162	14	14.8	13.28
3 146.34	1 500	1 646.34	1.0976	16	16.4	14.3

从表 3-10 可以看出，初始情况下，企业没有长期债务，企业的

价值 V = S = 3 515.63 万元；加权平均资本成本 $R_s = K_w = 12.8\%$。当企业开始发行债务回购股票时，企业的价值上升，加权平均资本成本降低，直到长期债务 B = 600 万元时，企业价值达到最大，V = 3 577.94 万元，加权平均资本成本最低，$K_w = 12.58\%$。若企业继续增加负债，企业的价值便开始下降，加权平均资本成本上升。因此，长期债务为 600 万元时的资本结构为该企业的最优资本结构。

【本章小结】

我们学习了融资管理会计的概念、原理、程序；融资管理，是指企业为实现既定的战略目标，在风险匹配的原则下，对通过一定的融资方式和渠道筹集资金进行的管理活动。融资管理活动是企业资金流转运动的起点，融资管理要求解决企业为什么要融资、需要融资多少、从什么渠道以什么方式筹集，以及如何协调财务风险和资本成本，合理安排资本结构等问题。管理会计是为企业管理服务的，因此，融资管理会计就是为企业融资管理提供信息支持的一个管理会计信息分支系统。企业进行投融资管理，一般应遵循以下原则：(1) 价值创造原则。投融资管理应以持续创造企业价值为核心。(2) 战略导向原则。投融资管理应符合企业发展战略与规划，与企业战略布局和结构调整方向相一致。(3) 风险匹配原则。投融资管理应确保投融资对象的风险状况与企业的风险综合承受能力相匹配。融资管理的程序分以下几步：建立健全融资管理的制度体系、选择合适的融资管理工具、合理编制融资计划、根据融资决策分析编制融资方案、落实融资方案，明确管理部门的责任、定期进行融资管理分析、编制融资管理报告、融资管理报告编制的要求、融资管理报告编制的时间、评估融资管理的效果。

融资需求决策主要是资金需求量预测，是指企业根据生产经营的需求，对未来所需资金的估计和推测。资金需要量预测的方法主要包括因素分析法、销售百分比法和资金习性预测法等。因素分析法又称为分析调整法，是以有关项目基期年度的平均资金需要量为基础，根据预测年度的生产经营任务和资金周转加速的要求，进行分析调整，来预测资金需要量的一种方法。因素分析法计算简便，容易掌握，但预测结果不太精确。它通常用于品种繁多、规格复杂、资金用量较小的项目。因素分析法的计算公式为：资金需要量 =（基期资金平均占用额 - 不合理资金占用额）×（1 ± 预测期销售增减率）×（1 - 预测期资金周转速度变动率）。

销售百分比法，是假设某些资产、负债与销售收入存在稳定的百分比关系，根据预计销售收入和相应的百分比预计资产、负债，然后确定融资需求的一种财务预测方法。企业的销售规模扩大时，要相应地增加流动资产；如果销售规模增加很多，还必须增加长期资产。为

规范"财园信贷通"融资管理

取得扩大销售所需增加的资产,企业需要筹措资金。这些资金一部分来自随销售收入同比例增加的流动负债,还有一部分来自预测期的收益留存,另一部分则通过外部筹资取得。

资金习性预测法,是指根据资金习性预测未来资金需要量的一种方法。所谓资金习性,是指资金的变动同产销量变动之间的依存关系。按照资金同产销量之间的依存关系,可以把资金区分为不变资金、变动资金和半变动资金。

融资方式,是指企业筹措资金所采用的具体形式。如果说融资渠道客观存在,那么融资方式则属于企业的主观能动行为。如何选择适宜的融资方式并进行有效的组合,以降低成本,提高融资效益,成为企业融资管理的重要内容。目前,我国企业的融资方式主要有以下七种:吸收直接投资、发行股票、留存收益、银行借款、商业信用、发行债券、融资租赁。在进行融资方式选择时,主要依据资本成本的高低进行选择。

个别资本成本是指企业单种筹资方式的资本成本,包括债务资本成本和权益资本成本。债务资本成本主要包括长期借款资本成本和债券资本成本。长期借款的资本成本主要包括筹资费用和借款利息。企业发行债券的成本主要是指筹资费用和债券利息费用。债券的筹资费用即发行费用,包括申请费、注册费、印刷费、上市费以及推销费等。债券的筹资费用一般较高,所以在计算成本时不能忽略不计。债券的利息在所得税前列支,具有抵税作用。债券的发行价格有平价、溢价和折价三种。债券的利息按票面价值和票面利率的乘积计算,但债券的筹资额应按实际发行价格确定。

按照公司股权资本的构成,股权资本成本率主要分为优先股资本成本率、普通股资本成本率和留存收益成本率等。优先股成本包括筹资费用和优先股股利。优先股同时具有债券和普通股的一些特征,具体表现为需定期向持股人支付固定股利,但其股利是从税后利润中支付,不具有抵减所得税的作用。按照资本成本率实质上是投资的必要报酬率的思路可知,普通股的资本成本就是普通股投资的必要报酬率。

留存收益实质是股东对企业的追加投资,企业使用留存收益用于公司发展,是以失去外部投资的报酬为代价的,是一种机会成本,所以留存收益也有资本成本。其资本成本计算方法跟普通股类似,不同的是留存收益没有发生筹资费用。

边际资本成本,是指企业追加筹资时的资本成本,即企业每新增1元资本所需负担的成本。在现实生活中可能会出现这样一种情况:当企业以某种筹资方式筹资超过一定限度时,边际资本成本就会增加。此时,即使企业保持原有的资本结构,仍有可能导致加权平均资本成本增加。

资本结构，是指企业各种长期资本来源的构成和比例关系。通常情况下，企业的资本由长期债务资本和权益资本构成，资本结构指的就是长期债务资本和权益资本各占多大比例。比较资本成本法是通过计算不同资本结构的加权平均资本成本，并以此为标准，选择其中加权平均资本成本最低的资本结构。资本成本高低作为确定最佳资本结构的唯一标准，在理论上与股东或企业价值最大化时相一致，在实际运用中则简单实用。该种方法的决策步骤包括：（1）确定各方案的资本结构；（2）确定各结构的加权平均资本成本；（3）进行比较，选择加权平均资本成本最低的资本结构为最优资本结构。加权平均资本成本由个别资本成本和加权平均权数两个因素决定。

每股收益无差异点法，也称为息税前利润平衡点法，或者每股收益无差别点法，简写为（EBIT – EPS）分析法，是指使不同资本结构的每股收益相等时的息税前利润点。企业合理的资本结构，对企业的盈利能力和股东财富产生了一定的影响，因此将息税前利润（EBIT）和每股收益（EPS）作为分析确定企业资本结构的两大因素。每股收益无差异点法就是将息税前利润和每股收益这两大要素结合起来，分析资本结构与每股收益之间的关系，进而确定最佳资本结构的方法。

从根本上讲，财务管理的目标在于追求股东财富最大化。然而，只有在风险不变的情况下，每股收益的增长才会导致股东财富上升，实际上经常是随着每股收益的增长，风险也会加大。如果每股收益的增长不足以补偿风险增加所需的报酬时，尽管每股收益增加，股东财富仍然会下降。所以，公司的最佳资本结构应当是使公司的总价值最高，而不一定是每股收益最大的资本结构。同时，在该资本结构下，公司的加权平均资本成本也是最低的。衡量企业价值的一种合理的方法是：企业的市场价值等于其股票的市场价值加上长期债务的价值再加上优先股的价值。

在学习过程中，我们也特别强调了企业在融资时应遵循的社会责任和法律法规。

【本章重要术语】

1. 资金习性预测法
2. 债务资本成本
3. 资本结构
4. 每股收益无差异点法

【复习与思考】

1. 企业根据自身需求和实际情况，融资方式主要有哪些？
2. 实施销售百分比法的基本步骤有哪些？

本章重要术语

复习与思考

第四章
投资管理会计

【学习目标】

通过本章的学习，学生应理解投资的概念，掌握投资的分类，并了解投资管理程序；了解现金流量的构成，掌握现金流量的计算方法；对比非贴现投资分析方法和贴现投资分析方法，区分其优缺点；理解项目投资管理的含义，了解项目投资及项目投资管理的程序；掌握独立项目、互斥项目以及复杂项目的投资决策；理解证券投资的概念，能对债券投资及股票投资作出决策分析。鼓励学生在投资分析和决策过程中严谨、科学、求实的工作态度，发扬工匠精神。强调在投资管理中遵循法律法规和行业规范的重要性，培养学生的法治观念和合规意识。

【知识框架】

投资管理会计
- 投资管理会计概述
  - 投资的概念及特点
  - 投资的分类
  - 投资管理的程序
- 现金流量分析
  - 现金流量的构成
  - 现金流量的计算
- 非贴现的投资分析方法
  - 投资回收期法
  - 平均报酬率法
  - 会计收益率法
- 贴现的投资分析方法
  - 贴现的投资分析方法概述
  - 净现值法
  - 现值指数法
  - 内含报酬率法
  - 年金净流量法
  - 贴现回收期法
- 项目投资决策
  - 项目投资决策概述
  - 独立项目的投资决策
  - 互斥项目的投资决策
  - 复杂项目的投资决策
- 证券投资决策
  - 证券投资概述
  - 债券投资决策
  - 股票投资决策

【引 导 案 例】

引导案例分析要点

9月8日至11日，美丽鹭岛再迎八方来客，共商合作共赢机遇。以"投资链接世界"为主题的第二十四届中国国际投资贸易洽谈会在福建省厦门市举办，吸引了120个国家和地区、18个国际组织、1 000多个境内外政府机构及工商企业团组、近8万名客商参展参会。习近平总书记强调："中国将坚持推进高水平对外开放，以高质量发展全面推进中国式现代化，为各国开放合作提供新机遇。"

本届投洽会期间，688个项目达成合作协议，计划总投资额达4 889.2亿元，传递出中国与世界各国共享发展机遇、共谋合作共赢的积极信号。今年1-7月，全国新设立外商投资企业31 654家，同比增长11.4%，实际使用外资5 394.7亿元，引资结构持续优化。投洽会期间发布的《中国双向投资报告2024》显示，中国作为全球第二大外资流入国。中国大市场正持续打造全球创新的"强磁场"，"投资中国就是投资未来"成为各方投资者的共识。

持续优化营商环境，中国市场"磁吸力"充分显现。许多外资企业表示，基于中国经济发展的光明前景和持续优化的营商环境，将继续加大投资力度、扩大在华业务。"今年3月，我们与宝马合资成立的公司正式落户北京，研发建设超级充电网络。不久前，又宣布与中国合作伙伴共同投资超140亿元，用于产品更新与电动化。"在第二十二届全国投资促进机构对接交流活动现场，梅赛德斯—奔驰（中国）执行副总裁冷炎表示，将继续扩大投资，不仅更新生产设施和产品，也要加大研发投入。

今年，松下的一条摄像机生产线落地厦门并顺利投产。"中国的产业链完备，借助这一优势，我们不断提高国际市场竞争力。"松下电器（中国）有限公司总裁赵炳弟表示，将会继续在设备和模具加工上追加投资，加大研发力度。在厦门ABB低压电器设备有限公司生产车间，机械臂灵活组装零件、无人运输车有序穿梭，各项生产数据在大屏幕上实时跳动。智能制造技术的应用，为ABB带来新一轮发展机遇。"我们将进一步利用政策优势以及良好的商业环境，进行更多投资。"ABB电气中国副总裁施世杰说。

中国不断优化营商环境，推动高水平对外开放，让世界共享中国发展红利。投洽会平均每届吸引百余个国家和地区的上千个团组参会，推动众多跨国公司投资中国、深耕中国。

案例来源："投资中国就是投资未来"——从第二十四届中国国际投资贸易洽谈会看中国高水平对外开放. 人民网. 2024-09-13, http://world.people.com.cn/n1/2024/0913/c1002-40319213.html.

请思考：

请探讨外商直接投资对中国经济增长、产业升级和技术创新的推动作用，并讨论如何通过管理会计的视角优化外商直接投资的利用效率？

第一节 投资管理会计概述

找准深化外商投资和对外投资管理体制改革的发力点

一、投资的概念及特点

（一）投资的概念

投资是指特定经济主体将货币或实物资产投放于某一具体对象，以在未来较长时间内获取经济利益的行为。企业的投资活动与经营活动是不相同的，投资活动的结果对企业在经济利益上有较长期的影响。企业投资涉及的资金多、经历的时间长，对企业未来的财务状况和经营活动都有较大的影响。

（二）投资的特点

与日常经营活动相比，企业投资的主要特点表现在以下三个方面：

1. 属于企业的战略性决策

企业的投资活动一般涉及企业未来的经营发展方向、生产能力规模等问题，如厂房设备的新建与更新、新产品的研制与开发、对其他企业的股权控制等。企业的投资活动先于经营活动，这些投资活动往往需要一次性地投入大量的资金，并在一段较长时期内发生作用，对企业经营活动的方向产生重要影响。

2. 属于企业的非程序化管理

企业的投资项目涉及的资金数额较大。这些项目的管理，不仅是一个投资问题，也是一个资金筹集问题，特别是对设备和生产能力的购建、对其他关联企业的并购等，需要大量的资金。对于单个产品制造或商品流通的实体性企业来说，这种筹资和投资不会经常发生。因此，企业对于这类非重复性特定经济活动，应该根据特定的影响因素、相关条件和具体要求进行审查和抉择。对这类投资活动的管理也被称为非程序化管理。

3. 投资价值的波动性大

投资项目的价值是由投资标的物资产的内在获利能力决定的。这些标的物资产的形态是不断转换的，未来收益的获得具有较强的不确定性，其价值也具有较强的波动性。同时，各种外部因素，如市场利率、物价等的变化,也时刻影响投资标的物的资产价值。因此,企业制定投资管理决策时,要充分考虑投资项目的时间价值和风险价值。

(三) 投资的意义

1. 投资是企业获得利润的前提

利润是企业从事生产经营活动取得的财务成果。企业要获得利润,必须将筹集的资金投入使用,或将资金直接用于企业的生产经营中,或将资金以股权、债权的方式投给其他企业以获取报酬。

2. 投资是企业生存和发展的必要手段

企业从事正常的生产经营活动时,各项生产要素不断更新,为了保证生产的持续进行,就要求企业不断地将现金形态的资金投入使用,这是企业生存的基本条件。同样,当企业要扩大生产规模时,也需要进一步投资,才能使企业的资产增加。当企业生产规模扩大后,为了保证正常的生产,还需要追加营运资金,而这一切只有投资才能实现。

3. 投资是企业降低风险的重要途径

在市场经济条件下,企业的生产经营活动不可避免地存在风险,其基本原因在于商品销售数量的不确定性,而影响销售数量的因素较多,如商品的质量、市场对商品的需求、企业的销售策略和服务水平、企业的成本费用等。为了降低风险,企业经常要保持质量、技术的领先水平,通过投资提高企业设备的技术含量;企业还要进行多品种、跨行业经营,同样需要投资来支持。

二、投资的分类

投资是一项很复杂的经济活动,为了加强管理和提高投资收益,有必要对投资进行科学分类,投资主要分为以下三类:

(一) 短期投资和长期投资

按投资回收期限的长短不同,投资可分为短期投资和长期投资。短期投资是指回收期在1年以内的投资,主要包括现金、应收款项、存货、短期有价证券等投资;长期投资是指回收期在1年以上的投资,主要包括固定资产、无形资产、对外长期投资等。本章主要介绍固定资产投资、有价证券投资等内容,其中固定资产投资又称为项目投资。本书将现金、应收款项、存货等短期投资内容放在"第七章　营运管理会计"中介绍。

(二) 对内投资与对外投资

按投资的方向不同,投资可分为对内投资与对外投资。对内投资是指把资金投向企业内部，形成各项流动资产、固定资产、无形资产和其他资产的投资；对外投资是指把资金投向企业外部，如兴建子公司、分公司或购买股票进行的权益性投资和购买其他企业的债券等债权性投资。

（三）直接投资和间接投资

按投资的方式不同，投资可分为直接投资和间接投资。直接投资是把资金投放于生产经营（或服务）以获取收益的投资；间接投资是把资金投放于证券等金融资产，以获取投资收益和资本利息的投资。前者是指企业将资金直接投放于生产经营领域，后者是指企业将资金通过金融工具投放于生产经营领域。

在实际经济活动中，投资还可以根据不同的标准分为许多不同的种类。例如，按照投资者的权益不同，投资可分为股权投资与债券投资；按照投资所起作用不同，投资可分为战略性投资和战术性投资。

三、投资管理的程序

管理会计应用指引第 500 号——第二章 投资管理程序

企业应建立健全投资管理的制度体系，根据组织架构特点，设置能够满足投资管理活动所需的，由业务、财务、法律以及审计等相关人员组成的投资委员会或类似决策机构，对重大投资事项和投资制度建设等进行审核。有条件的企业可以设置投资管理机构，组织开展投资管理工作。

企业应用投资管理工具方法，一般按照制定投资计划、进行可行性分析、实施过程控制和投资后评价等程序进行。

企业投资管理机构应根据战略需要，定期编制中长期投资规划，并据此编制年度投资计划。中长期投资规划一般应明确指导思想、战略目标、投资规模、投资结构等。年度投资计划一般包括编制依据、年度投资任务、年度投资任务执行计划、投资项目的类别及名称、各项目投资额的估算及资金来源构成等，并纳入企业预算管理。

投资可行性分析的内容一般包括该投资在技术和经济上的可行性、可能产生的经济效益和社会效益、可以预测的投资风险、投资落实的各项保障条件等。

企业进行投资管理，应当将投资控制贯穿于投资的实施全过程。投资控制的主要内容一般包括进度控制、财务控制、变更控制等。进度控制是指对投资实际执行进度方面的规范与控制，主要由投资执行部门负责。财务控制是指对投资过程中资金使用、成本控制等方面的规范与控制，主要由财务部门负责。变更控制是指对投资变更方面的规范与控制，主要由投资管理部门负责。

投资项目实施完成后，企业应对照项目可行性分析和投资计划组织开展投资后评价。投资后评价的主要内容一般包括投资过程回顾、投资绩效和影响评价、投资目标实现程度和持续能力评价、经验教训和对策建议等。

投资报告应根据投资管理的情况和执行结果编制，反映企业投资管理的实施情况。投资报告主要包括以下两部分内容：一是投资管理的情况说明，一般包括投资对象、投资额度、投资结构、投资风险、投资进度、投资效益以及需要说明的其他重大事项等；二是投资管理建议，可以根据需要以附件形式提供支持性文档。

投资报告是重要的管理会计报告，应确保内容真实、数据可靠、分析客观、结论清楚，为报告使用者提供满足决策需要的信息。

企业可定期编制投资报告，反映一定期间内投资管理的总体情况，一般至少应为每个会计年度编制一份；也可根据需要编制不定期投资报告，主要用于反映重要项目节点、特殊事项和特定项目的投资管理情况。

企业应及时进行回顾和分析，检查和评估投资管理的实施效果，不断优化投资管理流程，改进投资管理工作。

第二节 现金流量分析

优化营商环境｜武汉汉阳企业逆风翻盘 从现金流断裂到融资千万

一、现金流量的构成

现金流量（CF）是指在投资决策中，一个项目引起的企业现金支出和现金收入增加的数量。应注意的是，本章使用的"现金"是广义的现金，它不仅包括各种货币资金，还包括项目需要投入企业拥有的一切资源的变现价值（或称重置成本）。例如，一个投资项目需要使用原有的厂房、设备和材料等，此时进行投资决策的现金流量应该是指它们的变现价值，而不是它们的账面价值。现金流量具体可分为现金流出量、现金流入量和现金净流量。

（一）现金流出量

现金流出量（CO）在项目开始时也称初始现金流出量或原始投资额，是指投资方案引起的企业现金支出的增加额。现金流出量由以下三部分组成：一是固定资产投资，包括固定资产的购入或建造成本、运输成本和安装成本等。二是流动资产投资，包括对材料、产品、产成品和现金等流动资产的投资。三是其他投资费用，包括与长期投资有关的职工培训费、谈判费、注册费用等。

（二）现金流入量

现金流入量（CI）是指投资项目增加的现金收入额或现金支出节约额。现金流入量主要包括：第一，销售收入，即每年实现的全部现销收入。第二，固定资产残值变现收入以及出售时的税赋损益。如果固定资产报废时残值收入大于税法规定的数额，就应上缴所得税，形成一项现金流出量，反之则可抵减所得税，形成现金流入量。第三，垫支流动资金的收回。这主要指项目完全终止时因不再发生新的替代投资而收回的原垫付的全部流动资金额。第四，其他现金流入量。这是指以上三项指标以外的现金流入项目。

（三）净现金流量

净现金流量（NCF），是指一定期间现金流入量和现金流出量的差额。其计算公式如式（4-1）所示：

$$NCF_t = CI_t - CO_t \qquad (4-1)$$

这里所说的"一定期间"，可以是指一年，也可以是指投资项目持续的整个年限。在式（4-1）中，若现金流入量大于现金流出量，称为现金净流入量；若现金流入量小于现金流出量，称为现金净流出量。

二、现金流量的计算

现金流量是投资项目财务可行性分析的主要分析对象，净现值、内含收益率、回收期等财务评价指标均是以现金流量为对象进行可行性评价的。利润只是期间财务报告的结果，对投资方案财务可行性来说，项目的现金流量状况比会计期间盈亏状况更为重要。一个投资项目能否顺利进行，有无经济效益，不一定取决于有无会计期间利润，而在于能否带来正现金流量，即整个项目能否获得超过项目投资的现金回收。投资项目从整个经济生命周期来看，大致可以分为三个阶段，即投资期、营业期、终结期，现金流量的各个项目也可以归属于各个阶段之中。

（一）投资期现金流量

投资阶段的现金流量主要是现金流出量，即在该投资项目上的原始投资，包括在长期资产上的投资和垫支的营运资金。如果该项目的筹建费较高，也可以作为初始阶段的现金流出量计入递延资产。在一般情况下，初始阶段中固定资产的原始投资通常在年内一次性投入（如购买设备），如果原始投资不是一次性投入（如工程建造），则应把投资归属于不同投入年份之中。

1. 长期资产投资

长期资产投资包括在固定资产、无形资产、递延资产等长期资产上的购入、建造、运输、安装、试运行等方面所需的现金支出，如购置成本、运输费、安装费等。投资实施后导致固定资产性能改进而发生的改良支出，属于固定资产的后期投资。

2. 营运资金垫支

营运资金垫支是指投资项目形成了生产能力，需要在流动资产上追加的投资。由于扩大了企业生产能力，原材料、在产品、产成品等流动资产规模也随之扩大，需要追加投入日常营运资金。同时，企业营业规模扩充后，应付账款等结算性流动负债也随之增加，自动补充了一部分日常营运资金的需要。因此，为该投资垫支的营运资金是追加的流动资产扩大量与结算性流动负债扩大量的净差额。为简化计算，垫支的营运资金在营业期的流入流出过程可忽略不计，只考虑投资期投入与终结期收回对现金流量的影响。

（二）营业期现金流量

营业阶段是投资项目的主要阶段，该阶段既有现金流入量，也有现金流出量。现金流入量主要是营运各年的营业收入，现金流出量主要是营运各年的付现营运成本。

另外，营业期内某一年发生的大修理支出，如果会计处理在本年内一次性作为损益性支出，则直接作为该年付现成本；如果跨年摊销处理，则本年作为投资性的现金流出量，摊销年份以非付现成本形式处理。营业期内某一年发生的改良支出是一种投资，应作为该年的现金流出量，以后年份通过折旧收回。

在正常营业阶段，由于营运各年的营业收入和付现营运成本数额比较稳定，如不考虑所得税因素，营业阶段各期现金净流量一般为式（4-2）：

$$营业现金净流量 = 营业收入 - 付现成本$$
$$= 营业利润 + 非付现成本 \quad (4-2)$$

式（4-2）中，非付现成本主要是固定资产年折旧费用、长期资产摊销费用、资产减值损失等。其中，长期资产摊销费用主要有跨年的大修理摊销费用、改良工程折旧摊销费用、筹建费摊销费用等。

所得税是投资项目的现金支出，即现金流出量。考虑所得税对投资项目现金流量的影响，投资项目正常运营阶段所获得的营业现金净流量可以按式（4-3）进行测算：

$$\begin{aligned}
\text{营业现金净流量} &= \text{营业收入} - \text{付现成本} - \text{所得税} \\
&= \text{税后营业利润} + \text{非付现成本} \\
&= \text{收入} \times (1 - \text{所得税税率}) - \text{付现成本} \\
&\quad \times (1 - \text{所得税税率}) + \text{非付现成本} \times \text{所得税税率}
\end{aligned}$$

(4-3)

（三）终结期现金流量

终结阶段的现金流量主要是现金流入量，包括固定资产变价净收入、固定资产变现净损益和垫支营运资金的收回。

1. 固定资产变价净收入

投资项目在终结阶段，原有固定资产将退出生产经营，企业对固定资产进行清理处置。固定资产变价净收入是指固定资产出售或报废时的出售价款或残值收入扣除清理费用后的净额。

2. 固定资产变现净损益

固定资产变现净损益对现金净流量的影响为（账面价值-变价净收入）×所得税税率。

如果（账面价值-变价净收入）>0，则意味着发生了变现净损失，可以抵税，减少现金流出，增加现金净流量；如果（账面价值-变价净收入）<0，则意味着实现了变现净收益，应该纳税，增加现金流出，减少现金净流量。

变现时固定资产账面价值是指固定资产账面原值与变现时按照税法规定计提的累计折旧的差额。变现时，按照税法的规定，如果折旧已经全部计提，则固定资产账面价值等于税法规定的净残值；按照税法的规定，如果折旧没有全部计提，则固定资产账面价值等于税法规定的净残值与剩余的未计提折旧之和。

3. 垫支营运资金的收回

伴随着固定资产的出售或报废，投资项目的经济寿命结束，企业将与该项目相关的存货出售，应收账款收回，应付账款也随之偿付。营运资金恢复到原有水平，项目开始垫支的营运资金在项目结束时得到回收。

在实务中，对某投资项目在不同时点上现金流量数额的测算，通常通过编制投资项目现金流量表进行。企业通过该表能测算出投资项目相关现金流量的时间和数额，以便进一步进行投资项目可行性分析。

综上所述，项目终止时的现金净流量（终止现金流量）可以表示如式（4-4）所示：

终止现金流量 = 实际残值 + 垫付的流动资金 - （实际残值 - 预计残值）× T

(4-4)

【例 4-1】太某公司正在考虑生产一种新产品，为此需购置一套价值为 40 万元的新设备，预计使用年限为 4 年，预计残值为零，按平均年限法计提折旧，4 年后可收回残值预计为 5 万元。此外，配套投入的流动资金为 10 万元，每年年末支付厂房租赁费为 10 万元。该企业所得税税率为 25%。各年末营业现金收入如表 4-1 所示。

表 4-1　　　　　　　各年末营业现金收入　　　　　单位：万元

年份	第1年年末	第2年年末	第3年年末	第4年年末
营业现金收入	45	55	50	35

根据上述资料计算该项目各期的现金流量。
(1) 投资现金流量：
投资现金流量 = 垫付的流动资金 + 设备购置费 = 10 + 40 = 50（万元）
(2) 营业现金流量：
第 1 年营业收入 = 30 万元，付现成本房租 = 10 万元，非付现成本折旧 = 10 万元，

$$营业现金流量 = 税后营业利润 + 折旧$$

第 1 年营业现金流量 = (45 - 10 - 10) × (1 - 25%) + 10 = 28.75（万元）

第 2 年营业现金流量 = (55 - 10 - 10) × (1 - 25%) + 10 = 36.25（万元）

第 3 年营业现金流量 = (50 - 10 - 10) × (1 - 25%) + 10 = 32.5（万元）

第 4 年营业现金流量 = (35 - 10 - 10) × (1 - 25%) + 10 = 21.25（万元）

(3) 终止现金流量：
终止现金流量 = 垫付流动资金 + 实际残值收入 − (实际残值收入 − 预计残值收入) × T = 10 + 5 − (5 − 0) × 25% = 13.75（万元）

因此，项目各期预期现金流量如表 4-2 所示。

表 4-2　　　　　　　各期预期现金流量　　　　　单位：万元

年份	第1年年初	第1年年末	第2年年末	第3年年末	第4年年末
预期现金流量	50	28.75	36.25	32.5	35

第三节　非贴现的投资分析方法

非贴现的投资分析方法是指不考虑时间价值，把不同时间的货币

收支都看成等效的。目前，在企业投资决策中此类方法只起辅助作用。此类方法主要有投资回收期法、平均报酬率法和会计收益率法。

一、投资回收期法

投资回收期是收回初始投资所需的时间，一般以年为单位。这是一种使用很广泛、时间很长久的投资决策方法，计算结果表示收回投资所需要的年限，回收年限越短，方案越有利。

【例4-2】某公司现有两项投资机会，资金成本率为10%，有关数据如表4-3所示。

表4-3　　　　　　　净现值计算资料　　　　　　单位：万元

期间	A方案		B方案	
	净收益	现金净流量	净收益	现金净流量
0		-18 000		-24 000
1	-3 600	2 400	1 200	9 200
2	6 000	12 000	1 200	9 200
3	6 000	12 000	1 200	9 200
合计	8 400	8 400	3 600	3 600

（一）营业现金流量表现为年金时

当投资额期初一次支出，每年现金净流量相等时，计算公式如式（4-5）所示：

$$投资回收期 = \frac{原始投资}{年净现金流量} \quad (4-5)$$

B方案就属于这种情况。

$$回收期（B）= \frac{24\ 000}{9\ 200} = 2.61（年）$$

（二）营业现金流量不相等时

投资额分几年投入，每年现金净流量不相等时，其计算公式如式（4-6）所示：

$$投资回收期 = (n-1)期 + \frac{第(n-1)年年末回收额}{第n年现金流入量} \quad (4-6)$$

A方案就属于这种情况。

$$回收期（A）= (3-1) + \frac{18\ 000 - 2\ 400 - 12\ 000}{12\ 000} = 2.3（年）$$

两个方案的回收期相比，A方案短，因此应选A方案。

投资回收期法的优点是计算简便、容易为决策人理解和使用，受投资者欢迎，而且该指标可以从一定程度上反映企业投资方案的风险；其缺点是没有考虑资金的时间价值，也没有考虑回收期以后的收益。因此，投资回收期法是传统财务管理中进行投资决策经常使用的方法，但是在现代财务管理中，它只能作为一种辅助方法来使用。

【例 4-3】太某公司拟增加一条流水线，有甲、乙两种方案可以选择。每个方案所需投资额均为 30 万元，甲、乙两个方案的现金净流量如表 4-4 所示。试计算两个方案的投资回收期并比较优劣，作出决策。

表 4-4　　　　　　甲、乙方案的现金净流量　　　　　单位：万元

项目	投资额	第1年	第2年	第3年	第4年	第5年
甲方案	-30	6	6	6	6	6
乙方案	-30	2	4	8	12	2

第一种情况：甲方案每年现金净流量相等。

甲方案投资回收期 = 30/6 = 5（年）

第二种情况：乙方案每年现金净流量不相等，先计算各年尚未收回的投资额，如表 4-5 所示。

表 4-5　　　　　乙方案各年尚未收回的投资额　　　　　单位：万元

年度	每年现金净流量	累计期现金净流量
0	-30	-30
1	12	-18
2	4	-14
3	8	-6
4	12	6
5	2	

乙方案投资回收期 = 3 + 6/12 = 3.5（年）

因为乙方案的投资回收期小于甲方案，所以应选择乙方案。

二、平均报酬率法

平均报酬率法是指投资项目寿命周期内平均的年投资报酬率。其计算公式如式（4-7）所示：

$$\text{平均报酬率} = \frac{\text{平均现金流量}}{\text{初始投资额}} \times 100\% \qquad (4-7)$$

以〖例4-2〗为例，A、B两个项目的平均报酬率计算如下：

$$\text{平均报酬率（A）} = \frac{(2\,400 + 12\,000 + 12\,000)/3}{18\,000} \times 100\% = 48.89\%$$

$$\text{平均报酬率（B）} = \frac{9\,200}{24\,000} \times 100\% = 38.33\%$$

在采用平均报酬率法进行决策时，企业应事先确定一个要求达到的平均报酬率，在只有一个备选方案的采纳与否决策时，只有高于这个平均报酬率的项目才能入选；而在多个方案的互斥选择决策时，应选用平均报酬率最高的方案。计算公式的分母也可使用平均投资额，如此计算的结果可能会高一些，但是不会改变方案的优先次序。

平均报酬率法的优点是简明、易算和易懂，缺点是没有考虑资金的时间价值，将不同时点上的现金流量看成是等值的。因此，在期限较长、后期收益率较高的项目投资决策时，平均报酬率法有时会得出错误的结论。

三、会计收益率法

会计收益率是指企业净利润（净收益）与投资额的比率。因为这种方法在计算时要使用会计报表数字以及普通会计的收益和成本的概念，所以称为会计收益率法。其计算公式如式（4-8）所示：

$$\text{平均收益率} = \frac{\text{年平均净收益}}{\text{原始投资额}} \times 100\% \qquad (4-8)$$

仍以〖例4-2〗为例，A、B两个项目的会计收益率计算如下：

$$\text{会计收益率（A）} = \frac{(-3\,600 + 6\,000 + 6\,000)/3}{18\,000} \times 100\% = 15.56\%$$

$$\text{会计收益率（B）} = \frac{1\,200}{24\,000} \times 100\% = 5\%$$

会计收益率法的优点是决策所需资料直接来自核算数据，容易取得，计算方法简单明了；缺点是没有考虑时间价值因素。

第四节　贴现的投资分析方法

一、贴现的投资分析方法概述

管理会计应用指引第501号——贴现现金流法

贴现现金流量法是由美国西北大学阿尔弗雷德·拉巴波特于

1986年提出，也被称作拉巴波特模型（Rappaport Model）。贴现现金流量法是以明确的假设为基础，选择恰当的贴现率对预期的各期现金流入、流出进行贴现，通过贴现值的计算和比较，为财务合理性提供判断依据的价值评估方法。贴现现金流量法以现金流量预测为基础，充分考虑了目标公司未来创造现金流量能力对其价值的影响，在日益崇尚"现金为王"的现代理财环境中，对企业并购决策具有现实的指导意义。

（一）贴现现金流量法的适用范围

贴现现金流量法一般适用于在企业日常经营过程中，与投融资管理相关的资产价值评估、企业价值评估和项目投资决策等。贴现现金流量法也适用于其他价值评估方法不适用的企业，包括正在经历重大变化的企业，如债务重组、重大转型、战略性重新定位、亏损或处于开办期的企业等。

（二）贴现现金流量法的应用环境

企业应用贴现现金流量法应对企业战略、行业特征、外部信息等进行充分了解。

企业应用贴现现金流量法应从战略层面明确贴现现金流量法应用的可行性，并根据实际情况，建立适宜贴现现金流量法开展的沟通协调程序和操作制度，明确信息提供的责任主体、基本程序和方式，确保信息提供的充分性和可靠性。同时，企业应考虑评估标的未来将采取的会计政策和评估基准日时所采用的会计政策在重要方面是否基本一致。

企业应用贴现现金流量法应确认内外部环境对贴现现金流量法的应用能否提供充分支持，如现金流入和现金流出的可预测性、贴现率的可获取性以及所有数据的可计量特征等。企业通常需要考虑以下内容：

（1）国家现行的有关法律法规及政策、国家宏观经济形势有无重大变化，各方所处地区的政治、经济和社会环境有无重大变化。

（2）有关利率、汇率、税基及税率等是否发生重大变化。

（3）评估标的所有者和使用者是否完全遵守有关法律法规，评估标的在现有的管理方式和管理水平的基础上，经营范围、方式与目前方向是否保持一致。

（4）有无其他不可抗拒因素及不可预见因素对企业造成重大不利影响。

（三）贴现现金流量法的应用程序

企业应用贴现现金流量法，一般按以下程序进行：

(1) 估计贴现现金流量法的三个要素,即贴现期、现金流、贴现率。
(2) 在贴现期内,采用合理的贴现率对现金流进行贴现。
(3) 进行合理性判断。
(4) 形成分析报告。

(四) 贴现现金流量法的优缺点

1. 贴现现金流量法的主要优点

贴现现金流量法的主要优点是结合历史情况进行预测,并将未来经营战略融入模型,有助于更全面地反映企业价值。

2. 贴现现金流量法的主要缺点

贴现现金流量法的主要缺点是测算过程相对较为复杂,对数据采集和假设的验证要求复杂,资本成本、增长率、未来现金流量的性质等变量很难得到准确的预测、计算,往往会使得实务中的评估精度大大降低。

二、净现值法

净现值(net present value,NPV)是指特定方案未来现金流入量的现值与未来现金流出量现值之间的差额。具体来说,净现值是指投资方案实施后,未来能获得的各种报酬按资金成本或必要报酬率折算的总现值与历次投资额按资金成本或必要报酬率折算的总现值的差额。其计算公式如式(4-9)所示:

$$\begin{aligned} NPV &= \frac{NCF_1}{(1+k)^1} + \frac{NCF_2}{(1+k)^2} + \cdots + \frac{NCF_n}{(1+k)^n} - C \\ &= \sum_{t=1}^{n} \frac{NCF_t}{(1+k)^t} - C \end{aligned} \quad (4-9)$$

式(4-9)中,NPV 为净现值,NCF_t 为第 t 年的现金净流量,k 为贴现率(资金成本或企业要求的必要报酬率),n 为预计使用年限,C 为初始投资额或投资额总现值。

净现值的公式可表达为式(4-10):

$$\begin{aligned} 净现值 &= 未来报酬的总现值 - 投资总现值 \\ &= 现金流入总现值 - 现金流出总现值 \end{aligned} \quad (4-10)$$

按照净现值法,所有的未来现金流入和现金流出都要按预定贴现率折算为它们的现值,然后再计算它们的差额。

如果净现值为正数,即贴现后的现金流入大于流出,说明该项目的投资报酬率大于预定的贴现率,即该投资方案的实际报酬率大于资金成本或必要报酬率,投资于该方案是有利可图的;如果净现值为零,即贴现后现金流入等于现金流出,说明该项目的投资报酬率相当于贴现率,即该投资方案的实际报酬率等于资金成本或必要报酬率,投资于该方案是保本的,企业偿付借款本息后将一无所获;如果净现值为负数,即贴现后现金流入小于现金流出,说明该项目的投资报酬率小于贴现率,即该投资方案的实际报酬率小于资金成本或必要报酬率,投资于该方案不但连成本都收不回来,还要亏损。

净现值法的决策规则有两个:一是在只有一个备选方案的采纳与否决策时,净现值为正值的可采纳,否则放弃;二是在多个备选方案的互斥选择决策时,取其中净现值为正值中的最大值。

仍以〖例4-2〗为例,A、B两个方案的净现值计算如下:

NPV(A) = $2\,400 \times (P/F, 10\%, 1) + 12\,000 \times (P/F, 10\%, 2)$
$\quad\quad\quad\quad + 12\,000 \times (P/F, 10\%, 3) - 18\,000$
$\quad\quad\quad = 2\,400 \times 0.909 + 12\,000 \times 0.0826 + 12\,000 \times 0.751 - 18\,000$
$\quad\quad\quad = 3\,105.6$(万元)

NPV(B) = $9\,200 \times (P/A, 10\%, 3) - 24\,000$
$\quad\quad\quad = 9\,200 \times 2.487 - 24\,000$
$\quad\quad\quad = -1\,119.6$(万元)

以上计算结果表明:A方案的净现值大于零,说明A方案的报酬率是超过10%。若该企业的资本成本或要求的投资报酬率为10%,A方案是有利的,可以采纳;而B方案的净现值为负数,说明该方案的报酬率达不到10%,因而应该放弃。

净现值法的主要优点是理论较为完善,具有广泛的适用性。该方法考虑了资金的时间价值,能够反映各种投资方案的净收益,其实际反映的是投资方案贴现后的净收益,因此是一种较好的、适用性较强的方法。在互斥项目的选择中,利用净现值法进行决策是最好的选择。

净现值法的主要缺点有三个:第一,不能揭示实际报酬率。该方法能说明评估方案的实际报酬率与贴现率之间的大小关系,但是不能说明该方案的实际报酬率是多少。第二,贴现率不好确定。实际上净现值应用的关键是如何确定贴现率。贴现率的确定有两种方法:一种是根据企业资金、成本来确定,另一种是根据企业要求的最低资金利润来确定。第三,在投资规模不等的项目投资决策时,不能作出判断。

三、现值指数法

现值指数又称获利指数(profitability index, PI)、利润指数、贴现的收益。概括地说,现值指数法是指未来现金流入现值与现金流出现值之比。具体来说,现值指数法是指投资项目未来报酬的总现值与全部投资额的总现值之比。其计算公式如式（4-11）：

$$PI = \left[\frac{NCF_1}{(1+i)^1} + \frac{NCF_2}{(1+i)^2} + \cdots + \frac{NCF_n}{(1+i)^n}\right]\Big/C = \sum_{t=1}^{n}\frac{NCF_t}{(1+i)^t}\Big/C$$
(4-11)

$$现值指数 = \frac{未来报酬的总现值}{全部投资的总现值} \quad 或 \quad 现值指数 = \frac{现金流入总现值}{现金流出总现值}$$

现值指数说明了每 1 元现值投资额可获得多少现值报酬，或者说，现值指数的实际是每 1 元原始投资可望获得的现值净收益。它是一个相对数，反映投资的效率；而净现值是一个绝对数，反映投资的效益，因此现值指数更适合于投资规模不同的方案之间的比较。

现值指数法的决策规则：一是在只有一个备选方案的采纳与否决策中，选现值指数大于 1 的，否则放弃；二是在多个方案的互斥选择决策中，取现值指数大于 1 的最大值。

仍以〖例 4-2〗为例，A 和 B 两个方案的现值指数计算如下：

$$PI(A) = \frac{2\,400 \times (P/F, 10\%, 3) + 12\,000 \times (P/F, 10\%, 2) + 12\,000 \times (P/F, 10\%, 3)}{18\,000}$$

$$= \frac{21\,106}{18\,000} = 1.17$$

$$PI(B) = \frac{9\,200 \times (P/A, 10\%, 5)}{24\,000} = 0.95$$

以上计算结果表明，A 方案的现值指数大于 1，说明其投资收益超过成本，即投资报酬率超过预计的贴现率，换句话讲，A 方案每 1 元原始投资额可带来 1.17 元的净收益，因此 A 方案可行；B 方案的现值指数小于 1，说明其投资报酬率没有达到预定的贴现率，报酬额小于成本，因此 B 方案不应采纳。

现值指数法的优点：一是真实地反映了投资项目的盈亏程度。由于现值指数法考虑了资金的时间价值因素，所以能真实地反映投资项目的盈亏程度。二是便于独立方案的比较。由于现值指数是用相对数来表示投资效益的，因此可以在初始额不同或全部投资额不同的方案之间进行比较、优选。

现值指数法的缺点：一是现值指数的概念不好理解，二是未能揭示投资方案本身具有的真实报酬率。

现值指数法和净现值法都考虑了资金的时间价值，但两者反映的内容不同，净现值是绝对数，反映投资的效益；现值指数是相对数，反映投资的效率。在决策中，这两种方法可以结合使用。

四、内含报酬率法

内含报酬率(internal rate of return,IRR)又称内部收益率,概括地讲,是指能够使未来现金流入量等于现金流出量现值的贴现率;具体来说,是指使投资项目的净现值等于零。其计算公式如下:

$$\frac{NCF_1}{(1+r)^1} + \frac{NCF_2}{(1+r)^2} + \cdots + \frac{NCF_n}{(1+r)^n} - C = 0$$

$$\sum_{t=1}^{n} \frac{NCF_t}{(1+r)^t} - C = 0 \qquad (4-12)$$

未来报酬总现值 - 全部投资总现值 = 0

能使上述等式成立的"r",就是该方案的内含报酬率。前面研究的净现值法和现值指数法虽然考虑了时间价值,可以说明投资方案高于或低于某一特定的投资报酬率,但是它们都没有揭示方案本身可以达到的具体的报酬率是多少。而内含报酬率是根据方案的现金流量计算得出的,是方案本身的投资报酬率。所以说,内含报酬率实际上反映了投资项目的真实报酬率,根据该项指标的大小,即可对投资项目进行评价。

内含报酬率的决策规则:一是在只有一个备选方案的采纳与否决策中,如果计算出的内含报酬率大于或等于公司的资本成本或必要报酬率,就采纳,反之则拒绝;二是在多个方案的互斥选择决策中,选择内含报酬率超过资本成本或必要报酬率最多的投资项目。

(一)现金流量表现为年金

若现金净流量呈等额地均匀分布,可直接按年金求现值的方法计算。其计算公式如式(4-13)所示:

投资额总现值 = 每年现金净流量 × (P/A, i, n) (4-13)

$$年金现值系数 = \frac{投资额总现值}{年净现金流量}$$

仍以〖例4-2〗为例,B方案的内含报酬率计算如下:
24 000 = 9 200 × (P/A, i, 3)

$$(P/A, i, 3) = \frac{24\,000}{9\,200} = 2.609$$

查"年金现值系数表",n=3时,系数2.609所指的利率i,结果与2.609接近的现值系数为2.624和2.577,分别指向7%~8%,说明该方案的内含报酬率在7%~8%,可用内插法进一步确定B方案的内含报酬率。

利率　　　　　　　　　　年金现值系数
$$\left.\begin{array}{c}7\% \\ i \\ 8\%\end{array}\right\}$$　　　　$$\left.\begin{array}{c}2.624 \\ 2.609 \\ 2.577\end{array}\right\}$$

$$\frac{i-7\%}{8\%-7\%}=\frac{2.609-2.624}{2.577-2.624}$$

$$i=7\%+1\%\times\frac{-0.015}{-0.047}=7.32\%$$

以上计算结果表明 B 方案的内含报酬率只有 7.32%，小于贴现率（10%），因此该方案是亏损的，应该放弃。

（二）现金流量不均匀分布

若现金流量呈不均匀分布，需采用"逐步测试法"计算，步骤如下：

（1）估计一个贴现率，用它来计算净现值。若净现值为正数，说明方案本身的报酬率超过估计的贴现率，应提高贴现率后再测试；若净现值为负数，说明方案本身的报酬率低于估计的贴现率，应降低贴现率后进一步测试。

（2）经过反复测算，找到由负到正两个比较接近于零的净现值，从而确定内含报酬率的区间范围（两个相邻的贴现率）。

（3）根据上述相邻的贴现率再用插值法求其精确值，从而计算出方案的实际内含报酬率。

仍以〖例 4-2〗为例，根据前面的计算得知，A 方案的净现值为正数，说明它的投资报酬率大于 10%，应提高贴现率进一步测试。若以 18% 为贴现率测试，其结果净现值为负数（-44），降到 16% 再测试，结果净现值为正值（676），可以判定 A 方案的内含报酬率在 16%~18%，测试过程见表 4-6。

表 4-6　　　　　　　　A 方案内含报酬率测试

年份	净现金流量（万元）	贴现率 18%		贴现率 16%	
		贴现系数	现值（万元）	贴现系数	现值（万元）
0	-18 000	1	-18 000	1	-18 000
1	2 400	0.847	2 032	0.862	2 068
2	12 000	0.718	8 616	0.743	8 916
3	12 000	0.609	7 308	0.641	7 692
净现值	—	—	-44	—	676

用插值法来求 A 方案内含报酬率的精确值。

$$\text{内含报酬率（A）}=16\%+2\%\times\frac{676}{44+676}=17.88\%$$

计算结果表明，A 方案的内含报酬率为 17.88%，大于贴现率 10%，投资于该方案是有利可图的，可净得 7.88% 的报酬率，因此 A 方案可以采纳。

内含报酬率法的优点是考虑了时间价值，反映了投资项目的真实报酬率，具有实用价值。内含报酬率法的缺点是计算过于复杂，不易掌握，尤其是每年现金净流量不相等的投资项目一般要经过多次测算才能确定。

五、年金净流量法

年金净流量法（ANCF）是净现值法的辅助方法，又称年金净现值法，是将投资项目期间内全部现金净流量总额的现值或终值算为年金的方法。年金净流量的计算公式为：

年金净流量 = 现金流量总现值（净现值）/年金现值系数

年金净流量 = 现金流量总终值/年金终值系数

（一）年金净流量法的使用方法

（1）单一项目比较。年金净流量指标的结果大于零，说明平均每年的现金流入能抵补现金流出，投资项目的净现值（或净终值）大于零，方案的报酬率大于所要求的报酬率，方案可行。

（2）多项目比较。在两个以上寿命期不同的投资方案比较时，年金净流量越大，方案越好。

【例 4-4】目前有甲、乙两个投资选择方案。甲方案需一次性投资 10 000 元，预计使用年限为 8 年，设备残值为 2 000 元，每年可以获得净利润 3 500 元。乙方案同样需要一次性投资 10 000 元，但使用年限为 5 年，无残值。乙方案在第 年可获得 3 000 元的利润，之后每年利润以 10% 的比例递增。假设资本成本率为 10%，请分析并判断哪个投资方案更好。

（1）甲方案现金流量。

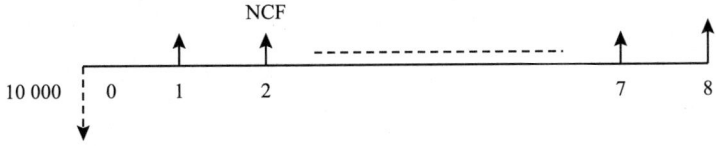

甲方案 NCF 分析：

$NCF_0 = -10\,000$（元）

$NCF_{1-7} = 3\,500 + (10\,000 - 2\,000)/8 = 4\,500$（元）

$NCF_8 = 4\,500 + 2\,000 = 6\,500$（元）

甲方案净现值：

净现值（甲）= $4\,500 \times (P/A, 10\%, 8) + 2\,000 \times (P/F, 10\%, 8) - 10\,000 = 1\,4941.50$（元）

甲方案年金净流量（ANCF）= $1\,4941.50/(P/A, 10\%, 8) = 2\,801$（元）

（2）乙方案现金流量。

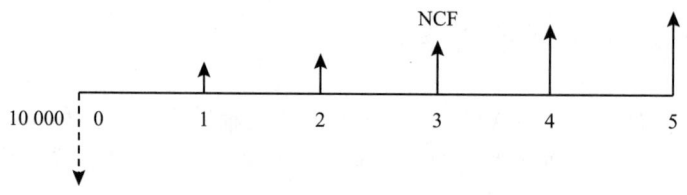

乙方案 NCF 分析：

$NCF_0 = -10\,000$（元）

$NCF_1 = 3\,000 + 2\,000 = 5\,000$（元）

$NCF_2 = 3\,300 + 2\,000 = 5\,300$（元）

$NCF_3 = 3\,630 + 2\,000 = 5\,630$（元）

$NCF_4 = 3\,993 + 2\,000 = 5\,993$（元）

$NCF_5 = 4\,393.3 + 2\,000 = 6\,392.3$（元）

乙方案净现值：

净现值（乙）= $5\,000 \times (P/F, 10\%, 1) + 5\,300 \times (P/F, 10\%, 2)$
$+ 5\,630 \times (P/F, 10\%, 3) + 5\,993 \times (P/F, 10\%, 4)$
$+ 6\,392.3 \times (P/F, 10\%, 5) - 10\,000$
$= 11\,213.77$（元）

乙方案年金净流量（ANCF）= $11\,213.77/(P/A, 10\%, 5) = 2\,958$（元）

所以乙方案优于甲方案。

【例 4-5】 太某公司有个固定资产投资项目，正常投资期为 5 年，每年年初投资 100 万元，共需投资 500 万元，项目预计在第 6 年初完工并开始运营，预计使用年限为 15 年，且在项目结束时无残值。投产后每年营业现金净流入 150 万元。如果把投资期缩短为 2 年，每年年初投资 300 万元，2 年共投资 600 万元，竣工投产后的项目寿命期和现金净流入量均不变。该企业的资金成本为 10%，假设项目终结时无残值，不用垫支流动资金。要求：请使用年等额净回收额法评估缩短投资建设期的可行性。

方案1：

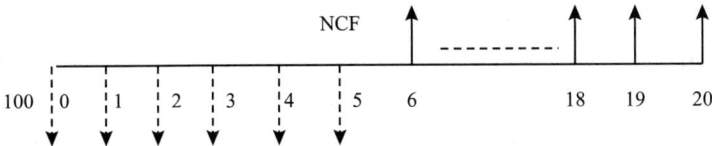

（1）计算建设期为5年的现金流量：

$NCF_{0-4} = -100$（万元）

$NCF_5 = 0$

$NCF_{6-20} = 150$（万元）

（2）计算甲方案的净现值：

净现值（甲）$= 150 \times (P/A, 10\%, 15) \times (P/F, 10\%, 5)$
$- 100 \times (P/A, 10\%, 5)(1+10\%)$
$= 708.42 - 416.99 = 294.43$（万元）

（3）计算甲方案的年金净流量：

ANCF（甲）$= 294.43/(P/A, 10, 20) = 34.58$（万元）

方案2：

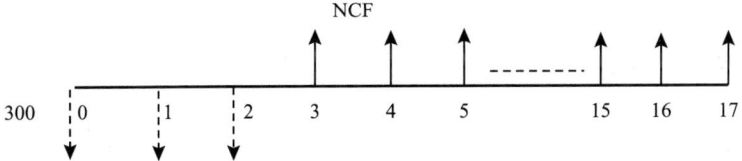

（1）计算建设期为2年的现金流量：

$NCF_0 = -300$（万元）

$NCF_1 = -300$（万元）

$NCF_2 = 0$

$NCF_{3-17} = 150$（万元）

（2）计算乙方案的净现值：

$150 \times (P/A, 10\%, 15) \times (P/F, 10\%, 2) - \dfrac{300}{1+10\%} - 300 = 370.17$（万元）

（3）计算甲方案的年金净流量：

ANCF（乙）$= 370.17/(P/A. 10, 20) = 43.48$（万元）

因此，乙方案优于甲方案。

（二）年金净流量法的优缺点

（1）优点：适用于期限不同的投资方案决策（与净现值的区别）。

(2) 缺点：所采用的贴现率不易确定，不便于对原始投资额不相等的投资方案进行决策（与净现值一样）。

特别提醒：年金净流量法属于净现值法的辅助方法，在各方案寿命期相同时，实质上就是净现值法。

六、贴现回收期法

贴现回收期是指从贴现的现金净流量中收回原始投资额所需要的年限。贴现回收期法对期望的现金流量以资本成本进行贴现，考虑了风险因素以及货币的时间价值。动态回收期需要将投资引起的未来现金净流量进行贴现，以未来现金净流量的现值等于原始投资额现值时所经历的时间为回收期。

（一）贴现回收期法的使用

（1）在每年现金净流量相等时，计算净现值为 0 时对应的贴现回收期，即由 (P/A, i, n) = 原始投资额现值/每年现金净流量，运用插值法计算 n。

$$P = A \times \frac{1-(1+i)^{-n}}{i}$$

【例 4-6】太某矿山机械厂准备从甲、乙两种机床中选购一种机床。甲机床购价为 40 000 元，投入使用后，每年现金流量为 8 000 元；乙机床购价为 36 000 元，投入使用后，每年现金流量为 6 000 元。假定资本成本率为 10%，用贴现回收期指标决策该厂应选购哪种机床？

甲机床：

40 000 = 8 000 × (P/A, 10%, n) ⇒ (P/A, 10%, n) = 5

期数	系数
6	4.3553
n	5
7	4.8684

$$\frac{n-6}{7-6} = \frac{5-4.3553}{4.8684-4.3553} \Rightarrow n = 7.26 \text{（年）}$$

乙机床：

36 000 = 6 000 × (P/A, 10%, n) ⇒ (P/A, 10%, n) = 6

期数	系数
9	5.75%
n	6
10	6.1446

$$\frac{n-9}{10-9} = \frac{6-5.7590}{6.1446-5.7590} \Rightarrow n = 9.63 \text{（年）}$$

所以应选购甲机床。

（2）在每年现金净流量不相等时。

插值法：$$P = \sum_{m=1}^{n} F_i(1+i)^{-n}$$

现值为基础的回收期法：$P = M + \dfrac{\text{第 M 年尚未收回金额现值}}{\text{第（M+1）年的现金流量现值}}$

【例 4-7】某投资项目各年的预计现金净流量分别为：

$NCF_0 = -150\,000$（元）
$NCF_1 = 30\,000$（元）
$NCF_2 = 35\,000$（元）
$NCF_3 = 60\,000$（元）
$NCF_4 = 50\,000$（元）
$NCF_5 = 40\,000$（元）

资金成本率为5%，计算该项目的投资回收期，如表4-7所示。

表 4-7　　　　考虑全部项目寿命期的现金流量　　　　单位：元

年份	现金净流量	现金净流量现值	累计现值
0	-150 000	-150 000	-150 000
1	30 000	28 560	-121 440
2	35 000	31 745	-89 695
3	60 000	51 840	-37 855
4	50 000	41 150	3 295
5	40 000	31 360	34 655

回收期 = 3 + 37 855/41 150 = 3.92（年）

（二）贴现回收期法的优缺点

（1）优点：计算简便，并且容易为决策人所理解，回收期越短，所冒风险越小。

（2）缺点：考虑了货币时间价值，但没有考虑回收期以后的现金流量，不能计算出较为准确的投资经济效益（只能反映流动性，不能反映盈利性）。

第五节 项目投资决策

管理会计应用指引第502号——项目管理

一、项目投资决策概述

(一) 项目投资管理的含义

项目投资管理是指通过项目各参与方的合作，运用专门的知识、工具和方法，对各项资源进行计划、组织、协调、控制，使项目能够在规定的时间、预算和质量范围内，实现或超过既定目标的管理活动。

投资通常是指投入财力以期在未来一段时间内或相当长一段时期内获得收益的行为。广义投资的概念涉及的范围相当广泛：既包括长期投资，也包括短期投资；既包括生产性投资，也包括金融性投资；既包括固定资产投资，也包括无形资产投资。本章所要研究的投资主要是指生产性固定资产投资，即通常所说的项目投资。

项目投资是以一种特定项目为对象，直接与新建项目或更新改造项目有关的长期投资行为。从性质上看，项目投资是指企业作为投资主体，围绕着其生产经营中需要固定资产等数量的增加与质量的改善而进行的投资。与股票、债券投资不同，项目投资支出通常被纳入资本预算决策程序，其目的是获得能够增加未来现金流量的长期资产。

项目管理适用于以一次性活动为主要特征的项目活动，如一项工程、服务、研究课题、研发项目、赛事、会展或活动演出等；也可以适用于以项目制为主要经营单元的各类经济主体。

(二) 项目投资管理的原则

(1) 注重实效，协同创新。项目应围绕项目管理的目标，强调成本效益原则，实现项目各责任主体间的协同发展、自主创新。

(2) 按级负责，分工管理。项目各责任主体应当根据管理层次和任务分工的不同，有效行使管理职责，履行管理义务，确保项目取得实效。

(3) 科学安排，合理配置。责任主体严格按照项目的目标和任务，科学合理编制预算，严格执行预算。

（三）项目投资管理的特点

1. 投资金额大

项目投资特别是战略性的扩大生产能力投资一般都需要较多的资金，其投资额往往是投资人多年的资金积累，在企业总资产中占有相当大的比重。因此，项目投资对企业未来的现金流量和财务状况都将产生深远的影响。

2. 影响时间长

项目投资的投资契机发挥作用的时间较长，项目建成后投入运营对企业未来的现金流量和长期生产经营活动将产生重大影响。

3. 投资风险大

项目投资一旦形成，就会在一个较长的时间内固化为一定的物质形态，具有投资刚性，即无法在短期内做出更改，且面临较大的市场不确定和其他风险，决策失误将造成不可能挽回的损失。因此，在投资之前采用一定的技术和方法进行风险决策分析显得尤为重要。

4. 不可逆性强

项目投资一般不准备在一年或一个营业周期内变现，而且即使在短期内变现，其变现能力也较差。因为项目投资一旦完成，要想改变是相对困难的，不是无法实现，就是代价太大。

从以上特点可以看出，企业各个投资项目的平均获利能力往往决定了整个企业的获利能力，相应地，项目投资失误可能使企业陷入困境，甚至置企业于死地。因此，在投资决策上必须建立必要的投资决策程序，采用各种专门方法进行投资决策，以便提高投资效益。

二、独立项目的投资决策

独立项目是指两个或两个以上项目互不依赖，可以同时并存，各方案的决策也是独立的。独立项目的投资决策属于筛分决策，评价各方案本身是否可行，即方案本身是否达到某种预期的可行性标准。独立投资项目之间比较时，决策要解决的问题是如何确定各种可行性方案的投资顺序，即各独立方案之间的优先次序。排序分析时，以各独立方案的获利程度作为评价标准，一般采用内含报酬率法进行比较决策。

【例4-8】太某公司有足够多的资金，准备投资三个独立投资项目。项目A的初始投资金额10 000元，预计投资期限为5年；项目B的初始投资金额为18 000元，同样预计投资期限为5年；项目C的原始投资额为18 000元，期限为8年。假定贴现率为10%，其他有关资料如表4-8所示，请根据这些信息确定投资的优先顺序。

表4-8　　　　　　　　独立投资项目的可行性指标

项目	项目A	项目B	项目C
原始投资额（元）	10 000	18 000	18 000
年现金净流量（元）	4 000	6 500	5 000
期限（年）	5	5	8
净现值（元）	5 164	6 642	8 675
现值指数	1.52	1.37	1.48
年金净流量（元）	1 362	1 752	1 626

我们将上述三个方案的各种决策指标加以对比，可以得出以下结果：

（1）项目A：净现值大于零，现值指数大于1，年金净流量大于零，三个指标均显示项目可行。

（2）项目B：净现值大于零，现值指数大于1，年金净流量大于零，三个指标均显示项目可行。

（3）项目C：净现值大于零，现值指数大于1，年金净流量大于零，三个指标均显示项目可行。

三、互斥项目的投资决策

互斥项目之间相互排斥，不能并存，因此投资决策的实质在于选择最优方案，属于选择决策。选择决策要解决的问题是应该淘汰哪个方案，即选择最优方案。从选定经济效益最大的要求出发，互斥决策以方案的获利数额为评价标准。因此，互斥项目的投资决策一般采用净现值法和年金净流量法进行选优决策。但由于净现值指标受投资项目寿命期的影响，因此年金净流量法是互斥方案最恰当的决策方法。

（一）项目的寿命期相等

从〖例4-8〗可知，A、B两项目寿命期相同，而原始投资额不等；B、C两项目原始投资额相等而寿命期不同。如果这三个项目是互斥投资方案，三个项目只能采纳一个方案，不能同时并存。

A项目与B项目比较，两项目原始投资额不等。尽管A项目的内含报酬率和现值指数较高，但互斥方案应考虑获利数额，因此净现值高的B项目是最优方案。两项目的期限是相同的，年金净流量指标的决策结论与净现值指标的决策结论是一致的。

B项目比A项目投资额多8 000元，按10%的贴现率水平要求，分5年按年金形式回收，每年应回收2 110元（8 000/3.7908）。但B

项目每年现金净流量比 A 项目也多取得 2 500 元，扣除增加的回收款 2 110 元后，每年还可以多获得投资报酬 390 元。这个差额，正是两项目年金净流量指标值的差额（1 752 - 1 362）。因此，在原始投资额不等、寿命期相同的情况下，净现值与年金净流量指标的决策结论一致，应采用年金净流量较大的 B 项目。

事实上，互斥方案的选优决策，各方案本身都是可行的，即有正的净现值，表明各方案均收回了原始投资，并有超额报酬。进一步在互斥方案中选优，方案的获利数额作为选优的评价标准。在项目的寿命期相等时，不论方案的原始投资额大小如何，能够获得更大的获利数额，即净现值的，为最优方案。因此，在互斥投资方案的选优决策中，原始投资额的大小并不影响决策的结论，无须考虑原始投资额的大小。

（二）项目的寿命期不相等

【例 4 - 8】中 B 项目与 C 项目比较，寿命期不等。尽管 C 项目净现值较大，但它是 8 年内取得的。按平均每年的获利数额来看，B 项目的年金净流量（1 752 元）高于 C 项目（1 626 元），如果 B 项目 5 年寿命期届满后，收回的投资重新投入原有方案，达到与 C 项目同样的投资年限，取得的经济效益也高于 C 项目。

实际上，在两个寿命期不等的互斥投资项目比较时，需要将两项目转化成同样的投资期限，才具有可比性。按照持续经营假设，寿命期短的项目，收回的投资将重新进行投资。针对各项目寿命期不等的情况，我们可以找出各项目寿命期的最小公倍期数，作为共同的有效寿命期。

【例 4 - 9】目前有两个机床购置方案可供选择：方案 A 和方案 B。所要求的最低投资报酬率为 10%。A 机床投资额 10 000 元，预计使用年限 2 年，无残值，每年产生 8 000 元现金净流量。B 机床投资额 20 000 元，预计使用年限 3 年，无残值，每年产生 10 000 元现金净流量。请分析并判断哪个方案更好。

我们将两方案的期限调整为最小公倍数 6 年，即 A 机床 6 年内周转 3 次，B 机床 6 年内周转 2 次。未调整之前，两方案的相关评价指标如表 4 - 9 所示。

表 4 - 9　　　　　　　互斥投资项目的选优决策

项目	A 机床	B 机床
净现值（NPV）（元）	3 888	4 870
年金净流量（ANCF）（元）	2 238	1 958
内含报酬率（IRR）（%）	38	23.39

尽管 A 方案净现值低于乙方案，但年金净流量和内含报酬率均高于 B 方案。按最小公倍年数测算，A 方案经历了 3 次投资循环，B 方案经历了 2 次投资循环。各方案的相关评价指标如下：

（1）A 方案。

净现值 = 8 000 × (P/A, i, 6) - 10 000 × (P/F, i, 4) - 10 000
　　　　× (P/F, i, 2) - 10 000
　　　= 8 000 × 4.3553 - 10 000 × 0.6830 - 10 000 × 0.8264 - 10 000
　　　= 9 748（元）

年金净流量 = 9 748/4.3553 = 2 238（元）

（2）B 方案。

净现值 = 10 000 × (P/A, i, 6) - 20 000 × (P/F, i, 3) - 20 000
　　　= 10 000 × 4.3553 - 20 000 × 0.7513 - 20 000
　　　= 8 527（元）

年金净流量 = 8 527/4.3553 = 1 958（元）

上述计算说明，延长寿命期后，两方案投资期限相等，A 方案净现值 9 748 元高于 B 方案净现值 8 527 元，故甲方案优于乙方案。

至于内含报酬率指标，可以测算出当 i = 38% 时，A 方案净现值 = 0；当 i = 23.39% 时，B 方案净现值 = 0。

这说明，只要方案的现金流量状态不变，按公倍年限延长寿命后，方案的内含报酬率并不会变化。

同样，只要方案的现金流量状态不变，按公倍年限延长寿命后，方案的年金净流量指标也不会改变。

由于寿命期不同的项目，换算为最小公倍期数比较麻烦，而按各方案本身期限计算的年金净流量与换算公倍期限后的结果一致。因此，实务中对于期限不等的互斥方案比较，无须换算寿命期限，直接按原始期限的年金净流量指标决策。

综上所述，互斥投资方案的选优决策中，年金净流量全面反映了各方案的获利数额，是最佳的决策指标。净现值指标在寿命期不同的情况下，需要按各方案最小公倍期限调整计算，在其余情况下的决策结论也是正确的。

四、固定资产更新决策

固定资产反映了企业的生产经营能力，固定资产更新决策是项目投资决策的重要组成部分。从决策性质上来看，固定资产更新决策属于互斥投资项目的决策类型。因此，固定资产的更新决策所采用的决策方法是净现值法和年金净流量法，一般不采用内含报酬率法。

(一) 寿命期相同的设备重置决策

一般来说，用新设备来替换旧设备如果不改变企业的生产能力，就不会增加企业的营业收入，即使有少量的残值变价收入，也不是实质性收入增加。因此，大部分以旧换新进行的设备重置都属于替换重置。在替换重置方案中，发生的现金流量主要是现金流出量。如果购入的新设备性能提高，扩大了企业的生产能力，这种设备重置属于扩建重置。

【例4-10】太某公司现有一台机床是3年前购进的，目前准备用一台新机床替换。该公司的企业所得税税率为25%，资本成本率为10%，其余相关资料如表4-10所示。

表4-10　　　　　　　　　新旧设备资料

项目	旧设备	新设备
原价（元）	84 000	76 500
税法残值（元）	4 000	4 500
税法使用年限（年）	8	6
已使用年限（年）	3	0
尚可使用年限（年）	6	6
大修理支出（元）	18 000（第2年年末）	9 000（第4年年末）
每年折旧额（直线法）（元）	10 000	12 000
每年营运成本（元）	13 000	7 000
目前变现价值（元）	40 000	76 500
最终报废残值（元）	5 500	6 000

由于两机床的使用年限均为6年，可采用净现值法决策。两个方案的有关现金流量资料整理后列出分析表如表4-11和表4-12所示。

表4-11　　　　　　　　　保留旧机床方案

项目	现金流量（元）	年限（年）	现值系数	现值（元）
1. 每年营运成本	13 000×(1-25%)=9 750	1-6	4.355	42 461.25
2. 每年折旧抵税	10 000×25%=2 500	1-5	3.791	9 477.5
3. 大修理费	18 000×(1-25%)=13 500	2	0.826	11 151
4. 残值变现收入	5 500	6	0.565	3 107.5
5. 残值净收益纳税	(5 500-4 000)×25%=375	6	0.565	211.88

续表

项目	现金流量(元)	年限(年)	现值系数	现值(元)
6. 目前变价收入	40 000	0	1	40 000
7. 变现净损失减税	(54 000 – 40 000)×25% = 3 500	0	1	3 500
8. 净现值	—	—	—	84 739.13

表4-12　　　　　　　　　　购买新机床方案

项目	现金流量（元）	年限（年）	现值系数	现值（元）
1. 设备投资	76 500	0	1	76 500
2. 每年营运成本	7 000×(1 – 25%) = 5 250	1 – 6	4.355	22 863.75
3. 每年折旧抵税	12 000×25% = 3 000	1 – 6	4.355	13 065
4. 大修理费	9 000×(1 – 25%) = 6 750	4	0.683	4 610.25
5. 残值变现收入	6 000	6	0.565	3 390
6. 残值净收益纳税	(6 000 – 4 500)×25% = 375	6	0.565	211.88
7. 净现值	—	—	—	87 730.88

从表4-11和表4-12结果可以看出：在两方案营业收入一致的情况下，新设备现金流出的总现值为87 730.88元，旧设备现金流出的总现值为84 739.13元。因此，继续使用旧设备比较经济。

（二）寿命期不同的设备重置决策

对于寿命期不同的设备重置方案，用净现值指标可能无法得出正确的决策结果。寿命期不同的设备重置方案，在决策时有以下三个特点：

（1）扩建重置的设备更新会引起营业现金流入与流出的变动，应考虑年等额净回收额最大方案。替换重置的设备更新一般不改变生产能力，营业现金流入不会增加，只需比较各方案的年等额成本即可，平均成本最小的方案最优。

（2）设备重置方案运用年等额成本方式决策时，应考虑的现金流量主要有：一是新旧设备目前市场价值。对于新设备而言，目前市场价格就是新设备的购价，即原始投资额；对于旧设备而言，目前市场价值就是旧设备的重置成本或变现价值。二是新旧价值残值变价收入。残值变价收入应作为现金流出的抵减。残值变价收入现值与原始投资额的差额，称为投资净额。三是新旧设备的年运营成本，即年付现成本。如果考虑每年的营业现金流入，其应作为每年营运成本的抵减。

(3) 年金成本可在特定条件下（无所得税因素、每年营运成本相等），按式（4-14）和式（4-15）计算：

年等额成本 = $\sum$（各项目现金净流出现值）/年金现值系数　（4-14）

= [原始投资额 - 残值收入 × 一般现值系数

+ $\sum$（年营运成本现值）]/年金现值系数

= (原始投资额 - 残值收入)/年金现值系数 + 残值收入

× 贴现率 + $\sum$（年营运成本现值）/年金现值系数

(4-15)

【例4-11】太某公司目前拥有一台旧设备，为了满足准备予以更新。当期贴现率为15%，假设不考虑所得税因素的影响，其他有关资料如表4-13所示。

表4-13　　　　　　　　太某公司新旧设备资料

项目	旧设备	新设备
原价（元）	35 000	36 000
预计使用年限（年）	10	10
已经使用年限（年）	4	0
税法残值（元）	5 000	4 000
最终报废残值（元）	3 500	4 200
目前变现价值（元）	10 000	36 000
每年折旧额（直线法）（元）	3 000	3 200
每年营运成本（元）	10 500	8 000

由于这两个设备的尚可使用年限不同，因此比较各方案的年金成本。计算如下：

旧设备年等额成本 = [10 000 - 3 500 × (P/F, 15%, 6)]/(F/A, 15%, 6) + 10 500 = 12 742.76（元）

新设备年等额成本 = [36 000 - 4 200 × (P/F, 15%, 10)]/(P/A, 15%, 10) + 8 000 = 14 965.92（元）

从上述计算结果可知，继续使用旧设备的年金成本（12 742.76元）低于购买新设备的年金成本（14 965.92元），每年可以节约2 223.16元，应当继续使用旧设备。

【例4-12】接【例4-11】，假定企业所得税税率为25%，应考虑所得税对现金流量的影响。

(1) 新设备每年折旧费为3 200元，每年营运成本为8 000元，因此：

每年折旧抵税 = 3 200 × 25% = 800（元）

每年税后营运成本 = 8 000 × (1 − 25%) = 6 000（元）

新设备的购价为36 000元，报废时残值收入为4 200元，报废时账面残值为4 000元，因此：

税后残值收入 = 4 200 − (4 200 − 4 000) × 25% = 4 150（元）

税后投资净额 = (36 000 − 4 150)/(P/A, 15%, 10) + 4 150 × 15% = 6 345.89（元）

综上所述，得：新设备年等额成本 = 6 345.89 + 6 000 − 800 = 11 545.89（元）

（2）旧设备每年折旧费为3 000元，每年营运成本为10 500元，因此：

每年折旧抵税 = 3 000 × 25% = 750（元）

每年税后营运成本 = 10 500 × (1 − 25%) = 7 875（元）

旧设备目前变现价值为10 000元，目前账面净值为23 000元（35 000 − 12 000），资产报废损失为13 000元，可抵税3 250元（13 000 × 25%）。同样，旧设备最终报废时残值收入为3 500元，账面残值为5 000元，报废损失可以抵税375元（1 500 × 25%）。因此：

旧设备投资额 = 10 000 + (23 000 − 10 000) × 25% = 13 250（元）

旧设备税后残值收入 = 3 500 + (5 000 − 3 500) × 25% = 3 875（元）

税后投资净额 = (13 250 − 3 875)/(P/A, 15%, 6) + 3 875 × 15% = 3 058.79（元）

综上所述：旧设备年等额成本 = 3 058.79 + 7 875 − 750 = 10 185.79（元）

上述计算表明，继续使用旧设备的年等额成本为10 185.79元，低于购买新设备的年等额成本11 545.89元，应继续使用旧设备方案。

第六节 证券投资决策

一、证券投资概述

（一）证券投资的含义

1. 投资的特征与分类

投资一般具有两个特征：时间和风险，即投入是当前发生的、确

央行：创设新的货币政策工具支持股票市场稳定发展

定的，而回报只能是以后才有的，而且数量上是不确定的。

按照投资对象来划分，投资主要可以划分为两大类：实物投资和金融投资。实物投资是与实物资产有关的投资。

实物资产包括土地、建筑物、知识、用于生产产品的机械设备和运用这些资源所必需的有技术的工人。由于实物资产可直接用来提供产品和服务，因此进行实物投资是一种直接创造价值的活动。

金融投资是与金融资产有关的投资，包括对股票、债券、基金和金融衍生品等金融资产的投资。由于金融资产没有具体的使用价值，因此不能直接用于生产新的产品和服务。但是在现代经济中，实物投资的实现往往离不开金融投资，因为实物投资往往需要大量的资金投入为前提，所以金融投资实际上是一种间接的实物投资，是一种间接创造价值的活动，其投资收益来源于实物投资所创造的价值。

2. 证券投资的定义

证券投资是指投资者（包括个人和法人）购买股票、债券、基金等有价证券以及这些有价证券的衍生品，以获取红利、利息及资本利得的投资行为和投资过程，是直接投资的重要形式。证券投资实际上就是投资者在金融市场中进行各种金融工具交易的活动。更准确地说，证券投资是投资者充分考虑了各种金融工具的风险与收益之后，运用资金进行的一种以盈利或者避险为目的的金融活动。

（二）证券投资的特性

与证券投资相对应的是实物资产投资，实物资产投资的投入会直接增加全社会的资本存量。而证券投资是以有价证券的存在和流通为条件的金融投资。因此，证券投资除了具有收益性、风险性、流动性和时间性之外，还有其自身的特征。

1. 派生性

从经济学的角度来看，不论是何种制度的社会，只有形成于生产的社会物质资本，才会真正有利于经济的增长和发展。而证券投资行为只是实物资产在社会中各生产部门和消费部门中进行资源优化配置的手段和补充。投资者进行证券投资可以实现对实物资产所有权和收益权的转移，因此证券投资行为是基于实物资产派生而来的经济行为。

2. 虚拟性

证券投资的虚拟性是指如果把投资活动中各行为主体的资产与负债进行加总，那么这些证券资产将消失，而仅剩下物质资产作为全社会的净财富。因此，我们可以看出，证券作为一方的资产的同时也将成为另一方的负债，它的存在并不增加社会总财富。虽然证券不能增加社会财富，但是证券具有流动性所引致的证券投资选择机制，有利于提高物质资产投资的经营效益。

（三）证券投资的要素

一般而言，证券投资需要具备以下三个基本要素：

1. 时间

这里所说的时间是指投资者进行投资的期限。投资者进行投资的期限分为长期、中期和短期。一般来说，投资期限越长可能获得的预期收益就越高，同时伴随的风险也就越大。因此，投资者在进行投资抉择的时候就需要根据自己的偏好来进行投资期限的选择。

2. 收益

收益是投资者进行证券投资的最终目的。股票的收益主要包括股利、资本利得以分红送股等，债券的收益主要是利息或通过市场价格波动获得资本利得。

3. 风险

风险是相对于收益而言的另外一个概念。投资者进行证券投资过程中，获得收益具有不稳定性，甚至可能招致损失。这种不稳定性就是风险。一般而言，预期收益越高，风险也就越大。

实际投资过程中，投资者除了需要衡量收益与风险外，还需要考虑投资成本等其他因素。

二、债券投资决策

（一）债券价值

公司债券是指企业为筹集资金而发行的、向债权人承诺按期支付利息和偿还本金的书面凭证。公司债券是一种要式证券，体现的是持有人与发行企业之间的债权债务关系。

购买债券作为一种长期投资，要对其未来投资收益进行评价。购买债券的实际支出，即债券买价就是现金流出；未来到期或中途出售的债券本息回收是投资的现金流入。要确定债券的投资价值，必须先计算债券未来现金流量的现值，只有当债券未来现金流量的现值大于债券投资的现行买价，达到投资者的预期收益率时，这种债券才值得投资。因此，债券投资的价值是由其未来现金流入量的现值决定的，影响债券价值的主要因素是债券面值、票面利率和市场利率。由于债券面值和票面利率在发行时就已经给定，因此债券价值的高低主要由市场利率水平决定。市场利率越高，债券价值越低；市场利率越低，债券价值越高。下面介绍几种常用的债券估价模型。

央行发布债市新规：拓宽居民投资渠道 加快发展多层次债券市场

1. 债券估价的基本模型

一般情况下，债券是采取固定不变的利率，每年按复利计算并支付利息，到期归还本金。这样债券的价值等于债券利息收入的年金现值与该债券到期收到本金现值之和，其计算公式是式（4-16）：

$$V = \sum_{t=1}^{n} \frac{I}{(1+i)^t} + \frac{P}{(1+i)^n} \quad (4-16)$$

式（4-16）中，V 为债券价值；i 为债券利率，在评价时也可以采用市场利率或者投资期望报酬率；I 为每年利息收入；P 为到期本金收入；n 为债券到期的年限。

【例 4-13】太某公司于 2025 年 1 月 1 日购入了一种债券，该债券面值为 1 000 元，其票面利率为 8%，每年付息一次，期限为 5 年。在购买时，市场利率为 10%，债券的市价为 850 元。请分析太某公司是否应该投资购买该债券。

实际只需计算一下此债券未来 5 年收回的本金和利息是否大于投资价格。

V = 1 000 × 8% × (P/A, 10%, 5) + 1 000 × (P/F, 10%, 5)
  = 80 × 3.4908 + 1 000 × 0.6209 = 900（元）

计算结果表明，此债券的价值大于现行市价，如果不考虑其他风险，则可以投资于该债券，因此它可以使企业获取大于 10% 的市场平均利率水平的收益。

假定企业要求的投资回报率为 12%，那么此债券是否还是可以值得投资的对象呢？计算分析如下：

V = 1 000 × 8% × (P/A, 12%, 5) + 1 000 × (P/F, 12%, 5)
  = 80 × 3.6048 + 1 000 × 0.5674 = 856（元）

计算结果表明，如果按 12% 的贴现率计算，该债券的价值明显低于现行市价。如果投资者期望的投资回报率为 12%，那么此债券就没有投资价值，应考虑其他的投资对象。

2. 到期一次还本付息的债券估价模型

到期一次还本付息债券的特点是等到债券到期时一次性支付债券本金和利息。我国发行的国库券就属于这种债券。这种债券的内在价值就是到期本息之和的现值，其计算公式如下：

$$V = \frac{P + I \times n}{(1+i)^n}$$

接〖例 4-13〗，假定此债券不是每年付息一次，而是 5 年后一次还本付息，其计算结果如下：

$$V = \frac{1\,000 + 1\,000 \times 8\% \times 5}{(1+10\%)^5} = 1\,400 \times 0.6\,209 = 869（元）$$

在上述计算中，若把票面利率作为贴现率，则债券价值会明显低于面值。

$$V = \frac{1\,000 + 1\,000 \times 8\% \times 5}{(1+8\%)^5} = 1\,400 \times 0.6\,806 = 953（元）$$

如果其市价为920元，对于投资者来讲，虽然有收益但其收益较低，会明显低于市场平均利率水平。与此同时，每年支付利息的债券，如果以票面利率代替贴现率来计算债券价值，则债券价值等于面值。如果债券到期一次还本付息的，那么以债券票面利率作为贴现率来计算债券价值，债券价值必然低于面值，使得投资者实际上不能获得票面利率规定的报酬率水平，其原因是债券利息收入的现金流入量滞后，造成折算现值金额下降。

3. 折现发行的债券估价模型

有些债券以折现方式发行，没有票面利率，到期按面值偿还，也叫零票面利率债券。这种债券的内在价值就是到期时票面价值的现值，其计算公式是：

$$V = \frac{P}{(1+i)^n} = P \times (P/F, i, n) \qquad (4-17)$$

【例4-14】太某公司发行的债券面值为1 000元，期限为3年，以折现方式发行，期内不计利息，到期按面值偿还，当市场利率为12%时，其价格为多少时，才值得购买？

$$V = 1\,000 \times (P/F, 12\%, 3) = 1\,000 \times 0.712 = 712（元）$$

说明只有当该公司的债券市场价格低于712元的时候，才值得购买。

（二）债券投资收益率

1. 债券收益的来源

债券投资的收益是指投资于债券获得的全部投资报酬，这些投资报酬来源于以下三个方面：

（1）名义利息收益。债券各期的名义利息收益是其面值与票面利率的乘积。

（2）利息再投资收益。债券投资评价时，有两个重要的假定：第一，债券本金是到期收回的，而债券利息是分期收取的；第二，将分期收到的利息重新投资于同一项目，并取得与本金同等的利息收益率。

例如，某5年期债券面值为1 000元，票面利率为12%，如果每期的利息不进行再投资，5年共获利息收益600元。如果将每期利息进行再投资，第一年获利息120元；第二年1 000元本金获利息120元，第一年的利息120元在第二年又获利息收益14.4元，第二年共获利息收益134.4元；以此类推，到第5年末累计获利息762.34元。

事实上，按12%的利率水平，1 000元本金在第5年末的复利终值为1 762.34元，按货币时间价值的原理计算债券投资收益，就已经考虑了再投资因素。在取得再投资收益的同时，承担着再投资风险。

（3）价差收益。价差收益是指债券尚未到期时投资者中途转让债券，在卖价和买价之间的价差上所获得的收益，也称为资本利得收益。

2. 债券的内部收益率

债券的内部收益率是指按当前市场价格购买债券并持有至到期日或转让日所产生的预期报酬率，也就是债券投资项目的内含报酬率。在债券价值估价基本模型中，如采用债券的购买价格 P_0 代替内在价值 V_b，就能求出债券的内部收益率。也就是说，用该内部收益率贴现决定的债券内在价值，刚好等于债券的目前购买价格。

债券真正的内在价值是按市场利率贴现决定的内在价值，当按市场利率贴现计算的内在价值大于按内部收益率贴现计算的内在价值时，债券的内部收益率才会大于市场利率，这正是投资者所期望的。

【例4-15】假设投资者以1 075.92元的价格购入了一张面值为1 000元的债券，该债券每年支付两次利息，到期时偿还本金，票面利率为12%，债券期限为5年。投资者计划持有该债券直至到期日。有：

1 075.92 = 120 × (P/A, R, 5) + 1 000 × (P/F, R, 5)

内部收益率 R = 10%

同样的原理，如果债券目前购买价格为1 000元或899.24元，有：

内部收益率 R = 12% 或内部收益率 R = 15%

可见，溢价债券的内部收益率低于票面利率，折价债券的内部收益率高于票面利率，平价债券的内部收益率等于票面利率。

通常，也可以用简便算法对债券投资收益率近似估算，其公式为式（4-18）：

$$R = \frac{I + (B - P)/N}{(B + P)/2} \times 100\% \qquad (4-18)$$

式（4-18）中，P表示债券的当前购买价格，B表示债券面值，N表示债券期限，分母是平均资金占用，分子是平均收益，将【例4-16】数据代入得：

$$R = \frac{120 + (1\ 000 - 1\ 075.92)/5}{(1\ 000 - 1\ 075.92)/2} \times 100\% = 10.098\%$$

三、股票投资决策

(一) 股票的价值

投资于股票预期获得的未来现金流量的现值,即股票的价值或内在价值、理论价格。股票是一种权利凭证,它之所以有价值,是因为它能给持有者带来未来的收益,这种未来的收益包括各期获得的股利、转让股票获得的价差收益、股份公司的清算收益等。价格小于内在价值的股票是值得投资者投资购买的,股份公司的净利润是决定股票价值的基础。股票给持有者带来未来的收益一般是以股利形式出现的,因此也可以说股利决定了股票价值。

党员干部可以买卖股票或者进行其他证券投资吗?

1. 股票评价的基本模型

一般情况下,投资者投资于股票,首先是希望得到股利收入,其次更希望在未来出售股票时从股票价格的上涨中获取买卖价差收入。股票的内在价值是股票预期未来现金流入的现值,主要包括出售股票时的资本利得和股利收入。

如果投资者持有股票的时间预计为一年,则投资价值比较好评价。其评价公式如式 (4-19) 所示:

$$V = \frac{D_1 + P_1}{1 + K} \quad (4-19)$$

式 (4-19) 中,V 为表示股票投资价值,D_1 为表示预期一年内的股利收入,P_1 为表示一年后的股票市价,K 为表示投资者期望报酬率。

【例 4-16】太某公司以每股 60 元的价格购入某种股票若干股,预计每股年股利为 4 元,预计每股市值将在年底达到 65 元,投资者的期望投资报酬率为 12%,计算该股票的投资价值。

$$V = \left(\frac{4 + 65}{1 + 12\%}\right) = 61.61 \text{ (元)}$$

投资者如果以小于或等于 61.61 元的价格购入此种股票,便能够保证在 12% 的期望报酬率;如果当价格高于 61.61 元时,那就不能进行投资。其实在式 (4-20) 中也可以用现行股票价格来代替股票价值,再求出预期报酬率 K,看是否大于 12%,如果大于或等于则可以考虑投资,小于则不能进行投资。其公式为 (4-20):

$$K = \frac{D_1 + P_1}{V} - 1 \quad (4-20)$$

【例 4-17】接【例 4-16】,假设现行股价 60 元,其他条件不变,则预期报酬率计算如下:

$$K = \frac{D_1 + P_1}{V} - 1 = \left(\frac{4 + 65}{60} - 1\right) \times 100\% = 15\%$$

15%的预期报酬率大于投资者的期望报酬率12%，可以进行投资。

2. 长期持有股票的股票投资价值评价

当投资者持有股票并不是一年，而是长期持有时，那么股票的投资价值为式（4-21）：

$$V = \sum_{t=1}^{n} \frac{D_t + P_t}{V} + \frac{P_n}{(1+K)^n} \qquad (4-21)$$

式（4-21）中，V 为股票的价值，P_n 表示预期 n 年后的股票市价，K 为投资人要求的必要投资收益率，D_t 为第 t 期的预期股利，n 为预计持有股票的期数。如果投资人准备长期持有该股票，那么 n→∞，则 $\frac{P_n}{(1+K)^n} \to 0$，因此长期持有股票的投资价值，应为 $V = \sum \frac{D_t}{(1+K)^t}$。

这一公式便是股票投资价值的基本模型，无论是永久持有，还是限期持有，该公式都能适用。在实际运用中，最主要的问题是如何确定每股股利和投资者期望报酬率。

3. 零成长股票估价模型

在长期持有、股票价格稳定不变的情况下，即预期每年年末股利的增长率为零的情况下，我们可以将每年年末的股利看成永续年金的形式。此时，股利估价模型可以简化为式（4-22）：

$$V = \frac{D}{K} \qquad (4-22)$$

式（4-22）中，V 为股票内在价值，D 为每年固定股利，K 为投资人要求的必要投资收益率。

【例4-18】假设太某公司股票预期每年股利为每股5元，若投资人要求的投资必要收益率为10%，则该股票的每股内在价值是多少？

$$V = \frac{5}{10\%} = 50（元）$$

这说明当该股票的市场价格低于每股50元时，才值得购买。如当时市场上该种股票市价为49元，投资者购入，便能获得高于12%的实际报酬率 $K = \frac{D}{V} = \frac{5}{49} \times 100\% = 10.2\%$。可见，当市价低于股票投资价值时，股票投资价值越大，其实际报酬率越高于投资者的期望报酬率。

要注意的是，此种零成长的股票投资模式，除了普通股之外，也同样适用于优先股，优先股每年股利固定，相当于一种零成长的普通股票。

4. 固定成长股票的估价模型

在无限期持有股票的条件下,如果发行公司预期每年的股利以一个固定的比率增长,这种股票称为固定成长股票。设每年股利增长率为 g,上年股利为 D_0,则:

$$V = \sum_{t=1}^{\infty} \frac{D_0 \times (1+g)^t}{(1+K)^t} \qquad (4-23)$$

代入等比数列前 n 项求和公式,当 n→∞时,普通股的价值为:

$$V = \frac{D_0 \times (1+g)}{K-g} = \frac{D_1}{K-g}$$

式(4-23)中,D_1 为第一年的股利。

【例 4-19】太某公司上一年每股支付利息为 6 元,预计未来每年以 8% 的增长率增长,A 公司要求获得 15% 的必要报酬率,股票价格为多少时,A 公司才能购买太某公司的股票?

$$V = \frac{6 \times (1+8\%)}{15\% - 8\%} = 92.57 \, (元)$$

即当市场上 A 公司的股票价格低于每股 31.5 元时,B 公司才能购买。

5. 非固定成长股票的估价模型

在现实中,大多数的公司股票的股利并不是固定不变或者以固定不变的比率增长的,而是处于不断变动之中的,这种股票被称为非固定成长股票。这类股票的估价比较复杂,我们通常将企业股票价值分段进行计算,主要有四个步骤:首先是将股利现金流分为两部分,即开始时的非固定增长阶段和其后的永久性固定增长阶段;其次是计算非固定增长阶段预期股利的现值;再次是在非固定增长期末,也就是固定增长期开始时,计算股票的价值,并将该数值折现;最后是将两部分现值相加,即为股票的现时价值。

【例 4-20】太某公司正处于快速成长阶段。预计未来 4 年内以股利 10% 的速度增长,此后,公司将进入稳定增长期,股利年增长率为 5%,该公司上一年支付的每股股利为 2 元。若投资者要求的必要报酬率为 15%,则该股票的内在价值是多少?

首先,计算非正常增长时期的股利现值,如表 4-16 所示。

表 4-16　　　　　　　　　股利现值　　　　　　　　　单位:元

年份	股利	复利现值系数(i=15%)	现值
第 1 年	$2 \times (1+10\%) = 2.2$	0.870	1.914
第 2 年	$2 \times (1+10\%)^2 = 2.42$	0.756	1.830

续表

年份	股利	复利现值系数(i=15%)	现值
第3年	$2 \times (1+10\%)^3 = 2.66$	0.658	1.750
第4年	$2 \times (1+10\%)^4 = 2.93$	0.572	1.676
合计			7.170

其次,计算第4年年末的普通股价值:

$$V = \frac{D_5}{K-g} = \frac{2.93 \times (1+5\%)}{15\% - 5\%} = 30.765 \text{(元)}$$

再次,计算其现值:

$$\frac{30.765}{(1+15\%)^5} \times 15.3 \text{(元)}$$

最后,计算股票目前的价值:

$$V = 7.17 + 15.3 = 22.47 \text{(元)}$$

说明当该公司股票的市场价格低于22.47元时,该股票才值得购买。

除此之外,我们还可以通过简单的市盈率法来估价。这是一种粗略地衡量股票价值的方法,由于计算相对比较简单,易于掌握,被许多投资者使用。

市盈率是股票市价和每股收益之比。即式(4-24):

$$\text{市盈率} = \text{每股市价}/\text{每股收益} \quad (4-24)$$

换言之:

股票价格 = 该股市盈率 × 该股票每股收益;

股票价值 = 行业平均市盈率 × 该股票每股收益。

根据证券机构或刊物提供的同类股票过去若干年的平均市盈率,乘上当前该股票每股收益,可以得出股票的公平价值。用它和当前市价比较,可以看出所付价格是否合理。

【例4-21】太某公司的股票每股收益为6元,市盈率为10元,行业股票的平均市盈率为11,是否应该投资?

股票价格 = 10 × 6 = 60(元)

股票价值 = 11 × 6 = 66(元)

股票价值 > 股票价格,说明市场对该股票的价值略有低估,股票基本正常,有一定的吸引力。

(二) 股票投资的收益率

1. 股票收益的来源

股票投资的收益由股利收益、股利再投资收益、转让价差收益三部分构成。只要按货币时间价值的原理计算股票投资收益,就不用单独考虑再投资收益的因素。

2. 股票的内部收益率

股票的内部收益率是使得股票未来现金流量贴现值等于目前的购买价格时的贴现率,也就是股票投资项目的内含报酬率。股票的内部收益率高于投资者要求的最低报酬率时,投资者才愿意购买该股票。在固定增长股票估价模型中,用股票的购买价格 P_0 代替内在价值 V_b,有式(4-25):

$$R = \frac{D_1}{P_0} + g \qquad (4-25)$$

可以看出,股票投资内部收益率由两部分构成:一部分是预期股利收益率 D_1/P_0,另一部分是股利增长率 g。

如果投资者不打算长期持有股票,而将股票转让出去,则股票投资的收益由股利收益和资本利得(转让价差收益)构成。这时,股票内部收益率 R 是使股票投资净现值为零时的贴现率,其计算公式为式(4-26):

$$NPV = \sum_{t=1}^{n} \frac{D_t}{(1+R)^1} + \frac{P_t}{(1+R)^n} - P_0 = 0 \qquad (4-26)$$

【例 4-22】某投资者 2021 年 5 月购入华太公司股票 1 000 股,每股购价 3.2 元。太某公司 2022 年、2023 年、2024 年分别派发现金股利 0.25 元/股、0.32 元/股、0.45 元/股。该投资者 2024 年 5 月以每股 3.5 元的价格售出该股票,则太某股票内部收益率的计算为:

$$NPV = \frac{0.25}{1+R} + \frac{0.32}{(1+R)^2} + \frac{0.45}{(1+R)^3} + \frac{3.5}{(1+R)^3} - 3.2 = 0$$

当 R = 12% 时,NPV = 0.0898;
当 R = 14% 时,NPV = -0.0682。
用插值法计算:

$$R = 12\% + 2\% \times \frac{0.0898}{0.0898 + 0.0682} = 13.14\%$$

【本章小结】

在本章中,我们学习了投资的概念,投资的分类以及投资管理的程序。投资是指特定经济主体将货币或实物资产投放于某一具体对象,以在未来较长时间内获取经济利益的行为。按投资回收期限的长短不同,投资可分为短期投资和长期投资。按投资的方向不同,投资可分为对内投资与对外投资。按投资的方式不同,投资可分为直接投资和间接投资。企业应用投资管理工具方法,一般按照制定投资计划、进行可行性分析、实施过程控制和投资后评价等程序进行。

扩大有效投资勿忘规范融资

现金流量（CF）是指在投资决策中，一个项目引起的企业现金支出和现金收入增加的数量。现金流出量（CO）在项目开始时也称初始现金流出量或原始投资额，是指投资方案引起的企业现金支出的增加额。

现金流入量（CI）是指投资项目增加的现金收入额或现金支出节约额。净现金流量（NCF），是指一定期间现金流入量和现金流出量的差额。

投资项目从整个经济生命周期来看，大致可以分为三个阶段，即投资期、营业期、终结期，现金流量的各个项目也可以归属于各个阶段之中。投资阶段的现金流量主要是现金流出量，即在该投资项目上的原始投资，包括在长期资产上的投资和垫支的营运资金。营业阶段是投资项目的主要阶段，该阶段既有现金流入量，也有现金流出量。现金流入量主要是营运各年的营业收入，现金流出量主要是营运各年的付现营运成本，营业现金净流量＝营业收入－付现成本＝营业利润＋非付现成本，终结阶段的现金流量主要是现金流入量，包括固定资产变价净收入、固定资产变现净损益和垫支营运资金的收回。

非贴现的投资分析方法是指不考虑时间价值，把不同时间的货币收支都看成等效的。目前，在企业投资决策中此类方法只起辅助作用。此类方法主要有投资回收期法、平均报酬率法和会计收益率法。投资回收期是收回初始投资所需的时间，一般以年为单位，回收年限越短，方案越有利。平均报酬率法是指投资项目寿命周期内平均的年投资报酬率。会计收益率是指企业净利润（净收益）与投资额的比率。因为这种方法在计算时要使用会计报表数字以及普通会计的收益和成本的概念，所以称为会计收益率法。

贴现现金流量法是以明确的假设为基础，选择恰当的贴现率对预期的各期现金流入、流出进行贴现，通过贴现值的计算和比较，为财务合理性提供判断依据的价值评估方法。

净现值（net present value，NPV）是指特定方案未来现金流入量的现值与未来现金流出量现值之间的差额。具体来说，净现值是指投资方案实施后，未来能获得的各种报酬按资金成本或必要报酬率折算的总现值与历次投资额按资金成本或必要报酬率折算的总现值的差额。净现值＝现金流入总现值－现金流出总现值，如果净现值为正数，即贴现后的现金流入大于流出，说明该项目的投资报酬率大于预定的贴现率，即该投资方案的实际报酬率大于资金成本或必要报酬率，投资于该方案是有利可图的；如果净现值为零，即贴现后现金流入等于现金流出，说明该项目的投资报酬率相当于贴现率，即该投资方案的实际报酬率等于资金成本或必要报酬率，投资于该方案是保本的，企业偿付借款本息后将一无所获；如果净现值为负数，即贴现后现金流入小于现金流出，说明该项目的投资报酬率小于贴现率，即该投资方案的实际报酬率小于资金成本或必要报酬率，投资于该方案不但连成本都收不回来，还要亏损。净现值法的决策规则有两个：一是在只有一个备选方案的采纳与否决策时，净现值为正值的可采纳，否则放弃；二是在多个备选方案的互斥选择决策时，取其中净现值为正值中的最大值。

现值指数又称获利指数（profitability index，PI）、利润指数、贴现的收益。概括地说，现值指数法是指未来现金流入现值与现金流出现值之比。现值指数说明了每1元现值投资额可获得多少现值报酬，或者说，现值指数的实际是每1元原始投资可望获得的现值净收益。它是一个相对数，反映投资的效率；而净现值是一个绝对数，反映投资的效益，因此现值指数更适合于投资规模不同的方案之间的比较。

内含报酬率（internal rate of return，IRR）又称内部收益率，概括地讲，是指能够使未来现金流入量等于现金流出量现值的贴现率；具体来说，是指使投资项目的净现值等于零。未来报酬总现值－全部投资总现值＝0，能使上述等式成立的"r"，就是该方案的内含报酬率。

年金净流量法（ANCF）是净现值法的辅助方法，又称年金净现值法，是将投资项目期间内全部现金净流量总额的现值或终值算为年金的方法。年金净流量的计算公式为：年金净流量＝现金流量总现值（净现值）/年金现值系数，年金净流量＝现金流量总终值/年金终值系数。

贴现回收期是指从贴现的现金净流量中收回原始投资额所需要的年限。贴现回收期法对期望的现金流量以资本成本进行贴现，考虑了风险因素以及货币的时间价值。动态回收期需要将投资引起的未来现金净流量进行贴现，以未来现金净流量的现值等于原始投资额现值时所经历的时间为回收期。

项目投资管理是指通过项目各参与方的合作，运用专门的知识、工具和方法，对各项资源进行计划、组织、协调、控制，使项目能够在规定的时间、预算和质量范围内，实现或超过既定目标的管理活动。企业应用项目管理工具方法一般按照可行性研究、项目立项、项目计划、项目实施、项目验收和项目后评价等程序进行。项目投资管理有投资金额大、影响时间长、投资风险大、不可逆性强的特点。

独立项目是指两个或两个以上项目互不依赖，可以同时并存，各方案的决策也是独立的。独立项目的投资决策属于筛分决策，评价各方案本身是否可行，即方案本身是否达到某种预期的可行性标准。独立投资项目之间比较时，决策要解决的问题是如何确定各种可行性方案的投资顺序，即各独立方案之间的优先次序。排序分析时，以各独立方案的获利程度作为评价标准,一般采用内含报酬率法进行比较决策。

互斥项目之间相互排斥,不能并存,因此投资决策的实质在于选择最优方案,属于选择决策。选择决策要解决的问题是应该淘汰哪个方案,即选择最优方案。从选定经济效益最大的要求出发,互斥决策以方案的获利数额为评价标准。因此,互斥项目的投资决策一般采用净现值法和年金净流量法进行选优决策。但由于净现值指标受投资项目寿命期的影响,因此年金净流量法是互斥方案最恰当的决策方法。

关于固定资产更新决策,固定资产反映了企业的生产经营能力,固定资产更新决策是项目投资决策的重要组成部分。从决策性质上来看,固定资产更新决策属于互斥投资项目的决策类型。因此,固定资产的更新决策所采用的决策方法是净现值法和年金净流量法,一般不采用内含报酬率法。对于寿命期相同的设备重置决策,一般来说,用新设备来替换旧设备如果不改变企业的生产能力,就不会增加企业的营业收入,即使有少量的残值变价收入,也不是实质性收入增加。因此,大部分以旧换新进行的设备重置都属于替换重置。在替换重置方案中,发生的现金流量主要是现金流出量。如果购入的新设备性能提高,扩大了企业的生产能力,这种设备重置属于扩建重置。对于寿命期不同的设备重置方案,用净现值指标可能无法得出正确的决策结果。

购买债券作为一种长期投资,要对其未来投资收益进行评价。购买债券的实际支出,即债券买价就是现金流出;未来到期或中途出售的债券本息回收是投资的现金流入。要确定债券的投资价值,必须先计算债券未来现金流量的现值,只有当债券未来现金流量的现值大于债券投资的现行买价,达到投资者的预期收益率时,这种债券才值得投资。因此,债券投资的价值是由其未来现金流入量的现值决定的,影响债券价值的主要因素是债券面值、票面利率和市场利率。债券估价的基本模型,这样债券的价值等于债券利息收入的年金现值与该债券到期收到本金现值之和。到期一次还本付息债券的特点是等到债券到期时一次性支付债券本金和利息。有些债券以折现方式发行,没有票面利率,到期按面值偿还,也叫零票面利率债券。债券投资的收益是指投资于债券获得的全部投资报酬,这些投资报酬来源于以下三个方面:名义利息收益、利息再投资收益、价差收益。债券的内部收益率是指按当前市场价格购买债券并持有至到期日或转让日所产生的预期报酬率,也就是债券投资项目的内含报酬率。

投资于股票预期获得的未来现金流量的现值,即股票的价值或内在价值、理论价格。股票是一种权利凭证,它之所以有价值,是因为它能给持有者带来未来的收益,这种未来的收益包括各期获得的股利、转让股票获得的价差收益、股份公司的清算收益等。股票评价的基本模型，一般情况下，投资者投资于股票，首先是希望得到股利收入，其次更希望在未来出售股票时从股票价格的上涨中获取买卖价差收入。股票的内在价值是股票预期未来现金流入的现值，主要包括出售股票时的资本利得和股利收入。在长期持有、股票价格稳定不变的情况下，即预期每年年末股利的增长率为零的情况下，我们可以将每年年末的股利看成永续年金的形式。在无限期持有股票的条件下，如果发行公司预期每年的股利以一个固定的比率增长，这种股票称为固定成长股票。股票投资的收益由股利收益、股利再投资收益、转让价差收益三部分构成。

在学习过程中，我们强调了在投资分析和决策中保持严谨、科学、求实的态度，发扬工匠精神。同时，注重遵循法律法规和行业规范的重要性，帮助学生培养法治观念和合规意识。这些职业素养和道德标准将为学生的未来职业发展提供坚实的基础。

本章重要术语

复习与思考

【本章重要术语】

1. 净现值
2. 现值指数
3. 内含报酬率
4. 投资回收期

【复习与思考】

1. 在进行投资决策分析时，为什么要考虑货币时间价值？
2. 为什么在进行投资决策分析时，要以现金流量而不是会计利润作为项目取舍的衡量标准？
3. 净现值投资决策指标有何缺陷？如何克服？

第五章 预算管理会计

【学习目标】

通过本章的学习,学生应理解管理会计的基本概念,掌握预算经营预算、专门决策预算和财务预算的特点和内容,掌握常用的预算管理方法,能够根据不同情况选择合适的编制方法,了解预算考评的内容和意义,帮助学生树立成本意识和效益观念,培养学生严谨细致的工作态度和责任心。

【知识框架】

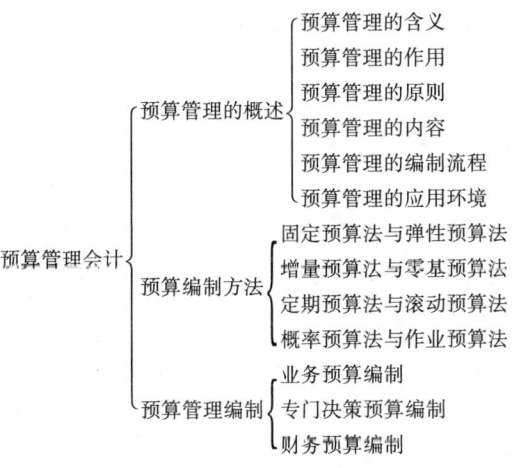

【引导案例】

随着全球汽车产业的快速发展和变革,A汽车集团股份有限公司(以下简称A汽车集团)身处激烈的市场竞争之中。近年来,汽车市场呈现出多元化、智能化、绿色化的发展趋势。传统燃油汽车市场逐渐趋于饱和,而新能源汽车和智能汽车市场则呈现出迅猛发展的态势。各大汽车制造商纷纷加大在这些领域的投入,国内外汽车企

引导案例分析要点

业竞争激烈,技术创新成为企业发展的核心竞争力。在这样的形势下,A汽车集团积极应对挑战,将预算管理作为推动企业战略发展的重要手段。通过科学合理的预算规划,A汽车集团能够明确在新能源汽车和智能汽车领域的投入方向和力度,确保企业在技术研发、生产制造、市场营销等方面的资源得到有效配置。同时,严格的预算执行和监控机制,可以及时发现和解决问题,保障企业的经营活动顺利进行。

请思考:

(1) 请结合A汽车集团案例,阐述预算管理与企业战略的关系。

(2) 从思政角度看,A汽车集团将大量预算投入到智能汽车、新能源汽车体现了什么的价值观和理念?

第一节 预算管理的概述

5.1 预算管理编制

企业为了实现经营目标,保证企业最优决策方案的贯彻、执行,企业需要从战略的角度统筹和安排各种资源。预算作为一种管理工具,随着社会经济活动的发生和发展共同成长,随着技术的进步日趋完善。虽然在不同发展时期,预算的功能不同,但都是通过对企业内部各项经济活动的安排和计划,达到管理企业、实现企业目标的目的。

一、预算管理的含义

预算管理,是指企业以战略目标为导向,通过对未来一定期间内的经营活动和相应的财务结果进行全面预测和筹划,科学、合理配置企业各项财务和非财务资源,并对执行过程进行监督和分析,对执行结果进行评价和反馈,指导经营活动的改善和调整,进而推动实现企业战略目标的管理活动①。

预算是企业计划、协调和控制等职能得以实现的手段,是连接企业内部不同单位和部门及其经济业务之间的纽带。预算管理是企业对一定期间内的经营、投资、财务等企业相关的各项经济活动所作的总体安排,是对公司整体战略发展目标和年度计划的细化。作为一种管理控制方法,全面预算通过把企业内部的所有关键问题融合在一个系统中,凭借计划、协调、控制、激励、评价等综合管理功能,整合和

---

① 中华人民共和国财政部. 管理会计应用指引第 200 号——预算管理,2017 年 9 月.

优化配置企业资源，提高企业运行效率，帮助企业实现发展战略。

二、预算管理的作用

企业预算管理的作用主要表现在以下方面：

（一）明确工作目标

预算作为一项计划，规定了企业一定时期的总目标和各级各部门的具体目标。这样就使各部门了解和明确自己在企业预算总目标中的职责和努力的方向，并且驱动企业各个部门甚至每名员工都要编制切实可行的、具体的工作计划，并积极地实施这些计划，从而使企业总体目标通过具体目标的实施得以实现。

（二）协作与沟通

全面预算把企业各方面的工作纳入统一计划中，促使企业内部各部门的预算可以相互协调，环环紧扣，达到平衡。在保证企业总体目标最优的前提下，各部门可以有序、有计划地组织各自的活动。

（三）控制日常活动

编制预算是企业经营管理活动的起点，同时是企业日常经济活动的依据。在预算执行的过程中，各部门应通过计量、对比，及时揭露实际脱离预算的差距并分析原因，同时采取必要措施，消除薄弱环节，保证预算目标能够顺利地实现。

（四）业绩考核的标准

预算指标都是企业数量化、具体化的经营目标，是企业各个部门、每名员工的工作目标。在评定各部门工作业绩时，要根据预算的完成情况，分析偏离预算的程度和原因，划清责任，奖罚分明，促使各部门为了完成预算规定的目标努力工作。而且，用预算指标去评价部门和员工的绩效，可以避免各种关系和个人感情对企业的不良影响。

（五）防范风险

预算管理是企业内部控制的一项工具，有效控制企业风险、实现企业目标。预算的制定和实施过程本身就是企业对所面临的各种风险进行识别、预测、评估和控制的过程。因此，财政部等国家五部委在联合发布《企业内部控制基本规范》时，将预算控制作为重要的控制活动和风险控制的措施。

三、预算管理的原则*

企业进行预算管理，一般应遵循以下原则：（1）战略导向原则。预算管理应围绕企业的战略目标和业务计划有序开展，引导各预算责任主体聚焦战略、专注执行、达成绩效。（2）过程控制原则。预算管理应通过及时监控、分析等把握预算目标的实现进度并实施有效评价，对企业经营决策提供有效支撑。（3）融合性原则。预算管理应以业务为先导、以财务为协同，将预算管理嵌入企业经营管理活动的各个领域、层次、环节。（4）平衡管理原则。预算管理应平衡长期目标与短期目标、整体利益与局部利益、收入与支出、结果与动因等关系，促进企业可持续发展。（5）权变性原则。预算管理应刚性与柔性相结合，强调预算对经营管理的刚性约束，又可根据内外环境的重大变化调整预算，并针对例外事项进行特殊处理。

四、预算管理的内容

企业预算是由一系列预算按其经济内容及相互关系有序排列组成的有机体，包括经营预算、专门决策预算和财务预算三大部分。

（一）经营预算

经营预算也称业务预算，是指与企业日常业务直接相关的一系列预算，这类预算通常与企业利润表的计算有关，这些预算大多以实物量指标和价值量指标分别反映企业收入和费用的构成情况。包括：

（1）销售预算；
（2）生产预算；
（3）直接材料预算；
（4）直接人工预算；
（5）制造费用预算；
（6）产品成本预算；
（7）期末存货预算；
（8）销售费用预算；
（9）管理费用预算等。

（二）专门决策预算

专门决策预算，也称为资本支出预算，是指企业重大的或不经常

---

* 中华人民共和国财政部．管理会计应用指引第200号——预算管理，2017年9月。

发生的、需要根据特定决策编制的预算，主要包括：固定资产投资预算、权益性资本投资预算、债券投资预算、其他投资预算和筹资预算等。

（三）财务预算

财务预算，是指与企业资金收支、财务状况或经营成果等有关的预算，包括现金预算表、预计利润表和预计资产负债表。

五、预算管理的编制流程

企业经营预算和财务预算的预算期间通常为一年，并且与企业的会计年度相一致。编制顺序是先编制销售预算，然后按照"以销定产"的原则，依次编制生产预算、直接材料预算、直接人工预算、制造费用预算、销售费用预算、管理费用预算等。同时，战略规划编制各项专门决策预算。最后，根据业务预算和专门决策预算编制财务预算。企业的财务预算是在上述经营预算和资本支出预算的基础上，按照一般会计原则和方法编制的。

六、预算管理的应用环境[*]

企业实施预算管理的基础环境包括战略目标、业务计划、组织架构、内部管理制度、信息系统等。企业应按照战略目标，确立预算管理的方向、重点和目标。企业应将战略目标和业务计划具体化、数量化后作为预算目标，促进战略目标落地。业务计划，是指按照战略目标对业务活动的具体描述和详细计划。企业可设置预算管理委员会等专门机构组织、监督预算管理工作。该机构的主要职责包括：审批公司预算管理制度、政策，审议年度预算草案或预算调整草案并报董事会等机构审批，监控、考核本单位的预算执行情况并向董事会报告，协调预算编制、预算调整及预算执行中的有关问题等。预算管理的机构设置、职责权限和工作程序应与企业的组织架构和管理体制互相协调，保障预算管理各环节职能衔接，流程顺畅。企业应建立健全预算管理制度、会计核算制度、定额标准制度、内部控制制度、内部审计制度、绩效考核和激励制度等内部管理制度，落实预算管理的制度基础。企业应充分利用现代信息技术，规范预算管理流程，提高预算管理效率。

---

[*] 中华人民共和国财政部. 管理会计应用指引第200号——预算管理，2017年9月。

第二节 预算编制方法

5.2 预算编制方法

预算编制方法,是指用于预算编制的专门技术,是编制途径、规则、方式、程度、步骤、技巧和手段等的集合。预算编制的方法有若干种,正确选择预算编制方法,不仅可以有效提高预算的编制效率,而且对于提高预算指标的准确性和恰当性也是至关重要的。但是需要强调的是,不管采用何种预算编制方法,都要与本企业的实际情况相吻合,能切实增强预算编制的实用性和前瞻性。

一、固定预算法与弹性预算法

(一)固定预算法

固定预算法又称为静态预算法,是以预算期内某一固定业务量(如产量、销售量)水平作为唯一基础,不考虑预算期内生产活动可能发生的变动而编制预算的方法。一般情况下,对不随业务量变动而变动的固定成本(例如管理费用)的预算多采用固定预算法进行编制;而对于变动成本、费用等随业务量的变动而变动的成本,则不宜采取固定预算法。

固定预算法的基本特征是:(1)不考虑预算期内业务量水平可能发生的变动,只以某一确定的业务量水平为基础预计其相应的金额;(2)将实际结果与按照预算期内计划规定的某一业务量水平所确定的预算数进行比较分析,并据以进行业绩评价与考核。

固定预算法是最基本的预算编制方法,具有简便易行、直观明了的优点。它的缺点主要包括:(1)适应性差。固定预算法仅仅适用于预算业务量与实际业务量变化不大的预算项目。(2)可比性差。当实际业务量偏离预算编制所依据的业务量时,采用固定预算法编制的预算就失去了其编制的基础,有关预算指标的实际数与预算数也会因业务量基础不同而失去可比性。(3)容易导致预算执行中的突击行为。即在临近预算期末时,无论需要与否,将尚未消化的预算额度尽可能地耗尽,以防下期预算被缩减,同时也为下期预算留有余地,其结果可能是资源的无谓浪费。

基于上述原因,固定预算只能适用于那些业务量水平较为稳定的企业或非营利组织编制预算。如果用来衡量业务水平经常变动的企业,往往不合适,甚至还会引起人们的误解。

【例 5-1】太某公司是销售甲产品的专业公司，2024 年的产量预算为 78 000 件，假设 2024 年的产量超过预算水平 2 000 件，那么将实际生产成本与预计生产成本进行比较，具体如表 5-1 所示。

表 5-1　　　　　　实际生产成本与预算生产成本对比

项目	2024 年预算	2024 年实际	差异
生产量（件）	78 000	80 000	20 000
直接材料成本（元）	18 720	20 000	1 280
直接人工成本（元）	3 900	4 200	300
制造费用（元）	3 540	3 675	135
成本合计（元）	26 160	27 875	1 715

（二）弹性预算法

弹性预算法又称为动态预算法，是以预算期内可能发生的多种业务量水平为基础，分别确定多种预算指标的预算编制方法。

弹性预算法是在固定预算方法的基础上发展起来的一种方法。由于固定预算法只是根据某一固定业务量编制预算，而弹性预算法则是根据预算期内可预见的多种业务量为基础，编制能够适应多种情况预算的一种方法。弹性预算法的业务量可以是产量、销售量、直接人工工时、机器工时、直接人工工资等。

管理会计应用指引第 203 号——弹性预算

弹性预算法的基本特征是：（1）按预算期内某一相关范围内的可预见的多种业务活动水平确定不同的预算额，也可按照实际业务活动水平调整其预算额；（2）待实际业务量发生后，将实际指标与实际业务量相应的预算额进行对比，使预算执行情况的评价与考核建立在更加客观可比的基础上。

与固定预算法相比，弹性预算法具有以下特点：（1）实用性强，弹性预算是按预算期内一系列业务量水平编制的，从而有效扩大了预算的使用范围，提高了预算的适应性；（2）可比性强，由于弹性预算是按照多种业务量水平编制的，这就为实际结果与预算指标的对比提供了一个动态、可比的基础，使任何实际业务量都可以找到相同或者相近的预算标准，从而使预算能够更好地履行其在控制依据和评价标准两方面的职能。相对于固定预算法而言，弹性预算法存在编制工作量较大的缺点。

由于未来业务量的变化会影响成本、费用和利润，因此弹性预算法适用于编制全面预算中与业务量有关的各种预算，但在实务中，主要用于成本费用和利润预算的编制。

弹性预算法的基本步骤：(1) 选择恰当的业务量。选择业务量包括选择业务量计量单位和业务量变动范围两部分的内容。业务量计量单位的选择应根据企业的具体情况进行选择。一般来说，生产单一产品的部门，可选用产品实物量；生产多品种的部门，可选人工工时、机器工时等。业务量范围是指弹性预算所适用的业务量变动区间。一般来说，可定在正常生产能力的 70%~120%，或者历史上最高业务量及最低业务量为其上下限。(2) 分析各项成本费用项目的成本习性，将其划分为变动成本和固定成本。(3) 研究、确定各经济变量之间的数量关系。(4) 根据各经济变量之间的数量关系，计算、确定在不同业务量水平下的预算数额。

【例 5-2】太某公司是销售甲产品的专业公司，2024 年的产量预算为 78 000 件、80 000 件和 82 000 件，具体如表 5-2 所示。假设 2024 年的实际产量为 80 000 件，那么将实际生产成本与预计生产成本进行比较，具体如表 5-3 所示。

表 5-2　　　　　　　　　　弹性生产预算

生产成本	预算产量范围		
产量（件）	78 000	80 000	82 000
直接材料（元）	18 720	19 200	19 680
直接人工（元）	3 900	4 000	4 100
制造费用（元）	3 540	3 600	3 660
成本合计（元）	26 160	26 800	27 440

表 5-3　　　　　　实际生产成本与预算生产成本对比

项目	预算	实际	差异
生产量（件）	80 000	80 000	—
直接材料成本（元）	19 200	20 000	800
直接人工成本（元）	4 000	4 200	200
制造费用（元）	3 600	3 675	75
成本合计（元）	26 800	27 875	1 075

二、增量预算法与零基预算法

（一）增量预算法

增量预算法又叫调整预算法，是在基期水平的基础上，分析预算期业务水平及有关影响的变动情况，通过调整有关基期项目及数额编制预算的方法。它适用于比较稳定、成熟的企业预算的编制。

增量预算法需要满足以下假设：（1）基期的各项经济活动都是企业所必需的；（2）基期的各项业务收支都是合理、必需的；（3）预算期内根据业务量变动增加或者减少预算指标是合理的。因此，增量预算法以过去的经验为基础，承认过去所发生的一切都是合理的，主张不需要在预算内容上做较大改进，而是沿袭以前的预算项目。

增量预算法的优点具有简便易行、便于理解、易于认同等优点，传统的预算编制方法基本上采用的就是增量预算法。增量预算法存在以下缺点：（1）预算理念保守。增量预算法假设年度的经济业务活动在新的预算期内依然产生，而且过去发生的数额都是合理的，如此不加分析便接受原来的成本项目和数额，可能使某些不合理的开支合理化。（2）预算结果消极。采用此种方法容易滋长预算中的"平均主义"和"简单化"，容易鼓励预算编制人员凭主观臆断按成本项目平均削减预算或者只增不减，不利于调动各部门降低费用的积极性。

（二）零基预算法

零基预算的全称为"以零为基础编制的计划和预算"，主要用于对各项费用的预算，其主要特点是各项费用的预算数完全不受以往费用水平的影响，而是以零为起点，根据预算期实际经营情况的需要，并按照各项开支的重要程度来编制预算。

管理会计应用指引第202号——零基预算

由于零基预算法一切从零出发，在编制费用预算时需要完成大量的基础工作，例如历史资料分析、市场状况分析、现有资金使用分析和投入产出分析等，这势必带来很大的工作量，也需要较长的编制时间。与增量预算法相比，零基预算法有以下优点：（1）有利于合理配置企业资源，确保重点、兼顾一般。由于需要对每项业务活动都通过成本—效益分析，能够保证企业有限的资源运用到最需要的地方，提高全部资源的使用效率。（2）有利于提高员工的"投入—产出"意识。由于零基预算是以"零"作为企业预算的起点，不考虑过去的业务支出水平，所以，需要动员企业的全体员工参与预算编制，使得各项活动从投入开始就杜绝或者减少浪费，提高产出水平，有效增强全员投入产出的意识。（3）有利于发挥全员参与预算编制的积极性和创造性。零基预算法采用典型的先"自下而上"，后"自上而下"，再"上下结合"式的预算编制程序，充分体现了从严从细的精神，既有利于发动全员参与预算编制的积极性和创造性，又有利于预算的贯彻执行。

零基预算的编制步骤如下：（1）提出预算目标。在正式编制预算前，企业预算管理部门要根据企业的战略规划和经营目标，综合考虑各种资源条件，提出预算构想和预算目标，规范各预算部门的预算行为。(2) 确定预算期的经营目标,如收入目标、支出目标,或成本费用目标等,并详细说明每个预算项目开支的性质、内容、用途、金额的必要性,以便于各部门据此制定出各项固定费用的支出方案。(3) 对预算期各项费用的支出方案进行成本—效益分析及综合评价,在权衡轻重缓急的基础上,划分成不同等级并排列出先后顺序,归纳为确保开支项目和可适当调减项目两大类。(4) 按照已排出的等级和顺序,并根据预算期可用于费用开支的资金数额分配资金,结合重要性原则进行分配,做到保证重点,兼顾一般。(5) 编制并执行预算。资金分配方案确定之后,企业要对部门的预算草案进行审核、汇总、编制正式预算,经批准后下达执行。

三、定期预算法与滚动预算法

(一) 定期预算法

定期预算法是以固定不变的起讫期间(如年度、季度、月份)作为预算期间编制预算的方法。

定期预算法的优点是:(1) 保持了预算期间与会计期间的一致性。定期预算法编制的预算,在预算期间上与会计期间相互配比一致,便于预算资料的归集、预算指标的执行和预算指标的考核。(2) 便于预算数据与会计数据的相互比较。由于预算期间与会计期间相互配比,所以预算数据与会计数据可以相互比较,有利于对预算执行和执行结果进行分析和考评。(3) 预算编制过程比较简单。因为预算期固定不变,所以,简化了预算编制过程。

定期预算法存在以下缺点:(1) 盲目性大。企业预算一般在预算年度开始前2~3个月编制,而大企业则需要提前3~5个月编制。如此一来,预算编制部门对预算期内的某些活动并不十分清楚或者难以把握,尤其是预算后半期只能笼统、含糊地进行预算。(2) 缺乏远期指导性。由于采用定期预算法编制的预算期是固定的,所以,随着预算的执行,预算期越来越短。这样就导致各级管理人员只是考虑剩余期间经营活动,过多着眼于企业或者部门的短期利益,从而忽视企业的长远利益和可持续发展。(3) 预算衔接难度大。由于企业的各种经营活动连续不断,而采用定期预算法编制的预算将经营活动人为地分割成一段固定不变的期间,间断了企业连续不断的经营活动过程,这样就必然造成前后各个期间预算衔接的难度。(4) 市场适应性差。在市场经济体制下,很多企业是根据客户的产品订单组织生产的。在这种情况下,按年、按月编制预算不仅难度大,而且编制的预算也很难执行下去。为了克服定期预算法的缺点,在实践中可以采用滚动预算的方法编制预算。

需要说明的是：定期预算法并不是一种单纯的预算方法，而是以预算期间固定不变为特征的一类预算编制的方法。例如本章要介绍的固定预算法、弹性预算法、增量预算法、零基预算法等方法都是属于定期预算法。

（二）滚动预算法

滚动预算也叫"永续预算"或"连续预算"，将预算期与会计年度脱离开，随着预算的执行不断延伸而不断补充预算，逐期向后滚动，它与一般预算的重要区别在于其预算期不是固定在某一期间（一般预算的预算期通常是一年，并且保持与会计年度相一致），但却总要保持12个月的时间跨度。

管理会计应用指引第201号——滚动预算

滚动预算法具有工作量大、编制成本高等缺点，但是与传统预算法相比，具有以下优点：①滚动预算能够从动态的角度、发展的观点把握住企业近期经营目标和远期战略布局，使预算具有较高的透明度，有利于企业管理决策人员以长远的眼光去统筹企业的各项经营活动，使得企业的长期预算和短期预算很好地联系和衔接起来。②滚动预算遵循了企业生产经营活动的变动规律，在时间上不受会计年度的限制，能够根据前期预算的执行情况及时调整和修订近期预算。③滚动预算使企业管理人员一直保持12个月的工作时间概念，有利于稳定而有序地开展经营活动。④滚动预算采取长计划、短安排的具体做法，可根据预算执行结果和企业经营环境的变化情况，对以后执行期间的预算不断加以调整和修正，使预算更接近和适应变化的实际情况，从而更有效地发挥预算的计划和控制作用，也有利于预算的顺利执行和实施。

滚动预算法是按照"近细远粗"的原则，采用长计划、短安排的方法，即在编制年度预算时，先将第一个季度按月划分，编制各月份的明细预算指标，以方便预算的执行与控制；其他三个季度的预算则可以粗一点，只列各季度的预算总数，等到临近第一季度结束时，再将第二季度的预算按月细分，第三、第四季度以及新增列的下一年度的第一季度预算，则只需要列出各季度的预算总数，以此类推，使预算不断地滚动下去。采用这种方法编制的预算有利于管理人员对预算资料做经常性的分析研究，并能根据当期预算的执行情况加以修改、完善下期的预算，这些优点都是传统的定期预算编制方式所不具备的。

滚动预算法按照预算编制和滚动的时间单位不同分为逐月滚动、逐季滚动和混合滚动。

（1）逐月滚动。逐月滚动方式是指在预算编制过程中，以月份为预算的编制和滚动单位，每个月调整一次的预算方法。例如在

2024年1月至12月的预算执行过程中,需要在1月末根据当月预算的执行情况,修订2月至12月的预算,同时补充2025年1月的预算;到2月末根据当月预算的执行情况,修订2024年3月至2025年1月的预算,同时补充2025年2月的预算;以此类推。如图5-1所示。

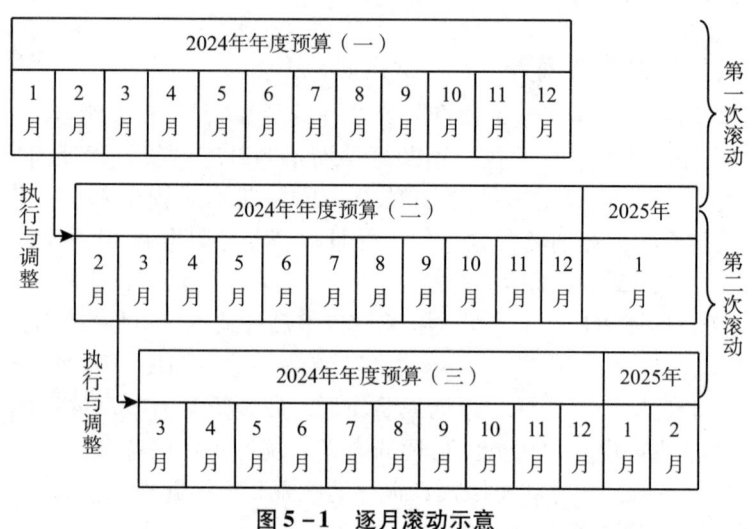

图5-1 逐月滚动示意

(2)逐季滚动。逐季滚动是指在预算编制过程中,以季度为预算的编制和滚动单位,每个季度调整一次的预算方法。例如在2024年第一季度至第四季度的预算执行过程中,需要在第一季度末根据当季预算的执行情况,修订第二季度至第四季度的预算,同时补充2025年第一季度的预算;到第二季度末根据当季预算的执行情况,修订第三、第四季度的预算及2025年第一季度的预算,同时补充2025年第二季度的预算;以此类推。如图5-2所示。

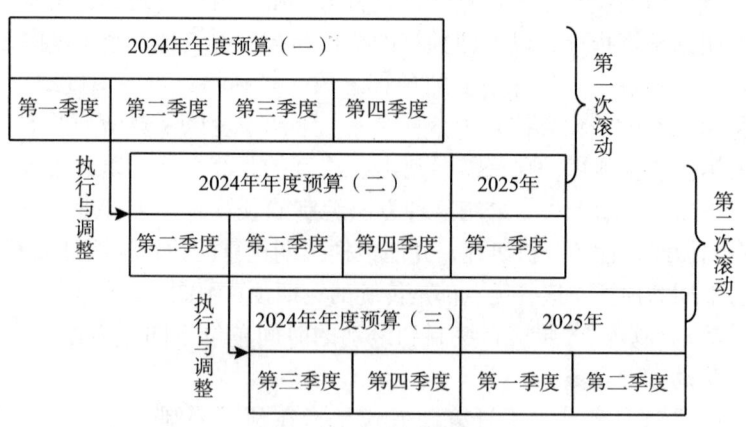

图5-2 逐季滚动示意

（3）混合滚动。混合滚动方式是指在预算编制过程中，同时使用月份和季度预算的编制和滚动单位的方法。这是由于：人们对于未来的了解程度具有对近期把握较大，对远期的预算把握较小的特征。为了做到长计划短安排，远略近详，在预算编制过程中，可以对近期预算提出较高的精度要求，使预算的内容相对详细；对远期预算提出较低的精度要求，使预算的内容相对简单，这样可以减少预算工作量。例如2024年1月至3月采用逐月编制详细预算，4月至12月采取季度粗略预算；3月末根据第一季度的执行情况，编制4月至6月的详细预算，并修订第三、第四季度的预算，同时补充2025年第一季度的预算；以此类推。图5-3所示。

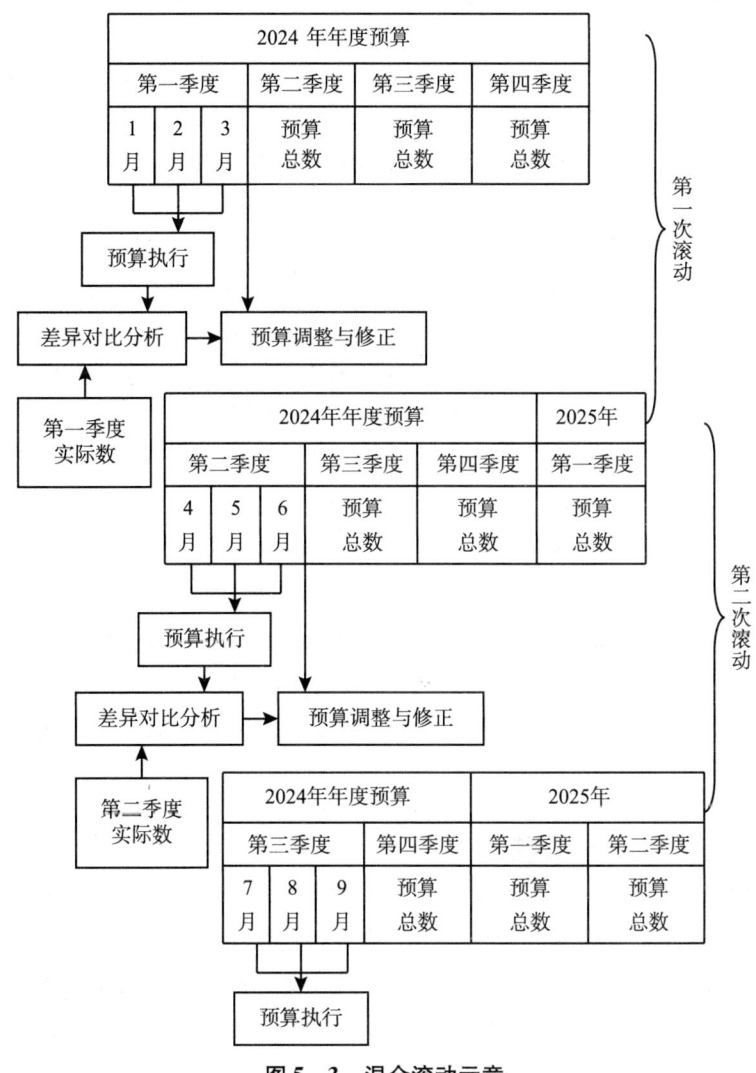

图5-3 混合滚动示意

四、概率预算法与作业预算法

(一) 概率预算法

概率预算是为了反映企业在实际经营过程中各预定指标可能发生的变化而编制的预算。它不仅考虑了各因素可能发生变化的水平范围,而且考虑到在此范围内有关数据可能出现的概率情况。因此在预算的编制过程中,不仅要对有关变量的相应数值进行加工,还需对有关变量可预期的概率进行分析。

用该方法编制出来的预算由于在其形成过程中,把各种可预计到的可能性都考虑进去了,因而比较接近于客观实际情况,同时还能帮助企业管理当局对各种经营情况及其结果出现的可能性做到心中有数,有备无患。概率预算法的编制要求编制者有较高的预算水平,预算构成变量的概率易受主观因素的影响,具有准确性高、预见性强的优点。

在编制概率预算法时,如果业务量与成本的变动并没有直接关系,则只要用各自的概率分别计算销售收入、变动成本、固定成本等的期望值,最后就可以直接计算出利润的期望值;若业务量的变动与成本的变动有着密切的联系,就可以用计算联合概率的方法来计算期望值。具体编制程序如下:(1)在预测分析的基础上,测算各相关变量在预算期内可能的数值,并为每一个变量的不同数值估计一个可能出现的概率(Pt),取值范围是:$1 \leq Pt \leq 1$,$\sum Pt = 1$。(2)根据预算指标各个变量之间的逻辑关系,计算各相关变量在不同数值组合下,对应的预算指标数值。(3)根据各个变量不同数值的估计概率,计算联合概率(不同变量之间各概率的乘积),并编制预期价值分析表。(4)根据预期价值分析表的预算指标值以及与之相对应的联合概率,计算出预算对象的期望值,并根据各变量的期望值编制概率预算。

(二) 作业预算法

作业预算法是根据公司作业活动和业务流程之间的关系合理配置公司资源而编制预算的一种方法,也可以定义为企业在理解作业和成本动因的基础上,对未来期间的作业量和资源需要量进行预测的一种方法。该种方法可以有效提高预算的准确程度、有效实现经营预算和财务预算的综合平衡、有利于上下沟通,能有效调动基层员工的参与意识、将企业战略与业务流程紧密地联系在一起,但是存在以下缺点:

管理会计应用指引第 204 号——作业预算法

（1）作业预算如果不能与财务系统融为一体，就会造成资源浪费，使企业形成预算和会计核算上的两套系统。因为，我国目前很多企业还难以满足实施作业成本法的条件，因此，客观上导致作业预算法的实施具有难度。

（2）作业预算法是采用作业预算时，企业需要详细预测生产和销售对作业的需求、从事作业的效率、支出和供应模式、可提供的资源等，而进行有效的价值链分析并获得较准确的预测结果，则需要相当的专业水平和分析判断能力。

（3）作业预算法中的目标和责任层层落实要比传统预算方法复杂得多，分解到具体作业后，还需要将作业进一步细分为更加详细的步骤，越严密地控制过程，越会增加实施的难度，就越要求企业有非常好的管理基础工作。

第三节 预算管理编制

一、业务预算编制

（一）销售预算

销售预算的编制要点是销售收入的预算，计算方法如式（5-1）所示：

$$销售收入 = 销售单价 \times 销售量 \quad (5-1)$$

【例5-3】太某公司只生产甲产品，经预测，2025年甲产品每个季度的销售量依次是200件，250件，300件，350件，甲产品的销售单价为200元。根据以往的经验，每季度销售收入的50%可于当季收回，其余的50%于下一季度收回。假设2024年底应收账款的金额为30 000元。根据以上资料，编制销售预算如表5-4所示。

表5-4　　　　　太某公司2025年销售预算　　　　　单位：元

摘要	第一季度	第二季度	第三季度	第四季度	全年
预计销售量（件）	200	250	300	350	1 100
预计销售单价	200	200	200	200	200
预计销售收入	40 000	50 000	60 000	70 000	220 000

续表

摘要		第一季度	第二季度	第三季度	第四季度	全年
预计现金收入计算	年初应收账款余额	30 000				30 000
	第一季度销售收入	20 000	20 000			40 000
	第二季度销售收入		25 000	25 000		50 000
	第三季度销售收入			30 000	30 000	60 000
	第四季度销售收入				35 000	350 000
	现金收入合计	50 000	45 000	55 000	65 000	215 000

(二) 生产预算

生产预算是根据预计的销售量和预计的期初、期末产成品存货量进行计算,计算方法如式 (5-2):

$$预计生产量 = 预计销售量 + 预计期末存货量 - 期初存货量 \quad (5-2)$$

【例 5-4】 太某公司各季末产成品的存货量按下一季度销售量的 10% 计算,各季度期初存货量与上季度期末存货量相等。假设 2025 年年初的产品存货量为 20 件,2026 年第一季度的预计销售量为 400 件。结合〖例 5-3〗编写生产预算如表 5-5 所示。

表 5-5 太某公司 2025 年生产预算 单位:件

摘要	第一季度	第二季度	第三季度	第四季度	全年
预计销售需要量	200	250	300	350	1 100
加:预计期末存货量	25	30	35	40	130
预计需要量合计	225	280	335	390	1 230
减:期初存货量	20	25	30	35	110
预计生产量	205	255	305	355	1 120

(三) 直接材料预算

直接材料预算是在生产预算基础上进行编制,从而计算材料采购量,计算方法如式 (5-3):

$$预计直接材料采购量 = 预计产量 \times 单位产品材料耗用量 + 预计期末材料存量 - 预计期初材料存量 \quad (5-3)$$

【例 5-5】 太某公司生产甲产品只需耗用 A 材料,假定单位产品耗用 A 材料 8 千克,材料的单位成本为 10 元。根据以往情况,季末材料存货量相当于下季生产用量的10%,每季度材料采购款的50%于当季支付,其余50%于下季支付,预算期年初、年末材料库存量分别为200千克和320千克,预算期内各季期初材料库存量与上季度末材料库存量相同,2025年初应付材料账款为55 000元。结合〖例5-4〗编写直接材料预算如表5-6所示。

表5-6　　　　　太某公司2025年直接材料预算

摘要		第一季度	第二季度	第三季度	第四季度	全年
预计生产量(件)		205	255	305	355	1 120
材料单耗(千克)		8	8	8	8	8
生产用量(千克)		1 640	2 040	2 440	2 840	8 960
加:预计期末库存量(千克)		204	244	284	320	1 052
材料需要量(千克)		1 844	2 284	2 724	3 160	10 012
减:预计期初库存量(千克)		200	204	244	284	932
材料采购量(千克)		1 644	2 080	2 480	2 876	9 080
材料单位成本(元)		10	10	10	10	10
预计材料采购金额(元)		16 440	20 800	24 800	28 760	90 800
预计现金支出	应付账款年初金额(元)	55 000				55 000
	第一季度采购款(元)	8 220	8 220			16 440
	第二季度采购款(元)		10 400	10 400		20 800
	第三季度采购款(元)			12 400	12 400	24 800
	第四季度采购款(元)				14 380	14 380
	现金支出合计(元)	63 220	18 620	22 800	26 780	131 420

(四)直接人工预算

直接人工预算编制也是在生产预算的基础上编制,计算方法如式(5-4)所示:

直接人工预算 = 预计生产量 × 单位产品直接人工小时 × 小时工资率

(5-4)

【例 5-6】2025 年，太某公司生产甲产品，假定只有一个工种，单位产品的工时定额为 5 小时，单位工时的工资率为 10 元。人工在当季以现金全额支付。结合〖例 5-4〗编写直接人工预算如表 5-7 所示。

表 5-7　　　　　　　　太某公司 2025 年直接人工预算

摘要	第一季度	第二季度	第三季度	第四季度	全年
预计生产量（件）	205	255	305	355	1 120
单位产品工时定额（工时/件）	5	5	5	5	5
直接人工（小时）	1 025	1 275	1 525	1 775	5 600
小时工资率（元/小时）	10	10	10	10	10
预计直接人工成本总额（元）	10 250	12 750	15 250	17 750	56 000
预计现金支出（元）	10 250	12 750	15 250	17 750	56 000

（五）制造费用预算

不同性态的制造费用，其预算的编制方法有所不同。变动性制造费用与生产量之间存在线性关系，计算方法如下：

变动性制造费用 = 预算生产量 × 单位产品预计分配率　（5-5）

固定性制造费用与生产量之间不存在线性关系，其预算通常根据上年的实际水平，经过适当调整，然后按照均值计算每期的固定性制造费用。此外，固定资产折旧作为一项固定性制造费用，不涉及现金支出。

【例 5-7】太某公司按照变动成本法编制制造费用预算，其中变动性制造费用根据预算期的产量、产品单位工时定额和每小时费用标准计算，折旧以外的各项制造费用均于当季付现。预算编制的有关资料如表 5-8 所示。

表 5-8　　　　　　　　预算编制的有关定额资料

项目	标准耗用量	标准金额
变动制造费用：		
直接人工	5 小时/件	0.20 元/小时
直接材料	5 小时/件	0.3 元/小时

续表

项目	标准耗用量	标准金额
维修费	5 小时/件	0.12 元/小时
水电费	5 小时/件	0.24 元/小时
固定制造费用：		
管理人员工资	—	3 600 元
保险费	—	2 800 元
维修费	—	1 600 元
折旧费	—	9 600 元

根据上述资料，编制制造费用预算，如表 5-9 所示。

表 5-9　　　　太某公司 2025 年制造费用预算　　　　单位：元

项目	金额	项目	金额
直接人工	1 120	管理人员工资	3 600
直接材料	1 680	保险费	2 800
维修费	672	维修费	1 600
水电费	1 344	折旧费	9 600
合计	4 816		
全年生产量（件）	1 120	合计	17 600
分配率	4.3	其中：付现费用	8 000

同时，编制预计现金支出计算表，如表 5-10 所示。

表 5-10　　　　太某公司 2025 年现金预算表　　　　单位：元

项目	第一季度	第二季度	第三季度	第四季度	全年
预计生产量（件）	205	255	305	355	1 120
变动制造费用现金支出	881.5	1 096.5	1 311.5	1 526.5	4 816
固定制造费用现金支出	2 000	2 000	2 000	2 000	8 000
预计制造费用现金支出总额	2 881.5	3 096.5	3 311.5	3 526.5	12 816

（六）单位产品成本预算

【例 5-8】太某公司按变动成本法计算财务结果，单位产品成本只包括直接材料、直接人工和变动制造费用,固定制造费用作为期间费用列入了当期损益中。结合〖例 5-4〗、〖例 5-5〗、〖例 5-6〗、〖例 5-7〗,编制单位产品成本预算,如表 5-11 所示。

表 5-11　　　　　　太某公司 2025 年产品单位成本预算

成本项目	价格标准	用量标准	项目成本
直接材料	10 元/千克	8 千克/件	80 元/件
直接人工	10 元/小时	5 小时/件	50 元/件
变动性制造费用	—	—	4.3 元/件
单位产品成本	—	—	134.3 元/件
期末存货数量	—	—	40 件
期末产品存货成本	—	—	5 372 元

(七) 销售及管理费用预算

【例 5-9】太某公司有关销售费用和管理费用的定额资料如表 5-12 所示。

表 5-12　　　　　　太某公司 2025 年销售费用及管理费用预算

项目	标准价格(或者金额)
变动销售费用及管理费用	
销售佣金	1.6 元/件
交货运输费	1 元/件
销售人员工资	0.4 元/件
其他	0.2 元/件
固定销售费用及管理费用	
行政管理人员工资	7 200 元
广告费用	4 000 元
保险费用	1 600 元
其他	800 元

根据以上资料,编制销售费用及管理费用预算,如表 5-13 所示。

表 5-13 太某公司 2025 年销售费用及管理费用预算　　　　单位：元

变动销售费用及管理费用		固定销售费用及管理费用	
项目	金额	项目	金额
销售佣金	1 760	行政管理人员工资	7 200
交货运输费	1 100	广告费用	4 000
销售人员工资	440	保险费用	1 600
其他	220	其他	800
合计	3 520	合计	13 600
全年销售量（件）	1 100	—	—
分配率	3.2		

同时，编制预计现金支出计算表，如表 5-14 所示。

表 5-14 太某公司 2025 年预计现金支出计算表　　　　单位：元

摘要	第一季度	第二季度	第三季度	第四季度	全年
预计销售量（件）	200	250	300	350	1 100
变动性销售费用及管理费用现金支出	640	800	960	1 120	3 520
固定性销售费用及管理费用现金支出	3 400	3 400	3 400	3 400	13 600
预计销售费用及管理费用现金总支出	4 040	4 200	4 360	4 520	17 120

二、专门决策预算编制

【例 5-10】太某公司为了提高产品的产量和质量，经研究决定，决定于 2025 年第一季度购置可使用 3 年的设备 A 一台，共支出 4 000 元，期满残值为 200 元，当期支付购买款；第三季度购置可使用 3 年的设备 B 一台，共支出 7 000 元，期满残值 300 元，当期支付购买款；第四季度购置使用年限 3 年的设备 C 一台，共支出 3 000 元，期满残值 150 元，当期支付购买款。

根据以上资料，编制资本预算支出如表 5-15 所示。

表 5-15　　　　　　　　太某公司 2025 年资本支出预算　　　　　　单位：元

资本支出项目	购置期	原投资额	估计使用年限（年）	期满残值	现金支出
设备 A（1 台）	第一季度	4 000	3	200	4 000
设备 B（1 台）	第三季度	7 000	3	300	7 000
设备 C（1 台）	第四季度	3 000	3	150	3 000

三、财务预算编制

各预算是反映企业在预期内有关现金收支、经营成果和财务状况的预算，是以货币度量集中反映企业经营业务、专门决策和整体计划的总预算。财务预算主要包括现金预算表、预计利润表及预计资产负债表等。

（一）现金预算

现金是指企业的库存现金、银行存款等货币资金。现金预算是用来反映预算期内的现支余缺和现金筹集、运用的预算。现金预算一般由现金收入、现金支出、现金多余或资金的筹集与运用四个部分构成。通过编制现金预算，可以加强对预算期内现金的有效控制，合理调度资金，保证企业各个时期的资金需要。编制现金预算的依据主要包括各项业务预算、资本支出预算、预算期的资金筹集和运用计划等。同时，企业还应确定出合理的现金限额，以备临时性资金需要。现金限额应根据企业的历史资料和管理人员的经验来确定，不能过大或过小，否则会影响资金的使用效率或不能满足企业正常运转的资金需要。

【例 5-11】太某公司按照季度编制现金预算，假设 2025 年年初现金余额为 50 000 元，最低现金限额为 3 000 元。另外，假设每季度预交企业所得税为 2 000 元，预付股利为 5 000 元。当公司的现金短缺向银行短期借款时，年利率 10%，公司可以根据自己的实际情况还款，但是还款金额的利息需要一起支付、借款或者还款的金额须为 1 000 的倍数。根据上述资料编制现金预算表，如表 5-16 所示。

表 5-16　　　　　　　　太某公司 2025 年现金预算表　　　　　　　　单位：元

摘要	资料来源	第一季度	第二季度	第三季度	第四季度	全年
期初现金余额		50 000	6 608.5	3 942	3 220.5	50 000
加：现金收入	表 5-4	50 000	45 000	55 000	65 000	215 000
可动用现金合计		100 000	51 608.5	58 942	6 8220.5	278 771

续表

摘要	资料来源	第一季度	第二季度	第三季度	第四季度	全年
减：现金支出						
直接材料	表5-6	63 220	18 620	22 800	26 780	131 420
直接人工	表5-7	10 250	12 750	15 250	17 750	56 000
制造费用	表5-10	2 881.5	3 096.5	3 311.5	3 526.5	12 816
销售及管理费用	表5-14	4 040	4 200	4 360	4 520	17 120
资本支出	表5-15	4 000		7 000	3 000	14 000
支付股利		5 000	5 000	5 000	5 000	20 000
支付所得税		4 000	4 000	4 000	4 000	16 000
现金支出合计		93 391.5	47 666.5	61 721.5	64 576.5	267 356
现金多余（不足）		6 608.5	3 942	-2 779.5	3 644	3 644
向银行借款		0	0	6 000	0	0
归还借款		0	0	0	0	0
支付借款利息		0	0	0	0	0
期末现金余额		6 608.5	3 942	3 220.5	3 644	3 644

（二）预计利润表

预计利润表是按照企业利润表的内容和格式编制的反映企业在预算期内利润目标的预算报表。编制预计利润表是企业整个预算过程的一个重要环节，它可以揭示企业预期的盈利情况，从而有助于经理人员及时调整经营策略。预计利润表可以按照全部成本法或变动成本法两种方法编制。按照变动成本法编制的预计利润表更适合企业内部管理的需要。本节以变动成本法为例编制预计利润表。编制预计利润表的主要依据是业务预算和专门决策预算等有关数据。根据以上各预算资料编制2025年度预计利润表，如表5-17所示。

表5-17　　　　　　人某公司2025年预计利润表　　　　　　单位：元

摘要	资料来源	第一季度	第二季度	第三季度	第四季度	全年
预计销售收入	表5-4	40 000	50 000	60 000	70 000	220 000
减：变动成本						
变动生产成本	表5-4及表5-11	26 860	33 575	40 290	47 005	147 730
变动销售及管理费用	表5-14	640	800	960	1 120	3 520

续表

摘要	资料来源	第一季度	第二季度	第三季度	第四季度	全年
变动成本合计		27 500	34 375	41 250	48 125	15 1250
贡献毛益总额		12 500	15 625	18 750	21 875	68 750
减：期间成本						
固定制造费用	表5-9	4 400	4 400	4 400	4 400	17 600
固定销售及管理费用	表5-14	3 400	3 400	3 400	3 400	13 600
利息	表5-16	0	0	0	0	0
税前利润		4 700	7 825	10 950	14 075	37 550
减：所得税	表5-16	4 000	4 000	4 000	4 000	16 000
税后利润		700	3 825	6 950	10 075	21 550

（三）预计资产负债表

预计资产负债表是按照企业资产负债表的内容和格式编制的综合反映企业期末财务状况的预算报表。编制时，应以期初的资产负债表为基础（见表5-18），结合现金预算、预计利润表等有关资料，分析计算资产、负债、所有者权益各项目的期末数额（见表5-19）。

表5-18　　　　太某公司2025年年初资产负债表　　　　单位：元

资产		负债及所有者权益	
项目	金额	项目	金额
流动资产		流动负债	
现金	50 000	应付账款	55 000
应收账款	30 000	—	
存货		—	
材料存货	2 000	—	
产品存货	2 686	—	
合计	84 686	合计	55 000
固定资产		股东权益	
土地	20 000	普通股股本	50 000
房屋和设备	60 000	留存收益	39 686
累计折旧	20 000	—	89 686
合计	60 000	合计	
资产合计	144 686	负债及所有者权益合计	144 686

表 5-19　　　　　　太某公司 2025 年末资产负债表　　　　　单位：元

资产			负债及所有者权益		
项目	资料来源	金额	项目	资料来源	金额
流动资产			流动负债		
现金	表 5-16	3 644	应付账款	表 5-6	14 380
应收账款	表 5-4	35 000	短期借款	表 5-16	6 000
存货		—			
材料存货	表 5-6	3 200	—		
产品存货	表 5-11	5 372	—		
合计		47 216	合计		20 380
固定资产			股东权益		
土地	表 5-18	20 000	普通股股本	表 5-18	50 000
房屋和设备	表 5-15、表 5-18	74 000	留存收益	表 5-16、表 5-17、表 5-18	41 236
累计折旧	表 5-8、表 5-18	29 600			91 236
合计		64 400	合计		
资产合计		111 616	负债及所有者权益合计		111 616

【本 章 小 结】

1. 预算管理作为一种规划和控制工具，能够帮助企业和组织明确目标、合理分配资源、监控运营过程以及评估绩效，在战略规划与日常经营之间搭建起了桥梁，确保各项活动朝着既定的战略目标有序推进。

2. 预算管理包括经营预算、专门决策预算和财务预算三大部分。经营预算包括销售预算、生产预算、成本预算、销售费用与管理费用预算等，专门决策预算包括固定资产投资预算、权益性资本投资预算、债券投资预算、其他投资预算和筹资预算等，财务预算包括现金预算、利润表预算和资产负债表预算。

3. 预算编制方法学习了固定预算法、弹性预算法、增量预算法、零基预算法、定期预算法、滚动预算法、作业预算法和概率预算法，每种方法都有其适用场景和优缺点，需要根据实际情况灵活选择。

4. 预算管理是一个系统性的工作，在预算管理过程中，需要与不同部门和人员进行沟通协调，确保预算编制的合理性和预算执行的有效性。

本章重要术语

复习与思考

延伸性阅读：做精做细做实全面预算绩效管理

延伸性阅读：A集团基于"鲸鱼曲线"指导思想的全面预算管理实践

【本章重要术语】

1. 预算管理
2. 经营预算
3. 固定预算法
4. 弹性预算法
5. 滚动预算法
6. 增量预算法

【复习与思考】

1. 简述预算管理在管理工作中的作用。
2. 简述固定预算法的主要优缺点。
3. 简述零基预算法的主要优缺点。
4. 简述弹性预算法的主要优缺点及编制的主要步骤。
5. 为什么说销售预算是预算编制的关键？

第六章 成本管理会计

【学习目标】

通过本章学习，学生应理解和掌握成本的概念和分类；了解成本管理的原则、工具、应用环境和应用程序；了解目标成本法的概念、应用环境和应用程序；理解并掌握目标成本法的具体应用；了解变动成本法的概念、应用环境和应用程序；理解并掌握变动成本法与完全成本法的异同及优缺点，掌握变动成本法的具体应用；了解标准成本法的概念、种类、应用环境和应用程序；理解并掌握标准成本法下成本差异的计算和分析；了解作业成本法的概念、应用目标、主要特点、应用环境和应用程序；理解并掌握作业成本法的具体应用理解并能运用目标成本法、变动成本法、标准成本法及作业成本法等方法进行企业成本的管理和控制，提高企业经济效益，服务于我国经济高质量发展。

通过成本管理有关知识的学习，培养学生对社会可持续发展责任的担当和服务于我国经济高质量发展的家国情怀；同时成本管理工作中所需的良好职业道德与素养、辩证思维能力、团队协作精神、艰苦奋斗与创新精神也能得到一定的提升。

【知识框架】

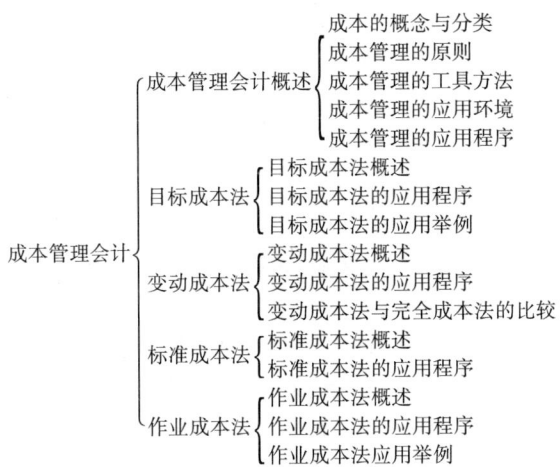

引导案例分析要点

【引导案例】

看龙钢如何打通成本管理的"最后一公里"

2024年初以来,陕钢集团龙钢公司牢固树立"一切费用皆可降"的理念,坚持边算边干、先算后干,积极践行算账经营,以精益管理带动全员"算清账""算好账""勤算账",全方位寻找突破口和改进方向,持续做细"四级成本"管理。截至目前,龙钢熔剂消耗、定重合格率等指标取得历史最好成绩。

智慧管控平台为成本管控赋能。龙钢积极探寻"极致降本"突破点,不断挖掘增效潜能,借助智能化手段,全面推动降本增效工作,激发内生动力。该公司建立炼钢一体化智慧管控平台,以过程工序、实绩管理、成本核算、钢包管理、运行分析为架构,建立了一套完整、全面、实时的在线成本数据台账。该台账能够动态展示钢铁原料、合金、熔剂、耐材、辅料及能源介质等6个方面的入库、出库及过程消耗的实时变化,并将实时数据在线输入、分析。这不仅有利于操作者分析喷溅、返干的原因,而且可根据实际情况快速调整,缩短操作时间,还能完整保存每炉次数据,方便后续通过炉号进行查询。同时,该台账还可以每天根据工序能耗实际情况,对重点指标钢铁料消耗、熔剂消耗进行核算、对比分析,发现问题及时采取措施,确保各项指标处于受控状态,改变了过去月末计算的事后核算模式,及时排除影响成本消耗的潜在苗头,规避风险。

"炉炉清"项目为提质增效赋能。龙钢上下意识到要做好"降本"工作,必须紧紧抓住源头管控这个"牛鼻子"。该公司全面践行算账经营工作理念,在精细管控上狠下功夫,全力推进各项工作任务,做到人人肩上有担子、每个岗位见行动,让算账经营成为一种自觉行动;扎实推进"炉炉清"项目,对关键项目指标进行分解,炉炉算、班班盯、日通报、周总结,拉紧"以日保周、以周促旬、以旬促月、以月保年"管理链条,建立全员、全过程、全方位成本控制精细化管理平台,确保各项指标可控、在控。同时,该公司还定期对各区域、班组成本管理进行评分、排名,将连续排名第一的区域、班组评为标杆单位并进行奖励,对末位班组制定改进措施,促进成本管理整体水平快速提升,一股你追我赶、降本增效的氛围成为炼钢算账经营"风向标"。

精益化管理为降本增效赋能。龙钢以设备精益管理为抓手,以提高设备利用率、实现设备零故障为目标,以TPM备件优化管理为导向,从"成本管控"细微处入手,紧紧围绕"干着算"向"算着干"的经营理念转变,把算账意识渗透到各环节,全方位推进设备精益化管理；建立完善《物资回收交旧领新管理制度》《设备精益管理提升方案》《设备管理改革方案》《办公用品成本管控方案》等成本管控制度，加大对材料管理制度、节支降耗奖惩办法的落实力度，建立健全各类材料回收复用台账，根据不同物资材料使用实际情况，制订合理的管控指标，并根据每月使用情况进行考核，实现成本管控制度化。同时，龙钢还结合实际情况和岗位需要，对各岗位进行物料、工具、设施及日常用品消耗限量，并根据月消耗统计情况进行考核，超出定额的按照超出数额的20%进行考核，确保顺利完成全年挖潜创效任务。

案例来源：解茜楠.看龙钢如何打通成本管理的"最后一公里"[N/OL]. 中国钢铁新闻网，http：//www.csteelnews.com/qypd/gl/202404/t20240416_87034.html。

从上述案例我们看到了陕钢集团龙钢公司为企业成本控制和管理所做的努力：一切费用皆可降，打通"最后一公里"。

据此案例，思考：（1）陕钢集团龙钢公司是怎样实施成本管控的？（2）从该案例我们能学到企业成本管理的什么经验？

第一节　成本管理会计概述

一、成本的概念与分类

（一）成本与费用

成本与费用是一对既密切联系，又有显著区别的概念。广义的费用，是指企业日常活动中发生的，会导致所有者权益减少的，且与所有者分配利润无关的经济利益的总流出。因此，费用实质上是企业生产经营活动所引发的经济资源的耗费。在我国，人们习惯上把费用按其经济性质或形成途径分类的结果称为费用要素。费用要素通常包括：（1）外购材料；（2）外购燃料；（3）外购动力；（4）固定资产折旧费用；（5）无形资产摊销费用；（6）利息费用；（7）税金；（8）其他支出。按费用的经济用途或功能进行分类的结果称为费用项目。费用项目通常包括生产费用和期间费用两大类，其中，生产费用一般细分为直接材料、直接人工和制造费用三个成本项目，这些成本项目最终构成利润表中的产品销售成本项

6.1　成本管理概述

目；期间费用主要包括销售费用、管理费用、财务费用及所得税费用等项目。

狭义地讲，成本与费用是有所区别的。顾名思义，成本是为了成就某一事项而付出的代价，而费用则是在一定期间企业发生的各项花费，因此，成本是企业在生产经营过程中所耗费的各项资源的对象化，而费用则是企业在生产经营过程中所耗费的各项资源的期间化。

（二）制造成本与非制造成本

成本按照经济用途进行分类是财务会计的传统分类方法，其分类的结果主要用于确定存货成本和期间损益，满足对外财务报告的需要。对制造企业而言，成本可分为制造成本与非制造成本。

1. 制造成本

制造成本也称为生产成本、生产费用或者产品成本，是指在生产过程中为制造产品而发生的各种费用，具体包括直接材料、直接人工及制造费用等。

（1）直接材料。直接材料是指构成产品实体的原料、主要材料以及有助于产品形成的辅助材料费用。

（2）直接人工。直接人工是指直接参与产品生产的生产工人的薪酬。

（3）制造费用。制造费用是指应当计入产品成本的，除了直接材料、直接人工以外的其他各种耗费，包括生产车间的车间管理人员薪酬费用、机物料消耗、办公费、保险费、设备维修人员的工资、固定资产的折旧费、车间动力费、车间照明费等。也包括没有专设成本项目的费用，如机器设备折旧费。在以上分类中，直接人工和直接材料的共同特征是可以将其成本准确直接地归属到某一产品中，体现出"对象化"这一传统的本质属性。

在制造成本中，直接材料和直接人工之和称为主要成本，直接人工和制造费用之和称为加工成本。

应该指出的是，生产方式的改变和改进对上述直接材料、直接人工及制造费用的划分或者三者的构成比例将会产生直接的影响。例如，生产自动化水平的提高将会导致制造费用在生产成本总额的比重增大；生产专业化分工的加深会导致制造费用在形象上更加"直接"。

2. 非制造成本

非制造成本又称为非生产成本或者期间成本，是指发生在企业中生产成本以外的成本，如运输成本、建筑成本、资金成本、研发成本和服务成本等。

（1）运输成本。运输成本是指交通运输企业为提供各种交通运输服务所发生的各种耗费，如铁路运输、航空运输、水上交通，以及公交交通所发生的各种成本。

（2）建筑成本。建筑成本是指建筑企业在建筑过程中消耗的资源，包括了建筑施工过程中各阶段的资源消耗，通常用货币单位来衡量。建筑行业把建筑成本分为直接成本和间接成本两部分。直接成本由人工费、材料费、机械使用费和其他费用组成。间接成本是指直接从事施工的单位为组织管理施工过程所发生的各项支出。

（3）资金成本。资金成本就是企业筹集和使用资金所花费的代价，包括资金筹集费用和资金使用费用两个部分。

（4）研发成本。研发成本是指无形资产或新产品研发过程中的各种耗费，包括研发新产品、新技术、新工艺所发生的无形资产研发费，新产品设计费、工艺规程制定费、设备调试费、原材料和半成品试验费等。

（5）服务成本。服务成本是指服务企业在提供各项服务，如金融服务、保险服务、会计服务或管理咨询服务等过程中所发生的各种资源耗费，包括为了提供服务发生的各种材料耗费、人工耗费及其他各种间接耗费。

（三）变动成本与固定成本

成本性态，亦称为成本习性，是指成本总额与特定业务量之间在数量方面的依存关系。成本总额对业务量的依存关系是客观存在的，而且是有规律的。成本按照性态可以划分为变动成本、固定成本，以及兼有两者性态的混合成本。

1. 固定成本

固定成本是指其总额在一定期间和一定业务量范围内，不受业务量变动的影响而保持固定不变的成本。但其单位固定成本，则是随着业务量的增减变化而呈反比例变动。

2. 变动成本

变动成本是指在一定期间和一定业务量范围内，其总额随着业务量的变动呈正比例变动的成本。但其单位变动成本，则是固定的。

3. 混合成本

混合成本是指其发生总额虽受业务量变动的影响，但其变动额并不与业务量保持严格的比例。即混合成本兼有变动成本和固定成本的特征，可视其具体情况分解为变动成本和固定成本两部分。

（四）财务成本与管理成本

成本在经济工作中的作用，可以是为正确计算利润，编制报表而需要；也可以是为企业经营管理提供相关信息。因此，根据成本在经济工作中的作用，可以将成本分为财务成本和管理成本。

1. 财务成本

财务成本是为计算利润而发生的各种成本，如产品成本、运输成本、建筑成本、服务成本等。

2. 管理成本

管理成本是针对企业管理而形成的成本概念，如质量成本、增量成本、机会成本、边际成本、付现成本、专属成本、可分成本、酌量性成本、沉没成本等。

（1）质量成本。质量成本指企业为了确保产品符合规定的质量标准而支出的一切费用，以及因为未达到既定质量标准而造成的各种损失之和，例如质量培训费用、质量奖励费用、返修损失、废品损失、退货损失、赔偿费用等。

（2）增量成本。增量成本又称狭义的差量成本，是指企业进行单一方案决策时由于产能利用程度的不同而表现在成本方面的差额。在一定条件下，某一决策方案的增量成本就是该方案的相关变动成本，即等于该方案的单位变动成本与相关业务量的乘积。

（3）机会成本。机会成本以经济资源的稀缺性和多种选择机会的存在为前提，是指企业在进行经营决策时，必须从多个备选方案中选择一个最优方案，而被放弃的方案所可能获得的最大潜在收益就称为已选中方案的机会成本。

（4）边际成本。边际成本是企业在经营决策中经常被考虑的成本，它是指业务量每增加或减少1个单位所引起的成本变动额。它是业务量无限小变动时所造成的成本差量与业务量变动的单位差量之比的极限关系，因此，它也称为成本对业务量无限小变动做出的反应。

（5）付现成本。付现成本又称现金支出的相关成本。当企业现金短缺、支付能力不足而筹资困难的情况下，对于必须上马的方案进行决策时，须考虑由于现金支付所带来的成本。

（6）专属成本。专属成本是指可以明确归属于特定决策方案的固定成本或者混合成本。它主要是为了弥补产能不足，增加有关装置、设备、工具等长期资产而发生的。专属成本的确认与上述资产的取得方式有关。如租入方式下的租金，购入方式下设备购买款或者计提的折旧费用。

（7）可分成本。可分成本是联产品生产决策时必须考虑的成本。它主要是对已经分离的联产品进行深加工而追加发生的变动成本。如深加工发生的直接材料费用，生产工人的工资及福利费用等。

（8）酌量性成本。酌量性成本也称为选择性成本或者任意性成本，是指管理者的决策可以改变其支出数额的成本。如广告费、职工教育培训费、按产量计酬的工人薪金、按销售收入提成的销售佣金等。

（9）沉没成本。沉没成本是指过去已经发生并无法由现在或将来的任何决策所改变的成本。可见，沉没成本是企业在以前经营活动中已经支付现金，并在现在或者将来经营期间摊入成本费用的支出，例如固定资产的折旧、无形资产的摊销、递延资产的投资等。

（五）相关成本与无关成本

1. 相关成本

相关成本是指与特定决策方案有关，并对决策有影响的，短期经营决策时需要考虑的成本，也称有关成本。如增量成本、机会成本、边际成本、付现成本、专属成本、可分成本、酌量性成本等。

2. 无关成本

无关成本是对决策没有影响的成本，这类成本过去已经发生，或对未来决策没有影响，因而在决策时不予考虑，如沉没成本、联合成本、约束性成本等。

联合成本是指为多种产品的生产或为多个部门的设置而发生的，应由这些产品或这些部门共同负担的成本。例如，在企业生产过程中，几种产品应共同分摊的设备折旧费、辅助车间成本等都属于联合成本。

约束性成本是指为了形成和维持企业最起码生产经营能力的成本，也是企业经营业务所必须承担的最低成本，该类成本不受管理者决策的影响，例如固定资产的折旧费、不动产的税金、不动产的保险费等。

需要指出的是，某项成本到底属于相关成本还是无关成本，必须结合具体的决策来讨论，抛开决策内容去讨论成本的相关性是没有意义的。

二、成本管理的原则

成本管理，是指企业在营运过程中实施成本预测、成本决策、成本计划、成本控制、成本核算、成本分析和成本考核等一系列管理活动的总称。成本管理的目的是各级管理人员根据管理会计提供的各种相关信息，对生产经营过程的各个环节进行科学合理的管理，以实现企业价值的最大增值。

企业进行成本管理，一般应遵循融合性、适应性、成本效益性和重要性四项原则。

（1）融合性原则。成本管理应以企业业务模式为基础，将成本管理嵌入业务的各领域、各层次、各环节，实现成本管理责任到人、控制到位、考核严格、目标落实。

（2）适应性原则。成本管理应与企业生产经营特点和目标相适应，尤其要与企业发展战略或竞争战略相适应。

（3）成本效益性原则。成本管理应用相关工具方法时，应权衡其为企业带来的收益和付出的成本，避免获得的收益小于其投入的成本。

（4）重要性原则。成本管理应重点关注对成本具有重大影响的项目，对于不具有重要性的项目可以适当简化处理。

三、成本管理的工具方法

企业进行成本管理，应运用专门的管理会计工具方法，一般包括目标成本法、变动成本法、标准成本法、作业成本法等。

目标成本法以目标售价和目标利润为基础确定产品目标成本，从产品设计阶段开始，通过各部门、各环节乃至与供应商的通力合作，共同为实现目标成本而进行成本管理。

变动成本法通过对企业成本进行性态分析，把企业全部成本区分为固定成本与变动成本，这样能更好地揭示销量、成本和利润之间的关系，从而明确企业产品盈利能力和划分成本责任，更有利于加强成本的控制和管理。

标准成本法以预先制定的标准成本为基础，通过比较标准成本与实际成本，计算和分析成本差异、揭示成本差异动因，进而实施成本控制、评价企业的经营业绩，把成本控制从事后控制发展到事前控制和事中控制。

作业成本法以作业为核算对象，通过作业动因分析，提高企业产品定价、作业与流程改进、客户服务等决策的准确性；同时还能改善和强化成本控制，促进绩效管理的改进和完善。

因此，企业应结合自身的成本管理目标和实际情况，在保证产品功能和质量的前提下，选择应用适合企业的成本管理工具方法或综合应用不同成本管理工具方法，以更好地实现成本管理的目标。综合应用不同成本管理工具方法时，应以各成本管理工具方法具体目标的兼容性、资源的共享性、适用对象的差异性、方法的协调性和互补性为前提，通过综合运用成本管理工具方法实现企业的最大效益。

四、成本管理的应用环境

企业生产经营管理离不开其所在的环境，它是一个相互依存、互相制约、不断变化的各种因素组成的系统，是影响企业管理决策和生产经营活动的现实各因素的集合。它包括内部环境和外部环境两个方面。内部环境主要是指企业的人文价值环境、管理制度体系等；外部环境主要是指社会环境、市场环境、产业环境等。因此，企业进行成本管理时，对其应用环境有如下五个方面的要求：

企业应该根据其内外部环境选择适合的成本管理工具方法；建立健全成本管理的制度体系，一般包括费用申报制度、定额管理制度、责任成本制度等；建立健全成本相关原始记录，加强和完善成本数据的收集、记录、传递、汇总和整理工作，确保成本基础信息记录真实、完整；加强存货的计量验收管理，建立存货的计量、验收、领退及清查制度；充分利用现代信息技术，规范成本管理流程，提高成本管理的效率。

五、成本管理的应用程序

企业应用适合的成本管理工具方法，一般按照事前成本管理、事中成本管理、事后管理等程序进行。

管理会计应用指引第 300 号——成本管理

（一）事前成本管理阶段

事前成本管理，主要是对未来的成本水平及其发展趋势所进行的预测与规划，一般包括成本预测、成本决策和成本计划等步骤。成本预测是以现有条件为前提，在历史成本资料的基础上，根据未来可能发生的变化，利用科学的方法，对未来的成本水平及其发展趋势进行描述和判断的成本管理活动。成本决策是在成本预测及有关成本资料的基础上，综合经济效益、质量、效率和规模等指标，运用定性和定量的方法对各个成本方案进行分析并选择最优方案的成本管理活动。成本计划是以营运计划和有关成本数据、资料为基础，根据成本决策所确定的目标，通过一定的程序，运用一定的方法，针对计划期企业的生产耗费和成本水平进行的具有约束力的成本筹划管理活动。

（二）事中成本管理阶段

事中成本管理，主要是对营运过程中发生的成本进行监督和控制，并根据实际情况对成本预算进行必要的修正，即成本控制步骤。成本控制是成本管理者根据预定的目标，对成本发生和形成过程以及影响成本的各种因素条件施加主动的影响或干预,把实际成本控制在预期目标内的成本管理活动。

(三) 事后管理阶段

事后成本管理,主要是在成本发生之后进行的核算、分析和考核,一般包括成本核算、成本分析和成本考核等步骤。成本核算是根据成本核算对象,按照国家统一的会计制度和企业管理要求,对营运过程中实际发生的各种耗费按照规定的成本项目进行归集、分配和结转,取得不同成本核算对象的总成本和单位成本,向有关使用者提供成本信息的成本管理活动。成本分析是利用成本核算提供的成本信息及其他有关资料,分析成本水平与构成的变动情况,查明影响成本变动的各种因素和产生的原因,并采取有效措施控制成本的成本管理活动。成本考核是对成本计划及其有关指标实际完成情况进行定期总结和评价,并根据考核结果和责任制的落实情况,进行相应奖励和惩罚,以监督和促进企业加强成本管理责任制,提高成本管理水平的成本管理活动。

第二节 目标成本法

管理会计应用指引第 301 号——目标成本法

一、目标成本法概述

(一) 目标成本法的概念

目标成本产生于 20 世纪 60 年代美国国防部武器装备的研制过程中,当时是通过产品全生命周期控制方式在产品投产前进行成本控制,有效地控制了采购成本。后来这种控制方式传入了日本、西欧等地,并在日本形成发展为以丰田生产方式为代表的成本企划。这样,以目标成本来进行企业成本控制和管理的理论——目标成本法形成了。

目标成本法,是指企业以市场为导向,以目标售价和目标利润为基础确定产品的目标成本,从产品设计阶段开始,通过各部门、各环节及与供应商的通力合作,共同实现目标成本的成本管理方法。

目标成本法一般适用于制造业企业成本管理,也可在物流、建筑、服务等行业应用。

(二) 目标成本法的应用环境

目标成本法的应用环境，除应遵循应用指引中的一般要求外，还有以下要求：

（1）要求处于比较成熟的买方市场环境，且产品的设计、性能、质量、价值等呈现出较为明显的多样化特征。

（2）以创造和提升客户价值为前提，以成本降低或成本优化为主要手段，谋求竞争中的成本优势，保证目标利润的实现。

（3）成立由研究与开发、工程、供应、生产、营销、财务、信息等有关部门组成的跨部门团队，负责目标成本的制定、计划、分解、下达与考核，并建立相应的工作机制，有效协调有关部门之间的分工与合作。

（4）及时、准确取得目标成本计算所需的产品售价、成本、利润以及性能、质量、工艺、流程、技术等方面的财务和非财务信息。

(三) 目标成本法的优缺点

目标成本法的主要优点是：一是突出从原材料到产品出货全过程成本管理，有助于提高成本管理的效率和效果；二是强调产品寿命周期成本的全过程和全员管理，有助于提高客户价值和产品市场竞争力；三是谋求成本规划与利润规划活动的有机统一，有助于提升产品的综合竞争力。

目标成本法的主要缺点是：目标成本法的应用不仅要求企业具有各类所需要的人才，更需要各有关部门和人员的通力合作，管理水平要求较高。

二、目标成本法的应用程序

应用目标成本法一般需经过目标成本的设定、分解、达成到再设定、再分解、再达成多重循环，以持续改进产品方案。因此，一般应按照确定应用对象、成立跨部门团队、收集相关信息、计算市场容许成本、设定目标成本、分解可实现目标成本、落实目标成本责任、考核成本管理业绩以及持续改善等程序实施目标成本法，具体如下：

丰田公司的目标成本管理

(一) 确定应用对象

根据目标成本法的应用目标及其应用环境和条件，综合考虑产品的产销量和盈利能力等因素，确定应用对象。因此，一般应选择拟开发的新产品，或选择那些功能与设计存在较大的弹性空间、产销量较大且处于亏损状态或盈利水平较低、对企业经营业绩具有重大影响的老产品。

（二）成立跨部门团队

企业实施目标成本管理，需要成立跨部门的管理团队。负责目标成本管理的跨部门团队之下，可以建立成本规划、成本设计、成本确认、成本实施等小组，各小组根据管理层授权协同合作完成相关工作。

成本规划小组由业务及财务人员组成，负责设定目标利润，制定新产品开发或老产品改进方针，考虑目标成本等。该小组的职责主要是收集相关信息、计算市场驱动产品成本等。

成本设计小组由技术及财务人员组成，负责确定产品的技术性能、规格，负责对比各种成本因素，考虑价值工程，进行设计图上成本降低或成本优化的预演等。该小组的职责主要是可实现目标成本的设定和分解等。

成本确认小组由有关部门负责人、技术及财务人员组成，负责分析设计方案或试制品评价的结果，确认目标成本，进行生产准备、设备投资等。该小组的职责主要是可实现目标成本设定与分解的评价和确认等。

成本实施小组由有关部门负责人及财务人员组成，负责确认实现成本策划的各种措施，分析成本控制中出现的差异，并提出对策，对整个生产过程进行分析、评价等。该小组的职责主要是落实目标成本责任、考核成本管理业绩等。

（三）收集相关信息

目标成本法的应用需要企业研究与开发、工程、供应、生产、营销、财务和信息等部门收集与应用对象相关的信息；这些信息一般包括：产品成本构成及料、工、费等财务和非财务信息；产品功能及其设计、生产流程与工艺等技术信息；材料的主要供应商、供求状况、市场价格及其变动趋势等信息；产品的主要消费者群体、分销方式和渠道、市场价格及其变动趋势等信息；本企业及同行业标杆企业产品盈利水平等信息；其他相关信息。

（四）计算市场允许成本

市场容许成本，是指目标售价减去目标利润之后的余额。

目标售价的设定应综合考虑客户感知的产品价值、竞争产品的预期相对功能和售价，以及企业针对该产品的战略目标等因素。目标利润的设定应综合考虑利润预期、历史数据、竞争地位分析等因素。

市场允许成本的计算方法主要有倒推法、选择法和比率法等。其中选择法与预测分析中提到的方法相同，倒推法可以按照式（6-1）进行计算：

单位产品的市场允许成本 = 预计售价 × (1 - 税金及附加率) - 目标利润
$$(6-1)$$

比率法要求事先确定先进的成本利润率，调查用户可以接受的价格或具有竞争性的市场价格，并以此推算允许成本。相关计算公式如式（6-2）所示：

$$\text{单位产品的市场允许成本} = \frac{\text{产品预计价格} \times (1 - \text{税金及附加})}{1 + \text{成本利润率}}$$
$$(6-2)$$

【例 6-1】 太某公司准备开发一种新产品，财务人员经过调查确定产品目标售价为 100 元，成本利润率为 25%，假定按照制度规定，需要缴纳的税金及附加率为 10%。要求：预测该新产品的目标成本。

解：依题意

$$\text{新产品的市场允许成本} = \frac{100 \times (1 - 10\%)}{1 + 25\%} = 72（元）$$

（五）设定目标成本

将容许成本与新产品设计成本或老产品当前成本进行比较，确定差异及成因，设定可实现的目标成本。该目标成本应该在同类产品中具有竞争优势，这样才能确保目标利润的实现。

一般采取价值工程、拆装分析、流程再造、全面质量管理、供应链全程成本管理等措施和手段，寻求消除当前成本或设计成本偏离容许成本差异的措施，使容许成本转化为可实现的目标成本。

（六）分解可实现目标成本

产品的目标成本确定后，需要将其按照设计的生产形式分解到产品的各零部件、各工序或各成本项目。可以采用的目标成本分解方法有以下几种：

1. 按成本项目占比分解

这种方法是根据新产品各成本项目占成本总额的比重，将目标成本分解为直接材料、直接人工和制造费用三个成本项目的一种成本分解方法。确定新产品各成本项目占比时，既可以依据老产品或类似产品的实际成本资料，测算料、工、费各项占成本的比重，也可以依据设计工艺中所确定的技术定额，如所耗材料消耗定额、产品计划单价、产品工时定额、计划小时工资率等测算各成本项目的设计成本占比。将新产品的目标成本乘以各成本项目的比重，即可求得新产品的直接材料、直接人工、制造费用的目标成本。此种方法通常适用于简单生产的新产品的目标成本分解。

2. 按产品组成分解

如果设计的新产品或改造的老产品是由若干个零部件构成的，属于装配式生产组织方式，则分解目标成本时可以按其产品组成或产品结构分解目标成本，即将产品目标成本分解到各零部件目标成本的一种成本分解方法。具体分解时，可以采用以下三种方法：第一种是根据功能评价系数进行分解；第二种是根据各零部件的成本占比进行分解；第三种是按制造过程分解。

(1) 根据功能评价系数进行分解。

这种方法利用价值工程分析原理，确定各零部件的功能，通过打分确定各零部件的功能系数并据此分解目标成本。所谓产品功能，是指产品具有的满足消费者需要的效能和作用。它与产品成本密切相关，通常认为功能多、质量好的产品，成本就高一些；反之，成本就低一些。功能系数常常采用 0~1 评分法予以确定，即将各个零部件的功能一一进行相互重要程度的对比并打分，重要的打 1 分，次要的打 0 分。功能评价系数是某一零部件得分与全部零部件得分合计的比值。计算公式如式 (6-3) 所示：

$$功能评价系数 = \frac{某一零部件得分}{全部零部件得分合计} \quad (6-3)$$

全部零部件得分合计实际工作中，也可以采用 0~4 评分法确定功能评价系数，重要的打 4 分；较重要的打 3 分；次重要的打 2 分；不太重要的打 1 分；不重要的打 0 分。根据计算的功能评价系数，用其与产品目标成本相乘就可以确定各零部件的目标成本。

(2) 根据各零部件的成本占比进行分解。

这种方法一方面可以参照老产品或类似产品的实际成本资料，计算各零部件成本占产品成本的比重，根据新产品的零部件构成及其材质、重量和复杂程度等，确定成本调整系数，并据此分解目标成本。分解时，只要用新产品目标成本乘以调整后各零部件的成本系数，就可以将产品目标成本分解为零部件的目标成本。另一方面还可以根据工艺设计说明书直接计算各零部件的设计成本占比，并据此将产品目标成本分解为零部件的目标成本。

比较上述两种方法，如果从成本分解的科学性来讲，按功能评价系数分解的新产品目标成本体现了产品功能与成本的关系，较按零部件成本占比分解的目标成本更加合理，更具科学性。

(3) 按制造过程分解。

如果设计的新产品或改造的老产品是由若干个步骤连续加工完成的，属于连续式生产组织方式，则在分解目标成本时，可以按照产品成本形成的逆方向分解目标成本，即由产品目标成本依次倒推前一步骤的半成品目标成本,并将各步骤的半成品目标成本依据各步骤的成本项目占比将其分解为该步骤的直接材料、直接人工和制造费用。确定各步骤或各成本项目成本比重时,既可以根据老产品或类似产品的实际成本资料结合新产品调整确定,也可以根据产品设计成本直接进行分解。

(七) 落实目标成本责任

将设定的可实现目标成本、功能级目标成本、零部件级目标成本和供应商目标售价进一步量化为可控制的财务和非财务指标,落实到各责任中心,形成各责任中心的责任成本和成本控制标准,并辅之以相应的权限,将达成的可实现目标成本落到实处。

(八) 考核成本管理业绩

依据各责任中心的责任成本和成本控制标准,按照业绩考核制度和办法,定期进行成本管理业绩的考核与评价,为各责任中心和人员的激励奠定基础。

(九) 持续改善

定期将产品实际成本与设定的可实现目标成本进行对比,确定其差异及其性质,分析差异的成因,提出消除各种重要不利差异的可行途径和措施,进行可实现目标成本的重新设定、再达成,推动成本管理的持续优化。

三、目标成本法的应用举例

【例 6-2】太某公司目标成本法应用案例。
(1) 公司概况。
太某公司是一家高新技术企业,拥有两个工厂,主要从事高端印制电路板研发和生产,产品涵盖背板、系统板、微波射频板等,涉及通信、航空航天、医疗、汽车电子和工控等领域,市场覆盖北美、欧洲、东欧、东南亚、中国内地、中国香港等国家和地区。
全球金融危机严重冲击了全球 PCB 市场,行业需求大幅萎缩,产品价格大幅下降,市场竞争日趋加剧。2009 年,全球 PCB 行业产值比 2008 年下降 15%。然而,在如此艰难的环境中,2009 年公司产品的销售毛利率仍达到 20%,营业收入实现逆势增长 24%。公司在这种市场环境下之所以取得这样良好的业绩,除了真正落实"以客户为导向"的营销策略外,更关键的是该公司利用目标成本法来加大成本控制力度,积极开展各项降低成本费用活动,并进一步强化供应链管理和质量管理。

（2）从产品价值链角度提出目标成本管理的基本思路。

太某公司将产品生产归结为"下游客户需求分析—产品研发设计—产品生产制造—上游材料采购"这样一个逆向有序的价值链流程。

①"以客户需求"分析为起点确定新产品的目标成本。在成本管理中，重点分析客户对产品性能、价值等方面的需求，并结合企业自身的预期利润目标，确定新产品的"目标成本"。

②高度关注产品研发设计过程。在设计过程中，将供应商、销售商等相关利益集团纳入新产品设计过程之中，组建跨组织团队参与新产品的设计，以使设计的产品在特性上满足顾客的需求，同时找到新产品可降低成本的空间及各部件的预期成本目标。

③在"产品制造"环节，高度关注制造过程的流程成本，质量成本等项目控制，实施全方位的成本"持续改善"策略。

④进行供应链管理，降低材料采购成本。

（3）进行价值链的目标成本管理，落实成本目标。

根据产品研发与设计—产品生产制造—物料采购这一有序链条，在确定"目标成本"的基础上，太某公司将重点放在产品制造环节的"流程成本""质量成本"，降低物料采购环节的"物料成本"等，以使产品实际成本低于目标成本。

①确定目标成本，制定具体的成本控制目标。

太某公司的 A 型号 PCB 产品，2018 年的销售价格是 60 万元/单位（市场价）。公司根据当时的生产技术，工艺水平及材料价格等，估计出该产品的预计成本（参照可比产品的现时成本估算）为 45 万元/单位。该产品利润低于公司目标利润要求（假定公司要求的成本毛利率50%）。A 型号 PCB 产品的目标成本测算及成本差异情况如表 6 - 1 所示。

表 6 - 1　太某公司 A 型号 PCB 产品的目标成本确定及成本控制"具体目标"

成本估算	可比产品的现时成本	45 万元
目标成本确定	新产品销售价格	60 万元
	减：要求的目标利润	$X \times 50\%$（20）
	新产品的目标成本	$X = 40$
目标成本控制的具体目标	成本控制的目标差异	45 - 40 = 5（万元）

②梳理产品成本发生的流程，找出成本降低空间。

太某公司明确 A 型号 PCB 产品的目标成本及成本控制的"具

体目标"后,采用特有分析工具梳理该产品生命周期环节可能存在的成本降低空间。如表 6-2 所示,太某公司对该产品的成本控制方向主要集中在产品研究设计、生产制造、物料采购等环节的 12 个方面。

表 6-2　　太某公司 A 型号 PCB 的目标成本管理举措

现时成本 (45 万元)	目标成本(40 万元)	成本控制的 "具体目标" 5 万元
成本控制阶段	目标成本管理举措	预期成本降低效果
1. 产品设计和优化阶段		
(1) 工程优化	通过产品设计优化,用一张厚的原材料代替原来两张薄的原材料,厚度相同,在不影响产品性能前提下节约原材料成本	0.6 万元
(2) 工艺优化	缩短工艺流程,提升工艺加工能力,运用普通的设备代替个性设备,消除加工瓶颈,减少加工流程(由 14 步降至 10 步),节约加工时间 40 小时	0.7 万元
2. 产品生产制造阶段		
(3) 物流管理	控制物料消耗或浪费,建立物料消耗标杆,降低物料成本	0.1 万元
(4) 节能降耗	错峰用水用电,降低单位水电耗的成本	0.05 万元
(5) 操作效率	员工操作流程标准化,改善员工轮班制,提高员工效率	0.2 万元
(6) 精益流程	钻孔精益流程梳理,利用价值分析识别不增值作业,改"串行"为"并行",提高团队协作并提升钻孔有效利用;与客户共同开展精益活动,将工程设计制作流程周期缩短 40%,同时将该产品加工周期缩短 25%	1 万元
(7) 变革质量标准	根据客户质量个性要求,不提供超出客户质量标准之外的产品或服务	0.3 万元
(8) 提高执行力	全面参与,开展产品生产"零差错"行动,降低质量检测成本、售后服务成本等	0.2 万元
(9) 降低物料质量风险	提高外购物料的质量检测能力,降低质量成本	
3. 物料采购阶段		
(10) 供应链管理降低采购成本	对材料进行分类管理,并利用电子招标平台进行采购,与供应链商一道共同降低物料成本	1.5 万元

续表

现时成本 （45万元）	目标成本（40万元）	成本控制的 "具体目标" 5万元
（11）物料替代	在不影响产品性能前提下采用替代性材料，降低成本	0.4万元
（12）降低库存	优化物料计划模式，与供应商互动，缩短材料供货周期	0.2万元
4. 其他方面		0.1万元
5. 成本降低金额合计		5.35万元

③全面落实目标成本管理举措，最终降低成本。

太某公司在所有产品生产中都引用了目标成本管理，落实各项成本管理举措。2018年一年因各项成本管理举措而节约的成本高达4 200多万元。

（4）目标成本管理基本经验

①根据企业现实，确定产品设计的重点。对于大多数企业而言，企业所生产的产品大多数并非属于"全新开发"的新产品，因此，根据顾客个性化需求，尤其是产品特性需求分析等进行的产品"开发"，大多属于产品设计中的"优化"、优化中的再"设计"，它将产品设计、工程优化等融为一体。在太某公司案例中，其提供的大多数产品并非完全属于新产品，也不属于传统市场结构中的"标准化"产品，在这种情形下，产品设计、工程优化、工艺流程优化等，均集中于"产品设计"环节之中。

②跨职能团队的建立与运作。可以说，没有跨组织、跨职能团队的建立与高效运行，就没有目标成本法。作为企业设立的横向组织形式，跨职能团队的成员大多来自设计、制造、采购供应、财务等各职能部门，团队成员相互依存，相互交流并分享知识，提升了组织应对市场的能力。

③任何一种管理模式的引入都要强化其管理激励，只有这样才能真正实现企业目标。目标成本法的有效实施离不开目标成本责任的落实，以及为此而进行的"团队和个人激励"。

④价值链管理与跨组织协作。不论是产品特性分析还是供应商选择决策，企业都将涉及与上下游企业间的协作关系问题。只有让上下游企业参与目标成本的设定、分享成本信息、改善成本管理过程，以"合作双赢"替代"不公平竞争"等，才能使目标成本管理的有效性得以持续。

第三节 变动成本法

一、变动成本法概述

(一)变动成本法的概念

在成本的分类中我们介绍了成本按照性态的分类,这是管理会计中的重要分类。基于这种分类,我们按产品成本期间成本的划分口径和损益确定程序的不同进行成本计算的分类。以此为标志,可将成本计算分为变动成本计算和完全成本计算,即变动成本法和完全成本法。

变动成本法,是指企业以成本性态分析为前提条件,仅将生产过程中消耗的变动生产成本作为产品成本的构成内容,而将固定生产成本和非生产成本作为期间成本,直接由当期收益予以补偿的一种成本计算模式。完全成本法,是指在组织常规的成本计算过程中,以成本按其经济用途分类为前提条件,将全部生产成本作为产品成本的构成内容,只将非生产成本作为期间成本,并按传统式损益确定程序计量损益的一种成本计算模式。

完全成本法是财务会计中一种长期沿用的传统成本计算模式,而变动成本法通常用于分析各种产品的盈利能力,为正确制定经营决策、科学进行成本计划、成本控制和成本评价与考核等工作提供有用信息。因此,准确地说变动成本法是一种成本管理方法。

管理会计应用指引第 303 号——变动成本法

6.2 变动成本法概述

(二)变动成本法的应用环境

应用变动成本法,除应遵循成本管理应用环境的一般要求外,还对其应用环境具有以下要求:

(1)市场竞争环境激烈,需要频繁进行短期经营决策;市场相对稳定,产品差异化程度不大,以利于企业进行价格等短期决策。

(2)成本基础信息记录完整,财务会计核算基础工作完善。

(3)建立较好的成本性态分析基础,具有划分固定成本与变动成本的科学标准,以及划分标准的使用流程与规范。

(4)及时、全面、准确地收集与提供有关产量、成本、利润以及成本性态等方面的信息。

因此,变动成本法一般适用于同时具备以下特征的企业:成本的构成中,固定成本比重较大,当产品更新换代的速度较快时,分摊计入产品成本中的固定成本比重大,采用变动成本法可以正确反映产品盈利状况。还有,企业规模大,产品或服务的种类多,固定成本分摊存在较大困难,作业保持相对稳定。

(三) 变动成本法的优缺点

变动成本法的主要优点是:一是区分固定成本与变动成本,有利于明确企业产品盈利能力和划分成本责任;二是保持利润与销售量增减相一致,促进以销定产;三是揭示了销售量、成本和利润之间的依存关系,使当期利润真正反映企业经营状况,有利于企业经营预测和决策。

变动成本法的主要缺点是:一是计算的单位成本并不是完全成本,不能反映产品生产过程中发生的全部耗费;二是不能适应长期决策的需要。

6.3 变动成本法的应用

二、变动成本法的应用程序

变动成本法的应用一般按照成本性态分析、变动成本计算、利润计算等程序进行。

(一) 成本性态分析

成本性态分析,即混合成本分解,是指企业基于成本与业务量之间的关系,运用技术方法,将业务范围内发生的成本分解为固定成本和变动成本的过程。

由于固定成本与变动成本只是经济生活中的两种极端类型,企业的成本多数是以兼有这两种性态的混合成本形式存在的,因此需要将这些混合成本进一步分解为固定成本和变动成本,企业据此对不同性态的成本分别加以控制和管理。

混合成本的分解方法主要包括:高低点法、回归分析法、账户分析法(也称会计分析法)、技术测定法(也称工业工程法)、合同确认法。前两种方法是属于历史成本法,需要根据历史成本数据所表现出来的成本总额和业务量之间的依存关系,借助数学方法进行分解;后三种方法可通过直接分析认定。

(二) 变动成本计算

在变动成本法下,为加强短期经营决策,按照成本性态,企业的生产成本分为变动生产成本和固定生产成本,非生产成本分为变动非生产成本和固定非生产成本。其中,只有变动生产成本才构成产品成本，其随产品实体的流动而流动，随产量变动而变动。因此，在变动成本法下，产品的成本主要包括直接材料、直接人工和变动制造费用，而将固定制造费用与非生产成本一起列为期间成本。

（三）利润计算

在变动成本法下，利润的计算通常采用贡献式损益表。该表一般应包括营业收入、变动成本、贡献毛益（总额）、固定成本、利润等项目。其中，变动成本包括变动生产成本和变动非生产成本两部分，固定成本包括固定生产成本和固定非生产成本两部分。贡献式损益表中损益计算包括以下两个步骤：

1. 计算贡献毛益（总额）

如式（6-4）所示：

$$\begin{aligned}贡献毛益（总额）&=营业收入总额-变动成本总额\\&=销售单价×销售量-单位变动成本×销售量\\&=（销售单价-单位变动成本）×销售量\\&=单位贡献毛益×销售量\end{aligned} \quad (6-4)$$

2. 计算当期利润

如式（6-5）所示：

$$利润=贡献毛益总额-固定成本总额 \quad (6-5)$$

三、变动成本法与完全成本法的比较

变动成本法与完全成本法对固定性制造费用的不同处理方式导致两种方法下的一系列差异，主要表现在产品成本的构成内容，存货成本的构成内容、期间成本的构成内容以及各期损益几个方面的不同。

6.4 两种成本法的比较

（一）产品成本的构成内容不同

完全成本法将所有成本分为制造成本（或称生产成本，包括直接材料、直接人工和制造费用）和非制造成本（包括管理费用、销售费用和财务费用）两大类，将制造成本完全计入产品成本（完全成本法即因此而得名），而将非制造成本作为期间成本，全额计入当期损益。

变动成本法则是先将制造成本按成本性态划分为变动性制造费用和固定性制造费用两类，再将变动性制造费用和直接材料、直接人工一起计入产品成本，而将固定性制造费用与非制造成本一起列为期间成本。当然，按照变动成本法的要求，非制造成本也应划分为固定与变动两部分，但与制造费用划分后分别归属不同对象有所不同的是，非制造成本划分的无论是固定部分还是变动部分都计入期间成本。

现举例说明两种成本法下产品成本计算的差异。

【例 6-3】太某公司月初没有在产品和产成品存货。2018 年 8 月生产 A 产品 500 件，销售 400 件，月末结存 100 件。该种产品的制造成本资料和企业的非制造成本资料如表 6-3 所示。

表 6-3　　　　　　　　　成本资料表　　　　　　　　单位：元

项目	单位产品成本	总成本
直接材料	200	100 000
直接人工	60	30 000
变动性制造费用	20	10 000
固定性制造费用		20 000
管理费用		40 000
销售费用		30 000
合计		230 000

如果采用变动成本法，则单位产品成本为 280 元（200 + 60 + 20）；如果采用完全成本法，则单位产品成本为 320 元（200 + 60 + 20 + 20 000 ÷ 500）。

由于变动成本法将固定性制造费用处理为期间成本，所以单位产品成本比完全成本法下要低。当然，变动成本法下的期间成本比完全成本法下就高了。变动成本法下的期间成本为 90 000 元（20 000 + 40 000 + 30 000）；而完全成本法下则为 70 000 元（40 000 + 30 000）。

产品成本构成内容上的区别是变动成本法与完全成本法的主要区别，两种方法其他方面的区别均由此而生。

（二）存货成本的构成内容不同

由于变动成本法与完全成本法下产品成本构成内容不同，因此产成品和在产品存货的成本构成内容也不同。采用变动成本法，不论是库存产成品、在产品还是已销产品，其成本均只包括制造成本中的变动部分，期末存货计价也只是这一部分。而采用完全成本法时，不论是库存产成品、在产品还是已销产品，其成本中均包括一定份额的固定性制造费用，期末存货计价相应地也包括这一份额（在会计实务中，期末在产品计价也有不计算制造费用而只计算材料成本的情况，但这只是一种变通或者简便的做法，而且从均衡滚动的角度讲，也等于全部计算了）。

很显然，变动成本法下的期末存货计价必然小于完全成本法下的期末存货计价。前例中如假设该月月末无在产品，当按变动成本法计算时，期末存货的成本为 28 000 元 (280×100)；而按完全成本法计算，期末存货的成本则为 32 000 元 (320×100)。

变动成本法与完全成本法下"产品成本的构成内容不同"与"存货成本的构成内容不同"是相关联的两个问题，也可以说是同一问题的两个方面。产品成本的构成内容不同，自然存货成本的构成内容也会不同，而存货成本上的差异又会对损益的计算产生影响。

（三）损益的计算不同

如前所述，变动成本法下的产品成本只包括变动成本（变动性制造成本），而将固定成本（固定性制造费用）当作期间成本，也就是说对固定成本的补偿由当期销售的产品承担。而完全成本法下的产品成本既包括变动成本，又包括固定成本。换句话说，完全成本法下对固定成本的补偿是由当期生产的产品承担的，期末未销售的产品与当期已销售的产品承担相同的份额。固定成本处理上的分歧对两种方法下的损益计算会产生影响，影响的程度取决于产量和销量的均衡程度，即产销越均衡，两种成本法下所计算的损益相差越小，反之则越大；只有当实现所谓的"零存货"即产销绝对均衡时，损益计算上的差异才会消失。而事实上，产销绝对均衡只是个别的、相对的和理想化的，不均衡才是普遍的、绝对的和现实化的，这也是研究本问题的意义所在。下面举例来具体说明这一问题。

【例 6-4】仍以表 6-3 的数据和所设条件为资料，再假设每件产品售价为 500 元；销售费用中有变动性费用，为 20 元/件。当分别采用变动成本法和完全成本法时，所计算出的当期税前利润如表 6-4 所示。

表 6-4　　　　　完全成本法和变动成本法的比较　　　　　单位：元

损益计算过程	变动成本法	完全成本法
销售收入 400×500	200 000	200 000
销售成本		
期初存货成本	0	0
当期产品成本		
500×280	140 000	
500×320		160 000

续表

损益计算过程	变动成本法	完全成本法
期末存货成本		
100×280	28 000	
100×320		32 000
销售成本		
400×280	112 000	
400×320		128 000
贡献毛益（生产阶段）或毛利	88 000	72 000
管理费用		40 000
销售费用		30 000
变动销售费用400×20	8 000	
贡献毛益（全部）	80 000	
固定成本		
固定性制造费用	20 000	
管理费用和固定销售费用	62 000	
小计	82 000	
税前利润	-2 000	2 000

从表6-4可以看出，不同成本计算法下所计算出的税前利润不同。采用变动成本法时为-2 000元（亏损），采用完全成本法时则为2 000元（盈利），相差4 000元。这4 000元正是完全成本法所确认的应由期末存货负担的固定性制造费用部分（20 000÷500×100），而在变动成本法下，这4 000元全部作为期间成本计入了当期损益。换句话说，这4 000元在完全成本法下被视为"一种可以在将来换取收益的资产"列入了资产负债表，而在变动成本法下则被视为"为取得收益而已然丧失的资产"列入了利润表。

【例6-3】中假设该公司期初没有存货，那么当所生产的产品未全部销售出去时，按变动成本法计算的损益就小于按完全成本法所计算的损益。就产品的整个寿命周期而言，销售总量最多也只能等于生产总量，但就某个或某些会计期间而言，也可能出现销量大于产量的情况（即销售了以前会计期间生产而未销售的产品）。

为了较全面地说明变动成本法与完全成本法对损益计算的影响，再举以下两种情况进行分析。

1. 连续各期产量相同而销量不同

【例6-5】太某公司从事单一产品生产，连续3年的产量均为6 000件，而3年的销售量分别为6 000件、5 000件和7 000件。单位产品售价为 150 元。管理费用与销售费用全年总额为 200 000 元，全部为固定成本。产品成本计算有关的数据如下：单位产品变动成本（包括直接材料、直接人工和变动性制造费用）为 80 元；固定性制造费用为 120 000 元（完全成本法下单位产品 20 元，即 120 000 ÷ 6 000）。根据上述资料，分别采用变动成本法和完全成本法计算的税前利润如表 6 - 5 所示。

表 6 - 5　　　　变动成本法与完全成本法的比较　　　　单位：元

损益计算	第1年	第2年	第3年	合计
变动成本法				
销售收入	900 000	750 000	1 050 000	2 700 000
销售成本	480 000	400 000	560 000	1 440 000
贡献毛益	420 000	350 000	490 000	1 260 000
固定成本				
固定性制造费用	120 000	120 000	120 000	360 000
管理费用和销售费用	200 000	200 000	200 000	600 000
小计	320 000	320 000	320 000	960 000
税前利润	100 000	30 000	170 000	300 000
完全成本法				
销售收入	900 000	750 000	1 050 000	2 700 000
销售成本				
期初存货成本	0	0	100 000	
当期产品成本	600 000	600 000	600 000	1 800 000
可供销售产品成本	600 000	600 000	700 000	
期末存货成本	0	100 000	0	
销售成本	600 000	500 000	700 000	180 000
毛利	300 000	250 000	350 000	900 000
管理费用和销售费用	200 000	200 000	200 000	600 000
税前利润	100 000	50 000	150 000	300 000

从表 6 - 5 中可以看出由产量与销量的相互关系所导致的两种成本法下税前利润的变化规律。

第 1 年，由于产量等于销量（6 000 件），所以两种成本计算法下的税前利润均为 100 000 元。这是因为固定性制造费用不论是作为固定成本（变动成本法），还是作为产品成本（完全成本法下），都计入了当年损益。

第 2 年，由于产量（6 000 件）大于销量（5 000 件），所以按照变动成本法计算的税前利润比按照完全成本法计算的税前利润少了 20 000 元。因为在变动成本法下，全部固定性制造费用（120 000 元）均作为期间成本计入了当年损益；而在完全成本法下，已销售产品所负担的固定性制造费用 100 000 元（120 000 ÷ 6 000 × 5 000）计入了当年损益，余下的 20 000 元固定性制造费用则作为存货成本列入了资产负债表。

第 3 年，情况与第 2 年正好相反，由于产量（6 000 件）小于销量（7 000 件），所以按变动成本法计算的税前利润比按完全成本法计算的税前利润多 20 000 元。因为变动成本法下计入第 3 年损益的固定性制造费用仍为 120 000 元；而在完全成本法下，第 2 年年末存货成本中的 20 000 元固定性制造费用随着存货的销售计入了第 3 年的销售成本中，从而导致税前利润少了 20 000 元。

从表 6-5 中"合计"一栏可以看出，两种成本法下税前利润的 3 年合计数是相同的。也就是说，从较长时期来看，由各期产量与销量之间的关系所决定的两种成本法下税前利润的差异可以相互抵消，这也从另一个角度说明，变动成本法主要适用于短期决策。

2. 连续各期销量相同而产量不同

【例 6-6】我们仍假设太某公司从事单一产品生产，连续 3 年的销量均为 6 000 件，而 3 年的产量分别为 6 000 件、7 000 件和 5 000 件。其他条件与前例相同。

在变动成本法下，单位产品成本仍为 80 元。但在完全成本法下，各期产量变了，所以单位产品所负担的固定性制造费用也就变了。具体来说，第 1 年的单位产品成本为 100 元（80 + 120 000 ÷ 6 000）；第 2 年的单位产品成本为 97.14 元（80 + 120 000 ÷ 7 000）；第 3 年的单位产品成本则为 104 元（80 + 120 000 ÷ 5 000）。根据以上资料，分别采用变动成本法和完全成本法计算的税前利润如表 6-6 所示。

表 6-6　　　　变动成本法与完全成本法的比较　　　　　　单位：元

损益计算	第 1 年	第 2 年	第 3 年	合计
变动成本法下				
销售收入	900 000	900 000	900 000	2 700 000
销售成本	480 000	480 000	480 000	1 440 000
贡献毛益	420 000	420 000	420 000	1 260 000
固定成本				
固定性制造费用	120 000	120 000	120 000	360 000

续表

损益计算	第1年	第2年	第3年	合计
管理费用和销售费用	200 000	200 000	200 000	600 000
小计	320 000	320 000	320 000	960 000
税前利润	100 000	100 000	100 000	300 000
完全成本法下				
销售收入	900 000	900 000	900 000	2 700 000
销售成本				
期初存货成本	0	0	97 140	
当期产品成本	600 000	679 980	520 000	1 799 980
可供销售产品成本	600 000	679 980	617 140	
期末存货成本	0	97 140	0	
销售成本	600 000	582 840	617 140	1 799 980
毛利	300 000	317 160	282 860	900 020
管理费用和销售费用	200 000	200 000	200 000	600 000
税前利润	100 000	117 160	82 860	300 200

从表6-6可以看出：

（1）由于各年的销量相同，所以按变动成本法计算的各年的税前利润相等，均为100 000元。这是因为尽管各年的产量不同，但各年的固定性制造费用全部作为固定成本计入了当期损益，所以当其他条件未变时，税前利润当然也不会变。

（2）由于各年的产量发生了变化，所以按完全成本法计算的各年的税前利润完全不同。导致这种结果的原因是当年的固定性制造费用需要摊入所生产的产品中。在〖例6-6〗中，第2年的税前利润最大，这是因为第2年的产量（7 000件）大于当年的销量（6 000件），期末产成品存货（1 000件）成本中负担了相应份额的固定性制造费用17 140元，从而使当期的销售成本减少了17 140元，税前利润比第1年增加了17 160元。第3年的情况则正好相反，由于这年的销售成本不仅包括当年生产产品所负担的固定性制造费用，还包括销售年初存货而"递延"到本期的固定性制造费用，所以第3年的税前利润比第1年减少了17 140元。

（3）如果将第3年的税前利润与第2年进行比较，则两者相差34 300元。也就是说，在产销不平衡时，相邻年度税前利润的差量是它们与产销平衡年度税前利润差量的2倍。因为当产销不平衡时，产量大于销量对于税前利润的影响与销量大于产量对于税前利润的影响是数额相同但方向相反。

综上所述,变动成本法与完全成本法对各期损益计算的影响,按照产量与销量之间的关系,可以归纳为以下三种情况:

(1) 当产量等于销量时,两种成本法下计算的损益完全相同。表6-5与表6-6中的第一年就属于这种情况。在这种情况下,固定性制造费用作为固定成本还是作为产品成本,对损益计算来说并不重要,重要的是它已全额列为收入的减项而计入了损益。

(2) 当产量大于销量时,按变动成本法计算的损益小于按完全成本法计算的损益。因为固定性制造费用在变动成本法下以期间成本方式全部计入了当年的损益;而在完全成本法下,只有已销售产品的固定性制造费用计入当年损益,未销售产品相应份额的固定性制造费用被列作了当年的资产(即期末存货成本的一部分)。表6-5与表6-6中的第2年就属于这种情况。

联想公司的变动成本管理

(3) 当产量小于销量时,按变动成本法计算的损益大于按完全成本法计算的损益。表6-5与表6-6中的第三年就属于这种情况。

第四节 标准成本法

管理会计应用指引第302号——标准成本法

标准成本法是在泰罗的生产过程标准化思想影响下,于20世纪20年代产生于美国。刚开始,它只是被用来进行成本控制,以后才逐步发展和完善,并与成本核算结合起来,成为一种成本计算与成本控制相结合的方法。

一、标准成本法概述

6.5 标准成本法概述

(一) 标准成本法的含义

标准成本,是指在正常的生产技术水平和有效的经营管理条件下,企业经过努力应达到的产品成本水平。

标准成本法,是指企业以预先制定的标准成本为基础,通过比较标准成本与实际成本,计算和分析成本差异、揭示成本差异动因,进而实施成本控制、评价经营业绩的一种成本管理方法。在标准成本法下,由于企业需要事先确定标准成本、事中计算成本差异、事后进行成本差异分析,因而标准成本法的实施,便于企业编制预算和进行预算控制,能有效地控制成本支出,并为企业的例外管理提供数据,帮助企业进行产品的价格决策和预测,同时还可简化存货的计价以及成本核算的账务处理工作。

企业应用标准成本法的主要目标是通过标准成本与实际成本的比较，揭示与分析标准成本与实际成本之间的差异，并按照例外管理的原则，对不利差异予以纠正，以提高工作效率，不断改善产品成本。

（二）标准成本的种类

标准成本是在正常生产经营条件下应该实现的，可以作为控制成本开支、评价实际成本、衡量工作效率的依据和尺度的一种目标成本。标准成本是根据对实际情况的调查，采用科学方法制定的，它是企业在现有的生产技术和管理水平上，经过努力可以达到的成本。在制定标准成本时，根据所要求达到的效率的不同，所采取的标准有理想标准成本、正常标准成本和现实标准成本。

1. 理想标准成本

理想标准成本是最佳工作状态下可以达到的成本水平，它是排除了一切失误、浪费、机器的闲置等因素，根据理论上的耗用量、价格以及最高的生产能力制定的标准成本。这种标准成本要求太高，通常会因达不到而影响工人的积极性，同时让管理层感到在任何时候都没有改进的余地。

2. 正常标准成本

正常标准成本是在正常生产经营条件下应该达到的成本水平，它是根据正常的耗用水平、正常的价格和正常的生产经营能力利用程度制定的标准成本。这种标准成本通常反映了过去一段时期实际成本水平的平均值，反映该行业价格的平均水平、平均的生产能力和技术能力，在生产技术和经营管理条件变动不大的情况下，它是一种可以较长时间采用的标准成本。

3. 现实标准成本

现实标准成本是在现有的生产条件下应该达到的成本水平，它是根据现在所采用的价格水平、生产耗用量以及生产经营能力利用程度制定的标准成本。这种标准成本最接近实际成本，最切实可行，通常认为它能激励工人努力达到所制定的标准，并为管理层提供衡量的标准。在经济形势变化无常的情况下，这种标准成本最为合适。与正常标准成本不同的是，它需要根据现实情况的变化不断进行修改，而正常标准成本则可以较长一段时间保持固定不变。

（三）标准成本法的应用环境

企业应用标准成本法，除遵循成本管理的一般要求外，对其应用环境还有以下要求：

（1）要求处于较稳定的外部市场经营环境，且市场对产品的需求相对平稳。

（2）企业应成立由采购、生产、技术、营销、财务、人力资源、信息等有关部门组成的跨部门团队，负责标准成本的制定、分解、下达、分析等。

（3）企业能够及时、准确地取得标准成本制定所需要的各种财务和非财务信息。

因此，标准成本法一般适用于产品及其生产条件相对稳定，或生产流程与工艺标准化程度较高的企业。

（四）标准成本法的评价

标准成本法的主要优点是：一是能及时反馈各成本项目不同性质的差异，有利于考核相关部门及人员的业绩；二是标准成本的制定及其差异和动因的信息可以使企业预算的编制更为科学和可行，有助于企业的经营决策。

标准成本法的主要缺点是：一是要求企业产品的成本标准比较准确、稳定，在使用条件上存在一定的局限性；二是对标准管理水平较高，系统维护成本较高；三是标准成本需要根据市场价格波动频繁更新，导致成本差异可能缺乏可靠性，从而降低成本控制效果。

由此可见，标准成本体系通过事前制定标准成本，对各种资源消耗和费用开支规定数量界限，可以在事前限制各种消耗和费用的发生；在成本形成过程中，按标准成本控制支出，随时显示节约还是浪费，及时发现超过标准成本的消耗，便于企业迅速采取措施，纠正偏差，达到降低成本的目的；产品成本形成后，通过实际成本与标准成本相比较，并对标准成本和成本差异分别进行核算，便于本期成本差异的分析和控制，帮助企业进行定期分析和考核，及时总结经验，为未来降低成本找到途径，所以，标准成本法是成本核算与成本控制相结合的方法。

标准成本法产生于机械化大生产的时代，采用标准成本法的前提和关键是标准成本的制定。标准成本在一个固定时期内应保持相对稳定，通常在企业的组织机构、外部市场、产品品种和生产规模等发生较大变化时，才有必要进行修订。所以，标准成本法通常适用于大批量稳定生产的企业或产品，因为这种类型的企业或产品最适合标准成本的建立和执行，从而通过提高效率来降低成本。

二、标准成本法的应用程序

企业应用标准成本法，一般应按照确定应用对象、制定标准成本、实施过程控制、成本差异计算与分析，以及修订与改进标准成本等程序进行。

（一）确定应用对象

为了实现成本的精细化管理，企业应根据标准成本法的应用环境，结合内部管理要求，确定应用对象。标准成本法的成本对象可以是不同种类、不同批次或不同步骤的产品。

（二）制定标准成本

产品标准成本通常由直接材料标准成本、直接人工标准成本和制造费用标准成本构成。每一成本项目的标准成本应分为用量标准（包括单位产品消耗量、单位产品人工小时等）和价格标准（包括原材料单价、小时工资率、小时制造费用分配率等）。

标准成本的制定，可由跨部门团队采用"上下结合"的模式进行，经企业管理层批准后实施。在制定标准成本时，企业一般应结合经验数据、行业标杆或实地测算的结果，运用统计分析、工程试验等方法，按照以下程序进行：首先根据不同的成本或费用项目，分别确定消耗量标准和价格标准；再确定每一成本或费用项目的标准成本；最后汇总不同成本项目的标准成本，确定产品的标准成本。

1. 直接材料标准成本的制定

直接材料标准成本，是指直接用于产品生产的材料成本标准，包括标准用量和标准单价两方面。

制定直接材料的标准用量，一般由生产部门负责，会同技术、财务、信息等部门，按照以下程序进行：

（1）根据产品的图纸等技术文件进行产品研究，列出所需的各种材料以及可能的替代材料，并说明这些材料的种类、质量以及库存情况；

（2）在对过去用料经验记录进行分析的基础上，采用过去用料的平均值、最高值与最低值的平均数、最节省数量、实际测定数据或技术分析数据等，科学地制定标准用量。

制定直接材料的标准单价，一般由采购部门负责，会同财务、生产、信息等部门，在考虑市场环境及其变化趋势、订货价格以及最佳采购批量等因素的基础上综合确定。

直接材料标准成本的计算公式如式（6-6）所示：

直接材料标准成本 = 单位产品的标准用量 × 材料的标准单价

(6-6)

材料按计划成本核算的企业，材料的标准单价可以采用材料计划单价。

2. 直接人工标准成本的制定

直接人工标准成本,是指直接用于产品生产的人工成本标准,包括标准工时和标准工资率。

制定直接人工的标准工时,一般由生产部门负责,会同技术、财务、信息等部门,在对产品生产所需作业、工序、流程工时进行技术测定的基础上,考虑正常的工作间隙,并适当考虑生产条件的变化、生产工序、操作技术的改善,以及相关工作人员主观能动性的充分发挥等因素,合理确定单位产品的工时标准。

制定直接人工的标准工资率,一般由人力资源部门负责,根据企业薪酬制度等制定。

直接人工标准成本的计算公式如式(6-7)所示:

$$直接人工标准成本 = 单位产品的标准工时 \times 小时标准工资率 \tag{6-7}$$

3. 变动制造费用标准成本的制定

变动制造费用,是指通常随产量变化而呈正比例变动的制造费用。变动制造费用项目的标准成本根据标准用量和标准价格确定。

变动制造费用的标准用量可以是单位产量的燃料、动力、辅助材料等标准用量,也可以是产品的直接人工标准工时,或者是单位产品的标准机器工时。标准用量的选择需考虑用量与成本的相关性,制定方法与直接材料的标准用量以及直接人工的标准工时类似。变动制造费用的标准价格可以是燃料、动力、辅助材料等标准价格,也可以是小时标准工资率等。制定方法与直接材料的价格标准以及直接人工的标准工资率类似。

变动制造费用的计算公式如式(6-8)所示:

$$变动制造费用项目标准成本 = 变动制造费用项目的标准用量 \\ \times 变动制造费用项目的标准价格 \tag{6-8}$$

4. 固定制造费用标准成本的制定

固定制造费用,是指在一定产量范围内,其费用总额不会随产量变化而变化,始终保持固定不变的制造费用。固定制造费用一般按照费用的构成项目实行总量控制;也可以根据需要,通过计算标准分配率,将固定制造费用分配至单位产品,形成固定制造费用的标准成本。

制定固定费用标准,一般由财务部门负责,会同采购、生产、技术、营销、财务、人事、信息等有关部门,按照以下程序进行:

(1)依据固定制造费用的不同构成项目的特性,充分考虑产品的现有生产能力、管理部门的决策以及费用预算等,测算确定各固定制造费用构成项目的标准成本。

（2）通过汇总各固定制造费用项目的标准成本，得到固定制造费用的标准总成本。

（3）确定固定制造费用的标准分配率，标准分配率可根据产品的单位工时与预算总工时的比率确定。其中，预算总工时，是指由预算产量和单位工时标准确定的总工时。单位工时标准可以依据相关性原则在直接人工工时或者机器工时之间作出选择。

固定制造费用标准成本的计算顺序及公式如式（6-9）和式（6-10）所示：

固定制造费用标准成本由固定制造费用项目预算确定；

$$固定制造费用总成本 = \sum 固定制造费用项目标准成本$$

$$固定制造费用标准分配率 = 预算固定性制造费用 \div 预算总工时$$

(6-9)

$$固定制造费用标准成本 = 固定制造费用总成本 \times 固定制造费用标准分配率$$

(6-10)

（三）实施过程控制

企业应在制定标准成本的基础上，将产品成本及其各成本或费用项目的标准用量和标准价格层层分解，落实到部门及相关责任人，形成成本控制标准。

各归口管理部门（或成本中心）应根据相关成本控制标准，控制费用开支与资源消耗，监督、控制成本的形成过程，及时分析偏离标准的差异并分析其成因，并及时采取措施加以改进。

在标准成本法的实施过程中，各相关部门（或成本中心）应对其所管理的项目进行跟踪分析。

生产部门一般应根据标准用量、标准工时等，实时跟踪和分析各项耗用差异，从操作人员、机器设备、原料质量、标准制定等方面寻找差异原因，采取应对措施，控制现场成本，并及时反馈给人力资源、技术、采购、财务等相关部门，共同实施事中控制。

采购部门一般应根据标准价格，按照各项目采购批次，揭示和反馈价格差异形成的原因，控制和降低总采购成本。

（四）成本差异的计算和分析

成本差异是指实际成本与标准成本之间的差额，也称标准差异。成本差异按成本的构成，可以分为直接材料成本差异、直接人工成本差异和制造费用差异。制造费用差异（即间接制造费用差异）按其形成的原因和分析方法的不同，又可分为变动制造费用差异和固定制造费用差异两部分。直接材料成本差异、直接人工成本差异和变动制

6.6 成本差异的计算和分析

造费用差异都属于变动成本，决定变动成本数额的因素是价格和耗用数量。所以，直接材料成本差异、直接人工成本差异和变动制造费用差异按其形成原因，可分为价格差异和数量差异。固定制造费用是固定成本，不随业务量的变动而变动，其差异不能简单地分为价格因素和耗用数量因素。固定制造费用差异可分为支出差异、生产能力利用差异和效益差异。

企业应定期将实际成本与标准成本进行比较和分析，确定差异数额及性质，揭示差异形成的原因，落实责任中心，寻求可行的改进途径和措施。

成本差异的计算与分析，一般按成本或费用项目进行。

1. 直接材料成本差异的计算和分析

直接材料成本差异，是指直接材料实际成本与标准成本之间的差额，该项差异可分解为直接材料价格差异和直接材料数量差异。

直接材料价格差异，是指在采购过程中，直接材料实际价格偏离标准价格所形成的差异；直接材料数量差异，是指在产品生产过程中，直接材料实际消耗量偏离标准消耗量所形成的差异。有关计算公式如式（6-11）~式（6-14）所示：

直接材料成本差异 = 实际成本 - 标准成本 = 实际耗用量 × 实际单价 - 标准耗用量 × 标准单价 　　　　(6-11)

直接材料成本差异 = 直接材料价格差异 + 直接材料数量差异 　　　　(6-12)

直接材料价格差异 = 实际耗用量 × (实际单价 - 标准单价) 　　　　(6-13)

直接材料数量差异 = (实际耗用量 - 标准耗用量) × 标准单价 　　　　(6-14)

【例 6-7】太某公司生产 A 产品需使用一种直接材料——甲材料。本期生产 A 产品 200 件，耗用甲材料 900 千克，甲材料的实际价格为每千克 110 元。假设甲材料的标准价格为每千克 120 元，单位 A 产品的标准用量为 5 千克，那么，甲材料的成本差异分析如下：

材料价格差异 = (110 - 120) × 900 = -9 000（元）（有利差异）
材料用量差异 = 120 × (900 - 200 × 5) = -12 000（元）（有利差异）
材料成本差异 = 110 × 900 - 120 × 200 × 5 = -21 000（元）（有利差异）
或　　　　　　= -9 000 + (-12 000) = -21 000（元）（有利差异）

从〖例 6-7〗中可以知道，材料价格方面的原因使材料成本下降了 9 000 元，而材料用量的节约使材料成本下降了 12 000 元。材料价格差异通常应由采购部门负责，因为影响材料采购价格的各种因素（如采购批量、供应商的选择、交货方式、材料质量、运输工具等）

一般都是由采购部门控制并受其决策的影响。当然,有些因素是采购部门无法控制的。例如,通货膨胀因素的影响、国家对原材料价格的调整等。因此,对材料价格差异,一定要做进一步的分析研究,查明产生差异的真正原因,分清各部门的经营责任,只有在科学分析的基础上,才能进行有效的控制。影响材料用量的因素也是多种多样的,包括生产工人的技术熟练程度和对工作的责任感、材料的质量、生产设备的状况等。一般来说,用量超过标准大多是工人粗心大意、缺乏培训或技术素质较低等原因造成的,应由生产部门负责,但用量差异有时也会由其他部门的原因所造成。例如,采购部门购入了低质量的材料,导致生产部门用料过多,由此而产生的材料用量差异应由采购部门负责;再如,由于设备管理部门,生产设备不能完全发挥其生产能力,造成材料用量差异,则应由设备管理部门负责。找出和分析造成差异的原因是进行有效控制的基础。

2. 直接人工成本差异的计算和分析

直接人工成本差异,是指直接人工实际成本与标准成本之间的差额,该差异可分解为工资率差异和人工效率差异。工资率差异,是指实际工资率偏离标准工资率形成的差异,按实际工时计算确定;人工效率差异,是指实际工时偏离标准工时形成的差异,按标准工资率计算确定。有关计算公式如式(6-15)~式(6-18)所示:

$$\text{直接人工成本差异} = \text{实际成本} - \text{标准成本} = \text{实际工时} \times \text{实际工资率} - \text{标准工时} \times \text{标准工资率} \quad (6-15)$$

$$\text{直接人工成本差异} = \text{直接人工工资率差异} + \text{直接人工效率差异} \quad (6-16)$$

$$\text{直接人工工资率差异} = \text{实际工时} \times (\text{实际工资率} - \text{标准工资率}) \quad (6-17)$$

$$\text{直接人工效率差异} = (\text{实际工时} - \text{标准工时}) \times \text{标准工资率} \quad (6-18)$$

【例6-8】太某公司本期生产A产品200件,实际耗用人工8 000小时,实际工资总额96 000元,平均每工时工资12元。假设标准工资率为11元,单位产品的工时耗用标准为28小时,那么,直接人工成本差异分析如下:

直接人工工资率差异 =(12-11)×8 000 = 8 000(元)(不利差异)

直接人工效率差异 = 11×(8 000 - 28×200)= 26 400(元)(不利差异)

直接人工成本差异 = 12×8 000 - 11×200×28 = 34 400(元)(不利差异)

或　　　　　　　 = 8 000 + 26 400 = 34 400(元)(不利差异)

同样，从〖例6-8〗中我们知道，由于实际工资率高于标准工资率造成直接人工成本上升8 000元，单位实际人工工时耗用量超过单位标准人工工时耗用量所产生的直接人工效率差异为26 400元。实际工资率高于标准工资率，可能是由于生产过程中使用了工资级别较高、技术水平较高的工人从事了要求较低的工作，从而造成了浪费，而人工效率差异是考核每个工时生产能力的重要指标，降低单位产品成本的关键在于不断提高工时的生产能力。影响人工效率的因素是多方面的，包括生产工人的技术水平、生产工艺过程、原材料的质量以及设备的状况等。所以，找出差异的同时要分析产生差异的具体原因，分清不同的责任部门，才能采取有效的控制措施。

3. 变动制造费用差异的计算和分析

变动制造费用项目的差异，是指变动制造费用项目的实际发生额与变动制造费用项目的标准成本之间的差额，该差异可分解为变动制造费用项目的变动制造费用分配率差异和变动制造费用效率差异。

变动制造费用项目的费用分配率差异，是指燃料、动力、辅助材料等变动制造费用项目的实际分配率偏离标准分配率的差异；变动制造费用项目的效率差异，是指燃料、动力、辅助材料等变动制造费用项目的实际消耗量偏离标准用量的差异。变动制造费用分配率差异类似于直接材料价格差异和直接人工工资率差异，变动制造费用效率差异类似于直接材料用量差异和直接人工效率差异，如式（6-19）~式（6-22）所示：

变动制造费用差异 = 实际变动制造费用 - 标准变动制造费用 = 实际工时 × 实际分配率 - 标准工时 × 标准分配率

(6-19)

变动制造费用差异 = 变动制造费用分配率差异 + 变动制造费用效率差异

(6-20)

变动制造费用分配率差异 = 实际工时总额 × (实际分配率 - 标准分配率)

(6-21)

变动制造费用效率差异 = (实际工时 - 标准工时) × 标准分配率 × 实际产量

(6-22)

【例6-9】太某公司本期生产A产品200件，实际耗用人工8 000小时，实际发生变动制造费用24 000元，变动制造费用实际分配率为每直接人工工时3元。假设变动制造费用标准分配率为3.5元，标准耗用人工6 000小时。那么，变动制造费用差异分析如下：

变动制造费用分配率差异 = (3 - 3.5) × 8 000 = -4 000（元）（有利差异）

变动制造费用效率差异 = 3.5 × (8 000 - 6 000) = 7 000（元）（不利差异）

变动制造费用差异 = 24 000 – 3.5 × 6 000 = 3 000（元）（不利差异）
或　　　　　　 = – 4 000 + 7 000
　　　　　　　 = 3 000（元）（不利差异）

由于变动制造费用是由许多明细项目组成的，并且与一定的生产水平相联系，因而仅通过上例中的差异计算来反映变动制造费用差异总额，并不能达到日常控制与考核的要求。因此，实际工作中通常根据变动制造费用各明细项目的弹性预算与实际发生数进行对比分析，并相应采取必要的控制措施。

4. 固定制造费用差异的计算和分析

固定制造费用成本差异，是指实际产量前提下，实际发生的固定制造费用与标准固定制造费用的差异，如式（6–23）所示。

固定制造费用成本差异 = 实际产量 × 实际单件工时 × 实际分配率
　　　　　　　　　　 – 实际产量 × 标准单件工时 × 标准分配率
　　　　　　　　　　　　　　　　　　　　　　　　　　　　（6–23）

固定制造费用成本差异分析方法有两种，即两差异分析法和三差异分析法。

（1）两差异分析法。

如式（6–24）和式（6–25）所示：

耗费差异 = 实际固定制造费用 – 预算固定制造费用 = 实际产量
　　　　 × 实际单件工时 × 实际固定制造费用分配率 – 预算产量
　　　　 × 标准单件工时 × 标准固定制造费用分配率　　（6–24）

产量差异 = 预算产量 × 标准单件工时 × 标准固定制造费用分配率
　　　　 – 实际产量 × 标准单件工时 × 标准固定制造费用分配率
　　　　　　　　　　　　　　　　　　　　　　　　　　　　（6–25）

注：在一般教科书中，产量差异通常被称为能量差异。

【例 6–10】A 产品固定制造费用标准分配率为 12 元/小时，工时标准为 1.5 小时/件。假定企业 A 产品预算产量为 10 400 件，实际生产 A 产品 8 000 件，用工 10 000 小时。实际发生固定制造费用 190 000 元。

要求：计算固定制造费用的成本差异并分析差异产生的原因。

固定制造费用成本差异 = 190 000 – 8 000 × 1.5 × 12 = 46 000（元）（超支）

其中：

耗费差异：190 000 – 10 400 × 1.5 × 12 = 2 800（元）（超支）

产量差异：(10 400 × 1.5 – 8 000 × 1.5) × 12 = 43 200（元）（超支）

（2）三差异法。

如式（6–26）～式（6–30）所示：

耗费差异 = 固定制造费用实际数 - 预算固定制造费用
     = 实际产量 × 实际单件工时 × 实际固定制造费用分配率
       - 预算产量 × 标准单件工时 × 标准固定制造费用分配率

(6 - 26)

能量差异 = 预算产量 × 标准单件工时 × 标准固定制造费用分配率
       - 实际产量 × 实际单件工时 × 标准固定制造费用分配率

(6 - 27)

效率差异 = 实际产量 × 实际单件工时 × 标准固定制造费用分配率
       - 实际产量 × 标准单件工时 × 标准固定制造费用分配率

(6 - 28)

注：把能量差异分解成能力差异和效率差异

固定制造费用标准分配率 = 标准固定制造费用 ÷ 标准总工时

(6 - 29)

固定制造费用实际分配率 = 实际固定制造费用 ÷ 实际总工时

(6 - 30)

【例6 - 11】A产品固定制造费用标准分配率为12元/小时，工时标准为1.5小时/件。假定企业A产品预算产量为10 400件，实际生产A产品8 000件，用工10 000小时。实际发生固定制造费用190 000元。

要求：计算固定制造费用的成本差异并分析差异产生的原因。

解：计算固定制造费用的成本差异

190 000 - 8 000 × 1.5 × 12 = 46 000（元）（超支）

其中：

耗费差异：190 000 - 10 400 × 1.5 × 12 = 2 800（元）（超支）

能力差异：10 400 × 1.5 × 12 - 10 000 × 12 = 67 200（元）（超支）

效率差异：10 000 × 12 - 8 000 × 1.5 × 12 = -24 000（元）（节约）

在一定的业务范围内，固定制造费用是不随业务量的变动而变动的。对固定制造费用的分析和控制通常是通过编制固定制造费用预算与实际发生数对比来进行的。由于固定制造费用是由各个部门的许多明细项目构成的，固定制造费用预算应就每个部门及明细项目分别进行编制，实际固定制造费用也应该就每个部门及明细项目进行分别记录，因此，固定制造费用成本差异的分析和控制也应该就每个部门及明细项目分别进行。

就预算差异来说，其产生的原因可能是：资源价格的变动（如固定材料价格的增减、工资率的增减等），某些固定成本（如职工培训费、折旧费、办公费等）因管理上的新决定而有所增减，资源的数量比预算有所增减（如职工人数的增减），为了完成预算而推迟某些固定成本的开支等。就能力差异来说，它只反映计划生产能力的利用程度，可能是由于产销量达不到一定规模造成的，一般不能说明固定制造费用的超支或节约。所有这些都应分别不同情况进行分析和控制。

在成本差异的分析过程中，企业应关注各项成本差异的规模、趋势及其可控性。对于反复发生的大额差异，企业应进行重点分析与处理。

企业可将生成的成本差异信息汇总，定期形成标准成本差异分析报告，并针对性地提出成本改进措施。

（五）标准成本的修订与改进

为保证标准成本的科学性、合理性与可行性，企业应定期或不定期对标准成本进行修订与改进。

一般情况下，标准成本的修订工作由标准成本的制定机构负责。企业应至少每年对标准成本进行测试，通过编制成本差异分析表，确认是否存在因标准成本不准确而形成的成本差异。当该类差异较大时，企业应按照标准成本的制定程序，对标准成本进行调整。

除定期测试外，当外部市场、组织机构、技术水平、生产工艺、产品品种等内外部环境发生较大变化时，企业也应及时对标准成本进行调整。

通用汽车公司的标准成本管理

第五节　作业成本法

随着自动化制造时代的来临，企业经营环境正在发生巨大改变。伴随着这种改变，产品或劳务的成本结构也发生重大变化，其特点是直接人工成本比重大大下降，制造费用（主要是折旧费用等固定成本）比重大大增加，因此制造费用分配的科学性将很大程度上决定产品成本计算的准确性和成本控制的有效性。传统成本计算模式将固定性制造费用分摊给不同产品，导致企业盲目扩大生产；另外，这部分费用不是产量的正比例函数，但按产量基础分配，这也会误导企业进行决策。为了加强决策的有用性，作业成本法由此产生并被企业用于成本计算和成本控制管理。

管理会计应用指引第304号——作业成本法

一、作业成本法概述

作业成本法，是指以"作业消耗资源、产出消耗作业"为原则，按照资源动因将资源费用追溯或分配至各项作业，计算出作业成本，然后再根据作业动因，将作业成本追溯或分配至各成本对象，最终完成成本计算的成本管理方法。

（一）作业成本法的核心概念

1. 资源费用

资源费用是指企业在一定期间内开展经济活动所发生的各项资源耗费。资源费用既包括房屋及建筑物、设备、材料、商品等有形资源的耗费，也包括信息、知识产权、土地使用权等各种无形资源的耗费，还包括人力资源耗费以及其他各种税费支出等。

2. 作业

作业是指企业基于特定目的重复执行的任务或活动，是连接资源和成本对象的桥梁。一项作业既可以是一项非常具体的任务或活动，也可以泛指一类任务或活动。例如，签订材料采购合同、将材料运达仓库、对材料进行质量检验、办理入库手续、登记材料明细账等。每一项作业，是针对加工或服务对象重复执行特定的或标准化的活动。例如，轴承工厂的车工作业，无论加工何种规格型号的轴承外套，都须经过将加工对象（工件）的毛坯固定在车床的卡盘上，开动机器进行切削，然后将加工完毕的工件从卡盘上取下等相同的特定动作和程序。

一项作业可能是一项非常具体活动，如车工作业；也可能泛指一类活动，如机床加工车间的车、铣、刨、磨等所有作业可以统称为机床加工作业；甚至可以将机床加工作业、产品组装作业等统称为生产作业（相对于产品研发、设计、销售等作业而言）。由若干个相互关联的具体作业组成的作业集合，被称为作业中心。

执行任何一项作业都需要耗费一定的资源。生产任何一项产品都要消耗一定的作业。作业是连接资源和产品的纽带，它在消耗资源的同时生产出产品。

按消耗对象不同，作业可分为主要作业和次要作业。主要作业是被产品、服务或客户等最终成本对象消耗的作业。次要作业是被原材料、主要作业等介于中间地位的成本对象消耗的作业。

3. 成本对象

成本对象是指企业追溯或分配资源费用、计算成本的对象物。成本对象可以是工艺、流程、零部件、产品、服务、分销渠道、客户、作业、作业链等需要计量和分配成本的项目。

4. 成本动因

成本动因是指诱导成本发生的原因，是成本对象与其直接关联的作业和最终关联的资源之间的中介。例如，产量增加时，直接材料成本就增加，产量是直接材料成本的驱动因素，即直接材料的成本动因。再如，检验成本随着检验次数的增加而增加，检验次数就是检验成本的驱动因素，即检验成本的成本动因。按其在资源流动中所处的位置和作用，成本动因可分为资源成本动因和作业成本动因。

(1) 资源成本动因。

资源成本动因是引起作业成本增加的驱动因素，用来衡量一项作业的资源消耗量。依据资源成本动因可以将资源成本分配给各有关作业。例如，产品质量检验工作（作业）需要有检验人员、专用的设备，并耗用一定的能源（电力）等。检验作业作为成本对象（亦称成本库），耗用的各项资源构成了检验作业的成本。其中，检验人员的工资、专用设备的折旧费等成本，一般可以直接归属于检验作业；而能源成本往往不能直接计入，需要根据设备额定功率（或根据历史资料统计的每小时平均耗电数量）和设备开动时间来分配。这里，"设备的额定功率×开动时间"就是能源成本的动因。设备开动导致能源成本发生，"设备的功率×开动时间"的数值（即动因数量）越大，耗用的能源越多。按"设备的额定功率×开动时间"这一动因作为能源成本的分配基础，可以将检验专用设备耗用的能源成本分配到检验作业当中。

(2) 作业成本动因。

作业成本动因是衡量一个成本对象（产品、服务或顾客）需要的作业量，是产品成本增加的驱动因素。作业成本动因计量各成本对象耗用作业的情况，并被用来作为作业成本的分配基础。例如，每批产品完工后都需进行质量检验，如果对任何产品的每一批次进行质量检验所发生的成本相同，则检验的"次数"就是检验成本的作业成本动因，它是引起产品检验成本增加的驱动因素。"某一会计期间发生的检验作业总成本（包括检验人工成本、设备折旧、能源成本等）÷检验的次数"，即为每次检验所发生的成本。某种产品应承担的检验作业成本，等于该种产品的批次乘以每次检验发生的成本。产品完成的批次越多，则需要进行检验的次数越多，应承担的检验作业成本越多；反之，则应承担的检验作业成本越少。

(二) 作业成本法的应用目标

为了提高成本信息的真实性和有用性，加强对成本的控制和管理，作业成本法应用的目标应包括以下几个方面：

(1) 通过追踪所有资源费用到作业，然后再到流程、产品、分销渠道或客户等成本对象，提供全口径、多维度、更加准确的成本信息；

(2) 通过作业认定、成本动因分析以及对作业效率、质量和时间的计量，更真实地揭示资源、作业和成本之间的联动关系，为资源的合理配置以及作业、流程和作业链（或价值链）的持续优化提供依据；

（3）通过作业成本法提供的信息及其分析，为企业更有效地开展规划、决策、控制、评价等各种管理活动奠定坚实基础。

（三）作业成本法的主要特点

作业成本法的主要特点，是相对于以产量为基础的传统成本计算方法而言的。

1. 成本计算分为两个阶段

作业成本法的基本指导思想是，"作业消耗资源、产品（服务或顾客）消耗作业"。根据这一指导思想，作业成本法把成本计算过程划分为两个阶段：

第一阶段，将作业执行中耗费的资源分配（包括追溯和间接分配）到作业，计算作业的成本；

第二阶段，根据计算的作业成本分配（包括追溯和动因分配）到各有关成本对象（产品或服务）。

传统的成本计算方法也是分两步进行，但是中间的成本中心是按部门建立的。第一步除了把直接成本追溯到产品之外，还要把不同性质的各种间接费用按部门归集在一起；第二步是以产量为基础，将间接费用分配到各种产品。传统成本计算方法下，间接成本的分配路径是"资源→部门→产品"。作业成本法下成本计算的第一阶段，除了把直接成本追溯到产品以外，还要将各项间接费用分配到各有关作业，并把作业看成是按产品生产需求重新组合的"资源"；在第二阶段，按照作业消耗与产品之间不同的因果关系，将作业成本分配到产品。因此，作业成本法下间接成本的分配路径是"资源→作业→产品"。

2. 成本分配强调因果关系

虽然作业成本法和传统成本法都分为两步分配程序，但是如何进行成本分配，两者有很大区别。作业成本法认为，将成本分配到成本对象有三种不同的形式：成本追溯、动因分配和分摊。

成本追溯，是指把成本直接分配给相关的成本对象。一项成本能否追溯到产品，可以通过实地观察来判断。例如，确认一台电视机耗用的液晶板、集成电路板、扬声器及其他零部件的数量是可以通过观察实现的。再如，确认某种产品专用生产线所耗用的人工工时数，也是可以通过观察投入该生产线的工人人数和工作时间而实现的。显然，使用直接追溯方式得到的产品成本是最准确的。作业成本法强调尽可能扩大追溯到个别产品的成本比例，以减少成本分配引起的信息失真。传统成本计算的直接成本，通常仅限于直接人工和直接材料，其他成本都归集于制造费用进行统一分配。作业成本法认为，有些"制造费用"的项目可以直接归属于成本对象，例如特定产品的专用设备折旧费等。凡是能够追溯到个别产品、个别批次、个别品种的成本，就应追溯，而不要间接分配。

动因分配，是指根据成本动因将成本分配到各成本对象的过程。生产活动中耗费的各项资源，其成本不是都能直接追溯到成本对象的。对不能直接追溯的成本，作业成本法则强调使用动因（包括资源动因或作业动因）分配方式，将成本分配到有关成本对象（作业或产品）。传统成本计算，以产品数量作为间接费用唯一的成本动因，是不符合实际情况的。采用动因分配，首先必须找到引起成本变动的真正原因，即成本与成本动因之间的因果关系。如前面所说到的检验作业应承担的能源成本，以设备单位时间耗电数量和设备开动时间（即耗电量）作为资源成本动因进行分配，是因为设备单位时间耗电量和开动时间与检验作业应承担的能源成本之间存在着因果关系。又如，各种产品应承担的检验成本，以产品投产的批次数（即质量检验次数）作为作业动因进行分配，是因为检验次数与产品应承担的检验成本之间存在着因果关系。动因分配虽然不像追溯那样准确，但只要因果关系建立恰当，成本分配的结果同样可以达到较高的准确程度。

有些成本既不能追溯，也不能合理、方便地找到成本动因，只好使用产量作为分配基础，将其强制分配给成本对象。

作业成本法的成本分配主要使用追溯和动因分配，尽可能减少不准确的分摊，因此能够提供更加真实、准确的成本信息。

3. 成本追溯使用众多不同层面的成本动因

在传统的成本计算方法下，产量（或生产量相关的业务量，如人工工时、机器工时、人工工资等）被认为是能够解释产品成本变动的唯一动因，并以此作为分配基础进行间接费用的分配。而制造费用是一个由多种不同性质的间接费用组成的集合，这些性质不同的费用有些是随产量变动的，而多数则并不随产量变动，因此用单一的产量作为分配制造费用的基础显然是不合适的。

作业成本法的独到之处，在于它把资源的消耗首先追溯或分配到作业，然后使用不同层面和数量众多的作业动因将作业成本分配到产品。采用不同层面的、众多的成本动因进行成本分配，要比采用单一分配基础更加合理，更能保证产品成本计算的准确性。

（四）作业成本法的应用环境

企业应用作业成本法，除应遵循管理会计应用指引中对应用环境的一般要求外，还对其环境有以下要求：

（1）所处的外部环境具备两个特点：一是客户个性化需求较高，市场竞争激烈；二是产品的需求弹性较大，价格敏感度高。

（2）应用应基于作业观，即企业作为一个为最终满足客户需要而设计的一系列作业的集合体，进行业务组织和管理。

（3）成立由生产、技术、销售、财务、信息等部门的相关人员构成的设计和实施小组，负责作业成本系统的开发设计与组织实施工作。

（4）清晰地识别作业、作业链、资源动因和成本动因，为资源费用以及作业成本的追溯或分配提供合理的依据。

（5）拥有先进的计算机及网络技术，配备完善的信息系统，能够及时、准确提供各项资源、作业、成本动因等方面的信息。

（五）作业成本法的评价

作业成本法的主要优点是：一是能够提供更加准确的各维度成本信息，有助于企业提高产品定价、作业与流程改进、客户服务等决策的准确性；二是改善和强化成本控制，促进绩效管理的改进和完善；三是推进作业基础预算，提高作业、流程、作业链（或价值链）管理的能力。

作业成本法的主要缺点是：部分作业的识别、划分、合并与认定，成本动因的选择以及成本动因计量方法的选择等均存在较大的主观性，操作较为复杂，开发和维护费用较高。

因此，作业成本法一般适用于具备以下特征的企业：作业类型较多且作业链较长；同一生产线生产多种产品；企业规模较大且管理层对产品成本准确性要求较高；产品、客户和生产过程多样化程度较高；间接或辅助资源费用占比重较大。

二、作业成本法的应用程序

企业应用作业成本法，一般应按照资源识别及资源费用的确认与计量、成本对象选择、作业认定、作业中心设计、资源动因选择与计量、作业成本汇集、作业动因选择与计量、作业成本分配、作业成本信息报告等程序进行。

（一）资源识别及资源费用的确认与计量

资源识别及资源费用的确认与计量，是指识别出由企业拥有或控制的所有资源，遵循国家统一的会计制度，合理选择会计政策，确认和计量全部资源费用，编制资源费用清单，为资源费用的追溯或分配奠定基础。

资源费用清单一般应分部门列示当期发生的所有资源费用，其内容要素一般包括发生部门、费用性质、所属类别、受益对象等。

资源识别及资源费用的确认与计量应由企业的财务部门负责，在基础设施管理、人力资源管理、研究与开发、采购、生产、技术、营销、服务、信息等部门的配合下完成。

（二）成本对象选择

在作业成本法下，企业应将当期所有的资源费用，遵循因果关系和受益原则，根据资源成本动因和作业成本动因，分项目经由作业追溯或分配至相关的成本对象，确定成本对象的成本。

企业应根据国家统一的会计制度，并考虑预算控制、成本管理、营运管理、业绩评价以及经济决策等方面的要求确定成本对象。

（三）作业认定

作业认定，是指企业识别由间接或辅助资源执行的作业集，确认每一项作业完成的工作以及执行该作业所耗费的资源费用，并据以编制作业清单的过程。

作业认定的内容主要包括对企业每项消耗资源的作业进行识别、定义和划分，确定每项作业在生产经营活动中的作用、同其他作业的区别以及每项作业与耗用资源之间的关系。

作业认定一般包括两种形式：一是根据企业生产流程，自上而下进行分解；二是通过与企业每一部门负责人和一般员工进行交流，自下而上确定他们所做的工作，并逐一认定各项作业。企业一般应将两种方式相结合，以保证全面、准确认定作业。

作业认定的具体方法一般包括调查表法和座谈法。

调查表法，是指通过向企业全体员工发放调查表，并通过分析调查表来认定作业的方法。座谈法，是指通过与企业员工的面对面交谈，来认定作业的方法。企业一般应将两种方法相结合，以保证全面、准确认定全部作业。

企业对认定的作业应加以分析和归类，按顺序列出作业清单或编制出作业字典。作业清单或作业字典一般应当包括作业名称、作业内容、作业类别、所属作业中心等内容。

例如，根据生产流程分析和工厂的布局可知，由于原材料仓库与生产车间之间有 0.5 公里的距离，必然存在材料搬运作业，这项作业就是将生产用的原材料从仓库运送到生产车间。通过另一种形式，即与从事相关作业的员工或经理交谈，也可以识别和认定该项作业，比如与进行搬运作业的员工进行交谈，问"你是做什么的？"也很容易得出生产过程中有这样一项搬运作业，它的主要作用是把原材料从仓库运往车间。在实务中，自上而下和自下而上这两种方式往往需要结合起来运用。经过这样的程序，就可以把生产过程中的全部作业一一识别出来，并加以认定。为了对认定的作业进一步分析和归类，在作业认定后，须按顺序列出作业清单。表6-7是一个以变速箱制造企业为背景的作业清单示例。需要说明的是，这仅仅是一个示例，实际上对任何一个企业在产品生产过程中认定作业数量的多少，取决于该企业自身的产品生产特点。

表6-7　　　　　　　　　某企业作业清单

作业名称	作业说明
材料订购	包括选择供应商、签订合同、明确供应方式等
材料检验	对每批购入的材料进行质量、数量检验
生产准备	每批产品投产前，进行设备调整等准备工作
发放材料	每批产品投产前，将生产所需材料发往各生产车间
材料切割	将管材、圆钢切割成适于机加工的毛坯工件
车床加工	使用车床加工零件（轴和连杆）
铣床加工	使用铣床加工零件（齿轮）
刨床加工	使用刨床加工零件（变速箱外壳）
产品组装	人工装配变速箱
产品质量检验	人工检验产品质量
包装	用木箱将产品包装
车间管理	组织和管理车间生产、提供维持生产的条件

（四）作业中心设计

作业中心设计，是指企业将认定的所有作业按照一定的标准进行分类，形成不同的作业中心，作为资源费用追溯或分配对象的过程。作业中心可以是某一项具体的作业，也可以是由若干个相互联系的能够实现某种特定功能的作业的集合。

企业可按照受益对象、层次和重要性，将作业分为以下五类，并分别设计相应的作业中心：

1. 产量级作业

是指明确地为个别产品（或服务）实施的、使单个产品（或服务）受益的作业。该类作业的数量与产品（或服务）的数量呈正比例变动。包括产品加工、检验等。

2. 批别级作业

是指为一组（或一批）产品（或服务）实施的、使该组（或批）产品（或服务）受益的作业。

该类作业的发生是由生产的批量数而不是单个产品（或服务）引起的，其数量与产品（或服务）的批量数呈正比变动。包括设备调试、生产准备等。

3. 品种级作业

是指为生产和销售某种产品（或服务）实施的、使该种产品（或服务）的每个单位都受益的作业。

该类作业用于产品（或服务）的生产或销售，但独立于实际产量或批量，其数量与品种的多少呈正比例变动。包括新产品设计、现有产品质量与功能改进、生产流程监控、工艺变换需要的流程设计、产品广告等。

4. 客户级作业

是指为服务特定客户所实施的作业。该类作业保证企业将产品（或服务）销售给个别客户，但作业本身与产品（或服务）数量独立。包括向个别客户提供的技术支持活动、咨询活动、独特包装等。

5. 设施级作业

是指为提供生产产品（或服务）的基本能力而实施的作业。该类作业是开展业务的基本条件，其使所有产品（或服务）都受益，但与产量或销量无关。包括管理作业、针对企业整体的广告活动等。

（五）资源动因选择与计量

资源动因是引起资源耗用的成本动因，它反映了资源耗用与作业量之间的因果关系。资源动因选择与计量为将各项资源费用归集到作业中心提供了依据。

应识别当期发生的每一项资源消耗，分析资源耗用与作业中心作业量之间的因果关系，选择并计量资源动因。企业一般应选择那些与资源费用总额呈正比例关系变动的资源动因作为资源费用分配的依据。

（六）作业成本归集

作业成本归集，是指企业根据资源耗用与作业之间的因果关系，将所有的资源成本直接追溯或按资源动因分配至各作业中心，计算各作业总成本的过程。

作业成本归集应遵循以下基本原则：

（1）对于为执行某种作业直接消耗的资源，应直接追溯至该作业中心；

（2）对于为执行两种或两种以上作业共同消耗的资源，应按照各作业中心的资源动因量比例分配至各作业中心。

为便于将资源费用直接追溯或分配至各作业中心，企业还可以按照资源与不同层次作业的关系，将资源分为如下五类：

1. 产量级资源

包括为单个产品（或服务）所取得的原材料、零部件、人工、能源等。

2. 批别级资源

包括用于生产准备、机器调试的人工等。

3. 种级资源

包括为生产某一种产品（或服务）所需要的专用化设备、软件或人力等。

4. 顾客级资源

包括为服务特定客户所需要的专门化设备、软件和人力等。

5. 设施级资源

包括土地使用权、房屋及建筑物，以及所保持的不受产量、批别、产品、服务和客户变化影响的人力资源等。对产量级资源费用，应直接追溯至各作业中心的产品等成本对象。对于其他级别的资源费用，应选择合理的资源动因，按照各作业中心的资源动因量比例，分配至各作业中心。企业为执行每一种作业所消耗的资源费用的总和，构成该种作业的总成本。

（七）作业动因选择与计量

作业动因是引起作业耗用的成本动因，反映了作业耗用与最终产出的因果关系，是将作业成本分配到流程、产品、分销渠道、客户等成本对象的依据。

当作业中心仅包含一种作业的情况下，所选择的作业动因应该是引起该作业耗用的成本动因；当作业中心由若干个作业集合而成的情况下，企业可采用回归分析法或分析判断法，分析比较各具体作业动因与该作业中心成本之间的相关关系，选择相关性最大的作业动因，即代表性作业动因，作为作业成本分配的基础。

作业动因需要在交易动因、持续时间动因和强度动因间进行选择。其中，交易动因，是指用执行频率或次数计量的成本动因，包括接受或发出订单数、处理收据数等；持续时间动因，是指用执行时间计量的成本动因，包括产品安装时间、检查小时等；强度动因，是指不宜按照频率、次数或执行时间进行分配而需要直接衡量每次执行所需资源的成本动因，包括特别复杂产品的安装、质量检验等。

企业如果每次执行所需要的资源数量相同或接近，应选择交易动因；如果每次执行所需要的时间存在显著的不同，应选择持续时间动因；如果作业的执行比较特殊或复杂，应选择强度动因。对于选择的作业动因，企业应采用相应的方法和手段进行计量，以取得作业动因量的可靠数据。

（八）作业成本分配

作业成本分配，是指企业将各作业中心的作业成本按作业动因分配至产品等成本对象，并结合直接追溯的资源费用，计算出各成本对象的总成本和单位成本的过程。

作业成本分配一般按照以下两个程序进行：

（1）分配次要作业成本至主要作业，计算主要作业的总成本和单位成本。

企业应按照各主要作业耗用每一次要作业的作业动因量，将次要作业的总成本分配至各主要作业，并结合直接追溯至次要作业的资源费用，计算各主要作业的总成本和单位成本。有关计算公式如式（6-31）~式（6-34）所示：

次要作业成本分配率＝次要作业总成本÷该作业动因总量
(6-31)

某主要作业分配的次要作业成本＝该主要作业耗用的次要作业动因量
×该次要作业成本分配率 (6-32)

主要作业总成本＝直接追溯至该作业的资源费用
+分配至该主要作业的次要作业成本之和
(6-33)

主要作业单位成本＝主要作业总成本÷该主要作业动因总量
(6-34)

（2）分配主要作业成本至成本对象，计算各成本对象的总成本和单位成本。

企业应按照各主要作业耗用每一次要作业的作业动因量，将次要作业成本分配至各主要作业，并结合直接追溯至成本对象的单位水平资源费用，计算各成本对象的总成本和单位成本。有关计算公式如式（6-35）~式（6-37）所示：

某成本对象分配的主要作业成本＝该成本对象耗用的主要作业成本动因量
×主要作业单位成本 (6-35)

某成本对象总成本＝直接追溯至该成本对象的资源费用
+分配至该成本对象的主要作业成本之和
(6-36)

某成本对象单位成本＝该成本对象总成本÷该成本对象的产出量
(6-37)

（九）作业成本信息报告

作业成本信息报告的目的，是通过设计、编制和报送具有特定内容和格式要求的作业成本报表，向企业内部各有关部门和人员提供其所需要的作业成本及其他相关信息。

作业成本报表的内容和格式应根据企业内部管理需要确定。作业成本报表提供的信息一般应包括以下内容：

（1）拥有的资源及其分布以及当期发生的资源费用总额及其具体构成的信息；

（2）每一成本对象总成本、单位成本及其消耗的作业类型、数量及单位作业成本的信息，以及产品盈利性分析的信息；

（3）每一作业或作业中心的资源消耗及其数量、成本以及作业总成本与单位成本的信息；

（4）与资源成本分配所依据的资源动因以及作业成本分配所依据的作业动因相关的信息；

（5）资源费用、作业成本以及成本对象成本预算完成情况及其原因分析的信息；

（6）有助于作业、流程、作业链（或价值链）持续优化的作业效率、时间和质量等方面非财务信息；

（7）有助于促进客户价值创造的有关增值作业与非增值作业的成本信息及其他信息；

（8）有助于业绩评价与考核的作业成本信息及其他相关信息；

（9）上述各类信息的历史或同行业比较信息。

长安汽车的作业成本管理

三、作业成本法应用举例

【例6-12】太某公司是一家精品服装生产企业。该公司的服装车间生产3种款式的羊毛衫和2种款式的大衣。羊毛衫和大衣分别由两个独立的生产线进行加工，每个生产线有自己的技术部门。5款服装均按批组织生产，每批1 000件。

1. 成本资料

该公司本月每种款式的产量和直接成本如表6-8所示。

表6-8　　　　　产量与直接人工和直接材料资料　　　　　单位：元

产品品种	羊毛衫			大衣		合计
型号	羊毛衫1	羊毛衫2	羊毛衫3	大衣1	大衣2	
本月批次	8	10	6	4	2	30
每批产量（件）	1 000	1 000	1 000	1 000	1 000	

续表

产品品种	羊毛衫			大衣		合计
型号	羊毛衫1	羊毛衫2	羊毛衫3	大衣1	大衣2	
产量（件）	8 000	10 000	6 000	4 000	2 000	30 000
每批直接人工成本	33 000	34 000	35 000	44 000	42 000	
直接人工总成本	264 000	340 000	210 000	176 000	84 000	1 074 000
每批直接材料成本	62 000	63 000	64 000	70 000	80 000	
直接材料总成本	496 000	630 000	384 000	280 000	160 000	1 950 000

本月制造费用发生额如表6-9所示。

表6-9　　　　　　　　制造费用发生额　　　　　　　　单位：元

项目	金额
生产设备、检验和供应成本（批次级成本）	840 000
羊毛衫产品线成本（产品级作业成本）	540 000
大衣产品线成本（产品级作业成本）	660 000
其他成本（生产维持级成本）	108 000
制造费用合计	2 148 000
制造费用分配率（按直接人工分配）（%）	2

2. 按完全成本法计算成本

采用完全成本法时，制造费用使用统一的分配率，如表6-10所示。

制造费用分配率＝制造费用÷直接人工成本＝2 148 000÷1 074 000＝2

表6-10　　　　　　　完全成本法汇总成本计算单　　　　　　　单位：元

产品型号	羊毛衫1	羊毛衫2	羊毛衫3	大衣1	大衣2	合计
直接人工	264 000	340 000	210 000	176 000	84 000	1 0740 00
直接材料	496 000	630 000	384 000	280 000	160 000	1 950 000
制造费用分配率（%）	2	2	2	2	2	
制造费用	528 000	680 000	420 000	352 000	168 000	2 148 000
总成本	1 288 000	1 650 000	1 014 000	808 000	412 000	5 172 000
每批成本	161 000	165 000	169 000	202 000	206 000	
每件成本	161	165	169	202	206	

3. 按作业成本法计算成本

作业成本法先将间接制造费用归集到4个成本库：

（1）批次级作业成本库：生产准备、抽样检验和供应材料均属于批次级成本。由于每批产品都需要一次生产准备、一次抽样检验和一次送料，并且不同产品品种的上述成本没有重要差别，因此可以归入一个作业成本库，按生产批次数分配该作业成本。如果不是这样，就需要建立分品种（羊毛衫和大衣）、分作业的成本库（生产准备成本、检验成本和送料成本），并分别进行分配。

（2）羊毛衫产品线作业成本库：本例选择生产批次作为产品级作业成本的分配基础。也可选择羊毛衫产品的产量、相关成本等作为分配基础。

（3）大衣产品线作业成本库：本例选择生产批次作为产品级作业成本的分配基础。也可选择大衣产品的产量、相关成本等作为分配基础。

（4）生产维持成本库：本例分配基础选择直接人工成本，据此分配给每批产品。也可以根据情况先将其分配给羊毛衫和大衣产品，然后再分配给不同批次，最后按产品数量分配给单位产品。

作业成本分配的第一步是计算作业成本动因的单位成本，作为作业成本的分配率，如表6-11所示。

表6-11　　　　　　　　作业成本分配率的计算

作业	成本（元）	批次（批数）	直接人工（元）	分配率
羊毛衫产品线成本	540 000	24		22 500（元/批）
大衣产品线成本	660 000	6		110 000（元/批）
生产维持级成本	108 000		1 074 000	0.1006
生产设备、检验和供应成本	840 000	30		28 000

作业成本分配的第二步是根据单位作业成本和作业量，将作业成本分配到产品，如表6-12所示。

表6-12　　　　　　　　汇总成本计算单　　　　　　　　单位：元

型号	羊毛衫1	羊毛衫2	羊毛衫3	大衣1	大衣2	合计
本月批次	8	10	6	4	2	
直接人工	264 000	340 000	210 000	176 000	84 000	1 074 000
直接材料	496 000	630 000	384 000	280 000	160 000	1 950 000
制造费用						
分配率（元/批）	28 000	28 000	28 000	28 000	28 000	

续表

型号	羊毛衫1	羊毛衫2	羊毛衫3	大衣1	大衣2	合计
批次相关总成本	224 000	280 000	168 000	112 000	56 000	840 000
产品相关成本：						
分配率（元/批）	22 500	22 500	22 500	110 000	110 000	
产品相关总成本	180 000	225 000	135 000	440 000	220 000	1 200 000
生产维持成本						
分配率（按直接人工）	0.1006	0.1006	0.1006	0.1006	0.1006	
生产维持成本	26 558	34 204	21 126	17 705	8 407	108 000
间接费用合计	430 558	539 204	324 126	569 705	284 407	2 148 000
总成本	1 190 558	1 509 204	918 126	1 025 705	528 407	5 172 000
每批成本	148 820	150 920	153 021	256 426	264 203	
单件成本（作业成本法）	148.82	150.92	153.02	256.42	264.2	
单件成本（完全成本法）	161.00	165.00	169.00	202.00	206.00	
差异	-12.18	-14.08	-15.98	54.42	58.2	
差异率	-7.57%	-8.53%	-9.46%	26.94%	28.25%	

通过比较完全成本法和作业成本法的计算结果，可以看出：

首先，完全成本法扭曲了产品成本，即高估了简单产品羊毛衫的成本，低估了复杂产品大衣的成本。例如，在完全成本法下，羊毛衫1负担间接制造费用528 000元，而作业成本法负担间接费用430 550元。引起差别的原因是由完全成本法按直接人工分配全部制造费用，而不管这些费用的驱动因素是什么。作业成本法下，制造费用归集于三类（共4个）成本库，分别按不同成本动因分配，提高了合理性。

其次，作业成本法和完全成本法都是对全部生产成本进行分配，不区分固定成本和变动成本，这与变动成本法不同。从长远来看，所有成本都是变动成本，都应当分配给产品。

最后，作业成本法下，所有羊毛衫产品的单位成本都比完全成本法低，而大衣产品的单位成本都比完全成本法高。其原因是完全成本法以直接人工作为间接费用的唯一分配率，夸大了高产量产品的单位成本。例如，羊毛衫的人工成本合计为814 000元，占总人工成本1 074 000元的75.79%，并因此负担产品线总成本1 200 000元（540 000+660 000）的75.79%即909 480元。实际上，羊毛衫的产品线成本只有540 000元。大衣的产品复杂程度高，产品线成本较高，但只是因为产量小，只负担了290 520元（120 000×24.21%），低于实际的大衣产品线成本（66 000元）。

【本 章 小 结】

1. 成本是为了成就某一事项而付出的代价,是企业在生产经营过程中耗费的各项资源的对象化。基于企业管理的需要,成本可以按不同的标准和方法进行分类。成本可以按经济用途分为制造成本与非制造成本;可以按成本性态分为固定成本、变动成本及混合成本;可以按在经济工作中的作用分为财务成本与管理成本;按与特定决策方案的关系和是否有影响分为相关成本和无关成本。

2. 企业进行成本管理应遵循融合性、适应性、成本效益性及重要性四项原则,并运用专门的管理会计工具方法,如目标成本法、变动成本法、标准成本法及作业成本法等,进行事前、事中及事后的成本管理。

3. 目标成本法,是以目标售价和目标利润为基础确定产品的目标成本,通过跨组织的协作,从整个价值链进行企业成本的控制和管理。目标成本法一般按照确定应用对象、成立跨部门团队、收集相关信息、计算市场容许成本、设定目标成本、分解可实现目标成本、落实目标成本责任、考核成本管理业绩以及持续改善等程序实施。

4. 变动成本法,是指企业以成本性态分析为前提条件,仅将生产过程中消耗的变动生产成本作为产品成本的构成内容,而将固定生产成本和非生产成本作为期间成本,直接由当期收益予以补偿的一种成本计算模式。变动成本法是一种成本管理方法,通常用于分析各种产品的盈利能力,为正确制定经营决策、科学进行成本计划、成本控制和成本评价与考核等工作提供有用信息。变动成本法与传统成本计算模式的完全成本法的根本区别是对固定性制造费用的处理,变动成本法下把其作为期间成本,而完全成本法下是作为生产成本。对固定性制造费用的不同处理方式导致两种方法下产品成本的构成内容、存货成本的构成内容、期间成本的构成内容以及各期损益计算几个方面的不同。

5. 标准成本法,是指企业以预先制定的标准成本为基础,通过比较标准成本与实际成本,计算和分析成本差异、揭示成本差异动因,进而实施成本控制、评价经营业绩的一种成本管理方法。企业应用标准成本法,一般应按照确定应用对象、制定标准成本、实施过程控制、成本差异计算与分析,以及修订与改进标准成本等程序进行。企业应用标准成本法需要编制预算和进行预算控制,控制成本支出,揭示与分析标准成本与实际成本之间的差异,并按照例外管理的原则,对不利差异予以纠正,以提高工作效率,不断改善产品成本。产品标准成本通常由直接材料标准成本、直接人工标准成本和制造费用标准成本构成。每一成本项目的标准成本应分为用量标准和价格标准。产品标准成本差异按成本的构成，可以分为直接材料成本差异、直接人工成本差异和制造费用差异、变动制造费用差异和固定制造费用差异。

6. 作业成本法，是指以"作业消耗资源、产出消耗作业"为原则，按照资源动因将资源费用追溯或分配至各项作业，计算出作业成本，然后再根据作业动因，将作业成本追溯或分配至各成本对象，最终完成成本计算的成本管理方法。作业成本法相对于以产量基础的传统成本计算方法而言，其特点表现为三个方面：成本计算分为两个阶段，即将作业执行中耗费的资源分配给作业，计算作业成本，再根据计算的作业成本分配（包括追溯和动因分配）到各有关成本对象（产品或服务）；成本分配强调动因关系；成本追溯使用众多不同层面的成本动因。企业应用作业成本法，应按照资源识别及资源费用的确认与计量、成本对象选择、作业认定、作业中心设计、资源动因选择与计量、作业成本汇集、作业动因选择与计量、作业成本分配、作业成本信息报告等程序进行。

7. 企业应根据管理的需要选择目标成本法、变动成本法、标准成本法及作业成本法等方法进行企业的成本管理和控制，提高企业经济效益。

【本章重要术语】

1. 固定成本
2. 变动成本
3. 机会成本
4. 变动成本法
5. 完全成本法
6. 标准成本法
7. 成本差异
8. 作业成本法
9. 作业动因
10. 资源动因

本章重要术语

复习与思考

延伸性阅读：中国高铁建设中的成本管理

【复习与思考】

1. 完全成本法和变动成本法对固定性制造费用是如何处理的？这样的处理导致了两种方法下的哪些差异？
2. 目标成本控制作为一种新型成本管理思想和成本控制方法，与传统成本管理方法相比，其作用是什么？
3. 标准成本法下，材料用量差异是生产主管的责任吗？
4. 作业成本法注重成本信息对决策的有用性主要体现在哪些方面？

第七章
营运管理会计

【学习目标】

通过本章学习，学生应了解营运管理的概念、工具方法以及营运管理程序，理解现金的最佳现金持有量决策以及存货的最优批量决策，掌握并会应用生产决策的5种情况，了解营销决策中的产品定价决策和应收账款决策以及了解是否放弃现金折扣的决策。帮助学生树立正确的决策意识，培养学生的辩证思维。

【知识框架】

营运管理会计
- 营运管理会计概述
  - 营运管理会计概念
  - 营运管理工具方法
  - 营运管理程序
- 最佳现金持有量决策
  - 成本模型
  - 存货模型
- 最优订货批量决策
  - 存货的成本构成
  - 经济订购批量
- 生产决策
  - 亏损产品是否停产的决策
  - 特殊订单是否接受的决策
  - 限制资源最佳利用决策
  - 产品是否应进一步深加工的决策
  - 零部件自制与外购的决策
- 营销决策
  - 产品定价决策
  - 应收账款决策
- 是否放弃现金折扣的决策
  - 放弃现金折扣成本
  - 利用现金折扣的决策

【引导案例分析要点】

A公司是一家生产电子产品的企业，拥有多条产品线，包括智能手机、平板电脑和智能穿戴设备。其中，一款名为"X系列"的智能手表由于市场竞争激烈和技术更新迅速,近年来一直处于亏损状态。管理层需要对是否继续生产 X 系列智能手表作出决策。

1. 产品现状分析 X 系列智能手表在市场上的销量持续下滑,其主要问题包括:

（1）产品功能与竞争对手相比缺乏创新,用户体验不佳。

（2）生产成本较高,由于销量低,无法通过规模效应降低成本。

（3）市场推广费用占比高,但未能有效提升品牌知名度和销量。

2. 财务分析通过对 X 系列智能手表的财务数据进行深入分析,发现以下情况:

（1）X 系列智能手表的销售额连续三年下降,目前占公司总销售额的 5%。

（2）产品的生产成本加上运营成本后,每售出一块手表亏损约 200 元。

（3）维持生产线运行需要固定的运营成本,包括人工、租金、折旧等。

3. 决策挑战 A 公司面临以下决策挑战:

（1）是否应该停止生产 X 系列智能手表,以减少亏损?

（2）停产是否会影响公司品牌形象和其他产品的销售?

（3）如何处理现有的库存和供应链关系?

4. 决策过程:

（1）市场调研:公司进行了市场调研,了解消费者对 X 系列智能手表的看法和需求。

（2）成本收益分析:财务部门对停产 X 系列智能手表的短期和长期财务影响进行了分析。

（3）替代方案评估:公司考虑了是否可以通过改进产品或降低成本来扭转亏损局面。

5. 决策结果经过综合评估,A 公司作出以下决策:

（1）停止生产 X 系列智能手表,以避免进一步的亏损。

（2）将现有的库存通过打折促销的方式尽快清理,以减少资金占用。

（3）将节省下来的资源和资金投入其他盈利性更好的产品线上,特别是即将推出的新产品。

（4）与供应商协商,逐步减少并最终终止与 X 系列相关的采购合同。

6. 实施与监控 A 公司成立了专门的项目组来执行停产计划,并监控以下关键指标:

（1）库存清理进度和成本。

（2）供应链调整的效率和成本。

（3）其他产品线的销售情况,确保公司整体业绩不受影响。

引导案例分析要点

7. 结果：

停产 X 系列智能手表后，A 公司的亏损情况得到了明显改善，资源得到了更有效的分配。其他产品线的销售增长弥补了 X 系列停产带来的销售额下降，公司的整体盈利能力得到了提升。

这个案例展示了企业在面对亏损产品时，如何通过系统地分析和决策过程来决定是否停产，并如何实施和监控停产计划。

请思考：

在决策过程中，进行成本收益分析，可以采用哪些方法

第一节 营运管理会计概述

一、营运管理会计概念

营运管理，是指为了实现企业战略和营运目标，各级管理者通过计划、组织、指挥、协调、控制、激励等活动，实现对企业生产经营过程中的物料供应、产品生产和销售等环节的价值增值管理。企业进行营运管理，应区分计划（Plan）、实施（Do）、检查（Check）、处理（Act）等四个阶段（简称 PDCA 管理原则）[①]，形成闭环管理，使营运管理工作更加条理化、系统化、科学化。

营运管理通常贯穿于企业生产经营管理的全过程，具体包括现金管理、存货管理、生产管理、营销管理，以及在生产经营过程中自发形成的经营性负债的管理。在生产经营过程中，存在大量的管理决策行为，如：最佳现金持有量的决策、存货最优订货批量决策、产品设计过程中的性价比选择决策、亏损产品是否继续生产的决策、销售定价决策、信贷政策选择决策，以及是否给供应商提供现金折扣决策等，在这些管理决策中需要大量决策支持信息，这些为企业日常经营管理活动提供决策支持信息的会计信息系统即为营运管理会计。

二、营运管理工具方法

营运管理领域应用的管理会计工具方法，一般包括：本量利分析、贡献毛益分析法、敏感性分析、边际分析和标杆管理等。企业应

---

① PDCA 原则：俗称戴明环。出自：孙静主编. 质量管理学［M］. 四版. 北京：高等教育出版社出版，2018.

根据自身业务特点和管理需要，选择单独或综合运用营运管理工具方法，以更好地实现营运管理目标。

（一）本量利分析

本量利分析法，是指以成本性态分析和变动成本法为基础，运用数学模型和图式，对成本、利润、业务量与单价等因素之间的依存关系进行分析，发现变动的规律性，为企业进行预测、决策、计划和控制等活动提供支持的一种方法。其中"本"是指成本，包括固定成本和变动成本；"量"指业务量，一般指销量；"利"一般指营业利润，在西方管理会计中通常指息税前利润。

（二）贡献毛益分析法

贡献毛益，是指企业销售收入扣除变动成本后的余额。企业的贡献毛益实际上包括两部分内容，即营业利润和固定成本，也就是说，贡献毛益表明，企业的营业活动为企业创造了营业利润是对企业的贡献，承担了企业的固定费用也为企业作出了贡献。贡献毛益分析法在企业生产经营决策中被广泛使用，如亏损产品是否停产的决策；特殊订单是否接受的决策；零部件自制与外购的决策；限制资源最佳利用的决策；产品是否应进一步深加工的决策，以及产品定价决策等都会使用贡献毛益分析法。

（三）敏感性分析

敏感性分析，是指对影响目标实现的因素变化进行量化分析，以确定各因素变化对实现目标的影响及其敏感程度。

（四）边际分析

边际分析，是指分析某可变因素的变动引起其他相关可变因素变动的程度的方法，以评价既定产品或项目的获利水平，判断盈亏临界点，提示营运风险，支持营运决策。边际分析工具方法主要有边际贡献分析、安全边际分析等。

（五）标杆管理

标杆管理，是一项通过衡量比较来提升企业竞争地位的过程，它强调的就是以卓越的企业作为学习的对象，通过持续改善来强化本身的竞争优势。标杆管理的实质是模仿和创新，一个有目的、有目标的学习过程。通过学习，企业重新思考和设计经营模式，借鉴先进的模式和理念，再进行本土化改造，创造出适合自己的全新最佳经营模式。标杆管理又称"基准管理"，其本质是不断寻找最佳实践，以此为基准不断地"测量分析与持续改进"。

（六）净值法

净值，是指项目实施过程中已完成工作的价值，用分配给实际已完成工作的预算来表示。净值法，是一种通过分析项目实施与项目目标期望值之间的差异，从而判断项目实施的成本、进度绩效的方法。净值法广泛适用于项目管理中的项目实施、项目后评价等阶段。净值法的评价基准包括成本基准和进度基准，通常可以用于检测实际绩效与评价基准之间的偏差。

1. 净值法的计算

第一，进度偏差。进度偏差是在某个给定时点上，测量并反映项目提前或落后的进度绩效指标。进度偏差可以采用绝对数，表示为净值与计划成本之差（偏差量＝净值－计划成本）；也可采用相对数，表示为净值与计划成本之比（偏差率＝净值÷计划成本）。这里的计划成本，是指根据批准的进度计划或预算，到某一时点应当完成的工作所需投入资金的累计值。企业应用净值法进行项目管理，应当把项目预算分配至项目计划的各个时点。企业应用净值法开展项目管理时，既要监测净值的增量，以判断当前的绩效状态；又要监测净值的累计值，以判断长期的绩效趋势。

第二，成本偏差。成本偏差是在某个给定时点上，测量并反映项目预算亏空或预算盈余的成本绩效指标。成本偏差可以采用绝对数，表示为净值与实际成本之差（偏差量＝净值－实际成本）；也可采用相对数，表示为净值与实际成本的比值（偏差率＝净值÷实际成本）。这里的实际成本，是指按实际进度完成的成本支出量。企业应用净值法开展项目管理时，实际成本的计算口径必须与计划成本和净值的计算口径保持一致。

2. 主要优点和缺点

第一，净值法的主要优点是：一是通过对项目当前运行状态的分析，可以有效地预测出项目的未来发展趋势，严格地控制项目的进度和成本；二是在出现不利偏差时，能够较快地检测出问题所在，留有充足的时间对问题进行处理和对项目进行调整。

第二，净值法的主要缺点是：一是片面注重用财权的执行情况判断事权的实施效益；二是属于事后控制方法，不利于事前控制；三是存在用项目非关键路径上取得的净值掩盖关键路径上进度落后的可能性，影响项目绩效判断的准确性。

（七）成本效益法

成本效益法，是指通过比较项目不同实现方案的全部成本和效益,以寻求最优投资决策的一种项目管理工具方法。其中,成本指标可以包括项目的执行成本、社会成本等;效益指标可以包括项目的经济效益、社会效益等。成本效益法属于事前控制方法,适用于项目可行性研究阶段。

1. 基本程序

企业应用成本效益法,一般按照以下程序进行:

第一,确定项目中的收入和成本;确定项目不同实现方案的差额收入。

第二,确定项目不同实现方案的差额费用。

第三,制定项目不同实现方案的预期成本和预期收入的实现时间表。

第四,评估难以量化的社会效益和成本。

2. 主要优点和缺点

(1) 成本效益法的主要优点是:一是普适性较强,是衡量管理决策可行性的基本依据;二是需考虑评估标的经济与社会、直接与间接、内在与外在、短期与长期等各个维度的成本和收益,具有较强的综合性。

(2) 成本效益法的主要缺点是:一是属于事前评价,评价方法存在的不确定性因素较多;二是综合考虑了项目的经济效益、社会效益等各方面,除了经济效益以外的其他效益存在较大的量化难度。

(八) 价值工程法

价值工程法,是指对研究对象的功能和成本进行系统分析,比较为获取的功能而发生的成本,以提高研究对象价值的管理方法。本方法下的功能,是指对象满足某种需求的效用或属性;本方法下的成本,是指按功能计算的全部成本费用;本方法下的价值,是指对象所具有的功能与获得该功能所发生的费用之比。价值工程法可广泛适用于项目设计与改造、项目实施等阶段。

1. 基本程序

第一,准备阶段。选择价值工程的对象并明确目标、限制条件和分析范围;根据价值工程对象的特点,组成价值工程工作小组;制定工作计划,包括具体执行人、执行日期、工作目标等。

第二,分析阶段。收集整理与对象有关的全部信息资料;通过分析信息资料,简明准确地表述对象的功能、明确功能的特征要求,并绘制功能系统图;运用某种数量形式表达原有对象各功能的大小,求出原有对象各功能的当前成本,并依据对功能大小与功能当前成本之间关系的研究,确定应当在哪些功能区域改进原有对象,并确定功能的目标成本。

第三，创新阶段。依据功能系统图、功能特性和功能目标成本，通过创新性的思维和活动，提出实现功能的各种不同方案；从技术、经济和社会等方面评价所提出的方案，看其是否能实现规定的目标，从中选择最佳方案；将选出的方案及有关的经济资料和预测的效益编写成正式的提案。

第四，实施阶段。组织提案审查，并根据审查结果签署是否实施的意见；根据具体条件及内容，制定实施计划，组织实施，并指定专人在实施过程中跟踪检查，记录全程的有关数据资料，必要时，可再次召集价值工程工作小组提出新的方案；根据提案实施后的技术经济效果，进行成果鉴定。

2. 主要优点和缺点

第一，价值工程法的主要优点是：一是把项目的功能和成本联系起来，通过削减过剩功能、补充不足功能使项目的功能结构更加合理化；二是着眼于项目成本的整体分析，注重有效利用资源，有助于实现项目整体成本的最优化。

第二，价值工程法的主要缺点是：要求具有较全面的知识储备，不同性质的价值工程分析对象涉及的其他领域的学科性质，以及其他领域的广度和深度等都存在很大差别，导致功能的内涵、结构和系统特征必然具有实质性区别。

三、营运管理程序

企业应用营运管理工具方法，一般按照营运计划的制定、营运计划的执行、营运计划的调整、营运监控分析与报告、营运绩效管理等程序进行。

（一）营运计划的制定

营运计划，是指企业根据战略决策和营运目标的要求，从时间和空间上对营运过程中各种资源所作出的统筹安排，主要作用是分解营运目标，分配企业资源，安排营运过程中的各项活动。营运计划按计划的时间可分为长期营运计划、中期营运计划和短期营运计划；按计划的内容可分为销售、生产、供应、财务、人力资源、产品开发、技术改造和设备投资等营运计划。制定营运计划应当遵循以下三个原则：

1. 系统性原则

企业在制定计划时不仅应考虑营运的各个环节，还要从整个系统的角度出发，既要考虑大系统的利益，也要兼顾各个环节的利益。

2. 平衡性原则

企业应考虑内外部环境之间的矛盾，有效平衡可能对营运过程中的研发、生产、供应、销售等存在影响的各个方面，使其保持合理的比例关系。

3. 灵活性原则

企业应充分考虑未来的不确定性，在制定计划时保持一定的灵活性和弹性。企业在制定营运计划时，应以战略目标和年度营运目标为指引，充分分析宏观经济形势、行业发展规律以及竞争对手情况等内外部环境变化，同时还应评估企业自身研发、生产、供应、销售等环节的营运能力，客观评估自身的优势和劣势以及面临的风险和机会等。在制定营运计划时，应开展营运预测，将其作为营运计划制定的基础和依据。

营运预测，是指通过收集整理历史信息和实时信息，恰当运用科学预测方法，对未来经济活动可能产生的经济效益和发展趋势作出科学合理的预计和推测的过程。企业应用多种工具方法制定营运计划的，应根据自身实际情况，选择单独或综合应用预算管理领域、平衡计分卡、标杆管理等管理会计工具方法；同时，应充分应用本量利分析、敏感性分析、边际分析等管理会计工具方法，为营运计划的制定提供具体量化的数据分析，有效支持决策。

企业应当科学合理地制定营运计划，充分考虑各层次营运目标、业务计划、管理指标等方面的内在逻辑联系，形成涵盖各价值链的、不同层次和不同领域的、业务与财务相结合的、短期与长期相结合的目标体系和行动计划。企业应采取自上而下、自下而上或上下结合的方式制定营运计划，充分调动全员积极性，通过沟通、讨论达成共识。企业应根据营运管理流程，对营运计划进行逐级审批。企业各部门应在已经审批通过的营运计划基础上，进一步制定各自的业务计划，并按流程履行审批程序。对于未来的不确定性应进行充分的预估，在科学营运预测的基础上，制定多方案的备选营运计划，以应对未来不确定性带来的风险与挑战。

（二）营运计划的执行

经审批的营运计划应以正式文件的形式下达执行。企业应逐级分解营运计划，按照横向到边、纵向到底的要求分解落实到各所属企业、部门、岗位或员工，确保营运计划得到充分落实。各企业应根据月度的营运计划组织开展各项营运活动，应建立配套的监督控制机制，及时记录营运计划执行情况，进行差异分析与纠偏，持续优化业务流程，确保营运计划有效执行；应在月度营运计划的基础上，开展月度、季度滚动预测，及时反映滚动营运计划所对应的实际营运状况，为企业资源配置的决策提供有效支持。

(三) 营运计划的调整

营运计划一旦批准下达，一般不予调整。宏观经济形势、市场竞争形势等发生重大变化，导致企业营运状况与预期出现较大偏差的，企业可以适时对营运计划作出调整，使营运目标更加切合实际。企业在营运计划执行过程中，应关注和识别存在的各种不确定因素，分析和评估其对企业营运的影响，适时启动调整原计划的有关工作，确保企业营运目标更加切合实际，更合理地进行资源配置。

企业在作出营运计划调整决策时，应分析和评估营运计划调整方案对企业营运的影响，包括对短期的资源配置、营运成本、营运效益等的影响以及对长期战略的影响。建立营运计划调整的流程和机制，规范营运计划的调整。营运计划的调整应由具体执行的所属企业或部门提出调整申请，经批准后下达正式文件。

(四) 营运监控分析与报告

为了强化营运监控，确保企业营运目标的顺利完成，企业应结合自身实际情况，按照日、周、月、季、年等频率建立营运监控体系；并按照 PDCA 管理原则，不断优化营运监控体系的各项机制，做好营运监控分析工作。

企业营运分析的一般步骤包括：(1) 明确营运目的，确定有关营运活动的范围；(2) 全面收集有关营运活动的资料，进行分类整理；(3) 分析营运计划与执行的差异，追溯原因；(4) 根据差异分析采取恰当的措施，并进行分析和报告。

企业应将营运监控分析的对象、目的、程序、评价及改进建议形成书面分析报告。分析报告按照分析的范围及内容可以分为综合分析报告、专题分析报告和简要分析报告；按照分析的时间分为定期分析报告和不定期分析报告；应建立预警、督办、跟踪等营运监控机制，及时对营运监控过程中发现的异常情况进行通报、预警，按照 PDCA 管理原则督促相关责任人将工作举措落实到位；应建立信息报送、收集、整理、分析、报告等日常管理机制，保证信息传递的及时性和可靠性；建立营运监控管理信息系统、营运监控信息报告体系等，保证营运监控分析工作的顺利开展。

(五) 营运绩效管理

企业可以开展营运绩效管理，激励员工为实现营运管理目标作出贡献，可以建立营运绩效管理委员会、营运绩效管理办公室等不同层级的绩效管理组织，明确绩效管理流程和审批权限，制定绩效管理制度。

企业也可以以营运计划为基础，制定绩效管理指标体系，明确绩效指标的定义、计算口径、统计范围、绩效目标、评价标准、评价周期、评价流程等内容，确保绩效指标具体、可衡量、可实现、相关以及具有明确期限。绩效管理指标应以企业营运管理指标为基础，做到无缝衔接、层层分解，确保企业营运目标的落实。

第二节 最佳现金持有量决策

现金的管理除了做好日常收支，加速现金流转速度外，还需控制好现金持有规模，即确定适当的现金持有量。下面是两种确定最佳现金持有量的方法。

京能集团虚拟集团管理模式下的资金管理与成本控制

一、成本模型

成本模型强调的是：持有现金是有成本的，最优的现金持有量是使得现金持有成本最小化的持有量。成本模型考虑的现金持有成本包括如下项目。

D企业：RPA优化资金结算过程，助力企业预算管理活动

（一）机会成本

现金的机会成本，是指企业因持有一定现金而丧失的再投资收益。再投资收益是企业不能同时用该现金进行有价证券投资（一般假设）所产生的机会成本，这种成本在数额上等于资金成本。例如，太某公司的资本成本为10%，年均持有现金50万元，则该企业每年持有现金的机会成本为5万元（50×10%）。放弃的再投资收益即机会成本属于变动成本，它与现金持有量的多少密切相关，即现金持有量越大，机会成本越大，反之就越小。

（二）管理成本

现金的管理成本，是指企业因持有一定数量的现金而发生的管理费用。例如，管理人员工资、安全措施费用等。一般认为这是一种固定成本，这种固定成本在一定范围内和现金持有量之间没有明显的比例关系。

（三）短缺成本

现金短缺成本是指在现金持有量不足，又无法及时通过有价证券变现加以补充所给企业造成的损失，包括直接损失与间接损失。现金的短缺成本随现金持有量的增加而下降，随现金持有量的减少而上升，即与现金持有量负相关。

成本分析模式是根据现金相关成本，分析预测其总成本最低时现金持有量的一种方法。其计算公式为：

最佳现金持有量下的现金相关成本 = min（管理成本 + 机会成本 + 短缺成本）

其中，管理成本属于固定成本，机会成本是正相关成本，短缺成本是负相关成本。因此，成本分析模式是要找到机会成本、管理成本和短缺成本所组成的总成本曲线中最低点所对应的现金持有量，把它作为最佳现金持有量。可用图 7 – 1 表示。

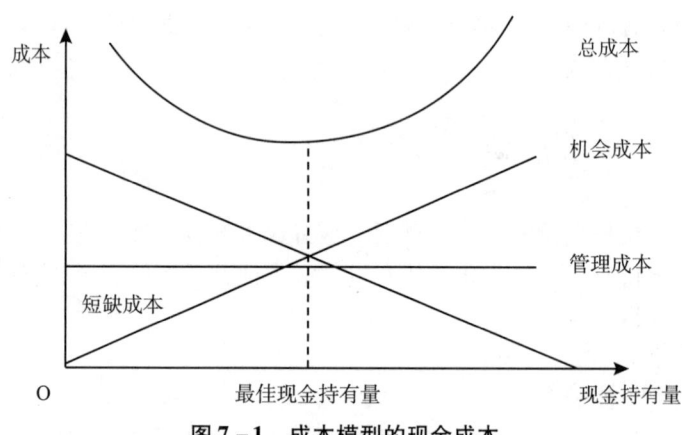

图 7 – 1　成本模型的现金成本

在实际工作中运用成本分析模式确定最佳现金持有量的具体步骤为：

（1）根据不同现金持有量测算并确定有关成本数值；

（2）按照不同现金持有量及其相关成本资料编制最佳现金持有量测算表；

（3）在测算表中找出总成本最低时的现金持有量，即最佳现金持有量。

由成本分析模型可知，如果减少现金持有量，则增加短缺成本；如果增加现金持有量，则增加机会成本。改进上述关系的一种办法是：当拥有多余现金时，将现金转换为有价证券；当现金不足时，将有价证券转换成现金。但现金和有价证券之间的转换，也需要成本，称为转换成本。转换成本是指企业用现金购入有价证券以及用有价证券换取现金时付出的交易费用，即现金同有价证券之间相互转换的成本，如买卖佣金、手续费、证券过户费、印花税、实物交割费等。转换成本可以分为两类：一是与委托金额相关的费用，如买卖佣金、印花税等;二是与委托金额无关,只与转换次数有关的费用,如委托手续费、过户费等。证券转换成本与现金持有量即有价证券变现额的多少有关,必然对有价证券的变现次数产生影响,即现金持有量越少,进行证券变现的次数越多,相应的转换成本就越大。

【例 7-1】太某公司有四种现金持有方案,它们各自持有量(平均)、管理成本、短缺成本如表 7-1 所示。

表 7-1　　　　　　　　现金持有方案　　　　　　　单位:元

方案项目	甲	乙	丙	丁
现金持有量	250 000	500 000	750 000	1 000 000
管理成本	200 000	200 000	200 000	200 000
短缺成本	120 000	67 500	25 000	0

这四种方案的总成本计算结果如表 7-2 所示。

假设现金的机会成本率为 12%。要求确定现金最佳持有量。

表 7-2　　　　　　　　现金持有总成本　　　　　　　单位:元

方案项目	甲	乙	丙	丁
机会成本	30 000	60 000	90 000	120 000
管理成本	200 000	200 000	200 000	200 000
短缺成本	120 000	67 500	25 000	0
总成本	350 000	32 750	315 000	320 000

将以上各方案的总成本加以比较可知,丙方案的总成本最低,故 750 000 元是该企业的最佳现金持有量。

二、存货模型

企业平时持有较多的现金,会降低现金的短缺成本,但也会增加现金占用的机会成本;平时持有较少的现金,则会增加现金的短缺成本,却能减少现金占用的机会成本。如果企业平时只持有较少的现金,在有现金需要时(如手头的现金用尽),通过出售有价证券换回现金(或从银行借入现金),既能满足现金的需要,避免短缺成本,又能减少机会成本。因此,适当的现金与有价证券之间的转换,是企业提高资金使用效率的有效途径。这与企业奉行的营运资金政策有关。采用宽松的流动资产投资政策时,保留较多的现金则转换次数少。如果经常进行大量的有价证券与现金的转换,则会加大转换交易成本,因此,如何确定有价证券与现金的每次转换量,是一个需要研究的问题。这可以应用现金持有量的存货模式解决。有价证券转换回现金所付出的代价(如支付手续费用),被称为现金的交易成本。现金的交易成本与现金转换次数、每次的转换量有关。假定现金每次的交易成本是固定的,在企业一定时期现金使用量确定的前提下,每次以有价证券转换回现金的金额越大,企业平时持有的现金量便越高,转换的次数便越少,现金的交易成本就越低;反之,每次转换回现金的金额越低,企业平时持有的现金量便越低,转换的次数会越多,现金的交易成本就越高。可见,现金交易成本与持有量成反比。现金的交易成本与现金的机会成本所组成的相关总成本曲线,如图7-2所示。

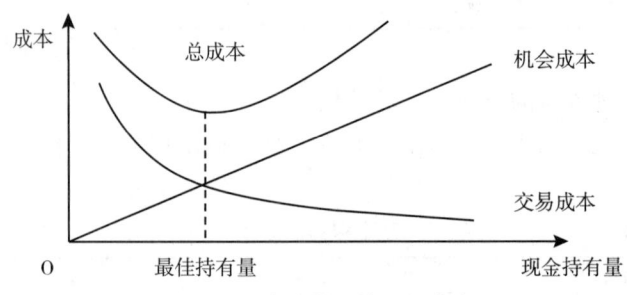

图7-2 存货模型的现金成本

在图7-2中,现金的机会成本和交易成本是两条随现金持有量呈不同方向发展的曲线,两条曲线交叉点相应的现金持有量,即相关总成本最低的现金持有量。

存货分析模型是借用存货管理经济批量公式来确定最佳现金持有量的一种方法,由美国经济学家威廉·鲍莫提出。这一模型的使用有如下假定:

(1) 企业在某一段时期内需用的现金已事先筹措得到,并以短期有价证券的形式存放在证券公司内;

(2) 企业对现金的需要是均匀、稳定、可知的,可通过分批抛售有价证券取得;

(3) 短期有价证券利率稳定、可知;

(4) 每次将有价证券变现的交易成本可知。

存货分析模型旨在使相关总成本,即机会成本和转换成本之和最小化。假设下列符号:

T——太某公司年现金总需求量;

F——每次转换有价证券的费用(即转换成本);

Q——现金持有量(每次证券变现的金额);

C^*——最佳现金持有量（总成本最低的现金持有量）；

K——有价证券利息率（机会成本率）；

TC——现金持有总成本。

则交易成本为：$(T/Q) \times F$

机会成本为：$(Q/2) \times K$

则相关总成本（TC）= 交易成本 + 机会成本

即 $TC = (Q/2) \times K + (T/Q) \times F$

当且仅当 $(Q/2) \times K = (T/Q) \times F$ 时，TC 达到最小，

此时，
$$C^* = \sqrt{\frac{2TF}{K}} \tag{7-1}$$

现金持有总成本：
$$TC = \sqrt{2TFK} \tag{7-2}$$

【例7-2】已知：太某公司现金收支平衡，预计全年（按360天计算）现金需要量为250 000元，现金与有价证券的转换成本为每次500元，有价证券年利率为10%。

要求：

（1）使用存货模式计算最佳现金持有量。

（2）使用存货模式计算最佳现金持有量下的全年现金管理总成本、全年现金交易成本和全年现金持有机会成本。

（3）计算最佳现金持有量下的全年有价证券交易次数和有价证券交易间隔期。

解：（1）最佳现金持有量 $C^* = \sqrt{\dfrac{2TF}{K}} = \sqrt{\dfrac{2 \times 250\ 000 \times 500}{10\%}} = 50\ 000$（元）

（2）全年现金管理总成本 $= \sqrt{2 \times 250\ 000 \times 500 \times 10\%} = 5\ 000$（元）

全年现金交易成本 $= (250\ 000/50\ 000) \times 500 = 2\ 500$（元）

全年现金持有机会成本 $= (50\ 000/2) \times 10\% = 2\ 500$（元）

（3）全年有价证券交易次数 $= 250\ 000/50\ 000 = 5$（次）

有价证券交易间隔期 $= 360/5 = 72$（天）

第三节 最优订货批量决策

康美药业的财务舞弊

采购决策是指根据企业经营目标的要求，提出各种可行采购方案，对方案进行评价和比较，按照满意性原则，对可行方案进行抉择并加以实施和执行采购方案的管理过程。采购决策是企业经营管理的

一项重要内容，其关键问题是如何制定最佳的采购方案，确定合理的商品采购数量，为企业创造最大的经济效益。下面重点从存货的成本和订货量两方面入手，分析采购决策的关键影响因素。

一、存货的成本构成

在存货决策中，通常需要考虑以下几种成本。

（一）采购成本

采购成本是指由购买存货而发生的买价（购买价格或发票价格）和运杂费（运输费用和装卸费用）构成的成本，其总额取决于采购数量和单位采购成本。由于单位采购成本一般不随采购数量的变动而变动，因此，在采购批量决策中，存货的采购成本通常属于无关成本，但当供应商为扩大销售而采用数量折扣等优惠方法时，采购成本就成为与决策相关的成本了。

（二）订货成本

订货成本是指为订购货物而发生的各种成本，包括采购人员的工资、采购部门的一般性费用（如办公费、水电费、折旧费、取暖费等）和采购业务费（如差旅费、邮电费、检验费等）。订货成本可以分为两大部分：为维持一定的采购能力而发生的各期金额比较稳定的成本（如折旧费、水电费、办公费等），称为固定订货成本；随订货次数的变动而成比例变动的成本（如差旅费、检验费等），称为变动订货成本，变动订货成本可以用公式"$Q/2 \times C$"计算得出。

（三）储存成本

储存成本是指为储存存货而发生的各种费用，通常包括两大类：一是付现成本，包括支付给储运公司的仓储费、按存货价值计算的保险费、陈旧报废损失、年度检查费用以及企业自设仓库发生的所有费用；二是资本成本，即由于投资于存货而不投资于其他可盈利对象所形成的机会成本。储存成本也可分为两部分：凡总额稳定，与储存存货数量的多少及储存时间长短无关的成本，称为固定储存成本；凡总额大小，取决于存货数量的多少及储存时间长短的成本，称为变动储存成本，变动储存成本可以用公式"$A/Q \times P$"计算得出。

订货成本、储存成本中的固定部分和变动部分，可依据历史成本资料，采用高低点法、散布图法或最小二乘法等方法进行分解。分解确定的固定订货成本和固定储存成本属于存货决策中的无关成本，可不予考虑。

(四) 缺货成本

缺货成本是指由于存货数量不能及时满足生产和销售的需要而给企业带来的损失。例如，因停工待料而发生的损失（如无法按期交货而支付的罚款、停工期间的固定成本等），由于商品存货不足而失去的创利额，因采取应急措施补足存货而发生的超额费用等。缺货成本大多属于机会成本，由于单位缺货成本往往大于单位储存成本，因此，尽管其计算比较困难，也应采用一定的方法估算单位缺货成本（短缺一个单位存货一次给企业带来的平均损失），以供决策之用。

在允许缺货的情况下，缺货成本是与决策相关的成本，但在不允许缺货的情况下，缺货成本是与决策无关的成本。

二、经济订购批量

为了便于分析，有必要将存货分为两类：(1) 营运存货，即在正常生产经营过程中所需要的存货量；(2) 安全存货，即为避免延迟到货、生产速度加快及其他情况发生，满足生产、销售需要的存货量。由于实际工作中大量遇到的是营运存货的决策问题（许多存货不需要安全存量），下面就以营运存货这种基本存货为例，说明订购批量模型。

所谓订购批量，是指每次订购货物（材料、商品等）的数量。在某种存货全年需求量已定的情况下，降低订购批量，必然增加订货批次。一方面，使存货的储存成本（变动储存成本）随平均储存量的下降而下降；另一方面，使订货成本（变动订货成本）随订购批次的增加而增加。反之，减少订货批次必然要增加订购批量，在减少订货成本的同时，储存成本将会增加。可见，存货决策的目的就是确定使这两种成本合计数最低时的订购批量，即经济订购批量。

为了推导计算经济订购批量的数学模型，作如下假设：

A——某种存货全年需要量；

Q——订购批量；

Q^*——经济订购批量；

A/Q——订购批次；

A/Q^*——经济订购批次；

P——每批订货成本；

C——单位存货年储存成本；

T——年成本合计（年订购成本和年储存成本的合计）；

T^*——最低年成本合计。

由于年成本合计等于年订货成本与年储存成本之和，因此有式（7-3）：

$$T = \frac{Q}{2} \times C + \frac{A}{Q} \times P \qquad (7-3)$$

年订货成本、年储存成本及年成本合计的图形如图7-3所示。

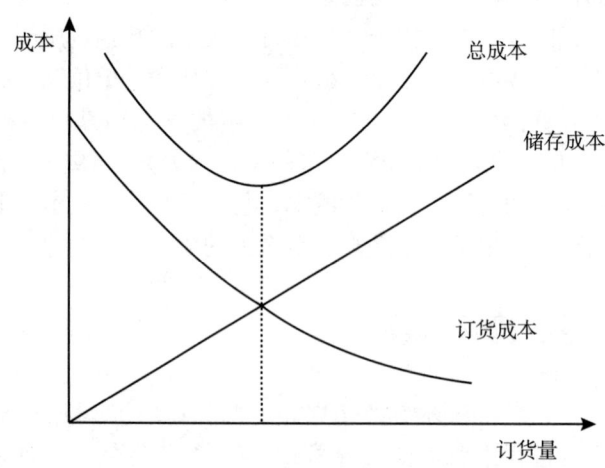

图7-3 经济订货批量模型

从图7-3可以看出，T（年成本合计）是一条凹形曲线，当其一阶导数为零时，其值最低，如式（7-4）~式（7-7）所示。

以Q为自变量，求函数T的一阶导数：

$$T' = \left(\frac{Q}{2} \times C + \frac{A}{Q} \times P \right)' = \frac{C}{2} - \frac{AP}{Q^2} \qquad (7-4)$$

令其为0，可求得：经济订货批量 $Q^* = \sqrt{\dfrac{2AP}{C}}$ （7-5）

经济订购批次 $\dfrac{A}{Q^*} = \sqrt{\dfrac{AC}{2P}}$ （7-6）

则年最低成本合计 $T^* = \sqrt{2APC}$ （7-7）

【例7-3】太某公司每年某型材料A使用量为7 200吨，该型材料储存成本中的付现成本为每吨4元，单位采购成本为60元。该公司的资本成本为20%，订购该型材料一次的成本P为1 600元。每吨储存成本C为16元（4+60×20%），则：

（1）经济订货批量 $Q^* = \sqrt{\dfrac{2 \times 7\ 200 \times 1\ 600}{16}} = 1\ 200$ （吨）

（2）经济订购批次 $\dfrac{A}{Q^*} = \sqrt{\dfrac{7\ 200 \times 16}{2 \times 1\ 600}} = 6$ （次）

（3）则年最低成本合计 $T^* = \sqrt{2 \times 7\ 200 \times 1\ 600 \times 16} = 19\ 200$ （元）

第四节 生产决策

生产决策——宁德时代的数字化转型

生产决策的核心是"合理"，在面临亏损的情况下，如何趋利避害；在资源有限的情况下作出"合理"的生产安排。通常，我们用贡献毛益（也叫边际贡献法）和差量损益两种方法进行决策。贡献毛益法，指的是各种产品的销售收入总额与销售变动成本总额之差。贡献毛益法选优的标准包括哪个方案的该项指标大，哪个方案为优。贡献毛益法是为作出最佳选择而对有关备选方案预期的销售收入、变动成本和二者之间的差额——边际贡献所进行的计量、比较与分析。贡献毛益法是在现有生产经营条件下固定成本总额保持相对稳定和采用变动成本计算方法的基础上进行的。当有关备选方案的预期收入总额大于变动成本总额，边际贡献总额为正数时，其在经济上较为有利，而以边际贡献总额大者为最优，当有关备选方案的预期收入总额小于变动成本总额，边际贡献总额为负数时，则其在经济上不利。贡献毛益法适用于收入成本型（收益型）方案的择优决策，尤其适用于多个方案的择优决策。

差量损益是指差量收入与差量成本之间的数量差异。当差量收入大于差量成本时，其数量差异为差量收益；当差量收入小于差量成本时，其数量差异为差量损失。差量损益实际是两个备选方案预期收益之间的数量差异。差量损益的计算有两个途径：一是依据定义计算；二是用差量收入减去差量成本计算，决策中多采用后一方式计算求得。差量损益分析法适用于同时涉及成本和收入的两个不同方案的决策分析，常常通过编制差量损益分析表进行分析评价。

生产管理决策是企业短期经营决策的重要内容，它主要针对企业短期内（或者当前经营规模范围内）是否生产、生产什么、怎样组织生产等问题进行的相关决策。典型的生产决策包括亏损产品事发后需要停产的决策、零部件自制还是外购的决策、特殊订单是否接受的决策、限制资源如何最有效利用的决策、产品是否进一步深加工的决策等。

一、亏损产品是否停产的决策

7.1 亏损产品是否停产的决策

对于产品多元化的企业而言，通常企业利润的绝大部分是由几种核心产品所带来的，其他非核心产品提供的利润往往很少，有的甚至亏损。对于亏损的产品或者部门，企业是否应该立即停产呢？从短期经营决策的角度,关键是看该产品或者部门能否给企业带来正的边际贡献。

【例7-4】假定太某公司生产甲、乙两种产品,两种产品的相关受益情况如表7-3所示。

表7-3　　　　　　　　相关数据资料　　　　　　　　单位:元

项目	甲产品	乙产品	合计
销售收入	100 000	500 000	600 000
变动成本	60 000	300 000	360 000
边际贡献	40 000	200 000	240 000
固定成本	20 000	250 000	270 000
营业利润	20 000	-50 000	-30 000

由于乙产品的营业利润为-50 000元,即亏损50 000元,因此,企业的管理层需要考虑是否应该停止乙产品的生产。对此,可以分析如下:在短期内,即使停产乙产品,固定成本也不会相应降低。如果停产乙产品,则企业的营业利润仅来源于甲产品的边际贡献40 000元扣除固定成本总额270 000元(=20 000+250 000),营业利润额将为-230 000元(=40 000-270 000),

反而扩大了亏损额。为什么会出现这种现象呢?原因在于乙产品虽然亏损,但是提供的边际贡献仍然为正。乙产品如果继续生产,其边际贡献200 000元能够抵减部分固定成本(200 000元),但是如果停产,则连20 000元的固定成本也无法抵减,因此会造成营业利润的下降。由此可见,在短期内,如果企业的亏损产品能够提供正的边际贡献,就不应该立即停产。

二、特殊订单是否接受的决策

7.2　特殊订单是否接受的决策

企业往往会面对一些特殊的订货合同,这些订货合同的价格有时会低于市场价格,甚至低于平均单位成本。在决定是否接受这些特殊订货时,决策分析的基本思路是比较该订单所提供的边际贡献是否能够大于该订单所引起的相关成本。企业管理人员应针对各种不同情况,进行具体分析,并作出决策。

(1)如果追加订货不影响正常销售的完成,即利用剩余生产能力就可以完成追加订货,又不需要追加专属成本,而且剩余生产能力无法转移。这是,只要特殊订单的单价大于该产品的单位变动成本,就可以接受该追加订货。

（2）如果该订货要求追加专属成本，其他条件同（1），则接受该追加订货的前提条件就应该是：该方案的边际贡献大于追加的专属成本。

（3）如果相关的剩余生产能力可以转移，其他条件同（1），则应该将转移剩余生产能力的可能收益作为追加订货方案的机会成本予以考虑，当追加订货创造的边际贡献大于机会成本时则可以接受该订货。

（4）如果追加订货影响正常销售，即剩余生产能力不够生产全部的追加订货，从而减少正常销售，其他条件同（1），则由此而减少的正常边际贡献作为追加订货方案的机会成本。当追加订货的边际贡献足以补偿这部分机会成本时，则可以接受订货。

【例7-5】太某公司A产品的生产能力为10 000件，目前的正常订货量为8 000件，销售单价10元，产品单位产品的成本为8元，成本构成如表7-4所示。

表7-4　　　　　　成本构成资料　　　　　　单位：元

直接材料	3
直接人工	2
变动制造费用	1
固定制造费用	3
单位产品成本	9

现有客户向该企业追加订货，且客户只愿意出价每件7元，如果有关情况如下：

（1）如果订货2 000件，剩余生产能力无法转移，且追加订货不需要追加专属成本。

（2）如果订货2 000件，剩余生产能力无法转移，但需要追加一台专用设备，全年如果需要支付专属成本1 000元。

（3）如果订货2 500件，剩余生产能力无法转移，也不需要追加专属成本。

（4）如果订货2 500件，剩余生产能力可以对外出租，可获租金3 000元，另外追加订货需要追加专属成本1 000元。

请分别针对上述不同情况，分析企业是否应该接受该订单。

下面我们分别分析如下：

（1）特殊订单的定价为每件7元，单位变动成本为6元（3 + 2 + 1），因此，接受该订单可以增加边际贡献2 000元，应该接受该订单。

(2) 订货可增加边际贡献 2 000 元，扣除了增加的专属成本 1 000 元，可以增加利润 1 000 元。因此应该接受该订单。

(3) 接受订单会影响到正常的销售，企业的剩余生产能力能够生产 2 000 件。其余的 500 件要减少正常的订货量，因此 500 件正常销售所带来的边际贡献应该作为接受订单的机会成本。订单的 2 500 件会带来边际贡献 2 500 × (7 - 6) = 2 500（元），扣除 500 件的机会成本 500 × (10 - 6) = 2 000（元），增加利润 = 2 500 - 2 000 = 500（元）。因此应该接受该订单。

(4) 剩余生产能力的年租金应该作为接受订单的机会成本，接受订单的差额利润计算如表 7 - 5 所示。

表 7 - 5　　　　　　　　　差额利润计算表　　　　　　　　单位：元

项目	接受追加订单
增加的相关收入	7 × 2 500 = 17 500
增加的变动成本	6 × 2 500 = 15 000
增加的边际贡献	2 500
减：专属成本	1 000
机会成本（减少的正常销售）	500 × (10 - 6) = 2 000
机会成本（租金收入）	3 000
增量收益	- 3 500

接受订单带来的差额利润为 - 3 500 元，即减少利润 3 500 元，显然此时企业不应该接受该订单。

三、限制资源最佳利用决策

每个单位可能都有自己的最紧缺资源，有的企业最紧缺关键技术人才，有的企业最紧缺关键设备，有的企业最缺资金，有的企业最缺水，有的企业最缺电。最紧缺的资金，一般也叫瓶颈资源。瓶颈资源满足不了企业的需要，资源有限，就存在一个企业如何来安排生产，优先生产哪种产品，才能最大限度地利用好瓶颈资源，让企业产生最大的经济效益。我们把这种决策叫限制资源最佳利用的决策。这类决策也是企业在日常生产经营活动中经常会遇到的决策问题。

在这类决策中，通常是短期的日常的生产经营安排，因此固定成本对决策没有影响，或者影响很小。决策原则是主要考虑如何安排生产才能最大化企业的总的边际贡献。下面举例说明。

【例7-6】太某公司生产A、B两种产品,这两种产品的有关数据资料如表7-6所示。该企业生产这两种产品时都需要用同一台机器设备进行加工,该机器设备属于该企业的最紧缺资源。该设备每月能提供的最大加工时间是12 000分钟。根据目前市场情况,该企业每月需要生产销售A产品4 000件,A产品每件需要该设备加工2分钟;该企业每月需要生产销售B产品7 000件,B产品每件需要该设备加工1分钟。现在企业生产需要每月该设备加工时间是7 000 + 4 000×2 = 15 000(分钟)。因此,目前该设备能提供的加工工时是每月12 000分钟,无法完全满足生产需要。请问该企业如何安排生产,才能最有效利用该项机器设备?

表7-6　　　　　　　　A、B产品相关数据　　　　　　　　单位:元

项目	A产品	B产品
销售单价	26	30
单位变动成本	10	18
单位边际贡献	15	12
边际贡献率(%)	60	40

从表7-6看出,生产A产品的单位边际贡献为16元,生产B产品的单位边际贡献是12元。是否应该先生产A产品?

从最有效利用限制资源角度,我们可以看出,紧缺机器1分钟可以生产一件B产品,创造边际贡献是12元;同样一分钟,用来生产A产品,只能生产半件,创造的边际贡献是16/2 = 8元。如表7-7所示。

表7-7　　　　　　单位限制资源边际贡献计算表

项目	A产品	B产品
单位产品边际贡献(元)	16	12
每件产品需要加工时间(分钟)	2	1
单位限制资源边际贡献(元/分钟)	8	12

从最有效利用限制资源角度看,同样的时间,优先用来生产B产品效益高。因此该企业可以优先安排生产B产品,剩余的机器加工资源再来安排生产A产品。如此,应该能产生最大经济效益。如表7-8所示。

表 7-8 最有效利用紧缺机器的生产安排

项目	生产安排
B 产品的产销量	7 000 件
B 产品对紧缺机器加工时间需求	7 000×1 分钟 = 7 000 分钟
能提供的紧缺机器加工时间/月	12 000 分钟
安排 B 产品生产剩余加工时间	12 000 - 7 000 = 5 000 分钟
可用于 A 产品的机器加工时间	5 000 分钟
可用于加工 A 产品的产量	5 000/2 = 2 500 件

如表 7-8 所示，现在最优的生产安排是优先安排生产 B 产品，生产 B 产品 7 000 件，剩余生产能力安排生产 A 产品，可生产 A 产品 2 500 件。在这样的生产安排下，该企业能产生的最大总边际贡献为 7 000×12 + 2 500×16 = 84 000 + 40 000 = 124 000（元）。该类决策最关键的指标是"单位限制资源的边际贡献"。

四、产品是否应进一步深加工的决策

7.3 产品是否深加工的决策

有些企业生产的产品，既可以直接对外销售，也可以进一步加工后再出售。例如，纺织厂生产的棉纱可以直接出售，也可以进一步加工成坯布出售。牛肉加工企业生产的牛肉可以直接对外销售，也可以进一步加工成火腿肠等产品后出售。此时企业需要对产品是直接出售还是进一步深加工两方案进行选择。

在这种决策类型中，进一步深加工前的半成品所发生的成本，都是无关的沉没成本。因为无论是否深加工，这些成本都已经发生而不能改变。相关成本只应该包括进一步深加工所需的追加成本，相关收入则是加工后出售和直接出售的收入之差。对这类决策通常采用差量分析的方法。

【例 7-7】太某公司生产 A 半成品 10 000 件，销售单价为 50 元，单位变动成本为 20 元，全年固定成本总额为 200 000 元，若把半成品进一步加工为 B 产品，则每件需追加变动成本 10 元，产品的销售单价为 80 元。

（1）企业已经具备进一步加工 10 000 件 A 半成品的能力，该生产能力无法转移，且需要追加专属固定成本 50 000 元（见表 7-9）。

表 7-9 差额利润分析 单位：元

项目	进一步加工	直接出售	差额
相关收入	80×10 000 = 800 000	50×10 000 = 500 000	300 000
相关成本	150 000	0	150 000

续表

项目	进一步加工	直接出售	差额
其中：变动成本	10×10 000=100 000	0	
专属成本	50 000	0	
差额利润			150 000

可见，进一步加工方案会提高收益 50 000 元，因此企业应该进一步深加工该产品。

（2）企业只具备进一步加工 7 000 件 A 半成品的能力，该能力可用于对外承揽加工业务，预计一年可获得边际贡献 75 000 元（见表 7-10）。

表 7-10　　　　　　　　　差额利润分析　　　　　　　单位：元

项目	进一步加工	直接出售	差额
相关收入	80×7 000=560 000	50×7 000=350 000	210 000
相关成本	145 000	0	145 000
其中：变动成本	10×7 000=70 000	0	
专属成本	75 000	0	
差额利润			65 000

从表 7-10 可以看出，进一步加工会增加利润 65 000 元，因此企业应该进一步加工。

五、零部件自制与外购的决策

对于某些行业的企业来说，零部件既可以自制也可以选择向外部供应商购买。例如，汽车制造企业所需要的汽车配件，可以自行生产，也可以向外部的零部件供应商采购。零部件是自制还是外购，从短期经营决策的角度，需要比较两种方案的相关成本，选择成本较低的方案即可。在决策时还需要考虑企业是否有剩余生产能力，如果企业有剩余生产能力，不需要追加设备投资，则新增加的专属成本也应该属于相关成本。同时还需要把剩余生产能力的机会成本考虑在内。

7.4　零部件自制还是外购的决策

【例 7-8】太某公司是一家越野用山地自行车制造商，每年制造自行车需要外胎 10 000 个，外购成本每条 58 元，企业已有的轮胎生产车间有能力制造这种外胎，自制外胎的单位相关成本资料如表 7-11 所示：

表7-11　　　　　　　　　　相关成本资料　　　　　　　　　单位：元

直接材料	32
直接人工	12
变动制造费用	7
固定制造费用	9
变动成本	51
生产成本	60

结合下列各种情况下，分别作出该自行车外胎是自制还是外购的决策。

（1）如果公司现在具有足够的剩余生产能力，且剩余生产能力无法转移，即该生产车间不制造外胎时，闲置下来的生产能力无法被用于其他方面。

由于有剩余生产能力可以利用，且无法转移，所以零件自制外胎的相关成本仅包含自制变动成本。

自制的单位变动成本 = 32 + 12 + 7 = 51（元/条）

外购的相关成本 = 58（元/条）

由于自制方案比外购方案每年节约成本 70 000 元 = (58 - 51) × 10 000，这种外胎应采用自制方案。

（2）如果公司现在具备足够的剩余生产能力，但剩余生产能力可以转移用于加工自行车内胎，每年可以节省内胎的外购成本 20 000 元。

若选择自制外胎，则会放弃生产内胎所带来的成本节约 20 000 元，这可以看作是自制外胎的机会成本。相关差额成本分析如表7-12所示。

表7-12　　　　　　　　　　差额成本分析表　　　　　　　　　单位：元

项目	自制成本	外购成本	差额成本
变动成本	510 000	580 000	-70 000
机会成本	20 000		20 000
相关成本合计	530 000	580 000	-50 000

从表7-12中可知，自制成本低于外购成本 50 000 元，公司应该自制该外胎。

（3）如果公司目前只有生产外胎 5 000 条的生产能力，且无法转移，若自制 10 000 条，则需租入设备一台，月租金 4 000 元，这样使外胎的生产能力达到 13 000 条，相关差额成本分析如表7-13所示。

表 7-13　　　　　　　　差额成本分析表　　　　　　　单位：元

项目	自制成本	外购成本	差额成本
变动成本	510 000	580 000	-70 000
专属成本	4 000×12=48 000		
相关成本合计	558 000	580 000	-22 000

从表 7-13 中可知，自制外胎的年成本低于外购成本，差额成本为 22 000 元，公司应该选择自制该外胎。

在进行自制还是外购的决策时，决策者除了要考虑相关成本因素以外，还要考虑外购产品的质量、送货的及时性、长期供货能力、供货商的新产品研发能力以及本企业有关职工的抱怨程度等因素，在综合考虑各方面因素之后才能进行最后的选择。

第五节　营销决策

营销决策是企业以顾客需要为出发点，根据经验获得顾客需求量以及购买力的信息、商业界的期望值，有计划地组织各项经营活动。在以下篇幅中，着重介绍产品定价策略和应收账款策略，通过合理的定价和有计划的赊销策略，可以扩大销售，增强竞争力并获得利润。

瑞幸咖啡与茅台联名营销

一、产品定价决策

（一）产品销售定价原理

产品销售定价决策是企业生产经营活动中一个极为重要的问题，它关系到生产经营活动的全局。销售价格作为一种重要的竞争工具，在竞争激烈的市场上往往可以作为企业的制胜武器。在企业的销售定价决策过程中，除了借助数学模型等工具外，还要根据企业的实践经验和自身的战略目标进行必要的定性分析，来选择合适的定价策略。严格地说，销售定价是企业营销战略的重要组成部分，管理会计人员主要是从产品成本与销售价格之间的关系角度为管理者提供产品定价的要用信息。

7.5　定价决策

（二）产品销售定价的方法

从管理会计的角度，产品销售定价的基本规则是：从长期来看，销售收入必须足以弥补全部的生产、行政管理和营销成本,并为投资者提供合理的利润,以维持企业的生存和发展。因此,产品的价格应该是在成本的基础上进行一定的加成后得到的。

1. 成本加成定价法

成本加成定价法的基本思路是先计算成本基础,然后在此基础上加上一定的"成数",通过"成数"获得预期的利润,以此得到产品的目标价格。这里所说的成本基数,既可以是完全成本计算法下的产品成本,也可以是变动成本计算法下的变动成本。

（1）完全成本加成法　在完全成本加成法下,成本基数为单位产品的制造成本,以这种制造成本进行加成,加成部分必须能弥补销售以及管理费用等非制造成本,并为企业提供满意的利润。也就是说,"加成"的内容应该包括非制造成本及合理利润。

【例7-9】某公司正在研究某新产品的定价问题,该产品预计年产量为1 000件。公司的会计部门收集到有关该产品的预计成本资料如表7-14所示。

表7-14　　　　　　　　相关数据资料　　　　　　　　单位:元

成本项目	单位产品成本	总成本
直接材料	6	6 000
直接人工	4	4 000
变动制造费用	3	3 000
固定制造费用	7	7 000
变动销售及管理费用	2	2 000
固定销售及管理费用	1	1 000

假定该公司经过研究确定在制造成本的基础上,加成50%作为这项产品的目标销售价格。则产品的目标销售价格计算过程如表7-15所示。

表7-15　　　　　　　　目标销售价格的计算　　　　　　　　单位:元

成本项目	单位产品
直接材料	6
直接人工	4
制造费用	10
单位产品制造成本	20
成本加成:制造成本的50%	10
目标销售价格	30

根据表 7-15 的计算，按照制造成本进行加成定价，目标销售价格为 30 元。

（2）变动成本加成法 企业采用变动成本加成，成本基数为单位产品的变动成本，加成的部分要求弥补全部固定成本，并为企业提供满意的利润。此时，在确定"加成率"时，应考虑是否涵盖了全部的固定成本和预期利润。

仍以上述公司为例，假设该公司经过研究确定采用变动成本加成法，在变动成本的基础上，加成 100% 作为该项目产品的目标销售价格。计算过程如表 7-16 所示。

表 7-16　　　　　目标价格的计算　　　　　单位：元

成本项目	单位产品
直接材料	6
直接人工	4
变动性制造费用	3
变动性销售管理费用	2
单位产品变动成本	15
成本加成：变动成本的 100%	15
目标销售价格	30

根据表 7-16 的计算，目标销售价格仍然为 30 元。由此可见，变动成本加成法与完全成本加成法虽然计算的成本基数有所不同，但在思路上是相似的，都认为企业的定价必须弥补全部成本，只有成本基数的不同会引起加成比例的差异。此例中完全成本加成法下的加成率为 50%，变动成本加成率为 100%。

除了使用完全成本加成法和变动成本加成法以外，企业还可以使用标准成本法，即以标准成本作为成本基数，在此基础上进行加成定价。

2. 市场定价法

市场定价法，就是对于有活跃市场的产品，可以根据市场价格来定价，或者根据市场上同类或者相似产品的价格来定价。例如广州首次发交通卡——羊城通卡的时候，对卡的定价，就曾经参考过香港的八达通卡和上海的交通卡的价格来进行定价。邯钢经验中的"模拟市场核算"，其核心要义就是对邯钢集团内部各种消耗和内部转让价格基本都根据同类产品的市场价格来进行定价。市场定价法有利于时刻保持对市场的敏感性，对同行的敏锐性。

3. 新产品的销售定价方法

新产品的定价一般具有"不确定性"的特点。因为新产品还没有被消费者所了解，因此需求量难以确定。企业对新产品定价时，通常要选择几个地区分别采用不同价格进行试销。通过试销，企业可以收集到有关新产品的市场反映的信息，以此确定产品的最终销售价格。新产品定价基本上存在撇脂性定价和渗透性定价两种策略。

（1）撇脂性定价法。撇脂性定价法是在新产品试销初期先定出较高的价格，以后随着市场的逐步扩大，再逐步把价格降低。这种策略可以使产品的销售初期获得较高的利润，但是销售初期的暴利往往会引来大量的竞争者，引起后期的竞争异常激烈，高价格很难维持。因此，这是一种短期性的策略，往往适用于产品生命周期较短的产品。例如，苹果智能手机刚进入市场时的定价。

（2）渗透性定价法。渗透性定价法是在新产品试销初期以较低的价格进入市场，以期迅速获得市场份额，等到市场地位已经较为稳固的时候，再逐步提高销售价格，比如"小米"手机的定价。这种策略在试销初期会减少一部分利润，但是它能有效排除其他企业的竞争，以便建立长期的市场地位，所以这是一种长期的市场定价策略。

4. 有闲置能力条件下的定价方法

有闲置能力条件下的定价方法是指在企业具有闲置生产能力时，面对市场需求的变化所采用的定价方法。当企业参加订货会，或者参加某项投标的情况下，往往会遇到较强的竞争对手，虽然每个厂家都希望以高价得标而获得高额利润，但是通常只有报价较低的厂商才能中标。这时管理者为了确保中标，往往以该投标产品的增量成本作为定价基础。当公司存在剩余生产能力时，增量成本即为该批产品的变动成本。这种定价方法虽然定价会较低，但是短期内可以维持企业的正常运营，并维持员工的稳定，还可以抵补一部分固定成本。

在这种情况下，企业产品的价格应该在变动成本与目标价格之间进行选择。

$$变动成本 = 直接材料 + 直接人工 + 变动制造费用$$
$$+ 变动销售和行政管理费用$$
$$成本加成 = 固定成本 + 预期利润$$
$$目标价格 = 变动成本 + 成本加成$$

【例7-10】某市政府按规划建造一座新的游船停泊港，拟向社会公开招标。某船舶运输公司主营各港口间的客运和货运服务，其下属的港口建设部准备参与该项目的竞标。经过会议讨论，公司管理层认为该港口工程项目对维持该部门的正常运转非常重要，因为港口建设部已经连续几个月处于施工能力以下，工程设备和人员大量闲置，并且该项目不会妨碍该部门承接其他工程项目。

根据公司会计部门提供的资料，港口建设工程成本估算如下：

直接物质成本 1 800 万元；
直接人工成本 3 000 万元；
变动建造费用 750 万元；
变动成本合计 5 550 万元；
固定成本估算 1 200 万元；
工程总成本估算 6 750 万元。

由于该港口建设还有剩余施工能力，因此只要价格超过该工程的变动成本 5 550 万元，就能弥补一些固定制造费用，并提供边际贡献。可见，当企业有闲置施工能力时，企业的投标价格通常会更低一些，因此，此时只要价格高于工程变动成本企业就可以接受。

二、应收账款决策

（一）应收账款的功能

企业通过提供商业信用，采取赊销、分期付款等方式可以扩大销售，增强竞争力，获得利润。应收账款的功能指其在生产经营中的作用。主要有以下两方面：

1. 增加销售功能

在激烈的市场竞争中，通过提供赊销可有效地促进销售。因为企业提供赊销不仅向顾客提供了商品，也在一定时间内向顾客提供了购买该商品的资金，顾客将从赊销中得到好处。所以赊销会带来企业销售收入和利润的增加。

2. 减少存货功能

企业持有一定产成品存货时，会相应地占用资金，形成仓储费用、管理费用等，产生成本；而赊销则可避免这些成本的产生。所以当企业的产成品存货较多时，一般会采用优惠的信用条件进行赊销，将存货转化为应收账款，节约支出。

（二）应收账款的成本

应收账款作为企业为扩大销售和盈利的一项投资，也会产生一定的成本。所以企业需要在应收账款所增加的盈利和所增加的成本之间作出权衡。应收账款的成本主要有：

1. 应收账款的机会成本

应收账款会占用企业一定量的资金，而企业若不把这部分资金投放于应收账款，便可以用于其他投资并可能获得收益，例如投资债券获得利息收入。这种因投放于应收账款而放弃其他投资所带来的收益，即为应收账款的机会成本。

"老赖"拒还欠款 法院执行利剑显威严

2. 应收账款的管理成本

主要是指在进行应收账款管理时，所增加的费用。主要包括：调查顾客信用状况的费用、收集各种信息的费用、账簿的记录费用、收账费用等。

3. 应收账款的坏账成本

在赊销交易中，债务人由于种种原因无力偿还债务，债权人就有可能无法收回应收账款而发生损失，这种损失就是坏账成本。可以说，企业发生坏账成本是不可避免的，而此项成本一般与应收账款发生的数量成正比。

（三）应收账款决策

企业在作应收账款决策时，往往需要对客户进行信用的定性分析和定量分析，在信用分析的基础之上再考虑给予的信用条件。

1. 信用的定性分析

信用的定性分析是指对申请人"质"方面的分析，一般采用5C信用评价系统①，即评估申请人信用品质的五个方面：品质、能力、资本、抵押和条件。

品质（Character）：品质是指个人申请人或企业申请人管理者的诚实和正直表现。品质反映了个人或企业在过去的还款中所体现的还款意图和愿望。

能力（Capacity）：能力反映的是企业或个人在其债务到期时可以用于偿债的当前和未来的财务资源。可以使用流动比率和现金流预测等方法评价申请人的还款能力。

资本（Capital）：资本是指如果企业或个人当前的现金流不足以还债，他们在短期和长期内可供使用的财务资源。

抵押（Collateral）：抵押是指当企业或个人不能满足还款条款时，可以用作债务担保的资产或其他担保物。

条件（Condition）：条件是指影响顾客还款能力和还款意愿的经济环境，对申请人的这些条件进行评价以决定是否给其提供信用。

2. 信用的定量分析

进行商业信用的定量分析可以从考查信用申请人的财务报表开始。通常使用比率分析法评价顾客的财务状况。常用的指标有：流动性和营运资本比率（如流动比率、速动比率以及现金对负债总额比率）、债务管理和支付比率（利息保障倍数、长期债务对资本比率、带息债务对资产总额比率，以及负债总额对资产总额比率）和盈利

---

① 弗兰克·J. 法博齐等. 金融市场与金融机构基础（原书第五版）[M]. 北京：机械工业出版社，2023.

能力指标（销售回报率、总资产回报率和净资产收益率）。将这些指标和信用评级机构及其他协会发布的行业标准进行比较可以洞察申请人的信用状况。

3. 信用条件

信用条件是销货企业要求赊购客户支付货款的条件，由信用期和现金折扣两个要素组成。规定信用条件包括设计销售合同或协议来明确规定在什么情形下可以给予信用。企业必须建立信息系统或购买软件对应收账款进行监控以保证信用条款的执行，并且查明顾客还款方式在总体和个体方面可能发生的变化。

（1）信用期。信用期是企业允许顾客从购货到付款之间的时间，或者说是企业给予顾客的付款期间。例如，若某企业允许顾客在购货后的 50 天内付款，则信用期为 50 天，信用期过短，不足以吸引顾客，在竞争中会使销售额下降；信用期过长，对销售额增加固然有利，但只顾及销售增长而盲目放宽信用期，所得到的收益有时会被增长的费用抵销，甚至造成利润减少。因此，企业必须慎重研究，确定出恰当的信用期。

信用期的确定，主要是分析改变现行信用期对收入和成本的影响。延长信用期，会使销售额增加，产生有利影响；与此同时，应收账款、收账费用和坏账损失增加，会产生不利影响。当前者大于后者时，可以延长信用期，否则不宜延长。如果缩短信用期，情况与此相反。

【例 7-11】太某公司目前采用 30 天按发票金额（即无现金折扣）付款的信用政策，拟将信用期间放宽至 60 天，仍按发票金额付款。假设该风险投资的最低报酬率为 15%，其他有关数据如表 7-17 所示。

表 7-17　　　　　　　　　　信用期决策数据

项目	信用期间（30 天）	信用期间（60 天）
"全年"销售量（件）	100 000	120 000
"全年"销售额（单价 5 元）	500 000	600 000
"全年"销售成本（元）：		
变动成本（每件 4 元）	400 000	480 000
固定成本（元）	50 000	50 000
毛利（元）	50 000	70 000
可能发生的收账费用（元）	3 000	4 000
可能发生的坏账损失（元）	5 000	9 000

注："全年"字样要特别注意，千万不能理解为 "30 天内销售 100 000 件"及 "60 天内销售 120 000 件"，正确的理解为：在 30 天和 60 天信用期两种销售政策下，年销售量分别为 100 000 件和 120 000 件。

在分析时，先计算放宽信用期得到的收益，然后计算增加的成本，最后根据两者比较的结果作出判断。

一方面，增加了收益：

增加的收益 = 销售量的增加 × 单位边际贡献 = (120 000 - 100 000) × (5 - 4) = 20 000（元）

另一方面，增加了相应的成本：

改变信用期间导致的应计利息增加 = 60 天信用期应计利息 - 30 天信用期应计利息 = $\frac{600\ 000}{360} \times 60 \times \frac{480\ 000}{600\ 000} \times 15\% - \frac{500\ 000}{360} \times 30 \times \frac{400\ 000}{500\ 000} \times 15\%$ = 7 000（元）

增加的收账费用 = 4 000 - 3 000 = 1 000（元）

增加的坏账损失 = 9 000 - 5 000 = 4 000（元）

由此可以算出信用期改变产生的税前损益：

改变信用期间的税前损益 = 收益增加 - 成本费用增加 = 20 000 - 7 000 - 1 000 - 4 000 = 8 000（元）

由于收益的增加大于成本增加，故应采用 60 天信用期。

上述信用期分析的方法比较简略，可以满足一般制定信用政策的需要。如有必要，也可以进行更细致的分析，如进一步考虑：销售增加引起存货增加而占用的资金。

【例 7-12】延续上例，假设上述 30 天信用期变为 60 天后，因销售量增加，年平均存货水平从 9 000 件上升到 20 000 件，每件存货按变动成本 3 元计算，其他情况不变。

由于增添了新的存货增加因素，需要在原来分析的基础上，再考虑存货增加而多占资金所带来的影响，需重新计算放宽信用期的损益。

存货增加而多占用资金的应计利息 = (20 000 - 9 000) × 3 × 15%
= 4 950（元）

改变信用期间的税前损益 = 收益增加 - 成本费用增加
= 20 000 - 7 000 - 1 000 - 4 000 - 4 950
= 3 050（元）

因为仍然可以获得税前收益，所以尽管会增加平均存货，还是应该采用 60 天的信用期。

（2）折扣条件。如果公司给顾客提供现金折扣，那么顾客在折扣期付款少付的金额产生的"成本"将影响公司收益。当顾客利用了公司提供的折扣，而折扣又没有促使销售额增长时，公司的净收益则会下降。当然上述收入方面的损失可能会全部或部分地由应收账款持有成本的下降所补偿。宽松的信用政策可能会提高销售收入，但是它也会使应收账款的服务成本、收账成本和坏账损失增加。

现金折扣是企业对顾客在商品价格上的扣减。向顾客提供这种价格上的优惠，主要目的在于吸引顾客为享受优惠而提前付款，缩短企业的平均收款期。另外，现金折扣也能招揽一些视折扣为减价出售的顾客前来购货，借此扩大销售量。折扣通常用如 5/10、3/20、N/30 这样的符号。这三个符号的含义分别为：5/10 表示 10 天内付款，可享受 5% 的价格优惠；3/20 表示 20 天内付款，可享受 3% 的价格优惠；N/30 表示付款的最后期限为 30 天，此时付款无优惠。

企业采用什么程度的现金折扣，要与信用期间结合起来考虑。比如，要求顾客最迟不超过 30 天付款，若希望顾客 20 天、10 天付款，能给予多大折扣？或者给予 5%、3% 的折扣，能吸引顾客在多少天内付款？不论是信用期间还是现金折扣，都可能给企业带来收益，但也会增加成本。现金折扣带给企业的好处前面已经讲过，它使企业增加的成本，则指的是价格折扣损失。当企业给予顾客某种现金折扣时，应当考虑折扣所能带来的收益与成本孰高孰低，权衡利弊。

因为现金折扣是与信用期间结合使用的，所以确定折扣程度的方法与程序实际上与前述确定信用期间的方法与程序一致，只不过要把所提供的延期付款时间和折扣综合起来，计算各方案的延期与折扣能取得多大的收益增量，再计算各方案带来的成本变化，最终确定最佳方案。

【例 7-13】 沿用上述信用期决策的数据，假设该公司在放宽信用期的同时，为了吸引顾客尽早付款，提出了 0.7/30，N/60 的现金折扣条件，估计会有一半的顾客（按 60 天信用期所能实现的销售量计算）将享受现金折扣优惠。

（1）收益的增加：

增加的收益 = 增加的销售量 × 单位边际贡献
   = (120 000 − 100 000) × (5 − 4) = 20 000（元）

（2）增加的应收账款占用资金的应计利息：

30 天信用期应计利息 = $\dfrac{500\,000}{360} \times 30 \times \dfrac{400\,000}{500\,000} \times 15\% = 5\,000$（元）

提供现金折扣的应计利息 = $\left(\dfrac{600\,000 \times 50\%}{360} \times 60 \times \dfrac{480\,000 \times 50\%}{600\,000 \times 50\%} \times 15\% \right) + \left(\dfrac{600\,000 \times 50\%}{360} \times 30 \times \dfrac{480\,000 \times 50\%}{600\,000 \times 50\%} \times 15\% \right)$

= 6 000 + 3 000 = 9 000（元）

增加的应收账款占用资金的应计利息 = 9 000 − 5 000 = 4 000（元）

(3) 收账费用和坏账损失增加：

增加的收账费用 = 4 000 – 3 000 = 1 000（元）

增加的坏账损失 = 9 000 – 5 000 = 4 000（元）

(4) 估计现金折扣成本的变化：

增加的现金折扣成本 = 新的销售水平 × 新的现金折扣率 × 享受现金折扣的顾客比例 – 旧的销售水平 × 旧的现金折扣率 × 享受现金折扣的顾客比例 = 600 000 × 0.7% × 50% – 500 000 × 0 × 0 = 2 100（元）

(5) 提供现金折扣后的税前损益：

增加的收益 – 增加的成本费用 = 20 000 – (4 000 + 1 000 + 4 000 + 2 100) = 8 900（元）

由于可获得税前收益，故应当放宽信用期，提供现金折扣。

（四）应收账款的监控

实施信用政策时，企业应当监督和控制每一笔应收账款和应收账款总额。例如，可以运用应收账款周转天数衡量企业需要多长时间收回应收账款，可以通过账龄分析表追踪每一笔应收账款，可以采用ABC分析法来确定重点监控的对象等。监督每一笔应收账款的理由是：第一，在开票或收款过程中可能会发生错误或延迟；第二，有些客户可能故意拖欠到企业采取追款行动才付款；第三，客户财务状况的变化可能会改变其按时付款的能力，并且需要缩减该客户未来的赊销额度。

1. 应收账款周转天数

应收账款周转天数或平均收账期是衡量应收账款管理状况的一种方法。应收账款周转天数的计算方法为：将期末在外的应收账款除以该期间的平均日赊销额。应收账款周转天数提供了一个简单的指标，将企业当前的应收账款周转天数与规定的信用期、历史趋势以及行业正常水平进行比较可以反映企业整体的收款效率。然而，应收账款周转天数可能会被销售量的变动趋势和销售的剧烈波动以及季节性销售所破坏。

【例7–14】太某公司假设20×9年3月底的应收账款为285 000元，信用条件为在50天按全额付清货款，过去三个月的赊销情况为：

1月：90 000.00元。

2月：105 000.00元。

3月：115 000.00元。

应收账款周转天数的计算：

$$平均日销售额 = \frac{90\,000 + 105\,000 + 115\,000}{90} = 3\,444.44（元）$$

$$应收账款周转天数 = \frac{应收账款平均余额}{平均日销售额} = \frac{2\,850\,000}{3\,444.44} = 82.74（天）$$

平均逾期天数的计算：

平均逾期天数＝应收账款周转天数－平均信用期天数＝82.74－50＝32.74（天）

2. 账龄分析表

账龄分析表将应收账款划分为未到信用期的应收账款和以 30 天为间隔的逾期应收账款，这是衡量应收账款管理状况的另外一种方法。企业既可以按照应收账款总额进行账龄分析，也可以分顾客进行账龄分析。账龄分析法可以确定逾期应收账款，随着逾期时间的增加，应收账款收回的可能性变小。假定信用期为 30 天，表 7－18 中的账龄分析表反映出 30% 的应收账款为逾期收款。

表 7－18　　　　　　　账龄分析表

账龄（天）	应收账款金额（元）	占应收账款总额的比例（%）
0~30	1 750 000	70
31~60	375 000	15
61~90	250 000	10
91 以上	125 000	5
合计	2 500 000	100

账龄分析表比计算应收账款周转天数更能揭示应收账款变化趋势，因为账龄分析表给出了应收账款分布的模式，而不仅仅是一个平均数。应收账款周转天数有可能与信用期相一致，但是有一些账户可能拖欠很严重。因此应收账款周转天数不能明确地表现出账款拖欠情况。当各个月之间的销售额变化很大时，账龄分析表和应收账款周转天数都可能发出类似的错误信号。

3. 应收账款账户余额的模式

账龄分析表可以用于建立应收账款余额的模式，这是重要的现金流预测工具。应收账款余额的模式反映一定期间（如一个月）的赊销额在发生赊销的当月月末及随后的各月仍未偿还的百分比。企业收款的历史决定了其正常的应收账款余额的模式。企业管理部门通过将当前的模式和过去的模式进行对比来评价应收账款余额模式的任何变化。企业还可以运用应收账款账户余额的模式来进行应收账款金额水平的计划，衡量应收账款的收账效率以及预测未来的现金流。

【例 7－15】下面的例子说明 1 月的销售在 3 月末应收账款为 50 000 元（见表 7－19）。

表 7 – 19　　　　　　　各月销售及收款情况　　　　　　　单位：元

1月销售：		250 000
1月收款（销售额的5%）	0.05×250 000	12 500
2月收款（销售额的40%）	0.40×250 000	100 000
3月收款（销售额的35%）	0.35×250 000	87 500
收款合计：		200 000
1月的销售仍未收回的应收账款：	250 000 – 200 000	50 000

计算未收应收账款的另一个方法是将销售三个月后未收回销售额的百分比（20%）乘以销售额 250 000 元，即：0.2×250 000 = 50 000（元）

然而，在现实世界中，有一定比例的应收账款会逾期或者会发生坏账。对应收账款账户余额的模式稍作调整可以反映这些项目。

【例 7 – 16】为了简便体现，假设没有坏账费用，收款模式如下（见表 7 – 20）：

（1）销售的当月收回销售额的 5%；

（2）销售后的第一个月收回销售额的 40%；

（3）销售后的第二个月收回销售额的 35%；

（4）销售后的第三个月收回销售额的 20%。

表 7 – 20　　　　　各月份应收账款账户余额模式

月份	销售额（元）	月销售中于3月底未收回的金额（元）	月销售中于3月底仍未收回的比例（%）
1月	250 000	50 000	20
2月	300 000	165 000	55
3月	400 000	360 000	90
4月	500 000		

3月末应收账款余额合计为：50 000 + 165 000 + 360 000 = 575 000（元）

4月现金流入估计 = 4月销售额的5% + 3月销售额的40%
　　　　　　　　　+ 2月销售额的35% + 1月销售额的20%

估计的4月现金流入 = (0.05×500 000) + (0.40×400 000) + (0.35×300 000) + (0.20×250 000) = 340 000（元）

4. ABC 分析法[①]

ABC 分析法是现代经济管理中广泛应用的一种"抓重点、照顾

---

① 王翠菊. 财务管理实务 [M]. 北京：北京邮电大学出版社，2021.

一般"的管理方法，又称重点管理法。它将企业的所有欠款客户按其金额的多少进行分类排队，然后分别采用不同的收账策略的一种方法。它一方面能加快应收账款收回，另一方面能将收账费用与预期收益联系起来。

例如，太某公司应收账款逾期金额为260万元，为了及时收回逾期货款，企业采用ABC分析法来加强应收账款回收的监控。具体数据如表7-21所示。

表7-21　　　　欠款客户ABC分类法（共50家客户）

顾客	逾期金额（万元）	逾期期限	逾期金额所占比重（%）	类别
A	85	4个月	32.69	A
B	46	6个月	17.69	
C	34	3个月	13.08	
小计	165		63.46	
D	24	2个月	9.23	B
E	19	3个月	7.31	
F	15.5	2个月	5.96	
G	11.5	55天	4.42	
H	10	40天	3.85	
小计	80		30.77	
I	6	30天	2.31	C
J	4	28天	1.54	
…	…	…	…	
小计	15		5.77	
合计	260		100	

先按所有客户应收账款逾期金额的多少分类排队，并计算出逾期金额所占比重。从表7-21中可以看出，应收账款逾期金额在25万元以上的有3家，占客户总数的6%，逾期总额为165万元，占应收账款逾期金额总额的63.46%，我们将其划入A类，这类客户作为催款的重点对象。应收账款逾期金额在10万~25万元的客户有5家，占客户总数的10%，其逾期金额占应收账款逾期金额总数的30.77%，我们将其划入B类，欠款在10万元以下的客户有42家，占客户总数的84%，但其逾期金额仅占应收账款逾期金额总额的5.77%，我们将其划入C类。

对这三类不同的客户，应采取不同的收款策略。例如，对A类客户，可以发出措辞较为严厉的信件催收，或派专人催收，或委托收款代理机构处理，甚至可通过法律解决；对 B 类客户则可以多发几封信函催收，或打电话催收；对 C 类客户只需要发出通知其付款的信函即可。

第六节 是否放弃现金折扣的决策

一、放弃现金折扣成本

倘若买方企业购买货物后在卖方规定的折扣期内付款，便可以享受免费信用，这种情况下企业没有因为享受信用而付出代价。

【例 7-17】某企业按 3/10、n/30 的条件购入货物 10 万元。如果该企业在 10 天内付款，便享受了 10 天的免费信用期，并获得折扣 0.3 万元（10×3%），免费信用额为 9.7 万元（10-0.3）。

倘若买方企业放弃折扣，在 10 天后（不超过 30 天）付款，该企业便要承受因放弃折扣而造成的隐含利息成本。一般而言，放弃现金折扣的成本可由下式求得：

$$放弃现金折扣成本 = \frac{折扣百分比}{1-折扣百分比} \times \frac{360}{信用期-折扣期}$$

运用上式，该企业放弃折扣所负担的成本为：

$$\frac{3\%}{1-3\%} \times \frac{360}{30-10} = 55.67\%$$

公式表明，放弃现金折扣的成本与折扣百分比的大小、折扣期的长短同方向变化，与信用期的长短反方向变化。可见，如果买方企业放弃折扣而获得信用，其代价是较高的。然而，企业在放弃折扣的情况下，推迟付款的时间越长，其成本便会越小。比如，如果企业延至 50 天付款，其成本则为：

$$\frac{3\%}{1-3\%} \times \frac{360}{50-10} = 27.83\%$$

二、利用现金折扣的决策

在附有信用条件的情况下，因为获得不同信用要负担不同的代价，买方企业便要在利用哪种信用之间做出决策。一般说来：（1）如果能以低于放弃折扣的隐含利息成本（实质是一种机会成本）的利率借入资金,便应在现金折扣期内用借入的资金支付货款,享受现金折扣;(2) 如果在折扣期内将应付账款用于短期投资,所得的投资收益率高于放弃折扣的隐含利息成本,则放弃折扣而去追求更高的收益。当然,假设企业放弃折扣优惠,也应将付款日推迟至信用期内的最后一天;(3) 如果企业因缺乏资金而欲展延付款期,则需在降低放弃折扣成本与展延付款带来的损失之间作出选择。展延付款带来的损失主要是指因企业信用恶化而丧失供应商乃至其他贷款人的信用,或日后招致苛刻的信用条件;(4) 如果面对两家以上提供不同信用条件的卖方,应通过衡量放弃折扣成本的大小,选择信用成本最小(或所获利益最大)的一家。

【例7-18】太某公司采购一批材料,供应商报价为10 000元,付款条件为:3/10、2.5/30、1.8/50、N/90。目前企业用于支付账款的资金需要在90天时才能周转回来,在90天内付款,只能通过银行借款解决。如果银行利率为12%,确定公司材料采购款的付款时间和价格。

要求:

(1) 计算放弃折扣信用成本率,判断应否享受折扣;

(2) 确定公司材料采购款的付款时间

解:(1) 计算放弃折扣信用成本率,判断应否享受折扣:

$$放弃折扣的信用成本率 = \frac{3\%}{1-3\%} \times \frac{360}{90-10} = 13.92\%$$

$$放弃折扣的信用成本率 = \frac{2.5\%}{1-2.5\%} \times \frac{360}{90-30} = 15.38\%$$

$$放弃折扣的信用成本率 = \frac{1.8\%}{1-1.8\%} \times \frac{360}{90-50} = 16.5\%$$

结论:由于各种方案放弃折扣的信用成本率均高于借款利息率,因此应选择享有现金折扣,借入银行借款。

(2) 选择付款方案的决策(见表7-22):

表7-22　　　　　　　　折扣净收益计算　　　　　　　　单位:元

方案	10天付款方案	30天付款方案	50天付款方案
享有折扣	300	250	180
借款利息	9 700×(12%/360)×80=258.67	9 750×(12%/360)×60=195	9 820×(12%/360)×40=130.93
折扣净收益	300-258.67=41.33	250-195=55	180-130.93=49.07

结论:第30天付款是最佳方案,其净收益最大。

【本章小结】

营运管理，是指企业在运营过程中追求的具体目标和效益。营运管理的目标主要包括以下几个方面：

1. 提高生产效率：提高生产效率是营运管理的重要目标之一。通过改进生产工艺、优化生产流程、合理配置资源等方式，提高企业的生产效率，进而提高企业的竞争力和盈利能力（本章所涉及的生产决策）。

2. 降低成本：降低成本是营运管理的核心目标之一。通过精简生产过程、优化供应链、降低物流成本等手段，降低企业的生产成本，提高企业的利润率（本章所涉及的最佳现金持有量及最优订货批量）。

3. 提高产品质量：提高产品质量是营运管理的重要目标之一。通过实施严格的品质管理体系、加强质量监控和检验，不断改进产品设计和生产工艺，提高产品的质量水平，增强消费者的满意度和认可度。

4. 提升客户满意度：提升客户满意度是营运管理的重要目标之一。通过提供优质的产品和服务，满足客户的需求和期望，建立良好的客户关系，增加客户黏性和忠诚度，从而实现企业的可持续发展。

5. 加强供应链管理：加强供应链管理是营运管理的重要目标之一。通过优化供应商选择、加强与供应商的合作与沟通，实现供应链的高效运作，确保及时供应、减少库存风险、降低成本，并提供更多的灵活性和响应能力。

6. 实现资源的合理配置：实现资源的合理配置是营运管理的重要目标之一。通过合理配置企业内外部各种资源，包括人力资源、物质资源、财务资源等，使其发挥最大效益，提高企业整体运营效能和竞争力。

7. 不断创新和改进：不断创新和改进是营运管理的重要目标之一。通过引入新技术、新工艺，改善生产方式和流程，优化管理模式和方法，不断创新和改进企业的营运管理，以适应市场的变化和需求的变动，保持企业的竞争优势。

总之，营运管理的目标是通过提高生产效率、降低成本、提高产品质量、提升客户满意度、加强供应链管理、实现资源的合理配置、不断创新和改进等方式，提高企业的运营效率和竞争力，实现企业的长期发展和利润最大化。

【本章重要术语】

1. 营运管理
2. 本量利分析法

本章重要术语

3. 贡献毛益
4. 机会成本
5. 现金管理成本
6. 现金短缺成本
7. 采购成本
8. 订货成本
9. 储存成本
10. 存货缺货成本

【复习与思考】

1. 营运管理工具方法。
2. 简述营运管理程序。
3. 简述最优订货批量及其相关成本构成。
4. 简述特殊订单是否接受的决策的四种情况。
5. 简述产品销售定价的方法。
6. 简述5C信用评价系统。

复习与思考

延伸性阅读：中国移动战略成本管理的实践与创新

第八章
绩效管理会计

【学习目标】

通过本章的学习，帮助学生了解以企业为主题的业绩考核指标的优缺点，并掌握其与其他考核方法之间的关联关系；了解 EVA 的经济内涵，掌握 EVA 业绩考核的思路和方法；了解平衡计分卡的基本原理和方法，掌握不同战略下平衡计分卡的应用思路；了解责任和责任中心的实质，掌握不同责任中心的业绩考核指标的应用思路和方法。

【知识框架】

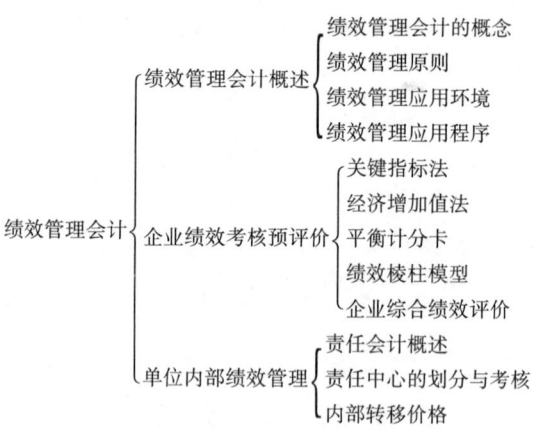

引导案例分析要点

【引导案例】

L公司是一家全球化的中国科技公司，业务遍及全球近200个市场。从2023年起，面对外部经营环境的挑战和内部组织灵活性的缺失，L公司引入了阿米巴模式，意在实现基于阿米巴模式的绩效管理优化，主要实施了以下七大步骤。

1. 根据集团整体业务划分和战略部署确定阿米巴团队。L公司根据企业管理需求，按照市场、细分客户、产品种类三个要素划分成多个板块的阿米巴团队，并进行具体的责任划分。团队拥有自主经营权益，自负盈亏，团队内部进行成本核算和绩效管理。

2. 通过分解集团战略目标确定阿米巴团队目标。L公司将年度发展战略进行分解，形成公司的战略绩效目标，并结合历史数据以考核利润的形式下发给各阿米巴团队。

3. 分解目标至个人。考核周期初，员工和其直接上级沟通个人绩效目标并达成一致。个人绩效目标由员工在绩效管理系统中提交直接上级审批，在经过上级审批通过后即可生效。

4. 目标跟进与调整。L公司员工和其直接上级在绩效考核周期内须随时回顾（建议至少每季度一次）目标是否合理。同时，员工应该在绩效管理系统中保存考核周期内所有KPI，并明确记录每个KPI在考核周期内对应的考核时段。

5. 绩效考核。考核周期结束时，员工应对照绩效考核周期内制定的绩效目标，在绩效管理系统中进行自我评价，并提交给直接上级。直接上级参考员工自评和员工绩效表现，对员工本考核周期内的绩效进行评价，确认业绩单元，并给出考核等级和个人奖金系数建议。

6. 绩效改进和反馈方案。L公司要求考核结果确定后一个月内，直接上级应确保与每位员工进行绩效面谈，给予绩效反馈，并沟通绩效结果；绩效反馈内容应在绩效管理系统中保留。对于因未达成绩效目标被评定为不胜任岗位的员工，依据不胜任员工管理流程进行绩效改进。

7. 绩效考核结果应用。L公司的绩效考核结果主要用于核算奖金数额，也是工薪调整、评优、职务升降、岗位调整等人力资源管理的重要依据。

请思考：
L公司基于阿米巴模式绩效管理的特点有哪些呢？

第一节 绩效管理会计概述

一、绩效管理会计的概念

企业绩效管理是企业与其所属单位（部门）及员工之间就绩效目标及其实现途径达成共识的过程，旨在帮助和激励员工取得卓越绩效，进而实现企业目标。绩效管理涵盖三个层级：首先，企业绩

8.1 什么是绩效管理

效考评,涉及企业所有者、债权人及其他利益相关者对企业经营者的业绩进行考核和评价;其次,企业内部绩效考评,指企业对内部各责任单位的业绩进行考核和评价;最后,员工激励,指企业通过系统的考核奖励机制,激发员工的积极性、主动性和创造性,以促进企业绩效的整体提升。无论是企业绩效考评、企业内部绩效考评,还是员工激励政策,均需依赖企业的会计信息系统提供信息支持。这种专门为绩效考核提供信息的会计信息系统被称为企业绩效管理会计。

企业绩效管理是现代企业管理体系中不可或缺的一环,它发挥着至关重要的作用,主要体现在以下三个方面:

首先,绩效管理有助于企业适应外部环境的变化。随着经济的发展,企业面临的外部环境日益复杂多变,包括政府政策的调整、技术的突破以及客户需求的重大变化等。为了适应这些变化,企业必须在环境发生变化时及时调整内部发展战略,并迅速传达调整后的发展策略,整合企业内部资源以应对外部环境的挑战。这一过程可以通过建立绩效管理系统来实现。

其次,绩效管理有助于提升组织的效能。通过将组织绩效目标层层分解,并结合团队或个人承担的职责、能力、意愿等情况,建立与之相匹配的团队或个人绩效目标,绩效管理确保了组织目标与个人目标的一致性,消除了因目标不一致而产生的分歧,从而不断提升管理效率,提高组织效能。

最后,绩效管理有助于促进员工能力的提升。通过绩效管理,员工能够明确自己在组织中的工作目标和价值,并理解绩效与薪酬之间的对等关系。这促使员工努力提高自己的期望值,不断提升胜任工作的能力。

管理会计应用指引第600号——绩效管理总则

二、绩效管理原则

绩效管理原则是企业保证绩效管理工作目标实现的关键因素,包括且不限于以下原则:

第一,战略导向原则。绩效管理应为企业实现战略目标服务,支持价值创造能力提升。

第二,客观公正原则。绩效管理应实事求是,评价过程应客观公正,激励措施应公平合理。

第三,规范统一原则。绩效管理的政策和制度应统一明确,并严格执行规定的程序和流程。

第四,科学有效原则。绩效管理应该做到目标符合实际、方法科学有效、激励与约束并重。

三、绩效管理应用环境

（一）组织架构

企业绩效管理是一项涉及范围广泛、协调难度大的任务，受到员工的高度关注和期望，因为它关系到各方的利益，成为一个普遍关注的问题。因此，对绩效管理的重视和坚实的组织管理是确保绩效管理成效的关键。

首先，企业应建立一个由领导成员组成的绩效管理委员会。该委员会的主要职责是负责绩效管理的顶层设计，确保企业内部形成统一的思想，明确原则，达成共识，并全面协调各方资源，稳步推进绩效管理工作的开展。

其次，在绩效管理委员会的指导下，设立绩效管理办公室。该办公室的职责是在领导成员的统一领导下开展工作，重点负责绩效管理的实施，包括但不限于制定工资绩效管理办法、拟订各部门年度经营目标责任书、制定各项指标考核标准等。

最后，由各指标负责管理单位各司其职，进行管理。这些单位负责制定管理的评分细则、实施绩效考核和反馈。

（二）管理制度

企业绩效管理里的制度体系需要明确绩效管理的工作目标、职责及分工、工具方法及工作程序等内容。

1. 工作目标

绩效管理的工作目标不仅仅是企业的战略目标，还应该包括部门及员工的绩效目标改进，必要时可明确企业绩效管理目标及价值观的关系。

2. 职责及分工

企业绩效管理是多个部门的共同职责，每个部门扮演的角色不同。通常情况下，战略部门的主要职责是制定企业的发展战略，确立企业长期、中期、短期任务目标；人力资源部门的主要职责是明确企业经营绩效目标、部门绩效目标和员工个人绩效目标，并定期对各层次绩效目标的执行进行检查和督促；财务部门的主要职责是设置经营绩效考核指标，收集财务指标数据，并对其进行分析；生产、质量、安全等职能部门的职责主要是对负责管理的业务设置考核指标，并配合绩效管理部门对考核指标进行考核。

3. 工具方法

企业可根据自身战略目标、业务特点和管理需要，结合不同工具方法的特征及适用范围，选择适合的绩效管理工具，在绩效管理体系中明确各项绩效管理工具的使用范围、具体方法、管理流程及考核周期。

绩效管理领域应用的管理会计工具方法，一般包括关键指标法、经济增加值法、平衡计分卡、股权激励等。企业可根据自身战略目标、业务特点和管理需要，结合不同工具方法的特征及适用范围，选择一种适合的绩效管理工具方法单独使用，也可选择两种或两种以上的工具方法综合运用。

四、绩效管理应用程序

（一）绩效计划与激励计划的制定

1. 制定绩效计划的原则

企业依据战略目标，综合考量绩效评价期间的宏观经济政策、外部市场环境、内部管理需求等因素，结合业务计划与预算，遵循上下结合、分级编制、逐级分解的程序，在沟通反馈的基础上，制定各层级的绩效计划与激励计划。绩效计划是企业开展绩效评价工作的行动方案，涵盖了构建指标体系、分配指标权重、确定绩效目标值、选择计分方法和评价周期、拟定绩效责任书等一系列管理活动。制定绩效计划通常从企业级开始，逐层分解至所属单位（部门），最终落实到具体岗位和员工。

2. 制定绩效指标体系

在制定计划的过程中，企业可以单独或结合使用关键指标法、经济增加值法、平衡计分卡等工具和方法来构建指标体系。然而，重要的是，指标体系应能反映企业战略目标实现的关键成功因素，并且具体指标应具有明确的含义且可量化。在确定指标权重时，可以选择主观赋权法和客观赋权法，或结合这两种方法。主观赋权法依赖于专家或个人的知识与经验来确定指标权重，例如德尔菲法、层次分析法等。而客观赋权法则从指标的统计性质出发，通过调查数据来确定指标权重，如主成分分析法、均方差法等。绩效目标值的设定可以参考内部标准和外部标准。内部标准包括预算标准、历史标准、经验标准等；外部标准则包括行业标准、竞争对手标准、标杆标准等。

3. 确定绩效计划

绩效评价周期一般可分为月度、季度、半年度、年度、任期。月度、季度绩效评价一般适用于企业基层员工和管理人员，半年度绩效评价一般适用于企业中高层管理人员，年度绩效评价一般适用于企业所有被评价对象，任期绩效评价主要适用于企业负责人。在绩效周期开始时,企业和各部门及员工对工作目标达成一致。绩效目标主要包括以下内容:本次绩效周期内所要达到的工作目标是什么、何时完成、完成目标的结果是什么、如何判断。因此,在进行绩效评价时可以采用计分法,计分法分为定量法和定性法。定量法主要有功效系数法和综合指数法等,定性法主要有素质法和行为法等。

绩效计划制定后,评价主体与被评价对象一般应签订绩效责任书,明确各自的权利和义务,并作为绩效评价与激励管理的依据。绩效责任书的主要内容包括绩效指标、目标值及权重、评价计分方法、特别约定事项、有效期限、签订日期等。绩效责任书一般按年度或任期签订。

4. 制定激励计划

激励计划的制定应以绩效计划为基础,采用多元化的激励形式,兼顾内在激励与外在激励、短期激励与长期激励、现金激励与非现金激励、个人激励与团队激励、正向激励与负向激励,充分发挥各种激励形式的综合作用。

激励计划按照激励形式可分为薪酬激励计划、能力开发激励计划、职业发展激励计划和其他激励计划。薪酬激励计划按期限可分为短期薪酬激励计划和中长期薪酬激励计划。短期薪酬激励计划主要包括绩效工资、绩效奖金、绩效福利等。中长期薪酬激励计划主要包括股票期权、股票增值权、限制性股票以及虚拟股票等。能力开发激励计划主要包括对员工知识、技能等方面的提升计划。职业发展激励计划主要是对员工职业发展作出的规划。其他激励计划包括良好的工作环境、晋升、表扬等。

5. 绩效计划与激励计划的审核与确定

绩效计划与激励计划制定完成后,应经薪酬与考核委员会或类似机构审核,报董事会或类似机构审批。经审批的绩效计划与激励计划应保持稳定,一般不予调整,若受国家政策、市场环境、不可抗力等客观因素影响,确需调整的,应严格履行规定的审批程序。

(二)绩效计划与激励计划的执行

1. 计划下达与实施

审批后的绩效计划与激励计划应以正式文件的形式下达执行,确保与计划相关的被评价对象能够了解计划的具体内容和要求。

绩效计划与激励计划下达后,各计划执行单位(部门)应认真组织实施,从横向和纵向两方面落实到各所属单位(部门)、各岗位员工,形成全方位的绩效计划与激励计划执行责任体系。

2. 绩效沟通与辅导

在绩效计划与激励计划执行过程中,企业应建立配套的监督控制机制,及时记录执行情况,进行差异分析与纠偏,持续优化业务流程,确保绩效计划与激励计划的有效执行。

首先,监控与记录。企业可以借助信息系统或其他信息支持手段,监控和记录指标完成情况、重大事项、员工工作表现、激励措施执行情况等内容。收集信息的方法主要有观察法、工作记录法、他人反馈法等。

其次,分析与纠偏。根据监控与记录的结果,企业重点分析指标完成值与目标值的偏差、激励效果与预期目标的偏差,提出相应整改建议并采取必要的改进措施。

最后,编制分析报告。分析报告主要反映绩效计划与激励计划的执行情况及分析结果,其频率可以是月度、季度、年度,也可以根据需要编制。

绩效计划与激励计划执行过程中,绩效管理工作机构应通过会议、培训、网络、公告栏等形式,进行多渠道、多样化、持续不断的沟通与辅导,使绩效计划与激励计划得到充分理解和有效执行。

3. 绩效数据的收集

考核数据收集和统计的及时性、真实性与准确性,直接影响和决定绩效结果。数据如何获得并且由谁提供,在绩效计划中已经明确。部门绩效考核数据由绩效管理部门提供,个人绩效考核数据则由人力资源部门组织绩效考核后得出。数据收集过程中要注意数据收集的便利性、数据提供的责任人、数据的统计及标准、数据的时效性。

(三) 绩效评价与激励的实施

1. 绩效评价

绩效评价是指绩效评价主体按照绩效计划收集相关信息,获取被评价对象的绩效指标实际值,对照目标值,应用选定的计分方法,并进一步形成对被评价对象的综合评价结果的过程。评价结果主要用于反馈、激励承诺兑现以及运用。

鉴于现代企业中岗位的复杂性,单凭一个人的观察和评价很难对员工做出全面的绩效考核。因此,员工绩效考核的参与者也是多方面的。参评人员可能包括上级、同事、自己、下级和顾客,如图 8-1 所示。

绩效评价是对绩效目标执行情况的一种检查。客观、公正、实事求是、有理有据是绩效考核的基本原则。在绩效考核过程中,组织评价者要加强对评价标准的学习,确保对绩效标准能够准确把握,避免出现对不同被考核者评价标准不一致的问题。

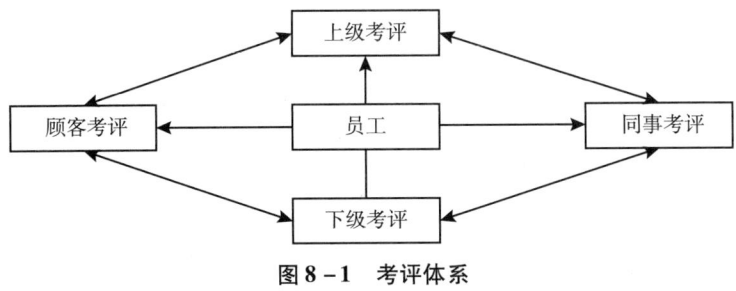

图 8-1 考评体系

2. 绩效结果运用

绩效评价过程及结果应有完整的记录，结果应得到评价主体和被评价对象的确认，并进行公开发布或非公开告知。公开发布的主要方式有召开绩效发布会、企业网站绩效公示、面板绩效公告等；非公开发布一般采用一对一书面、电子邮件函告或面谈告知等方式进行。

评价主体应及时向被评价对象进行绩效反馈，反馈内容包括评价结果、差距分析、改进建议及措施等，可以采取反馈报告、反馈面谈、反馈报告会等形式进行。绩效结果发布后，企业应依据绩效评价的结果，组织兑现激励计划，综合运用绩效薪酬激励、能力开发激励、职业发展激励等多种方式，逐级兑现激励承诺。

（四）绩效评价与激励管理报告编制

绩效管理工作机构应定期或根据需要编制绩效评价与激励管理报告，对绩效评价和激励管理的结果进行反映。绩效评价与激励管理报告可以分为定期报告和不定期报告。定期报告主要反映一定期间内被评价对象的绩效与激励管理情况，每个会计期间至少出具一份定期报告。不定期报告主要反映部分特殊事项或特定项目的绩效评价与激励福利情况。其中，绩效评价报告根据评价结果编制，反映被评价对象的绩效计划完成情况，通常包括报告正文和附件。报告正文主要包括以下两部分：一是评价情况说明。这部分内容包括评价对象、评价依据、评价过程、评价结果、需要说明的重大事项等。二是管理建议。这部分内容包括评价计分表、问卷调查结果分析、专家咨询意见等报告正文的支持性文档。

激励管理报告根据激励计划的执行结果编制，反映被评价对象的激励计划实施情况。激励管理报告主要包括两部分内容：一是激励情况说明，包括激励对象、激励依据、激励措施、激励执行结果、需要说明的重大事项等；二是管理建议。其他有关支持性文档可以根据需要以附件形式提供。

管理会计应用指引第 601 号——关键业绩指标法总则

第二节 企业绩效考核与评价

一、关键指标法

8.2 关键绩效指标法

(一) 关键指标法的含义

关键指标法或关键绩效指标法，指基于企业战略目标，通过建立关键指标（Key Performance Indicator，KPI）体系，将价值创造活动与战略规划目标有效联系，并据此进行绩效管理的方法。

关键指标是对企业绩效产生关键影响力的指标，是通过对企业战略目标、关键成果领域的绩效特征分析，识别和提炼出的最能有效驱动企业价值创造的指标。关键指标法可以单独使用，也可以与经济增加值法、平衡计分卡等其他方法结合使用。

对关键指标体系内涵的理解通常需要把握以下几个方面：

第一，关键指标是衡量组织战略实施效果的关键性指标体系设计。关键指标体系的目的是建立一种机制，通过将组织战略转化为内部流程和活动，促使组织获取持续的竞争优势。因此，必须确保关键指标是衡量组织战略实施效果的关键性指标体系。这包括如下两方面的含义：一方面，确保关键指标是战略导向的，即关键指标是由组织战略层层分解得出的，是对组织战略的进一步分解和细化；另一方面，确保关键指标必须是"关键性"的，对组织成功具有重要影响。组织战略对关键指标具有决定性的作用。当组织战略目标调整或改变的时候，关键指标体系必须根据组织战略目标的变化做出相应的调整或改变，特别是当组织进行战略转型时，关键指标必须及时反映出组织战略新的关键成功领域和关键绩效要素。

第二，关键指标反映的是最能有效影响组织价值创造的关键驱动因素。关键指标是对驱动组织战略目标实现的关键领域和重要因素的深入发掘，实际上提供了一种管理的思路。管理者应该抓住关键指标进行管理，通过关键指标将员工的行为引向组织的战略目标方向。其主要目的是引导管理者将精力集中在能对绩效产生最大驱动力的经营行为上，及时了解和判断组织运营过程中出现的问题，并采取提高绩效水平的改进措施。

第三，关键指标体现的是对组织战略目标有增值作用的可衡量的指标体系。关键指标不是指与组织经营管理相关的所有指标，而是指对组织绩效起关键作用的指标。基于关键指标的绩效管理，是连接个人绩效与组织战略目标的桥梁。关键指标能够落实组织的战略目标和业务重点，传递组织的价值导向，有效激励员工，确保对组织有贡献的行为受到鼓励，将员工行为引向组织目标方向，从而促使组织和员工绩效的整体改进与全面提升。关键指标还通过可量化或可行为化的方式，对管理者和员工的工作效果和工作行为进行最直接的衡量。

（二）KPI 体系的基本思路

企业要建立 KPI 体系，必须首先明确建立的 KPI（战略目标）体系的导向是什么、企业的战略是什么、成功的关键因素是什么等，明确这些导向之后就要开始分解企业的目标。建立 KPI 体系一般有两条思路：一条思路是按主要流程分解，另一条思路是目标—责任方法。

延伸性阅读：关键指标法理论基础——二八定律

基于建立 KPI 体系的两条主线，我们通常有三种方式来建立企业的绩效体系，即根据各个部门承担的不同责任、根据职业类别上不同性质的职业种类、根据平衡计分卡上的结果来建立不同的 KPI 系统。下面我们将分别介绍前两种方式：

第一，根据各个部门承担的不同责任建立 KPI 体系（如图 8-2 所示）。依据部门承担的责任建立绩效评价体系的方式，主要强调从部门本身承担任务角度，对企业的目标进行分解，进而形成评价指标。这种方式的优势在于突出了部门的参与，但是有可能导致战略稀释现象的发生，可能过于强调部门的管理目标和任务，而忽略了对于流程方向是否符合组织目标的监督。

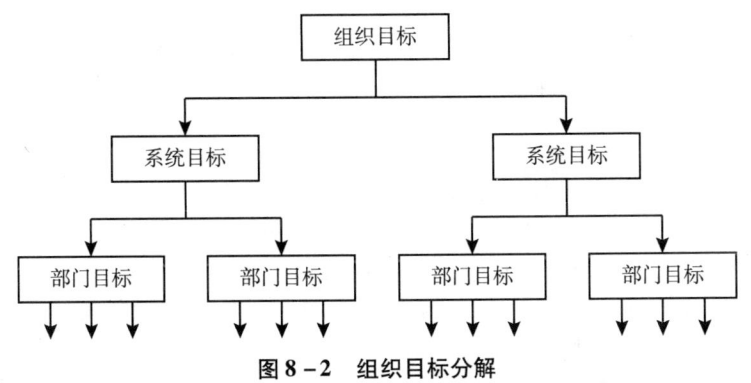

图 8-2 组织目标分解

第二，根据职业类别上不同性质的职业种类建立 KPI 体系。基于职业种类划分建立的 KPI 体系，主要是突出企业的职位的不同之处，专业的职位要按照职位的工作内容不同，提出专业的措施。但是，这种设置指标的方式增加了部门管理的难度，有可能出现管理的责任不明确。依据职位工作性质确定体系更多的是结果性指标，缺乏驱动性指标对过程的描述。

（三）确定关键指标的方法

1. 标杆基准法

标杆基准法是企业将自身的关键绩效行为与在行业中领先的、最有声望的企业作为基准进行评价与比较，分析这些基准企业的绩效形成原因，并在此基础上建立企业可持续发展的程序和方法。在 KPI 指标和指标值的设定上，可以参考很多在行业中领先的企业或最有声望的企业。但是它们面临的发展阶段、自身的业务和技术水平、竞争环境和管理水平存在差异，设定的 KPI 指标就会不同，如果不考虑实际情况，只是模仿和抄袭，很容易将企业引入迷途。

2. 成功关键分析法

成功关键分析法就是要寻找企业成功的关键点，并对企业成功的关键点进行重点监控。企业通过寻找成功的关键，层层分解选择评价的依据和基本思想。使用这种方法的基本思想是通过分析企业取得成功或市场领先地位的关键因素，找出成功的关键绩效，再从业绩模块中提炼出关键要素，并将这些要素细分成各项指标。

3. 策略目标分解法

策略目标分解法采用的平衡计分卡的思想，即通过建立包括财务指标与非财务指标的综合指标系统对企业的绩效水平进行监控。具体按照以下步骤进行操作：

第一，确定企业战略。企业各级目标的来源必须是企业战略所设定的目标，只有经过对企业战略目标的层层分解，才能保证员工的努力方向与企业的战略保持一致。企业的战略目标应该依据企业的发展状况和环境不断变化，在企业不同的发展时期要有不同的重点。

第二，业务价值的分析。业务重点是指为了实现企业的战略目标而必须完成的重点，这些业务重点就是企业的关键绩效领域。企业在战略目标确定之后，就要通过业务的价值进行分析，并对战略方案和计划进行评价，按照它们对企业的贡献进行排列，建立企业的价值体系并且找出关键部门和岗位。

第三，关键驱动因素分析。通常我们要进行两方面的工作：一是进行关键驱动因素的敏感性分析，找出对企业整体价值最有影响的几个财务指标；二是将滞后的财务价值驱动因素与先行的非财务价值驱动因素联系起来。在假设的情况下，我们借用平衡计分卡的思维，通过策略目标分解来建立这种联系。

延伸性阅读：联想集团披露 ESG 报告

（四）选择有效 KPI 的原则

1. 重要性

重要性即对公司整体价值的业务重点的影响程度。通过对公司整体价值创造业务流程的分析，找出对其影响较大的指标。但是在不同的市场形势、公司目标和发展阶段，同一种指标有不同的重要性。

2. 可操作性

可操作性是指标必须有明确的定义和计算方法，具有公正性。

3. 职位的可控性

职位的可控性指的是指标内容是该职位人员控制范围之内的，不能超出这个职位控制的范围，这样才能公平地、有效地激励员工达到目标。

4. 关联性

关联性指的是指标之间应具有一定的关联性。

（五）对关键指标法的评价

1. 关键指标法的优点

关键指标法作为一种战略性绩效管理工具，在绩效管理实践中得到了广泛应用。善于运用关键指标对组织进行绩效管理，有助于发挥战略导向的牵引作用，形成对员工的激励和约束机制。具体来讲，关键指标法主要具有以下优点：

第一，关键指标法强调战略性。一方面，关键指标体系直接源于组织战略，有利于组织战略目标的实现。企业通过分解战略目标找出关键成功领域，然后确定关键成功要素，最后通过对关键成功要素的分解得到关键指标，这个过程有助于在组织系统内形成一致的行动导向，从而有助于推进组织战略目标的实现。另一方面，企业通过使关键指标体系与组织战略保持动态一致性，可以确保在组织环境或战略发生转变时，关键指标会相应地进行调整以适应组织战略的新重点，确保组织战略对绩效管理系统的动态化牵引，有利于提升绩效管理系统的适应性和操作性。

第二，推行基于关键指标的绩效管理，有利于组织绩效与个人绩效的协调一致。个人关键指标是通过对组织关键指标的层层分解而获得的，员工努力达成个人绩效目标有助于推进组织绩效实现的过程，有助于推进组织战略目标实现的过程。因此，关键指标有利于确保个人绩效与组织绩效保持一致，有利于实现组织与员工的共赢。

第三，推行基于关键指标的绩效管理，有助于抓住关键工作。关键指标强调目标明确、重点突出、以少带多。关键指标一般可以克服由于指标庞杂、工作重点不明确而导致关键工作受忽视或执行不到位的现象发生。

2. 关键指标法的不足

虽然关键指标法为管理者提供了一个新的思路和途径，为以后绩效管理思想和工具的发展提供了一个新的平台，受到了理论界和实践界的肯定与认可。但随着管理实践的不断深入，关键指标法也暴露出某些不足和问题，主要体现在以下几个方面：

第一，关键指标法的战略导向性不明确。关键指标法强调战略导向，但是具体的"战略"到底指的是公司战略、竞争战略还是职能战略，在关键指标里面并没有明确指出。虽然绝大多数人将这里的战略理解为竞争战略，但是同样没有提供可供选择的战略基本模板。另外，关键指标法没有关注组织的使命、核心价值观和愿景，这种战略导向是不全面的，也缺乏战略检验和调整的根本标准。在面对不确定性环境的时候，或者在战略调整和修正的过程中，使用关键指标的局限性尤为明显。

第二，关键成功领域相对独立，各个领域之间缺少明确的逻辑关系。关键成功领域是根据战略的需求确定的对战略有贡献的相关独立的领域，这就会忽略领域间横向的协同和合作，相互之间没有逻辑关系，直接导致关键指标之间缺乏逻辑关系。在管理实践中，关键成功领域没有数量的限制，不同的设计者可能提出不同的关键成功领域，最终就会导出不同的关键指标。

第三，关键指标对绩效管理系统的牵引方向不明确。各关键指标之间相对独立并且缺乏明确的因果关系，可能导致关键指标对员工行为的牵引方向不一致。关键指标对资源配置的导向作用不明确，甚至出现指标间相互冲突，容易导致不同部门和不同员工在完成各自绩效指标的过程中，对有限的资源进行争夺或重复使用，造成不必要的耗费和损失。

第四，关键指标法过多关注结果，而忽视了对过程的监控。科学高效的绩效管理系统不仅需要关注最终的结果，还需要对实现路径予以全面地关注，便于在过程中加强监控和管理，保障组织获得持续稳定的高绩效。

二、经济增加值法

管理会计应用指引第 602 号——经济增加值法

（一）经济增加值的概念

经济增加值法，是指以经济增加值（Economic Value Added，EVA）为核心，建立绩效指标体系，引导企业注重价值创造，并据此进行绩效管理的方法。

经济增加值是指税后净营业利润扣除全部投入资本的成本后的剩余收益。经济增加值及其改善值是全面评价经营者有效使用资本和为企业创造价值的重要指标,经济增加值为正,表明经营者在为企业创造价值;经济增加值为负,表明经营者在损害企业价值。

经济增加值法较少单独应用,一般与关键指标法(KPI)、平衡计分卡(BSC)等其他方法结合使用。

8.3 经济增加值法

(二)经济增加值的特点

传统业绩考评指标存在两个重大的缺陷:一是传统业绩考评指标的计算没有扣除公司权益资本的成本,导致成本的计算不完全,因此无法准确判断企业为股东创造的财富数量。二是传统业绩考评指标对企业资本和利润的反映存在部分扭曲,传统业绩考评指标都是根据会计报表信息直接计算出来的,而会计报表的编制受到各国会计制度的约束,因此会计报表不能准确反映企业的经营状况和经营业绩。EVA 与传统财务指标相比最大的不同就是充分考虑了投入资本的机会成本,使 EVA 具有以下几个突出特点:

1. EVA 度量的是资本利润,而不是通常的企业利润

EVA 从资本提供者角度出发,度量资本在一段时期内的净收益。只有净收益高于资本的社会平均收益(资本维持"保值"需要的最低收益),资本才能增值。传统的企业利润衡量的是企业一段时间内产出和消耗的差异,而不关注资本的投入规模、投入时间、投入成本和投资风险等重要因素。

2023 年我国"三新"经济增加值占 GDP 比重达 17.73%

2. EVA 度量的是资本的社会利润,而不是个别利润

不同的投资在不同的环境下,对资本具有不同的获利要求,EVA 剔除掉资本的"个性"特征,对同一风险水平的资本的最低收益要求并不因持有人和具体环境不同而不同。因此,EVA 度量的是资本的社会利润,而不是具体资本在具体环境中的个别利润,这使 EVA 度量有了统一的标尺,并体现了企业对所有投资的平等性。

3. EVA 度量的是资本的超额收益,而不是利润总额

为了留住逐利的资本,企业的利润率不应低于相同风险的其他企业一般能够达到的水平,这个"最低限度的可以接受的利润"就是资本的正常利润。EVA 度量的正是高出正常利润的那部分利润,而不是通常的利润总额。这反映了资本追逐超额收益的天性。

以 EVA 作为考核评价体系的目的就是使经营者像所有者一样思考,使所有者和经营者的利益取向趋于一致。对经营者的奖励是他为所有者创造的增量价值的一部分,这样,经营者的利益便与所有者的利益挂钩,可以鼓励他们采取符合企业最大利益的行动,并在很大程度上缓解因委托—代理关系而产生的道德风险和逆向选择,最终降低

管理成本。

(三) 经济增加值的应用要求

组织在推行 EVA 时还应注意做到以下几个方面：

(1) 实施 EVA 应做到理念先行。在应用前，从企业最高层开始，宣传与培训 EVA 相关知识，深入理解 EVA 的内涵。每个企业的情况不同，EVA 的应用基础也不同，不存在一种通用的方法，但基本理念是一致的，每个企业都应遵循，这是 EVA 得以顺利应用的先决条件。

(2) 实施 EVA 应注意转变固有观念。组织管理层应将经营管理的核心从单纯追求利润变为持续提升价值，在观念上进行根本转变，领略到 EVA 管理体系的优势，明确 EVA 的实践方式和提升路径，并持续加以运用。

(3) 实施 EVA 应考量激励机制。将价值创造与考核激励相挂钩，形成价值创造的长效机制，使各层级的利益与组织的利益相一致，通过制定企业内部的 EVA 业绩评价方法，并层层分解，形成"考核层层落实，责任层层传递，激励层层连接"的价值保值增值责任体系。

(4) 实施 EVA 应细化核算。无论是开展 EVA 价值诊断、EVA 驱动分析，还是建立 EVA 中心，都需要详细的财务和非财务数据做支持。特别是在对 EVA 中心进行价值管理和绩效考核时，需要计算各产业 EVA 值、各产品 EVA 值、各内部 EVA 中心 EVA 值，需要分清经营性资产和非经营性资产等，都需要细化核算，提供详细准确的数据信息，为正确决策提供依据和支撑。

二十届三中全会提出"开展国有经济增加值核算"，有何深意？

(四) 经济增加值的计算方法

经济增加值的计算公式为式 (8-1) 和式 (8-2)：

$$经济增加值 = 税后净营业利润 - 资本成本 = 税后净营业利润 - 资本占用 \times 加权平均资本成本率 \quad (8-1)$$

$$经济增加值率 = 经济增加值 / 资本占用 \quad (8-2)$$

EVA 的计算结果取决于单个基本变量：税后净营业利润、资本占用和加权平均资本成本率，其中：税后净营业利润衡量的是企业的经营盈利情况；平均资本占用反映的是企业持续投入的各种债务资本和股权资本；加权平均资本成本反映的是企业各种资本的平均成本率。

以下是对各个变化的解释和计算分析：

(1) 税后净营业利润。税后净营业利润衡量了组织的运营盈利情况。由于企业净利润包含了营业外收支等非正常经营的收支，另外有些会计核算方法不能准确反映企业的实际经营业绩。因此，企业需要对净利润进行调整以准确计算企业的真实经营业绩，主要调整的项目有研发费用、利息支出、非经常性损益。其公式为式（8-3）：

$$税后净营业利润 = 净利润 + 调整项目 \times (1 - 所得税税率) \quad (8-3)$$

（2）资本占用。资本占用是指企业投入运营的所有成本。为了反映企业的资本占用，也应对部分项目进行调整，主要调整的项目有在建工程、无息流动负债。其公式为式（8-4）：

$$资本占用 = 平均总资产 - 平均无息流动负债 - 平均在建工程 \quad (8-4)$$

（3）加权平均资本成本率。资本成本率反映的是企业占用资本应负担的机会成本。企业的资本来源包括债务资本和权益资本两类。资本成本率的确定取决于债务资本成本率、权益资本成本率和资本结构。债务资本成本率的确定通常是按组织的实际举债利息率作为债务资本成本率。权益资本成本率的确定目前主要有三种方法：股利贴现模型、资本资产定价模型和套利定价模型。其公式为式（8-5）：

$$加权平均资本成本率 = (债务资本成本率 \times 债务占总资本比例) \\ \times (1 - 所得税率) + (权益资本成本率 \\ \times 权益总资本比例) \quad (8-5)$$

如表8-1所示，调整是为了完整反映企业的管理业绩，因为营业利润往往反映了诸多因素的影响：主观、客观、内部、外部、可控、不可控、财务、非财务等。

表8-1　　　　　　　　税后净经营利润的调整

利润表的调整	资产负债表的调整
加：后进先出法转回的增加	加：后进先出法的转回
加：坏账准备的增加	加：坏账准备的冲回
加：包括的经营性租赁的利息	加：未来经营租赁义务的现值
加：资本化研发费用的增加	加：资本化的研发投资
加：计提的少数股东权益（如果之前的没有包括在内）	加：少数股东权益
加：递延所得税转回的增加	加：递延所得税负债

这种调整使经济增加值比会计利润更加接近企业的经济现实。从经济学的观点来看，凡是对公司未来利润有贡献的现金支出（如研发费用）都应算作投资，而不是费用。从会计学的角度来看，净利润是基于稳健性原则的要求计算的，因而将许多能为公司带来长期利

益的投资（如研发费用）作为支出当期的费用来考虑。在经济增加值的计算中，将这些费用项目调整回来，以反映公司的真实获利情况和公司进行经营的长期资本投入。思腾思特（Stern Stewart）咨询公司发现，可以对公认会计原则 GAAT 和企业内部会计作出 160 多项调整，这些调整都有利于改进对经营利润和资金的度量。常见的调整项目有：研发费用、广告营销支出、培训支出、无形资产、战略投资、商誉、资产处置损益、重组费用、其他收购问题、存货估值、坏账准备等准备金、经营租赁、税收等。制定适合自己企业的经济增加值计算公式，关键的一步就是根据企业具体的情况，确定该公司应对哪些会计科目的处理方法进行调整。但各个公司的情况有所不同，有些调整对于某些行业的企业非常必要，而对其他行业的企业并不重要。考虑到各公司的不同组织结构、业务组合、战略和会计政策，需要量身定做最适合的会计调整措施。

【例 8-1】2024 年 12 月 31 日甲公司、乙公司和丙公司的有关资料见表 8-2，根据表中资料计算经济增加值（EVA）和经济增加值率（EVAR）见表 8-2。

表 8-2　　　　　　　经济增加值和经济增加值率计算

公司名称	营业利润（万元）	总资产（万元）	基准利率（%）	EVA（万元）	EVAR（%）
甲公司	111.57	2 310.15	4.75	56.71	2.45
乙公司	92.59	2 045.77	4.75	45.93	2.25
丙公司	50.38	1 397.72	4.75	17.19	1.23

根据计算结果，无论是经济增加值，还是经济增加值率，A 公司的表现都是最好的，乙公司仅次于甲公司，而丙公司两项指标相对较差。

（五）EVA 的优缺点

1. 经济增加值法的主要优点

（1）考虑了所有资本的成本，更真实地反映了企业的价值创造能力。

（2）实现了企业利益、经营者利益和员工利益的统一，激励经营者和所有员工为企业创造更多价值。

（3）能有效遏制企业盲目扩张规模以追求利润总量和增长率的倾向，引导企业注重长期价值创造。

2. 经济增加值法的主要缺点

（1）仅对企业当期或未来 1~3 年价值创造情况的衡量和预判，

无法衡量企业长远发展战略的价值创造情况。

(2) 计算主要基于财务指标，无法对企业的营运效率与效果进行综合评价。

(3) 不同行业、不同发展阶段、不同规模等的企业，其会计调整项和加权平均资本成本各不相同，计算比较复杂，影响指标的可比性。

三、平衡计分卡

（一）平衡计分卡的定义

平衡计分卡是在20世纪90年代初由哈佛商学院的罗伯特·卡普兰和诺朗诺顿研究所所长、美国复兴全球战略集团创始人兼总裁戴维·诺顿发展出来的一种全新的组织绩效管理方法，是通过建立一整套财务与非财务指标系统，将企业的愿景和战略转化为具体的目标、指标、目标值和行动，对企业的经营业绩和竞争状态进行综合、全面、系统评价的一种业绩考核评价方法。

管理会计应用指引第603号——平衡计分卡

平衡计分卡并非认为财务指标不重要，而是需要取得平衡，即短期收益与长期收益的平衡、财务指标与非财务指标的平衡、外部计量（股东与客户）和内部计量（内部流程、创新与人员等）的平衡。平衡计分卡以企业战略为导向，寻找能够驱动战略成功的关键成功因素，并建立与之密切联系的指标体系来衡量战略实施过程并进行必要的修改以维持战略的持续成功。

8.4 平衡计分卡

平衡计分卡的应用必须在取得企业管理层的承诺及组织各部门员工的支持与参与的前提下进行，这包括研发、采购、经营、营销、分销、销售服务、会计和信息系统。管理会计人员应该在应用平衡计分卡时确定使用平衡计分卡的必要性，向组织其他人宣传使用的必要性。平衡计分卡倡导者需根据组织的关键成功因素评估现有的绩效考核系统的绩效，与管理会计建立以战略为导向的绩效指标体系，使其与企业战略以及平衡计分卡的总体设计、结构和目标具有一致性和兼容性。信息系统部门工程师需要建立支持平衡计分卡实行的IT系统，建立培训和教育计划支持实施工作。组织的管理层和各部门员工应积极参与平衡计分卡的设计，结合企业实际情况，贡献自身独特的才能。

延伸性阅读：多维精益激励考核体系提升组织力

（二）平衡计分卡的基本框架

卡普兰和诺顿没有规定应该使用的绩效衡量标准，但建议企业使用与其目标相关的绩效衡量标准，这肯定了绩效衡量标准和战略之间存在着明确的联系,而平衡计分卡将组织的战略目标转化成了一套连贯的绩效衡量标准。

平衡计分卡将战略置于中心地位,并使管理者看到公司绩效的广度和总额。它把企业的愿景和战略转化为四个不同的维度:财务维度、客户维度、内部营运维度和学习与成长维度。顾客维度定义了经营单位参与竞争的客户群和市场;内部营运维度描述了为客户和业主提供价值所需要的内部流程;学习与成长维度定义了一个组织想要发展和改进应该具备的能力,它与雇员能力、信息系统能力和组织能力等都有关;财务维度描述了在其他三个方面所采取行为的经济后果。其基础框架如图8-3所示。

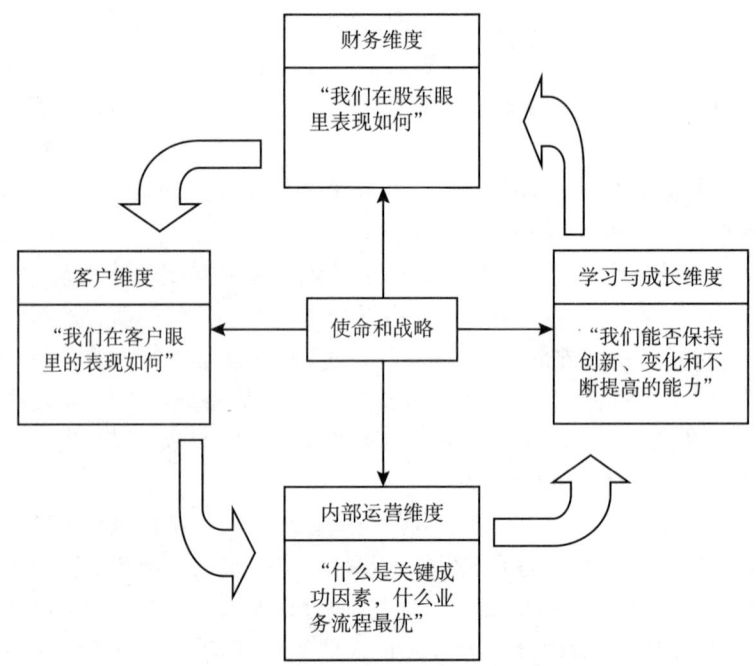

图8-3 平衡计分卡的四个维度

1. 财务维度

财务维度的目标是解决"股东如何看待我们"这一问题。表明企业的努力是否最终对企业的经济收益产生了积极作用。众所周知,现代企业财务管理目标是企业价值最大化,而对企业价值目标的计量离不开相关财务指标。尽管财务指标的及时性和可靠性受到质疑,但是财务指标依然具有其他性质的指标不可替代的作用。财务性绩效指标可以显示企业的战略及其实施和执行是否正在为最终经营结果的改善作出贡献;非财务性绩效指标的改善和提高是实现目的的手段,而不是目的本身。财务维度指标主要涉及收入增长、收入结构、降低成本、提高生产率、资产利用和投资战略等,财务维度通常包括投资报酬率、权益净利率、经济增加值、息税前利润、自由现金流量、资产负债率、总资产周转率等。

2. 客户维度

客户维度的目标是解决"客户如何看待我们"这一问题。客户是企业之本,是现代企业的利润来源。顾客感受理应成为企业关注的焦点,应当从时间、质量、服务效率以及成本等方面了解市场份额、客户需求和客户满意度。企业以顾客为中心开展生产经营活动,必须把顾客方面核心的衡量指标,包括顾客满意度、新顾客获得率、老顾客留住率、顾客利润率以及目标市场的市场份额等放在首位。虽然价值目标在不同行业、同一行业中的不同市场区域内有所不同,但是在已采用平衡计分卡的企业中存在着重视顾客价值的一些共同特征。这些特征可以归纳为三类:一是产品和服务特征;二是顾客关系;三是形象和信誉。

3. 内部营运维度

内部营运维度着眼于企业的核心竞争力,其目标是解决"我们的优势是什么"这一问题。企业要想按时向客户交货,满足现在和未来客户的需求,必须以优化企业的内部业务流程为前提。因此,企业应遴选出那些对客户满意度有最大影响的业务流程,明确自身的核心竞争力,并把它们转化成具体的测评指标。建立平衡计分卡的顺序,通常是先制定财务和客户方面的目标与指标后,才制定企业内部流程维度的目标与指标。这个顺序使得企业能够抓住重心,专心衡量那些与股东和客户目标息息相关的流程。内部经营绩效考核应以对客户满意度和实现财务目标影响最大的业务流程为核心,一般来说,既包括短期的现有业务的改善,又涉及长远的产品和服务的革新。内部营运维度常用指标有交货及时率、生产负荷率、产品合格率、存货周转率、单位生产成本等。

4. 学习与成长维度

学习与成长维度的目标是解决"我们是否能继续提高并创造价值"这一问题。只有持续不断地开发新产品,为客户创造更多价值并提高经营效率,企业才能打入新市场,赢得客户的满意,从而增加股东价值。企业的学习与成长来自员工、信息系统和企业程序等。根据经营环境和利润增长点的差异,企业可以确定不同的产品创新、过程创新和生产水平提高指标,如新产品开发周期、员工满意度、员工保持率、员工生产率、培训计划完成率等。

需要强调的是,平衡计分卡的四个方面并不是互相独立的,而是根据企业的总体战略,由一系列因果链贯穿企业的一个整体,展示了绩效和绩效动因之间的关系。因果链贯穿了平衡计分卡的各个方面,并且借助客户维度、内部营运维度、学习与成长维度评估指标的完成而达到最终的财务目标。平衡计分卡四个维度之间的关系如图8-4所示。从平衡计分卡中，管理者能够看到并分析影响企业整体目标的各种关键因素，而不单单是短期的财务结果。平衡计分卡有助于管理者对整个业务活动的发展过程始终保持关注，并确保现在的实际经营业绩与公司的长期战略保持一致。

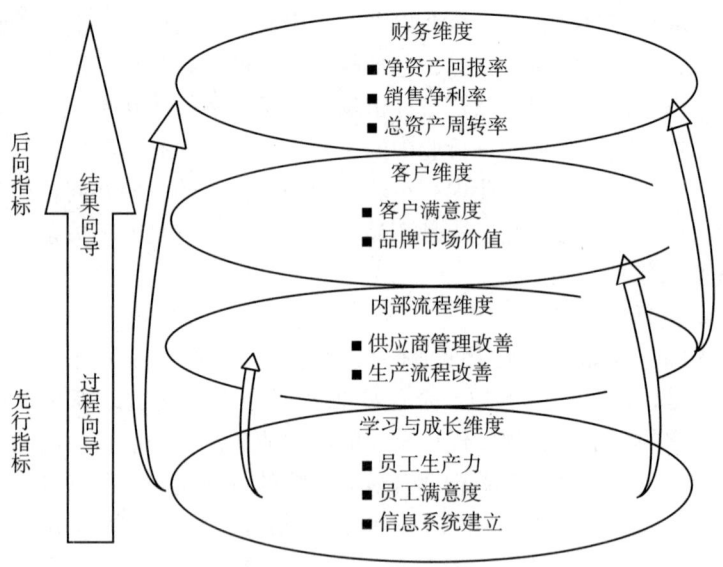

图8-4 平衡计分卡四个维度之间的关系

根据四个不同的角度，平衡计分卡的"平衡"包括外部评价指标（如股东和客户对企业的评价）和内部评价指标（如内部经营过程、新技术学习等）的平衡；成果评价指标（如利润、市场占有率等）和导致成果出现的驱动因素评价指标（如新产品投资开发等）的平衡；财务评价指标（如利润等）和非财务指标（如员工忠诚度、客户满意程度等）的平衡；短期评价指标（如利润指标等）和长期评价指标（如员工培训成本、研发费用等）的平衡。卡普兰和诺顿的研究中没有规定一个特定的度量应该以特定的角度去进行分析，有时可以从财务角度去分析市场份额，因为市场份额的核算可以基于收入的核算；有时可以从客户的角度去分析市场份额，因为这可以反映一个组织拥有的客户数量。同样，资本支出的衡量标准通常从财务角度出发，然而如果资本支出具体涉及效率的提高（对新业务或改进业务的投资）或培训设施（对创新和学习的投资），则资本支出就可能要从其他角度进行分析。因此，对于一个组织来说，重要的是能够符合逻辑地解释为什么一个项目被放置在一个特定的角度或分类中。

一个组织将根据其战略、竞争地位、规模等来决定绩效衡量标准和最能反映该标准的视角。例如，一项改善员工技能的战略将导致组织从创新和学习的角度制定衡量标准，改进准时交付的策略将意味着在业务流程中展开度量。这两种策略都将与总体目标相联系以改善财务目标，如销售增长、降低成本和提高盈利能力等。

各项常用指标的定义与计算方法如表 8-3 所示。

表 8-3　　　　　　　　　常用指标的定义与计算方法

评价维度	评价指标	说明和计算
财务维度	投资资本回报率	是指企业一定会计期间取得的息前税后利润占其所使用的全部投资资本的比例，反映企业在会计期间有效利用投资资本创造回报的能力。一般计算公式如下：$$投资资本回报率 = \frac{税前利润 \times (1-所得税税率) + 利息支出}{投资资本平均余额} \times 100\%$$ $$投资资本平均余额 = \frac{期初投资资本 + 期末投资资本}{2}$$ $$投资资本 = 有息债务 + 所有者（股东）权益$$
	净资产收益率（也称权益净利率）	是指企业一定会计期间取得的净利润占其所使用的净资产平均数的比例，反映企业全部资产的获利能力。一般计算公式如下：$$净资产收益率 = \frac{净利润}{平均净资产} \times 100\%$$
	经济增加值回报率	是指企业一定会计期间内经济增加值与平均资本占用的比值。一般计算公式如下：$$经济增加值回报率 = \frac{经济增加值}{平均资本占用} \times 100\%$$
	息税前利润	是指企业当年实现税前利润与利息支出的合计数。一般计算公式如下：$$息税前利润 = 税前利润 + 利息支出$$
	自由现金流	是指企业一定会计期间经营活动产生的净现金流超过付现资本性支出的金额，反映企业可动用的现金。一般计算公式如下：$$自由现金流 = 经营活动净现金流 - 付现资本性支出$$
	资产负债率	是指企业负债总额与资产总额的比值，反映企业整体财务风险程度。一般计算公式如下：$$资产负债率 = \frac{负债总额}{资产总额} \times 100\%$$
	总资产周转率	是指营业收入与总资产平均余额的比值，反映总资产在一定会计期间内周转的次数。一般计算公式如下：$$总资产周转率 = \frac{营业收入}{总资产平均余额}$$

续表

评价维度	评价指标	说明和计算
财务维度	资本周转率	指企业在一定会计期间内营业收入与平均资本占用的比值。一般计算公式如下：$$资本周转率=\frac{营业收入}{平均资本占用}\times100\%$$
客户维度	市场份额	是指一个企业的销售量（或销售额）在市场同类产品中所占的比重
	客户满意度	是指客户期望值与客户体验的匹配程度，即客户通过对某项产品或服务的实际感知与其期望值相比较后得出的指数。客户满意度收集渠道主要包括问卷调查、客户投诉、与客户的直接沟通、消费者组织的报告、各种媒体的报告和行业研究的结果等
	客户获得率	是指企业在争取新客户时获得成功部分的比例。该指标可用客户数量增长率或客户交易额增长率来描述，一般计算公式如下：$$客户数量增长率=\frac{本期客户数量-上期客户数量}{商企客户数量}\times100\%$$ $$客户交易额增长率=\frac{本期客户交易额-上期客户交易额}{上期客户交易额}\times100\%$$
	客户保持率	是指企业继续保持与老客户交易关系的比例。该指标可用老客户交易增长率来描述，一般计算公式如下：$$老客户交易增长率=\frac{老客户本期交易额-老客户上期交易额}{老客户上期交易额}\times100\%$$
	客户获利率	是指企业从单一客户得到的净利润与付出的总成本的比率。一般计算公式如下：$$单一客户获利率=\frac{单一客户净利润}{单一客户总成本}\times100\%$$
	战略客户数量	是指对企业战略目标实现有重要作用的客户的数量
内部营运维度	交货及时率	是指企业在一定会计期间内及时交货的次数占其总交货次数比例。一般计算公式如下：$$交易及时率=\frac{及时交货的订单数量}{总订单个数}\times100\%$$
	生产负荷率	是指投产项目在一定会计期间内的产品产量与设计生产能力的比例。一般计算公式如下：$$生产负荷率=\frac{实际产量}{设计生产能力}\times100\%$$
	存货周转率	是指企业营业收入与存货平均余额的比值，反映存货在一定会计期间内周转的次数。一般计算公式如下：$$存货周转率=\frac{营业收入}{存货平均余额}$$
	资本性支出	是指企业发生的、其效益涉及于两个或两个以上会计年度的各项支出

续表

评价维度	评价指标	说明和计算
内部营运维度	产量	是指企业在一定时期内生产出来的产品的数量
	销量	是指企业在一定时期内销售商品的数量
	单位生产成本	是指生产单位产品而平均耗费的成本
	产品合格率	是指合格产品数量占总产品数量的比例。一般计算公式为： $$产品合格率 = \frac{合格产品数量}{总产品数量} \times 100\%$$
学习与成长维度	员工流失率	是指企业一定会计期间内离职员工占员工平均人数的比例。一般计算公式如下： $$员工流失率 = \frac{本期离职员工人数}{员工平均人数} \times 100\%$$ 员工保持率 = 1 - 员工流失率
	员工生产率	是指员工在一定会计期间内创造的劳动成果与其相应员工数量的比值。该指标可用人均产品生产数量或人均营业收入进行衡量。一般计算公式如下： $$人均产品生产数量 = \frac{本期产品生产总量}{生产人数}$$ $$人均营业收入 = \frac{本期营业收入}{员工人数}$$
	培训计划完成率	是指培训计划实际执行的总时数占培训计划总时数的比例。一般计算公式如下： $$培训计划完成率 = \frac{培训计划实际执行的总时数}{培训计划总时数} \times 100\%$$
	员工满意度	是指员工对企业的实际感知与其期望值相比较后得出的指数。主要通过问卷调查、访谈调查等方式，从工作环境、工作关系、工作内容、薪酬福利、职业发展等方面进行衡量

（三）平衡计分卡与传统业绩评价系统的区别

从制定目标—执行目标—实际业绩与目标值差异的计算与分析—采取纠正措施的目标管理系统来看，传统的业绩考核注重员工执行过程的控制，平衡计分卡则强调目标制定的环节。平衡计分卡方法认为，目标制定的前提应当是员工有能力为达成目标而采取必要的行动方案，因此设定业绩评价指标的目的不在于控制员工的行为，而在于使员工能够理解企业的战略使命并为之付出努力。

传统的业绩评价与企业的战略执行脱节，平衡计分卡把企业战略和业绩管理系统联系起来，是企业战略执行的基础架构。

平衡计分卡在财务、客户、内部营运以及学习与成长四个方面建立企业的战略目标，用来表达企业在生产能力竞争和技术革新竞争环境中必须达到的、多样的、相互联系的目标。

平衡计分卡帮助企业及时考评战略执行的情况，根据需要（每月或每季度）适时调整战略、目标和考核指标。

平衡计分卡能够帮助企业有效地建立跨部门团队合作，促进内部管理过程的顺利进行。

（四）平衡计分卡应用评价

应用平衡计分卡的优点在于：

（1）平衡计分卡的制作加强了组织和组织成员对组织战略目标的理解，促进了战略业务单元、职能部门和业务单元或职能部门的沟通。

（2）平衡计分卡设定的目标实现了量化表达，进一步排除了目标的模糊性，支持了对不佳领域的管理。

（3）平衡计分卡平衡了短期绩效和可持续发展的需要，更好地使"三基于""三导向"文化得到落实。

（4）平衡计分卡限制了使用的性能度量的数量。

平衡计分卡的缺点在于：

（1）执行平衡计分卡的条件门槛要求较高。

（2）在信息技术方面和管理方面难度较大。

（3）指标修订难度大，一旦竞争环境发生剧烈变化，原来的战略及与之相适应的评价指标可能就会丧失有效性，从而需要花费大量精力和时间修订。

（4）在绩效考核认识方面有很多局限性。

四、绩效棱柱模型

（一）绩效棱柱模型的定义

克兰菲尔德（Cranfield）管理学院的研究人员和埃森哲（Accenture）咨询公司的咨询顾问共同提出了一个全新的绩效模型，形象化地称为绩效三棱柱模型或绩效棱柱模型，如图8-5所示。

绩效棱柱模型认为，企业要取得长远的成功，首先必须清楚地知道企业重要的利益相关者是谁、其想得到什么，然后由此制定相应的战略，以期通过战略的实施来实现企业价值向顾客的传导。其次，在执行战略环节，企业要有能够确保命令有效地发出、有效地执行的过程，并且该过程的运作必须是顺畅的、无阻碍的。最后，企业若想持续保有该项能力，还需要获得利益相关者的认同与贡献。因此，绩效棱柱模型是指从企业利益相关者角度出发，以利益相关者满意为出发

延伸性阅读：平衡计分卡应用于基层公共文化设施社会化运营绩效分析

管理会计应用指引第604号——绩效棱柱模型

点,以利益相关者贡献为终点,以企业战略、业务流程、组织能力为手段,用棱柱的五个构面构建三维业绩评价体系,并据此进行绩效管理的方法,如图 8-6 所示。

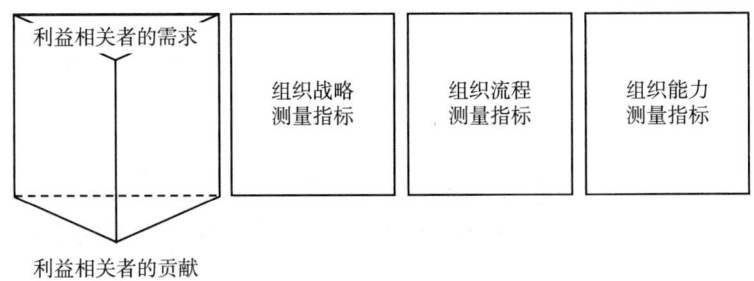

图 8-5 绩效棱柱展开图

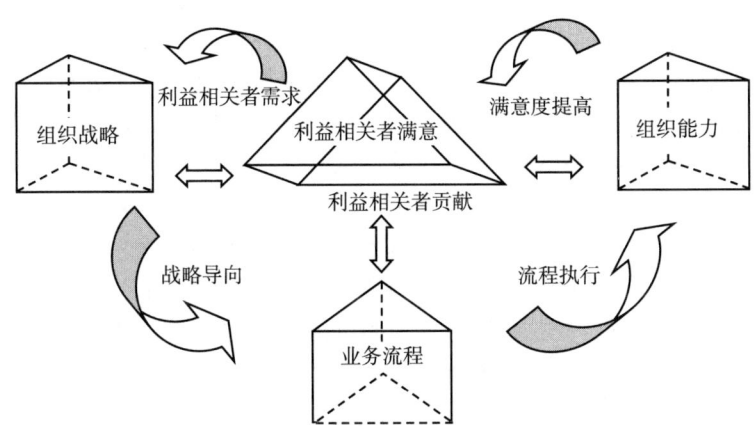

图 8-6 绩效棱柱应用框架体系

利益相关者是指有能力影响企业或被企业影响的人或组织,通常包括股东、债权人、员工、客户、供应商、监管机构等。

绩效棱柱模型适用于管理制度比较完善、业务流程比较规范、管理水平相对较高的大中型企业,其应用对象可为企业和所属单位(部门)。

(二)应用环境

企业应用绩效棱柱模型工具方法应遵循《管理会计应用指引第600号——绩效管理》中对应用环境的一般要求;应坚持利益相关者价值取向,建立有效的内外部沟通协调机制,与利益相关者建立良好的互动关系。企业应根据利益相关者的需求制定战略,优化关键流程,提升组织能力,在满足利益相关者需求的基础上分享其作出的贡献。

在应用绩效棱柱模型工具方法时，企业一般需要建立由战略、人力资源、财务、客户和供应商等有关部门负责人及外部专家等组成的项目团队，对人力资源管理、客户关系管理、供应商关系管理、财务管理等系统进行集成，为绩效棱柱模型的实施提供信息支持，以形成五个构面间的联系。

(1) 利益相关者的需求——谁是我们的主要利益相关者？他们的愿望和要求是什么？

(2) 组织战略——我们应该采用什么战略来满足利益相关者的需求，同时也满足我们自己的要求？

(3) 业务流程——我们需要什么样的流程才能执行我们的战略？

(4) 组织能力——我们需要什么能力来运作这些流程？

(5) 利益相关者的贡献——我们要从利益相关者那里获得什么？

(三) 应用程序

企业应用绩效棱柱模型工具方法，一般按照明确利益相关者、绘制利益相关者地图、制定行动方案、制定以绩效棱柱模型为核心的业绩计划、制定激励计划、执行业绩计划与激励计划、实施业绩评价与激励、编制业绩评价与激励管理报告等程序进行。

(1) 明确利益相关者。企业应结合自身的经营环境、行业特点、发展阶段、商业模式、业务特点等因素界定利益相关者范围，进一步运用态势分析法、德尔菲法等方法确定绩效棱柱模型的主要利益相关者。企业应根据确定的主要利益相关者，绘制基于绩效棱柱模型的利益相关者地图。

(2) 绘制利益相关者地图。利益相关者地图是以利益相关者满意为出发点，按照企业战略、业务流程、组织能力依次展开，并以利益相关者贡献为终点的平面展开图。利益相关者地图可以将绩效棱柱模型五个构面以图示形式直观、明确、清晰地呈现出来。绘制利益相关者地图后，企业应及时查找现有的战略、业务流程和组织能力在满足利益相关者满意方面存在的不足和差距，进一步优化战略和业务流程，提升组织能力，制定行动方案并有效地实施。

(3) 制定行动方案。绘制利益相关者地图后，企业还应以绩效棱柱模型为核心编制业绩计划。业绩计划是企业开展业绩评价工作的行动方案，包括构建指标体系、分配指标权重、确定业绩目标值、选择计分方法和评价周期、签订绩效责任书等一系列管理活动。企业应围绕利益相关者地图，构建绩效棱柱模型指标体系。指标体系的构建应坚持系统性、可操作性、成本效益原则。各项指标应简单明了，易于理解和使用。其主要内容如下：

①制定企业级指标体系。企业应根据企业层面的利益相关者地

图，分别设计出各个构面的绩效评价指标。

②制定所属单位（部门）级指标体系。企业应根据企业级利益相关者地图和指标体系，绘制单位（部门）级利益相关者地图，制定相应的指标体系。

绩效棱柱模型指标体系通常包括以下内容：

①利益相关者满意评价指标。与投资者（包括股东和债权人，下同）相关的指标有总资产报酬率、净资产收益率、派息率、资产负债率、流动比率等。例如，净资产收益率反映了股东权益的收益水平，反映了企业资本运营的综合效益，指标值越高，说明投资带来的收益越好，反之则相反。又如，成本费用利润率指标反映了经济效益。对于投资者来说，成本费用利润率越高，说明同样的成本费用能取得越多的利润，表明企业的获利能力越强；反之，说明企业获利能力越弱。

与员工相关的指标有员工满意度、工资收入增长率、人均工资等。例如，薪酬水平是企业对员工的报酬的体现，指标值越高，薪酬越高。又如，提供的培训水平，即企业提供给员工的培训水平，其指标值越大，表明提供的培训水平越高。

与客户相关的指标有客户满意度、客户投诉率等。例如，次品返还水平指标是衡量企业产品质量的变量，其指标值越大，表明企业产品质量越好。

与供应商相关的指标有逾期付款次数等。例如，过期支付供应商报酬的次数能衡量企业的资金流动情况以及企业的信用情况，其指标值越大，说明企业的信誉越不好，越容易使得供应商的资金转动困难。又如，供应商账单的出错次数则体现企业对供应商的重视程度和内部谨慎性，其指标值越小，说明企业内部流程越好，出错情况越少。

与监管机构相关的指标有社会贡献率等。例如，当地基础设施的投资水平是指企业对当地的基础设施的投资情况，反映了企业对当地社区的贡献情况，其指标值越大，说明贡献越大。又如，企业给予当地居民就业岗位的情况及实现情况，其指标值越大，说明企业给予当地居民就业机会越多。

②企业战略评价指标。与投资者相关的指标有可持续增长率、资本结构、研发投入比率等。例如，获得的销售收入增长是本期销售额减去上期销售额之后与上期销售额的比率。该指标体现了企业某段时期销售收入变化的程度。指标值大于零，表明本期比上期的销售收入高；指标值小于零，表明本期销售收入与上期相比在下降；指标值为零，表明本期与上期销售收入相同。又如，产品收益率是指产品销售收入减去成本后与成本的比值。该指标体现的是企业产品的效益，即每投入1元钱的成本能够得到多少收益。指标值大于零，表明企业产

品有所收益；指标值小于零，表明企业产品本大于利；指标值为零，表明企业处于无收益情况。

与员工相关的指标有员工职业规划、员工福利计划等。例如，招聘人数与计划相比，它反映的是企业对员工的需求程度，差额越大，说明企业对员工的重视程度越高。或者管理人员与工人的人数比，该值衡量的是企业内部员工升职为管理人员的机会程度，比率越小，说明企业的管理人员比较稀缺，或者是员工升职机会比较小。

与客户相关的指标有品牌意识、客户增长率等。例如顾客的数量，顾客的数量反映的是企业吸引顾客的战略措施，顾客数量越多，表明企业战略的效益性越好；反之说明企业实施的战略需要改进。

与供应商相关的指标有供应商关系质量等。例如与计划相比总的购买费用，这是反映企业购买计划成本的差值，也是与对供应商的期望值的差额，指标值越大，表明供应商的价格可能更高。

与监管机构相关的指标有政策法规认知度、企业的环保意识等。例如，无法遵守规定对成本造成的影响，该指标越大，说明企业由于不遵守规定而造成对成本的影响越大。

③业务流程评价指标。与投资者相关的指标有标准化流程比率、内部控制有效性等。例如，来自新产品或服务的销售额，指标值越大，表明开发的新产品或服务的销售越好，企业新开发产品或服务越有利可图；指标值越小，企业新开发产品或服务越无利可图。

与员工相关的指标有员工培训有效性、培训费用支出率等。例如招聘周期，该指标反映企业对员工需求的程度，周期越长，越需要员工。或者应聘人员与接收人员相比，这反映企业考核应聘人员的严格性，指标值越大，越严格。

与客户相关的指标有产品合格率、准时交货率等。例如准时交付率，它是准时交付与承诺交付的比率，该比率一般在 0~1 之间，值越大，表明企业的承诺信用愈好；反之越差。或者平均订单周期：周期越长，说明企业内部流程做得不够好。

与供应商相关的指标有采购合同履约率、供应商的稳定性等。例如供应商数量：供应商的数量越多，表明企业采购的材料数目或者数量更多。

与监管机构相关的指标有环保投入率、罚款与销售之比等。例如对规定的了解程度：这是体现企业对规定的熟悉程度，该指标反映了企业对有关规定的重视程度，其指标值越大，表明对规定越了解。又如对内部政策的了解程度，它衡量的是企业对内部政策的了解程度，其指标值越大，说明内部政策在企业内部的宣传力度越大。

④组织能力评价指标。与投资者相关的指标有总资产周转率、管理水平评分等。例如，在核心能力上的投资水平体现企业的投资能

力,其指标值越大,表明企业投资能力越强;反之则越弱。

与员工相关的指标有员工专业技术水平、人力资源管理水平等。例如每个雇员每年的受训时间,这是评价员工接受培训并得到知识的指标,指标值越高,说明员工在一定时期内受训时间越长。又如违反公司道德规范的程度:反映员工不遵守公司规定的程度,该值越大,员工违反公司章程的情况越多。

与客户相关的指标有售后服务水平、市场管理水平等。例如需求与供给能力对比水平,它是需求与供给能力的比值。该值大于1表明需求更大;小于1说明供给能力更强;为1说明二者持平。又如销售代表的收入,顾客方面的销售收入越高,说明企业对于顾客的吸引力越强。

与供应商相关的指标有采购折扣率水平、供应链管理水平等。例如协商的打折率,它是反映企业与供应商讨价的能力,打折率越低,说明企业的讨价能力越强。又例如供应链中的存货水平:这是反映企业供需情况的一个指标,只有在库存中有适当的存货量,才能保证企业高效地运转,指标值视企业的具体情况而言,不是越大越好,也不是越小越好。

与监管机构相关的指标有节能减排达标率等。例如雇员熟悉规定的程度,这是用来说明企业将相关的规定向员工进行宣传并且员工也清楚了解了相关规定,其指标值越大,说明员工越熟悉相关规定。又例如,多余人员的比例:由于某些原因使得一部分员工失去了正常的工作,其比例越小,说明企业对这些人员的照顾越周到。

⑤利益相关者贡献评价指标。与投资者相关的指标有融资成本率等。例如流动比率,该值一般在1.5~2.0之间,指标值越大,说明企业短期偿债能力越强;反之越弱。又例如资产负债率,它反映了企业长期的偿债能力,该值越大,表明企业长期偿债能力越强;越小,偿债能力越弱。

与员工相关的指标有员工生产率、员工保持率等。例如每个雇员的销售额:反映员工销售能力的指标,其指标值越大,雇员销售能力越强;反之,越差。或者服务的平均时间,衡量员工在职时间的长短,其指标值越大,员工在职时间越长;反之越短。又例如向公司提议的主动性,体现员工对企业的关心程度,其指标值越大,员工对企业的贡献越大;反之则越小。

与客户相关的指标有客户忠诚度、客户毛利水平等。例如顾客忠诚,该指标反映顾客对企业的忠诚度,其指标值越大,忠诚度越高。例如预测需求的准确性:顾客对企业的需求预测情况,其价值越大,说明准确性越高。

与供应商相关的指标有供应商产品质量水平、按时交货率等。例如，送货迟到的次数，该指标值越小越好，它体现的是供应商服务的及时性。或者售后服务出现问题的次数，它体现了售后服务的质量的可靠性，指标值越大，表明供应商提供的售后服务出现的问题越多，质量越差。又或者提出建议的实现程度，它是指供应商给企业提出的建议实现的程度，反映的是供应商对企业的忠诚度，其指标值越大越好。

与监管机构相关的指标有当地政府的支持力度、税收优惠程度等。例如现有规定的数量，规定数量对于企业来说是适当为好，而且最好是有利于企业的发展，它体现了政府对企业的"优惠"。

企业分配绩效棱柱模型指标权重，应以利益相关者价值为导向，反映所属各单位或部门、岗位对利益相关者价值贡献或支持的程度，以及各指标之间的重要性水平。首先根据重要性水平分别对各利益相关者分配权重，权重之和为100%；然后对不同利益相关者五个构面分别设置权重，权重之和为100%；单项指标权重一般设定在5% ~ 30%，对特别重要的指标可适当提高权重。

（4）制定以绩效棱柱模型为核心的业绩计划。企业设定绩效棱柱模型的业绩目标值应根据利益相关者地图的因果关系，以利益相关者满意指标目标值为出发点，逐步分解得到企业战略、业务流程、组织能力的各项指标目标值，最终实现利益相关者贡献的目标值。各目标值应符合企业实际，具有可实现性和挑战性，使被评价对象经过努力可以达到。计划的制定应建立在沟通和联系的基础上，综合各方面的意见，对初步指标体系进行修改，直至五方面的评价指标之间达到平衡，使其全面反映企业利益相关者的需求和贡献。

（5）实施评价和激励。企业应参照《管理会计应用指引第600号——绩效管理》，明确业绩评价计分方法、选择业绩评价周期、签订绩效责任书、制定激励计划以及执行、实施业绩计划与激励计划并编制报告。

绩效棱柱模型业绩目标值确定后，因内外部环境发生重大变化、自然灾害等不可抗力因素对业绩完成结果产生重大影响时，企业应明确对目标值进行调整的办法和程序。一般情况下，由被评价对象或评价主体测算确定影响额度，向相应的绩效管理工作机构提出调整申请，报薪酬与考核委员会或类似机构审批。

通常情况下，企业根据具体情况选择合适的信息系统，建立数据库，在评价指标与数据库和信息系统间建立联系，同时要把企业目标和战略的评价指标向基层分解，并贯彻实施落实，确定每年、每季、每月的业绩衡量指标的具体数字，并与企业的计划和预算相结合。同时还要将员工每年的报酬和奖励和制度与绩效棱柱挂钩，是每个员工尽一切努力去实现企业的各项评价指标。

绩效棱柱模型的实施是一项长期管理改善工作，企业在实践中通常可采用先试点后推广的方式，循序渐进分步实施。

（四）绩效棱柱法评价

与以财务指标为主的传统业绩评价系统和平衡计分卡相比，绩效棱柱模型具有以下特点：

（1）从结构上看，绩效棱柱模型是一个三维框架，提供一个全面的综合框架。绩效棱柱模型有着多个构面，可以清晰地反映那些隐藏的复杂事务，表明了绩效测量和管理中真正复杂的东西。传统的一维或二维空间的框架结构也可以看到一些复杂的事物的组成元素，但只提出了绩效的某一方面，绩效棱柱模型可以将各个构面相互联系着进行观察。

（2）从起点上看，绩效测量方式设计的理论来源于战略。和平衡计分卡一样，绩效棱柱模型也认为战略应是为利益相关者的满意及其贡献服务的，即采取战略来保证利益相关者的需求得到满足，同时保证满足自己的要求。

（3）从理论基础上看，绩效棱柱模型的基础是利益相关者价值理论，而非股东价值理论。与第一代绩效测量与管理框架不同，绩效棱柱模型是全方位的。虽然股东价值命题是重要的并且有时还是有用的，但它忽视了21世纪的管理人员不得不面对的许多基本挑战。企业所有者或其代理人不再单独决定什么应该是重要的，以及企业应该测量什么。相反，企业必须注意到其所有的利益相关者并考虑他们所关心的事情，较宽范围的利益相关者对组织是至关重要的。

因此，绩效棱柱模型的主要优点在于坚持了利益相关者价值取向，使利益相关者与企业紧密联系，有利于实现企业与利益相关者的共赢，为企业可持续发展创造良好的内外部环境。

但绩效棱柱模型也存在缺陷，主要缺点包括：

第一，涉及多个利益相关者，对每个利益相关者都要从五个构面建立指标体系；

第二，指标选取复杂，部分指标较难量化；

第三，对企业信息系统和管理水平有较高要求，实施难度大、门槛高。

五、企业综合绩效评价

（一）企业综合绩效评价的定义

企业综合绩效评价是一种常见的评价方法。该方法利用数理统计的方法，通过建立综合评价指标体系，对照相应的评价标准，定量分

中央企业综合绩效评价管理暂行办法

析与定性分析相结合,对企业经营期间的经营效益和经营者业绩作出客观、公正和准确的综合评价。经营业绩指的是企业的财务绩效,是对企业一定期间内的盈利能力、资产质量、财务风险和经营增长四个方面进行定量对比分析和评判,其在总评价中所占的比重为70%,如表8-4所示。而经营者业绩是指管理绩效,是采用专家评议的方式,对企业一定期间的管理绩效进行定性分析和综合评判,其在总评价中所占的比重为30%,如表8-5所示。

表8-4　　　　　　　　财务绩效评价指标(70%)

评价内容	基本指标		修整指标	
盈利能力	净资产收益率 总资产报酬率	20 14	销售利润率 销售现金比率 成本费用利润率	12 12 10
资产质量	存货周转率 应收账款周转率	10 12	不良资产比率 流动资产周转率 资产变现率	9 7 6
财务风险	自有资本率 利息保障倍数	12 10	流动比率 速动比率 现金比率	8 8 6
经营增长	营业收入增长率 资本保值增值率	12 10	营业利润增长率 总资产周转率 市场占有率	10 7 5

表8-5　　　　　　　　管理绩效评价指标(30%)

评价指标	权重
战略目标	18
技术创新	20
风险管理	10
内部控制	20
人力资源	16
行业影响	8
社会责任	8

(二)企业绩效评价的量化方法

企业为了加强资本所有权控制和公司内部控制,进而提出了企业绩效评价制度。在企业绩效评价体系中，存在着很多的评价方法。

1. 主成分分析法

主成分分析法是由霍特林于1933年首先提出的。主成分分析是利用降维的思想，把多指标转化为少数几个综合指标的多元统计分析方法。

为了全面、系统地评价企业业绩，我们可能会选取众多指标，这些指标在多元统计分析中也称为变量。因为每个变量都在不同程度上反映了所研究问题的某些信息，并且指标之间彼此有一定的相关性，因此所得到的统计数据反映的信息在一定程度上存在重叠。但是在众多的影响因素中，必然存在着起支配作用的共同因素。根据这一点，通过对原始变量相关矩阵内部结构关系的研究找出影响评价客体的几个综合指标，使综合指标为原来变量的线性组合，这几个综合指标就成为了主成分。主成分分析法通过指标的选取、样本的收集、指标标准化处理、相关矩阵系数的计算来确定特征值和贡献率，最后求得评价客体的综合得分和排名。主成分分析法使得我们在研究业绩评价问题时容易抓住主要矛盾。

2. 因子分析法

因子分析法起源于20世纪初皮尔森和斯皮尔曼等关于智力测验的统计分析。因子分析的基本思想是根据相关性大小把变量分组，使同组内的变量之间相关性较高，不同组的变量相关性较低。每组变量代表一个基本结构，这个基本结构称为公共因子。对于所研究的问题，可试图用最少个数的不可测得所谓公共因子的线性函数与特殊因子之和来描述原来观测的每一分量。因子分析法通过指标选取、因子分析过程可以对评价客体的经济效益状况进行综合评价，计算出综合得分和名次。通过因子分析法可以知道影响事物变化的主要因素在哪里，而且可以了解到该企业在行业中的地位及薄弱环节，为企业决策提供重要依据。

3. 功效系数法

功效系数法是指根据多目标规划的原理，把所要评价的各项指标分别对照各自的标准，并根据各项指标的权数，通过功效函数转化为可以度量的评价分数，再对各项指标的单项评价分数进行加总，求得综合评价分数。功效系数法是一种常见的定量评价方法。

4. 企业绩效评价定量方法比较

功效系数法进行企业绩效评价计分有以下优越性：

（1）功效系数法建立在多目标规划原理的基础上，能够根据评价对象的复杂性，从不同侧面对评价对象进行计算评分，正好满足了企业绩效评价体系多指标综合评价企业绩效的要求。

（2）功效系数法为减少单一标准评价而造成的评价结果偏差，设置了在相同条件下评价某指标所参照的评价指标范围，并根据指标实际值在标准范围内所处位置计算评价得分，这不但与企业绩效评价多档次评价标准相适应，而且能够满足在目前我国企业各项指标值相差较大情况下，减少误差，客观反映企业绩效状况，准确、公正评价企业绩效的目的。

(3) 用功效函数模型既可以进行手工计分，也可以利用计算机处理，有利于评价体系的推广应用。基于以上优势，企业绩效评价选择了功效系数法作为评价定量指标的基本计分方法。

(三) 功效系数法的应用程序

1. 财务绩效评价量化标准

运用功效系数法计算基本指标和修正指标的得分，首先要通过评价体系内的各项评价指标的计算公式求出各项指标的实际值，其次通过实际值和标准值的比较确定各项指标的标准系数，最后通过基本指标和修正指标的计分公式算出综合得分。所以了解各项计算公式是求出综合得分的大前提。

功效系数法的计分公式为式 (8-6) 和式 (8-7)：

$$指标得分 = 基本分 + \frac{实际值 - 本档标准值}{上档标准值 - 本档标准值} \times (上档基础分 - 本档基础分) \quad (8-6)$$

$$功效系数 = \frac{指标实际值 - 本档标准值}{上档标准值 - 本档标准值} \quad (8-7)$$

(1) 基本指标计分方法。基本指标的评价计分主要根据评价指标的实际值对照相应评价标准值，运用功效系数法的计分方法计算各项指标实际得分，如式 (8-8)~式 (8-12) 所示：

$$基本指标总分 = \sum 单项基本指标得分 \quad (8-8)$$

$$单项基本指标得分 = 本档基础分 + 调整分 \quad (8-9)$$

其中： $本档基础得分 = 指标权数 \times 本档标准得分 \quad (8-10)$

$$调整分 = [(实际值 - 本档标准值) \div (上档标准值 - 本档标准值)] \\ \times (上档基础分 - 本档基础分) \quad (8-11)$$

$$上档基础分 = 指标权数 \times 上档标准系数 \quad (8-12)$$

在每一部分指标评价分数计算出来后，要计算该部分指标的分析系数。分析系数是指企业财务效益、资产营运、偿债能力、发展能力四部分评价内容各自的评价分数与该部分权数的比率。基本指标分析系数的计算公式为式 (8-13)：

$$某部分基本指标分析系数 = 该部分指标得分 \div 该部分权数$$

$$(8-13)$$

(2) 修正指标计分方法。企业绩效评价的修正指标主要是指那些对基本评价指标进行补充和发挥修正作用的辅助性指标。其依附于基本指标而存在，并为深入剖析基本指标的经济内涵、完善基本指标的评价结果而发挥作用。其功能在于：首先，利用指标性质和评价内容的详细程度不同，对基本指标评价中无法体现的情况和因素进行补充；其次，利用评价指标之间的相互关系，对基本指标的评价结果进行修正。修正指标的调整使得企业财务定量指标的评价结果信息更加全面。

计算公式如式（8-14）~式（8-19）所示：

$$修正后总得分 = \sum 四部分修正后得分 \quad (8-14)$$

$$各部分修正后得分 = 该部分基本指标分数 \times 该部分综合修正系数 \quad (8-15)$$

$$综合修正后得分 = \sum 该部分各指标加权修正系数 \quad (8-16)$$

$$某指标加权修正系数 = （修正指标权数 \div 该部分权数） \times 该指标单项修正系数 \quad (8-17)$$

$$某指标单项修正系数 = 1.0 + （本档标准系数 + 功效系数 \times 0.2 - 该部分基本指标分类系数） \quad (8-18)$$

$$功效系数 = （指标实际值 - 本档标准值） \div （上档标准值 - 本档标准值） \quad (8-19)$$

同样，在每一部分修正后的评价分数计算出来后，要计算该部分修正后的分析系数，用于分析每部分的得分情况。计算公式为式（8-20）：

$$某部分修正后分析系数 = 该部分修正后分数 \div 该部分权数 \quad (8-20)$$

基本指标与修正指标的量化标准根据国内企业年度财务和经营管理统计数据，运用数理统计方法，分年度、分行业、分规模统一测算，行业标准值参照财政部等四部委公布的企业绩效评价标准值，与五档标准值对应有5个标准系数，分别为优秀A，值为1；良好B，值为0.8；均值C，值为0.6；较低D，值为0.4；较差E，值为0.2。

2. 管理绩效评价计分

管理绩效定性评价指标的计分一般通过专家评议打分形式完成，需聘请的专家不少于7名。评议专家应当在充分了解企业管理绩效状况的基础上，对照评价参考标准，采取综合分析判断法，对企业管理绩效指标做出分析评议，判断各项指标所处的水平档次，并直接给出评价分数。

3. 综合绩效评价计分

在得出财务绩效定量分数和管理绩效定性评价分数后，按照规定的权重，耦合形成综合绩效评价总分。

【例8-2】根据所给数据，对甲公司、乙公司和丙公司进行企业综合绩效评价，如表8-6~表8-13所示。

表8-6 综合绩效评价标准（基本指标）

评价内容	评价指标（70%）						
	基本指标		优	良	中	低	差
盈利能力	净资产收益率（%）	20	≥25	15~25	5~15	0~5	≤0
	总资产报酬率（%）	14	≥10	5~10	2~5	0~2	≤0
资产质量	存货周转率（%）	10	≥8	6~8	4~6	2~4	≤2
	应收账款周转率（%）	12	≥15	10~15	5~10	2~5	≤2
财务风险	自有资本率（%）	12	≥50	40~50	30~40	20~30	≤20
	利息保障倍数	10	≥10	5~10	2~5	1~2	≤1
经营增长	营业收入增长率（%）	12	≥15	5~15	2~5	0~2	≤0
	资本保值增值率（%）	10	≥20	10~20	5~10	0~5	≤0

表8-7 基本指标实际值

评价内容	基本指标	标准分	甲公司	乙公司	丙公司
盈利能力	净资产收益率（%）	20	20.41	30.41	26.86
	总资产报酬率（%）	14	6.23	10.15	11.32
资产质量	存货周转率（%）	10	6.9	7.85	8.85
	应收账款周转率（%）	12	13.02	37.06	13.31
财务风险	自有资本率（%）	12	28.63	30.02	40.44
	利息保障倍数	10	6.97	∞	∞
经营增长	营业收入增长率（%）	12	32.59	9.4	14.68
	资本保值增值率（%）	10	15.97	23.02	24.21

基本指标：以丙公司存货周转率为例，年度该指标实际值6.9，相应档次标准值6~8；本档标准得分0.8~1；权数10。

计算：$8 + [(6.9 - 6) \div (8 - 6)] \times (10 - 8) = 8.9$

其中：本档基础分：$10 \times 0.8 = 8$

功效系数 $= (6.9 - 6) \div (10 - 8) = 0.45$

调整分 $= 0.45 \times (10 - 8) = 0.9$

存货周转率指标得分 $= 8 + 0.9 = 8.9$

表8-8 基本指标得分

评价内容	基本指标	标准分	甲公司	乙公司	丙公司
盈利能力	净资产收益率（%）	20	18.16	20	20
	总资产报酬率（%）	14	11.33	14	14

续表

评价内容	基本指标	标准分	甲公司	乙公司	丙公司
资产质量	存货周转率（%）	10	8.9	9.88	10
	应收账款周转率（%）	12	11.05	12	11.21
财务风险	自有资本率（%）	12	6.87	7.23	9.7
	利息保障倍数	10	8.79	10	10
经营增长	营业收入增长率（%）	12	12	10.68	11.93
	资本保值增值率（%）	10	9.19	10	10

表8－9　　　　　综合绩效评价标准（修正指标）　　　　单位：%

评价内容	评价指标（70%）					
	修正指标	优	良	中	低	差
盈利能力	销售利润率	12	≥10	6~10	3~6	0~3	≤0
	销售现金比率	12	≥90	80~90	70~80	60~70	≤60
	成本费用利润率	10	≥15	10~15	5~10	0~5	≤0
资产质量	良性资产比率	9	≥95	90~95	85~90	80~85	≤80
	流动资产周转率	7	≥2	1.5~2	1~1.5	0.5~1	≤0.5
	资产变现率	6	≥95	90~95	85~90	80~85	≤80
财务风险	流动比率	8	≥1	0.9~1	0.8~0.9	0.7~0.8	≤0.7
	速动比率	8	≥0.9	0.8~0.9	0.7~0.8	0.6~0.7	≤0.6
	现金比率	6	≥0.9	0.7~0.9	0.5~0.7	0.3~0.5	≤0.3
经营增长	净利润增长率	10	≥20	10~20	5~10	0~5	≤0
	总资产增长率	7	≥25	15~25	5~15	0~5	≤0
	市场占有率	5	≥30	20~30	10~20	5~10	≤5

表8－10　　　　　　　辅助指标实际值　　　　　　　单位：%

评价内容	基本指标	标准分	甲公司	乙公司	丙公司
盈利能力	销售利润率	12	5.98	10.8	10.96
	销售现金比率	12	115	64	96
	成本费用利润率	10	7.23	20.27	13.23
资产质量	良性资产比率	9	91	93	96
	流动资产周转率	7	1.91	0.82	1.49
	资产变现率	6	90	93	96

续表

评价内容	基本指标	标准分	甲公司	乙公司	丙公司
财务风险	流动比率	8	0.95	1.13	1.35
	速动比率	8	0.74	1.06	1.18
	现金比率	6	0.32	0.75	0.3
经营增长	净利润增长率	10	17.03	23.05	15.57
	总资产增长率	7	75.19	15.37	52.72
	市场占有率	5	25	36	30

修正指标得分,以丙公司周转能力为例。存货周转率与应收账款周转率得分分别为 8.9 和 11.05,则资产质量分类系数 = (8.9 + 11.05) ÷ 22 = 0.91。

表 8-11　　　　　　　　修整指标得分　　　　　　　单位:%

评价内容	基本指标	标准分	甲公司	乙公司	丙公司
盈利能力	销售利润率	12	12	12	9.58
	销售现金比率	12	12	5.76	12
	成本费用利润率	10	9.29	10	6.89
资产质量	良性资产比率	9	9	8.28	7.56
	流动资产周转率	7	5.57	3.7	6.75
	资产变现率	6	6	5.52	5.4
财务风险	流动比率	8	8	8	7.2
	速动比率	8	8	8	5.44
	现金比率	6	2.4	5.1	2.52
经营增长	净利润增长率	10	9.11	10	9.41
	总资产增长率	7	7	5.65	7
	市场占有率	5	5	5	4.5

调整系数分别为:

良性资产比率 = 1 - 0.91 + 7.56 ÷ 9 = 0.93

流动资产周转率 = 1 - 0.91 + 6.75 ÷ 7 = 1.05

资产变现率 = 1 - 0.91 + 5.4 ÷ 6 = 0.99
三项加权调整系数 = (0.93 × 9 + 1.05 × 7 + 0.99 × 6) ÷ 22 = 0.98
则：资产质量得分 = (8.9 + 11.05) × 0.98 = 18.76

表8-12　　　　　　　　　　财务指标得分

评价内容	标准分	甲公司	乙公司	丙公司
盈利能力	34	28.58	23.87	32.07
资产质量	22	18.76	12.19	16.8
财务风险	22	15.35	17.57	25.94
经营增长	22	20.98	19.85	21.99
合计	100	83.67	89.59	94.23

表8-13　　　　　　　　　管理绩效评价指标（30%）

评价指标	权重	甲公司	乙公司	丙公司
战略目标	18	14	15	17
技术创新	20	13	18	19
风险管理	10	8	5	8
内部控制	20	15	18	19
人力资源	16	13	13	14
行业影响	8	7	8	8
社会责任	8	8	8	7
合计	100	78	85	92

若企业综合绩效评价结果划分如下：
优（A）：A++：95~100；A+：90~95；A：85~90
良（B）：B+：80~85，B：75~80；B-：70~75
中（C）：C：60~70；C-：50~60
低（D）：D+：40~50
差（E）：E：<40
则企业综合绩效评价计分结果如下：
甲公司：83.67 × 0.7 + 78 × 0.3 = 81.97（分）；总评：良（B+）
乙公司：89.59 × 0.7 + 85 × 0.3 = 88.21（分）；总评：优（A）
丙公司：94.23 0.7 + 92 × 0.3 = 93.56（分）；总评：优（A+）

第三节 单位内部绩效管理

8.5 责任会计的基本概念

一、责任会计的概述

（一）责任会计的含义

责任会计作为现代管理会计的一个重要分支，是指适应企业内部经济责任制的要求，对企业内部各责任中心的经济业务进行规划与控制，以实现业绩考核和评价的一种内部会计控制制度。

责任会计是 19 世纪末 20 世纪初为了适应泰罗制的推广和运用而产生并发展的。第二次世界大战之后，企业的规模不断扩大，出现了越来越多的股份公司、跨行业公司和跨国公司。这些公司的业务涉及行业交叉、管理层次繁多、分支机构遍布，传统的管理模式已经不适用或管理效率低下。同时，伴随行为科学、管理科学的发展，责任会计受到了普遍重视。

建立责任会计制度一方面便于贯彻责任制，促使每个责任层次把自己应负责的成本指标严格加以控制，努力降低成本和资金占用，扩大企业利润；另一方面便于把各个责任层次的经营目标统一到整个企业的经营总目标上来，确立"经营目标的一致性"。

（二）责任会计的程序

责任会计是现代分权管理模式的产物，是通过在企业内部建立若干个责任中心，并对其分工负责的经济业务进行规划和控制，从而实现对企业内部各责任单位的业绩考核和评价。责任会计的要点就在于利用会计信息对各分权单位的业绩进行计量、控制和考核。其主要内容如下：

1. 设置责任中心，明确权责范围

实行责任会计，需要将企业所属的各部门、单位划分为若干个责权范围清晰的责任中心，并依据责任中心的经营活动特点，明确规定这些中心负责人的责权范围及量化的价值指标，并授予其相应的经营管理决策权。这不仅使中心责任人能在权限范围内独立自主履行职责，而且需要对责任的完成情况进行考核和评价。

2. 编制责任预算，确定考核标准

企业的全面预算按照生产经营过程落实企业的总体目标和具体任

务。责任预算是按照责任中心来落实企业的总体目标和任务，作为其开展经营活动、评价工作成果的基本标准和依据。

3. 建立跟踪系统，进行反馈控制

在预算执行过程中，每个责任中心应定期制定业绩报告，将实际数据和预算数据进行对比，据以找出差异，分析原因，考核预算的执行情况，并通过信息反馈、控制和调节经营活动，确保企业总体目标的实现。

4. 分析评价绩效，建立明确的奖罚制度

企业通过编制业绩报告，对各个责任中心的工作成果进行全面分析和评价，并且按照实际的工作成果进行奖惩，做到功过分明、奖惩有据，最大限度地调动各个责任中心的积极性，促进各个责任中心相互协调并取得更大的工作成果。

（三）责任会计的原则

责任中心是用于企业内部控制的会计，各个企业可以根据各自的不同特点确定责任会计的具体形式。但是，无论采用何种责任会计的形式，在设置时均需要遵循以下基本原则：

1. 责、权、利相结合原则

拥有与责任相当的权力和相应的经济利益是责任落实及其目标完成的保障，因此企业在设置责任目标时，也应明确相应的权力和利益。

2. 目标一致原则

企业在设定责任单位的目标、权力、预算以及考核标准时，都应当注意始终与企业的整体目标保持一致，避免因为片面追求局部利益而影响企业的整体利益，促使企业各责任单位协调一致地为实现企业的总体目标而努力。

3. 可控性的原则

对责任单位赋予相应的责任，应当以其能够控制为前提。企业在进行业绩考核时，应当尽可能把责任单位不能控制的因素排除，以保证责、权、利关系的紧密相结合，只有这样，才能最大限度地调动责任单位的积极性。

4. 激励的原则

责任会计的主要目的之一是激励管理人员提高工作效率和增加效益，更好完成企业的总目标。因此，责任目标和责任预算的制定应是合理、切实可行的，经过努力是可以达到的目标，这样才能不断激励各责任单位为了实现预算而不断努力工作。

5. 反馈的原则

为了保证责任中心对其经营业绩的有效控制，必须及时、准确、有效地反馈生产经营过程中的各种信息，反馈的内容主要包括两个方面：一是向各责任单位反馈，使其能够及时了解预算的执行情况，并不断调整偏离目标的差异，实现规定的目标；二是向上一级责任中心反馈，以便上一级预算中心能够及时全面了解情况。

二、责任中心划分与考核

(一) 责任中心的定义

责任中心是指根据其管理权限承担一定的经济责任，并能反映其经济责任履行情况的企业内部单位。为了有效地进行内部控制，有必要将整个企业逐级划分为若干责任领域，即责任中心。凡是管理上可区分、责任上可以辨认、成绩上可以单独考核的单位，都可以划分为责任中心，大到子公司、分公司、工厂或部门，小到车间、班组。

(二) 责任中心的特征

责任中心通常具备以下五个特征：

(1) 责任中心是一个责、权、利相结合的实体。每个责任中心都有完成一定的财务指标的责任；同时，赋予了责任中心与其所承担责任的范围和大小相适应的权力；除此之外，规定了相应的绩效考核标准及利益的分配。

(2) 责任中心具有承担经济责任的条件。所谓具有承担经济责任的条件，具体包括两层含义：一是责任中心具有履行经济责任中心各条款的行为能力；二是责任中心一旦不能履行经济责任，能对其后果承担责任。

(3) 责任中心所承担的责任和行使的权力都应该是可控的。每个责任中心只能对其责权范围内可控的成本、收入、利润和投资等相应指标负责，在责任预算和绩效考核中也只能包括他们所能控制的项目。需要注意的是，可控和不可控是相对而言的，通常情况下，责任中心的层次越高，其可控的范围就越大。

(4) 责任中心具有相对独立的经营业务和财务收支活动。这是确保经济责任的客观对象和责任中心得以存在的前提条件。

(5) 责任中心便于进行责任核算、业绩考核和评价。责任中心不仅需要划清责任而且能够进行单独的责任核算。划清责任是前提，单独核算是保证。只有既划清责任又能进行单独核算的企业内部单位，才能作为一个责任中心。

(三) 责任中心的分类

按照责任对象的特征和责任范围的大小，责任中心可分为：

1. 成本（费用）中心

成本（费用）中心是指只发生成本或费用而不取得经常性或稳定性收入的责任单位。任何只发生成本或费用的责任领域都可以确定为成本（费用）中心。成本（费用）中心只考核成本，根据成本（费用）中心控制对象的特征，可以把成本（费用）中心分为技术性成本中心和酌量性成本中心两类。

成本（费用）中心发生的各项成本，对该成本（费用）中心来说，有些是可以控制的，即可控成本；有些是无法控制的，即不可控成本。成本（费用）中心只能对其可控成本负责。一般来讲，可控成本应同时符合以下三个条件：

（1）责任单位通过一定方式了解将要发生的成本。

（2）责任单位能够对成本进行计量。

（3）责任单位能够通过自己的行为对成本加以调节和控制。

凡不能同时符合上述三个条件的成本通常为不可控成本，一般不在成本（费用）中心的责任范围之内。

需要注意的是，成本的可控与不可控是相对的，这与责任单位所处管理层次的高低、管理权限的大小以及控制范围的大小有直接关系。因此，对企业来说，几乎所有成本都可以被视为可控成本，一般不存在不可控成本；而对于企业内部的各个部门、车间、工段、班组来说，则既有各自的可控成本，又有各自的不可控成本。一项对较高层次责任单位来说属于可控的成本，对其下属较低层次的责任单位来说可能就是不可控成本；反过来，较低层次责任单位的可控成本，则一定是其所属的较高层次责任单位的可控成本。

2. 利润中心

利润中心是指既要发生成本，又能取得收入，还能根据收入与成本配比计算利润的责任单位。

利润中心的成本和收入对利润中心来说，都必须是可控的。可控收入减可控成本就是利润中心的可控利润，也就是责任利润。一般来说，企业内部的各个单位都有自己的可控成本，因此成为利润中心的关键在于是否存在可控收入。可控收入在制造业通常包含以下三种：

（1）对外销售产品而取得的实际收入。如果责任单位有产品销售权，就会取得实际收入。由于获取实际收入就可以计算真正实现的利润，因此这类责任单位可以称为自然利润中心。

（2）按照包含利润的内部结算价格转出本中心的完工产品而取得的内部销售收入。如果责任单位的产品不能直接对外销售，而只是提供给企业内部的其他单位，那么取得的收入就不是对外销售的实际收入，只是企业内部销售收入。这种内部销售收入与该期利润中心完工产品成本的差额，是所谓的内部利润（或称生产利润）。由于这种内部利润并非现实的利润，因此创造内部利润的这类利润中心可以称为人为利润中心。

（3）按照成本型内部结算价格转出本中心的完工产品而取得的收入。这类利润中心的产品也只是提供给企业内部的其他单位，因而也属于人为利润中心。但是，这类利润中心转出的产品是按照计划成本计价的，所谓收入实际上就是按照计划成本转出的完工产品的总成本。将按照计划成本转出的完工产品总成本与完工产品实际成本的差额，视为内部利润。不难看出，这种内部利润实际上就是产品成本差异，只是使用了内部利润的概念。从这个意义上讲，大多数成本中心都可以转作人为利润中心。

对利润中心业绩进行考核的重要指标是其可控利润，即责任利润。如果利润中心获得的利润中有该利润中心不可控因素的影响，则必须进行调整。将利润中心的实际责任利润与责任利润预算进行比较，可以反映出利润中心责任利润预算的完成情况。

3. 投资中心

投资中心是指既要发生成本又能取得收入、获得利润，还有权进行投资的责任单位。该责任单位不仅要对责任成本、责任利润负责，还要对投资的收益负责。显然，投资中心应拥有较大的生产经营决策权，实际上相当于一个独立核算的企业，如总公司下属的独立核算的子公司、分公司或分厂等。

投资中心和利润中心的主要区别有以下三点：

（1）权力不同。利润中心没有投资决策权，只能在项目投资形成生产能力后进行具体的经营活动；而投资中心则不仅在产品生产和销售上享有较大的自主权，而且能相对独立地运用掌握的资产，购建或处理固定资产，扩大或缩减现有的生产能力。

（2）考核方法不同。利润中心在考核时不涉及投入产出的比较，而投资中心考核时则必须考核投入产出的比较。

（3）组织形式不同。利润中心可以是也可以不是独立法人，而投资中心一般是独立法人。

（四）各种责任中心的考核

1. 成本（费用）中心的考核

由于成本中心只对成本或费用承担责任，准确讲只是对可控成本负责，因此，应从全部成本中区分出可以控制的责任成本，将其实际发生额与预算额进行比较、分析，揭示产生差异的原因，以督促成本中心降低成本，同时据此对责任单位的工作成果进行评价。

成本中心的考核指标包括责任成本的变动额和变动率两类指标，其计算公式如式（8-21）和式（8-22）：

8.6 成本中心的概念和考核方法

$$成本增减额 = 实际成本 - 预算成本 \qquad (8-21)$$
$$成本升降率 = 成本增减额 \div 预算成本 \qquad (8-22)$$

考核时既要考核责任成本预算差异,以揭示各项成本的支出水平,评价各责任成本中心降低成本支出的绩效,又要考核责任成本产量差异,以揭示各责任成本中心通过增加产量形成的成本相对节约额,促使责任成本中心寻求降低成本的途径:各职能管理部门主要考核期间费用,因此主要采用差异分析法确定当期期间费用支出总额和各项费用支出的节约和超支,并分析原因;供应部门主要考核材料采购成本,因此主要用差异分析法确定当期材料采购成本支出总额和各种材料采购成本支出的节约或者超支,并分析其原因。

【例8-3】华太公司第二车间是一个成本中心,只生产B产品。其预算产量为5 000件,单位标准材料成本为100元/件(100元/件=10元/千克×10千克/件);实际产量为6 000件,实际单位材料成本96元/件(96元/件=12元/千克×8千克/件)。假定其他成本暂时忽略不计。

要求:根据该成本中心消耗的直接材料责任成本的变动情况,分析该成本中心的成本控制情况。

解:根据题意,可知:

成本增减额 = $96 \times 6\,000 - 100 \times 6\,000 = -24\,000$(元)

成本升降率 = $-24\,000 / (100 \times 6\,000) \times 100\% = -4\%$

计算结果表明,该成本中心的成本降低额为24 000元,降低率为4%。其原因分析如下:

(1) 由于材料价格上升对成本的影响:

$(12 - 10) \times 8 \times 6\,000 = 96\,000$(元)

由于材料采购价格上升致使成本超支了96 000元,这属于第一车间的不可控成本,应将其超支责任由该车间转出,由采购部门承担。

(2) 由于材料用量降低对成本的影响:

$10 \times (8 \times 6\,000 - 10 \times 6\,000) = -120\,000$(元)

由于材料用量降低使得成本节约了120 000元,属于该中心取得的成绩。

2. 利润中心的考核

利润中心是组织中对实现销售及控制成本负责的一个部门。利润中心管理人员一般需要负责产品定价、决定产品组合以及监控生产作业。由于利润中心的管理人员有权制定资源供应决策并有自行定价的权力,在对利润中心进行业绩考核时,需要充分考虑利润中心经理行使相应的决策权力所涉及的方面。

利润中心按照收入来源的性质不同,可以分为自然利润中心和人

8.7 利润中心和投资中心

为利润中心。自然利润中心是指可以直接对外销售产品并取得收入的利润中心，具有产品销售权、价格制定权、材料采购权和生产决策权。人为利润中心是指对内部责任单位提高产品或劳务而取得的"内部销售收入"的利润中心，能够决定本利润中心的产品品种（含劳务）、产品质量、作业方法、人力调配、资金使用等。一般情况下，只要能够制定出合理的内部转移价格，就可以将企业大多数生产半成品或提供劳务的成本（费用）中心改造成人为利润中心。

对利润中心工作业绩进行考核的重要指标是其可控利润，即责任利润。如果利润中心获得的利润中有该利润中心不可控因素的影响，则必须进行调整。企业将利润中心的实际责任利润与责任利润预算进行比较，可以反映出利润中心责任利润预算的完成情况。企业将完成情况与对利润中心的奖惩结合起来，可以进一步调动利润中心增加利润的积极性。

通常以"贡献毛益"作为考核的指标，其计算公式如下：

（1）当利润中心不计算共同成本或不可控成本时，其计算公式如式（8-23）所示：

$$贡献毛益总额 = 销售收入总额 - 变动成本总额（或者利润中心可控成本） \quad (8-23)$$

值得注意的是，如果可控成本包含可控固定成本，则可控成本就不完全等于变动成本总额。但是一般而言，利润中心的可控成本大多只是变动成本。

利润中心只计算可控成本，不分担不可控成本，即不分摊共同成本。这种方式主要适应于共同成本难以合理分摊或无须进行共同成本分摊的场合，按这种方式计算出的盈利不是通常意义上的利润，而是相当于贡献毛益总额。企业各利润中心的贡献毛益总额之和，减去未分配的共同成本，经过调整后才是企业的利润总额。采用这种成本计算方式的利润中心，实质上已不是完整和原来意义上的利润中心，而是贡献毛益中心。

（2）当利润中心计算共同成本或者不可控成本，则如式（8-24）所示：

$$贡献毛益总额 = 销售收入总额 - 变动成本总额 \quad (8-24)$$

（3）当利润中心计算共同成本和不可控成本，则如式（8-25）和式（8-26）所示：

$$利润中心负责人可控利润 = 贡献毛益总额 - 利润中心负责人可控固定成本 \quad (8-25)$$

$$利润中心可控利润 = 利润中心负责人可控利润 - 利润中心负责人不可控固定成本 \quad (8-26)$$

为了更好考核利润中心负责人的经营业绩,应针对经理人员的可控成本费用进行考核和评价。这就需要将利润中心的固定成本进一步地划分为可控的固定成本和不可控的固定成本。

【例 8-4】 华太公司的第五车间是一个人为利润中心。本期实现内部销售收入 60 000 元,变动成本为 40 000 元,该中心负责人可控固定成本为 5 000 元,中心负责人不可控、但应由该中心负担的固定成本为 7 000 元。

要求:计算贡献毛益总额,利润中心负责人可控利润,利润中心可控利润。

解:贡献毛益总额 = 60 000 - 40 000 = 20 000(元)
利润中心负责人可控利润 = 20 000 - 5 000 = 15 000(元)
利润中心可控利润 = 15 000 - 7 000 = 8 000(元)

3. 投资中心的考核

投资中心是除了能够控制成本(费用)中心、收入中心和利润中心之外,还能对投资的资金进行控制的中心。投资中心是最高层次的责任单位,拥有最大的决策权,也承担最大的责任。一般而言,大型集团所属的子公司、分公司、事业部往往都是投资中心。

投资中心考核与评价的内容是利润和投资的效果。因此,投资中心除了考核和评价利润之外,更需要计算、分析利润和投资额的关系,即通过投资报酬率和剩余收益两个指标进行衡量。

(1) 投资报酬率。投资报酬率是指投资中心一定时期的营业利润和该期的投资占用额之比。该指标反映了通过投资而返回的价值,是企业从一项投资性商业活动的投资中得到的经济回报。企业最终获得的利润和投入的经营必备的财产是紧密联系的。该指标是全面评价投资中心各项经营活动、考评投资中心业绩的综合性质量指标,既能揭示投资中心的销售利润水平,又能反映资产的使用效果。此外,投资中心管理层要负责确定公司的战略方向,因此其在提高市场占有率及成功引进新产品等方面也负有责任。其计算公式为式(8-27):

$$投资报酬率 = 营业利润/营业资产 = (营业利润/销售收入) \times (销售收入/营业资产) = 销售利润率 \times 资产周转率 \qquad (8-27)$$

值得说明的是,由于利润或息税前利润是期间性指标,因此上述投资额或总资产占用额应按平均投资额或平均占用额计算。

投资利润率是广泛采用的评价投资中心业绩的指标,优点如下:

第一,投资利润率能反映投资中心的综合盈利能力。从投资利润率的分解公式可以看出,投资利润率的高低与收入、成本、投资额和周转率有关,提高投资利润率应通过增收节支、加速周转和减少投入来实现。

第二，投资利润率具有横向可比性。投资利润率将各投资中心的投入与产出进行比较，剔除了因为投资额不同而导致的利润差异的不可比因素，有利于进行各投资中心经营业绩比较。

第三，以投资利润率作为评价投资中心经营业绩的尺度，可以正确引导投资中心的经营管理行为，使其投资行为从企业的长远利益出发。由于该指标反映了投资中心运用资产并使资产增值的能力，如果投资中心资产运用不当，就会增加资产或扩大投资占用规模，降低利润。因此，以投资利润率作为考核与评价的尺度，将促使各投资中心盘活闲置资产，减少不合理资产占用，及时处理过时、变质、毁损资产等。

投资利润率指标也存在一定的局限性：

第一，在通货膨胀情况下，企业资产账面价值失真、失实，以致相应的折旧少计，利润多计，使计算的投资利润率无法反映投资中心的实际经营能力。

第二，使用投资利润率往往会使投资中心只顾本身利益而放弃对整个企业有利的投资项目，造成投资中心的近期目标与整个企业的长远目标相背离。各投资中心为达到较高的投资利润率，可能会采取减少投资的行为。

第三，投资利润率的计算与资本支出预算所用的现金流量分析方法不一致，不便于投资项目建成投产后与原定目标的比较。

第四，从控制角度看，由于一些共同费用无法为投资中心所控制，因而投资利润率的计量不全是投资中心所能控制的。

为了克服投资利润率的某些缺陷，应采用剩余收益作为主要评价指标。

（2）剩余收益。剩余收益是一个绝对数指标，是指投资中心获得的利润扣减最低投资收益后的余额。最低投资收益是投资中心的投资额（或资产占用额）按规定或预期的最低收益率计算的收益。其计算公式如式（8-28）所示：

$$剩余收益 = 息税前利润 - 总投资额 \times 规定或者预期的最低投资收益率$$
$$(8-28)$$

这里所说的规定或预期的最低收益率通常是指企业为保证其生产经营正常、持续进行所必须达到的最低收益水平，一般可按整个企业各投资中心的加权平均投资收益率计算。只要投资项目收益高于要求的最低收益率，就会给企业带来利润，也会给投资中心增加剩余收益，从而保证投资中心的决策行为与企业总体目标一致。

剩余收益指标具有两个特点：

第一，体现投入产出关系。由于减少投资（或降低资产占用）同样可以达到增加剩余收益的目的，因而与投资利润率一样，该指标也可以用于全面考核与评价投资中心的业绩。

第二，避免本位主义。剩余收益指标避免了投资中心的狭隘本位倾向，即单纯追求投资利润而放弃一些有利可图的投资项目。因为以剩余收益作为衡量投资中心工作成果的尺度，可以促使投资中心尽量提高剩余收益，即只要有利于增加剩余收益绝对额，投资行为就是可取的，而不只是尽量提高投资利润率。

【例8-5】太某公司下设甲和乙两个投资中心，该公司加权平均投资收益率为10%。现公司拟追加30万元投资。有关资料如表8-14所示。

表8-14　　　　　甲投资中心和乙投资中心资料　　　　单位：万元

项目		投资额	利润	投资利润率（%）	剩余收益率
追加投资前	甲	40	2	5	$2 - 40 \times 10\% = -2$
	乙	60	9	15	$9 - 60 \times 10\% = 3$
	∑	100	11	11	$11 - 100 \times 10\% = 1$
甲投资中心追加投资30万元	甲	40+30=70	2+2.2=4.2	6	$4.2 - 70 \times 10\% = -2.8$
	乙	60	9	15	$9 - 60 \times 10\% = 3$
	∑	100+30=130	11+2.2=13.2	10.10	$13.2 - 130 \times 10\% = 0.2$
乙投资中心追加投资30万元	甲	40	2	5	$2 - 40 \times 10\% = -2$
	乙	60+30=90	9+4.2=13.2	14.70	$13.2 - 90 \times 10\% = 4.2$
	∑	100+30=130	11+4.2=15.2	11.80	$15.2 - 130 \times 10\% = 2.2$

要求：评价甲投资中心和乙投资中心的经营业绩。

解：从表8-14可知，如以投资利润率作为考核指标，追加投资后，甲投资中心的利润率由5%提高到6%，乙投资中心的利润率由15%下降到14.7%，则向甲投资中心比向乙投资中心更好；但是如果以剩余收益作为考核指标，甲投资中心由原来的-2万元变成了-2.8万元，乙投资中心的剩余收益由原来的3万元增加到4.2万元，应当向乙投资中心投资更好。如果从整个公司角度进行分析，发现投资甲投资中心后公司的总体投资利润率由11%下降到了10.1%，剩余收益由1万元下降到0.2万元；投资乙投资中心后公司总体投资利润率由11%上升到11.8%，剩余收益由1万元增加到2.2万元，这和剩余收益指标评价各投资中心的绩效的结果是一致的。因此，以剩余收益作为评价指标可以保持各投资中心获利目标与公司总目标一致。

需要说明的是：剩余收益和投资报酬率可以起到互补作用，剩余收益弥补了投资报酬率的不足，可以在投资决策方面使投资中心利益与企业整体利益取得一致,并且剩余收益允许不同的投资中心使用不同的风险调整资本成本。剩余收益最大的不足之处在于,不能用于两个规模差别比较大的投资中心的横向比较,而这恰恰是投资报酬率的优点。

需要强调的是,绩效考核并非只局限于上述财务指标基础上的评价。事实上,所有责任单位均会有重要的非财务业绩考评指标,如商品或劳务的质量、经营周期、顾客满意度、员工满意度和市场占有率等。这些非财务指标的重要性因责任单位的划分而各不相同。即使在同一类责任单位,由于各个部门权责范围的差异,重要性也会有所不同。

三、内部转移价格

8.8 内部转移价格

(一) 内部转移价格的含义

内部转移价格又称为内部价格、内部转让价格,是指企业内部各责任单位之间转移中间产品或者相互提供劳务而发生内部结算和进行内部责任结转所使用的计价标准。

制定内部转移价格,有助于明确划分各责任单位的经济责任,有助于在客观、可比、公正的基础上对责任单位的绩效进行考核与评价,以便协调各责任单位的各种利益关系,调动企业内部各部门的生产积极性,便于企业经营者作出正确的决策。

在其他条件不变的情况下,内部转移价格的变化,会使交易双方当事人的责任单位成本或者收入发生相反方向的变化。但是从整个企业角度分析,一方增加的成本可能正是另一方增加的收入;反之亦然。因此,在理论上看,内部转移价格无论怎样变动,都不会改变企业的利润总额,所改变的只是企业内部各责任单位的收入或利润的分配份额。

(二) 内部转移价格的用途

在责任单位系统中,主要应用于内部交易结算和内部责任结转。

1. 内部交易结算

企业内部的各个责任单位在生产经营活动过程中,经常发生各种既相互联系,又相互独立的业务活动,在管理会计中,将一个责任单位向另一个责任单位提供产品或劳务服务而发生的相关业务称为内部交易。内部交易结算是指在发生内部交易业务的前提下,由接受产品或劳务服务的责任单位向提供产品或劳务服务的责任单位支付报酬而引起的一种结算行为。

采用内部转移价格进行内部交易结算，可以使企业内部的两个责任单位处于类似于市场交易的买卖双方，起到与外部市场相似的作用。责任单位作为卖方即提供产品或劳务的一方必须不断改善经营管理，提高质量，降低成本费用，以其收入抵偿支出，取得更多的利润；而买方即接受产品或劳务的一方也必须在竞价后所形成的一定买入成本的前提下，千方百计降低自身的成本费用，提高产品或劳务的质量，争取获得更多的利润。

按照内部结算采用的手段不同，企业内部结算方式通常包括：内部支票结算方式、转账通知单方式和内部货币结算方式。

2. 内部责任结转

内部责任结转又称责任成本结转，简称责任结转，是指在生产经营过程中，对因不同原因造成的各种经济损失，由承担损失的责任单位对实际发生或发现损失的责任单位进行损失赔偿的账务处理过程。

利用内部转移价格进行责任结转有两种情况：

一是各责任中心之间由于责任成本发生的地点与应承担责任的地点往往不同，因而要进行责任转账。如生产车间所消耗原材料超过定额是由于采购部门所供应的原材料质量不合格所致，则应由购进部门负责，将这部分超定额成本消耗的成本转移至采购部门。

二是责任成本在发生的地点显示不出来，需要在下道工序或环节才能发生，这也需要转账。如前后两道工序都是成本中心，后道工序加工时才发现前序转来的半成品是次品。针对这些次品所进行的筛选、整理、修补等工作所消耗的材料、人工和其他费用，均应由前一道工序负担。至于因这些次品而使企业发生的产品降价、报废损失，则应分析原因，分别转到有关责任单位的账户中去。

责任成本结转的方式包括直接的货币结算方式和内部银行转账方式两种。前者是以内部货币直接支付给损失方，后者只是在内部银行所设立的账户之间划转。

内部交易结算和内部责任结转的主要区别在于：前者所涉及的内部资金流向（资金流）与中间产品的转移流向（物流）方向相反，即内部交易结算前的资金是由下游部门向上游部门流动，而产品是由上游向下游流动；后者所涉及的内部资金转移流向（资金流）与中间产品的转移流向（物流）方向相同，即内部责任结转的资金是由上游（承担责任的中心）向下游（发生或发现损失的中心）流动。

（三）制定内部转移价格的原则

制定内部转移价格，必须遵循以下原则：

1. 全局性原则

制定内部转移价格必须强调企业的整体利益高于各责任单位的利

延伸性阅读：内部转移价格应用——《医疗机构内部价格行为管理规定》印发

益。内部转移价格直接关系到各责任单位的经济利益的大小,每个责任单位必然会最大限度地为本责任单位争取最大的价格好处。在局部利益彼此冲突的情况下,企业和各责任单位应本着企业利润最大化的要求,合理地制定内部转移价格,不能以邻为壑,在价格制定上互相倾轧。

2. 激励性原则

内部转移价格的制定应公平合理,充分体现各责任单位的工作态度和经营绩效,各责任单位所采用的内部转移价格应使其努力经营的程度与所得收益相符,防止某些责任单位因价格优势而获得额外的利益,某些责任单位价格劣势而遭受额外损失。内部转移价格的制定应能激励各责任单位经营管理的积极性,使他们的工作与所得到的收益相适应。

3. 自主性原则

在确保企业整体利益的前提下,只要具有可行性,就应通过各责任单位的自主竞争或讨价还价来确定内部转移价格,真正在企业内部实现市场模拟,使内部转移价格能为各责任单位所接受。企业最高管理当局不宜过多地采取干预行为。

4. 重要性原则

内部转移价格的制定应当体现"大宗细致、零星从简"的要求,对原材料半成品、产成品等重要物资其内部转移价格制定从细,而对劳保用品,修理用备件等数量繁多、价值低廉的物资,其内部转移价格制定从简。

上述的四项基本原则在实际工作中往往相互矛盾。因为,一组适合于评价责任单位经营业绩的转移价格可能使责任单位违反企业整体的利益。相反,一组能提供正确激励的转移价格,却可能导致长期对企业的成功有重大贡献的责任单位在业绩报告中出现亏损。值得注意的是,由于不同的方法适用于不同的情况和条件,而适用于某种情况和条件的方法,又可能不适合某种使用目的。因此,没有一种适合各种情况使用的最佳内部转移价格。所以在同一企业组织中,内部转移价格的政策会因不同种类的产品和劳务而多样化。

(四) 内部转移价格的类型

内部转移价格主要包括市场价格、协商价格、双重价格和成本转移价格4种类型。

1. 市场价格

(1) 市场价格的含义。市场价格是根据产品或劳务的市场价格作为基价的内部转移价格。采用市场价格,一般假定各责任单位处于独立自主的状态,可自由决定从外部或内部进行购销,同时交易的产品有客观的市价可采用。

（2）以市场价格作为内部转移价格时应注意的问题。

第一，在中间产品有外部市场、可向外部出售或从外部购进时，可以以市场价格作为内部转移价格，但并不等于一定要直接将市场价格用于内部结算。应该在此基础上，对外部价格做一些必要的调整。这是因为外部售价一般包括销售费、广告费以及运输费等，而这些内容在内部转移价格中是不应包括的。当企业各责任单位不是独立核算分厂，而是车间或部门时，产品的内部转移价格不必支付资源税等项税金，而这些税金一般也是外部销售价的组成部分。在制定内部转移价格时，如不将上述内容从市场价格中剔除，则由这两项内容带来的好处都会为供应方获得，不利于调整各责任单位的积极性，不利于利润分配的公平。

第二，以市场价格为依据制定内部转移价格，一般假设中间产品有完全竞争的市场，或者中间产品提供部门没有任何闲置的生产能力。

第三，在采用市场价格作为内部转移价格时，应尽可能使企业的中间产品在各责任单位之间进行内部转移，首先应保证满足内部责任单位对特定产品的需要，除非有充分理由说明对外交易比内部交易更为有利。

（3）市场价格制定内部转移价格的原则。为使内部交易公平、合理、科学地进行，在按照市场价格制定内部转移价时，具体遵循以下三条原则：

第一，若卖方有意愿对内销售，且售价与市价相符时，买方应有购买的义务。

第二，若卖方售价高于市价时，买方有改向外界市场购入的自由。

第三，若卖方宁愿对外界销售，则应有不对内销售的权利。但是，第二条和第三条原则的应用必须以不影响企业的整体利益为前提。

（4）以市场价格作为内部转移价格的优缺点。在西方国家，通常认为市价是制定内部转移价格的依据，市价意味着客观、公平，意味着在企业内部引进了市场机制，形成竞争气氛，使各责任单位各自经营、相互竞争，最终通过利润指标考核和评价其业绩。

以市场价格作为内部转移价格也有其局限性，它需要以高度发达的外部竞争市场为存在的前提，而这种完全竞争市场在现实经济生活中是很难找到的，而且市场价格也受到一定的限制，有些是中间产品缺乏相应的市价作为其定价的依据。应该注意的是，凡属内部转让的制品或劳务往往是专门生产的，或具有特定的规格。在这种情况下，就缺乏市场交易价格。

（5）市场价格的适用范围。以市场价格为基础制定的内部转移价格适于利润中心或投资中心采用产品有外部市场,"购""销"双方都有权自由对外销售产品和采购产品时,以市场价格作为转移价格仍不失为一种有效的方法。

2. 协商价格

(1) 协商价格的含义。协商价格也称为议价,是指在正常市场价格的基础上,由企业内部责任单位协商所确定的、为供求双方能够共同接受的价格。采用协商的前提是责任单位转移的产品应在非竞争性市场上具有买卖这种产品的可能性,在这种市场内买卖双方有权自行决定是否买卖这种中间产品。

(2) 对协商价格的干预。第一,价格不能由买卖双方自行决定;第二,当协商的双方发生矛盾而又不能自行解决时;第三,双方协商确定的价格不符合企业利润最大化要求。这种干预应以有限、得体为原则,不能使整个协商谈判由上级领导包办全权决定一切。

(3) 协商价格水平的上下限范围。协商价格通常要比市场价格低,其最高上限是市价,下限是单位变动成本。在一般情况下,转移价格比市价低一些,这主要是由于:第一,内部转移价格中所包含的推销费用和管理费用,通常要低于市价所包含的。第二,内部转移的数量一般较大。第三,转出单位拥有多余的生产能力。

因此,市场只能作为制定内部转移价格的上限,至于具体价格需要由买卖方参考市价协商议定。

(4) 以协商价格作为内部转移价格的优缺点。以协商价格作为内部转移价格的优点在于:在协商价格确定的过程中,供求双方当事人都可以在模拟的市场环境下讨价还价,充分发表意见,从而可调动各方的积极性、主动性。

但协商价格也存在一定的缺陷:在协商定价的过程中不仅要花费人力、物力和时间,而且协商定价的各方往往会因各持己见而相持不下,需要企业高层领导干预作出裁定,这些行为弱化了分权管理的作用。

(5) 协商价格的适用范围。在中间产品有非竞争性市场,生产单位有闲置的生产能力以及变动生产成本低于市场价格,且部门经理有讨价还价权利的情况下,可采用协商价格作为内部转移价格。另外,当产品或劳务在没有市价的情况下,也只有采用议价的方式来决定。

3. 双重价格

(1) 双重价格的概念及应用的前提条件。双重价格就是针对供需双方分别采用不同的内部转移价格而制定的价格。如对产品(半成品)的供应方,可按协商的市场价格计价;对使用方则按供应方的产品(半成品)的单位变动成本计价;两种价格产生的差额由会计部门调整计入管理费。

采用双重价格的前提条件是内部转移的产品或劳务有外部市场，供应方有剩余生产能力，而且其单位变动成本要低于市价。特别当采用单一的内部转移价格不能达到激励各责任单位的有效经营和保证责任单位与整个企业的经营目标达成一致时，应采用双重价格。

（2）双重价格的形式。双重价格主要有两种形式：

第一种，双重市场价格，就是当某种产品或劳务在市场上出现几种不同价格时，供应方采用最高市价，使用方采用最低市价；

第二种，双重转移价格，就是供应方以市场价格或协议价作为计价的基础，而使用方以供应方的单位变动成本作为计价的基础。

（3）双重价格制度的特点。双重价格制度使企业内部各责任单位在选择内转移价格时具有一定的灵活性，各相关责任单位所采用的价格并不需要完全一致，可分别选用对责任单位最为有利的价格为计价依据，从而对企业内部各责任单位的业绩进行评价考核更加公平、合理。

（4）以双重价格作为内部转移价格的优缺点。优点在于可较好满足供应方和使用方的不同需要，有利于产品（或半产品）接受单位正确地进行经营决策，避免因内部定价高于外界市场价格，接受单位向外界而不从内部"购买"，使内部的产品（或半产品）供应单位的部分生产能力因此而闲置的情况发生，采用双重价格也有利于提高供应单位在生产经营上的主动性和积极性。因此，双重价格是一种既不直接干预各责任单位的管理决策，又能消除职能失调行为的定价方法。缺点在于价格标准过多，在应用过程中，会在处理由此而形成的差异过程中遇到一些麻烦。

4. 成本转移价格

（1）成本转移价格的概念。成本转移价格就是以产品或劳务的成本为基础而制定的内部转移价格。

（2）成本转移价格的种类及其特点。由于人们对成本概念的理解不同，成本转移价格也包括多种类型，其中用途较为广泛的成本转移价格有以下两种：

第一，标准成本，即以产品（半成品）或劳务标准成本作为内部转移价格。它适用于成本中心之间的产品（半成品）转移的结算。它的优点是简便易行，且不会把经营单位的浪费和无效劳动转嫁给其他单位负担。但按标准成本计价，必须使经营单位无利可得。这样一来，经营单位就不会在成本控制和节约开支方面多下功夫，大大削弱了其降低产品成本的积极性；

第二，标准成本加成，即按产品（成品）或劳务的标准成本加计一定利润作为计价的基础。当内部交易涉及利润中心或投资中心时，可将标准成本加上一定利润作为转移价格，其优点是能分清相关责任中心的责任，有利于成本控制。但确定加成利润率时，应由管理当局妥善制定，避免主观随意性。

成本转移价格还包括变动成本法、实际成本法、实际成本加成法等。

内部转移价格的制定过程，实际上是企业内部各责任单位的利益分配的过程，为充分调动各责任单位的积极性，保证企业整体价值的最大化，各企业应具体问题具体分析，根据不同情况选择适当的内部转移价格。责任单位的相互转账，不可避免地会产生一些有关价格方面的争议事项。因此，全行业内可以考虑设置一个经济仲裁委员会，专门对这些争议进行调查研究，秉公处理，实施仲裁。

【本章小结】

1. 企业绩效考核是评估员工在工作中的表现和贡献的一种常用手段。它通过定量化的指标和评价体系，对员工的工作结果进行评估和奖惩，以激励员工的积极性和提高整体业绩。首先，绩效考核的优点之一是能够明确目标和期望。通过设定清晰的绩效指标和标准，员工可以清楚地知道他们需要达到的目标，并根据这些目标来规划自己的工作。这有助于提高员工的自我管理能力和工作效率，进而推动企业整体业绩的提升。其次，绩效考核可以激发员工的积极性和竞争意识。由于绩效考核与奖惩相结合，员工会感受到自己的付出和努力直接与回报相关。这种关联性促使员工更加专注和投入地工作，追求卓越表现。最后，绩效考核还能够鼓励员工之间的竞争，激发出更多的创新和改进，并推动团队的整体进步。绩效考核还能够帮助企业识别并培养高绩效员工。通过对员工的表现进行量化评价，企业可以辨别出那些在工作中表现出色、具备潜力的员工。这为企业提供了有针对性的人才培养和晋升机会，同时也增强了员工的职业发展动力。

然而，绩效考核也存在一些弊端。首先，过度强调绩效考核可能导致员工过分追求短期目标而忽视长期发展。如果只关注绩效考核结果，员工可能会为了达到指标而牺牲其他重要的方面，例如团队合作、员工发展等。这样的结果可能短期内看似有效，但长远来看可能对企业形成负面影响。其次，绩效考核也可能引发不公平感和压力。如果绩效考核标准不公正或不透明，员工可能会感到他们的付出没有得到公正的回报，从而降低工作积极性和投入度。最后，由于绩效考核与奖惩相结合，员工可能因为害怕受到处罚而产生压力和焦虑，进而影响工作质量和效率。

综上所述，企业绩效考核作为一种常用的评估和激励机制，在提高员工积极性和整体业绩方面具有一定的优势。然而，我们也需要认识到绩效考核可能导致的一些负面影响,如过分追求短期目标和产生不公平感等。因此,在实施绩效考核时,企业需要综合考虑各种因素,确保评价体系的公正性、透明性,并充分关注员工的长期发展和整体幸福感。只有这样,绩效考核才能真正成为推动企业进步的有效工具。

2. EVA 是指经济增加值,即经济利润或剩余收入,它衡量了企业在一定时期内经营产生的利润减去所有资本成本后的数值。EVA 是基于剩余收益思想发展起来的新型价值模型,旨在评价企业的经济利润而非会计利润。

EVA 的计算公式为:EVA = 税后净营业利润 – 资本成本 = 税后净营业利润 – 资本总额 × 平均资本成本率。其中,税后净营业利润包括净利润、利息支出和资产减值损失等调整后的结果;资本占用则是企业投入的各种债务资本和权益资本的总和,减去无息流动负债、在建工程及营业外收支调整后的结果。

3. EVA 考核的核心在于将资本成本纳入考量,认为不包含资金成本的利润不是真正的利润。通过 EVA 考核,可以将管理业绩激励与股东财富增长紧密联系起来,为经营管理、计划、业绩度量和员工报酬制度建立一个统一的目标。此外,EVA 考核还能营造业绩导向的企业文化氛围,鼓励员工像股东那样思考问题,提高工作绩效。

EVA 考核的优势在于其综合考虑了资本成本,能够更准确地反映企业的经济利润和资本使用效率。然而,EVA 考核也存在一些挑战,如需要对企业会计报表进行调整,以确保准确性;同时,EVA 的计算相对复杂,需要专业的财务知识和技术支持。

4. 平衡计分卡是一种综合管理工具,旨在通过四个主要维度来衡量企业的绩效和战略执行情况。它不仅是一个绩效管理工具,也是一个战略管理工具,能够帮助企业从财务、客户、内部流程和学习与成长四个方面进行综合管理。财务维度反映企业的财务绩效,包括收入、利润等指标,确保企业能够实现股东价值的最大化。客户维度关注客户需求和满意度,通过提高产品质量和服务水平来增强客户忠诚度。内部流程维度优化企业内部流程,提高运营效率,确保能够满足客户需求和实现财务目标。学习与成长维度重视员工培训和发展,提升组织的学习和创新能力,为企业的长期发展提供支持。

平衡计分卡的应用思路包括以下几个步骤:

设定战略目标:明确企业的长期和短期目标,确保所有员工都理解并认同这些目标。

制定关键绩效指标(KPIs):在四个维度下设定具体的、可量化的 KPIs,确保每个部门和员工都知道自己的绩效标准。

沟通和反馈:确保信息的畅通,定期对绩效进行评估和反馈,及时调整战略和目标。

5. 责任中心是指企业内部承担一定经济责任并享有一定管理权限和决策权的单位。责任中心可以是企业的一个部门、分厂、事业部，甚至是生产线上的一个班组或负有专项独立责任的员工个人。责任中心的核心在于其能够独立承担经济责任，并享有相应的管理权限和决策权，从而使其在市场竞争环境下进行独立的经营和核算。

责任中心的业绩考核指标根据不同类型的责任中心有所不同：

成本中心是只对成本负责的责任中心。只要有费用支出的地方，就可以建立成本中心。上至企业、下至车间、工段、班组、甚至个人都可以划分为成本中心。构成一个成本中心责任成本的是该中心的全部可控成本之和。成本中心控制和考核责任成本，是在事先编制的责任成本预算的基础上，通过提交责任报告将责任中心实际发生的责任成本与其责任成本预算进行比较，实际数大于预算数的差异是不利差异，实际数小于预算数产生的差异叫有利差异。

利润中心是既能控制成本，又能控制收入的责任中心，它是处于比成本中心高一层次的责任中心。一个利润中心通常包含若干个不同层次的下属成本中心。利润中心对利润负责，其实质是对收入和成本负责。利润中心业绩评价和考核的重点是边际贡献和利润。但对于不同的利润中心来说，其指标的表现形式也不相同，具体有以下几种：部门边际贡献、部门经理边际贡献、部门贡献、公司税前利润。在运用时要注意分清利润中心的层次。

投资中心是既对成本、利润负责，又对投资效果负责的责任中心，它是比利润中心更高层次的责任中心。投资中心拥有投资决策权和经营决策权。投资中心评价与考核的内容是利润及投资效果，反映投资效果的指标主要是投资报酬率和剩余收益。投资报酬率＝利润÷投资额×100%。不同投资中心在使用投资报酬率指标时应注意可比性。投资报酬率是各项对数正指标，其数值越大越好。剩余收益＝利润－投资额×预期最低投资报酬率。在采用剩余收益作为评价指标时，所采用的投资报酬率的高低对剩余收益的影响很大，通常应以整个企业的平均投资报酬率作为最低报酬率。

【本章重要术语】

1. 杜邦分析法
2. 责任会计
3. 成本中心
4. 自然利润中心
5. 人为利润中心
6. 投资中心

本章重要术语

7. 内部转移价格
8. 经济增加值
9. 平衡计分卡

【复习与思考】

1. 作为投资者,你将如何评价企业利润由 10% 提高为 12%?你认为利润率指标在评价中有何缺点?

2. 如何理解成本的可控与否是相对的,它与责任中心所处管理层次高低、管理权限的大小以及控制范围的大小有直接关系?

3. 如何看待业绩考核要兼顾财务指标和非财务指标?

复习与思考

第九章 风险管理会计

【学习目标】

通过本章的学习,帮助学生了解风险管理会计的概念及分类;理解风险管理与风险管理会计之间的关系;掌握企业风险管理框架的各个步骤;理解风险矩阵模型,掌握风险矩阵图的绘制与应用,并了解该模型的优缺点。

【知识框架】

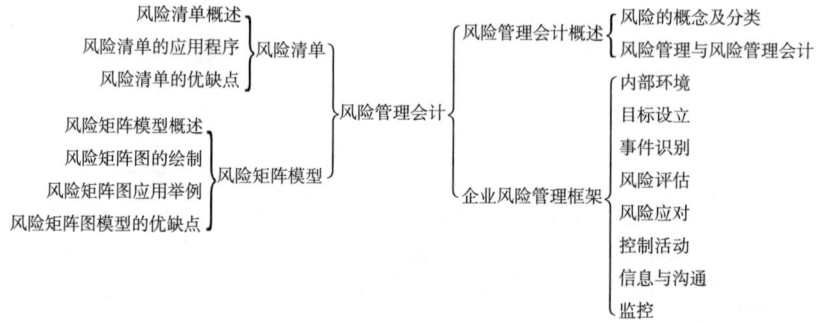

引导案例分析要点

【引导案例】

根据《财务与会计》2022年第22期,中国宝武通过强化战略、制度、平台和科技四个方面的风险防控,推动全面风险管理体系的建设。这些措施不仅将风险防控融入决策过程,还加强了监督和制度执行力,确保企业在不确定环境中稳健发展。

一、提升战略防风险能力

战略防风险的目标是将风险防控与决策过程相结合,确保公司战略的适应性和可行性。为此,中国宝武采取了以下措施:

(1)年度风险识别:通过问卷调查、现场调研和风险评估,结合内外部环境的变化,年度识别重大风险,并由党委和董事会共同审核和制定应对策略。

(2) 风险防控跟踪：每季度集团党委和董事会听取风险管理报告，并通过压力测试等方法监控重大风险隐患，确保早发现、早预警、早处置。

(3) 完善责任体系：建立了权责清晰的风险管理责任体系，确保集团及子公司在风险管理中的责任分配明确，推动了风险防控责任落实。

二、提升制度防风险能力

中国宝武通过制度建设将风险管理要求转化为规范化、标准化的流程。具体做法如下：

(1) 制度文件上下贯通：通过建立党政融合的"制度树"体系，优化现有管理制度，推动制度文件的全覆盖，确保制度文件不重复，避免管理空白。

(2) 经营管理红线底线：结合国资监管红线，发布《中国宝武经营投资纪律》，明确经营投资的禁止行为，严格管理合规经营，避免高风险低收益的投资行为。

三、提升平台防风险能力

平台防风险的核心是将管理和服务融为一体，通过建立专业化管理平台，提升管理执行力：

(1) 业务平台化：围绕钢铁产业链，将大宗原料采购、产品销售和节能环保等核心业务进行专业化整合，建立产业生态圈。这样不仅能加强产业协同，还能有效防止系统性风险。

(2) 服务全覆盖：通过建立统一的服务平台，涵盖采购、合同、财务等关键环节，提高了管理服务的全覆盖性，提升了风险管控的效率。

四、提升科技防风险能力

中国宝武利用科技手段提高风险预警和监控能力，具体措施包括：

(1) 工商大数据预警：通过聚合工商、财务、环保等多种外部数据，进行交易对手资信风险监控，确保外部合作的安全性。

(2) 合同大数据预警：利用合同数据分析技术，进行交易条件、交货周期等合同关键信息的比对，防范合同业务中的潜在风险。

(3) 财务大数据预警：建立对资金活动的全方位监测体系，利用大数据技术实时监控资金的流动和使用情况，防范内部资金风险。

通过上述措施，中国宝武在强化风险防控的同时，优化了公司治理结构，推动了合规文化的形成，为稳健经营和持续发展提供了坚实保障。

资料来源：管理会计案例索引（十四）．中华人民共和国财政部网站，2024-08-07．http://kjs.mof.gov.cn/kuaijifagui/202408/t20240807_3941326.htm，原文有修改。

请思考：

1. 如何通过"战略防风险能力"帮助企业避免重大风险并确保战略目标的实现？

2. 在风险管理中，如何理解"制度防风险能力"和"平台防风险能力"的不同角色？

第一节　风险管理会计概述

管理会计应用指引第 700 号——风险管理

一、风险的概念及分类

风险是指未来事件存在一定程度的不确定性所导致的企业蒙受经济损失的可能性。组织需要识别、评估和管理其所面临的风险，并针对这些风险制定相关对策，目的是实现公司使命、保护公司资产，同时避免非预期损失。尽管风险很难确定和量化，但管理层必须尽最大努力来识别潜在的风险，并确认这些风险发生的概率。

企业面对的主要风险分为两大类：外部风险和内部风险。外部风险主要包括政治风险、法律风险与合规风险、社会文化风险、技术风险、自然环境风险、市场风险、产业风险等；内部风险主要包括经营风险和财务风险。

（一）外部风险

1. 政治风险

政治风险是指完全或部分由政府官员行使权力和政府组织的行为而产生的不确定性。虽然政治风险更多地与海外市场（尤其是发展中国家）风险有关，但这一定义适用于国内外所有市场。

政治风险常常分为：

（1）外汇管制的规定。通常欠发达国家制定的外汇管制规定更为严格。例如，外币供应实行定量配给，从而限制东道国的企业从外国购买商品和禁止其向外国股东支付股利，这些企业继而可能会陷入资金被冻结的局面。

（2）进口配额和关税。规定进口配额可以限制在东道国内的子公司从其控股公司购买，以投放到国内市场上销售的商品数量有些时候东道国会要求征收额外税收，即对外国企业按高于本地企业的税率征税，目的是为本地企业提供优势条件。甚至有可能故意征收超高税率，使得外国企业难以盈利。

（3）组织结构及要求最低持股比例。凭借要求所有投资必须采取与东道国的公司联营的方式，东道国政府可决定组织结构。最低持股比例是指外资公司的部分股权必须由当地投资人持有。

（4）限制向东道国的银行借款。限制甚至包括禁止外资企业向东道国的银行和发展基金按最低利率借款。某些国家仅向本国的企业提供获取外币的渠道，以迫使外资企业将外币带入本国。

（5）没收资产。出于国家利益的考虑，东道国可能会没收外国财产。国际法认为，这是主权国的权力，但主权国要按照公平的市场价格迅速地以可自由兑换的货币进行赔偿。问题常常出现在"迅速"和"公平"这两个词所代表的准确含义、货币的选择，以及如果对主权国提出的赔偿不满，企业可以采取哪些措施等方面。

2. 法律风险与合规风险

法律风险与合规风险都是现代企业风险体系中重要的部分，两者各有重合，又各有侧重。

合规风险是指因违反法律或监管要求而受到制裁、遭受金融损失以及因未能遵守所有适用法律、法规、行为准则或相关标准而给企业信誉带来的损失的可能性。

法律风险是指企业在经营过程中因自身经营行为的不规范或者外部法律环境发生重大变化而造成的不利法律后果的可能性。法律风险通常包括以下三方面：一是法律环境因素，包括立法不完备、执法不公正等；二是市场主体自身法律意识淡薄，在经营活动中不考虑法律因素等；三是交易对方的失信、违约或欺诈等。

合规风险侧重于行政责任和道德责任的承担，而法律风险则侧重于民事责任的承担。以下的例子可以说明法律风险与合规风险的关系。比如银行与客户约定的利率超出了人民银行规定的基准利率幅度，那么银行合规风险突出表现在监管机关的行政处罚、重大财产损失和声誉损失，而法律风险则侧重于银行对客户民事赔偿责任的承担。

合规风险和法律风险有时会同时发生，比如上一个例子中，银行将会同时面临监管机关的处罚和客户的起诉。但两者有时也会发生分离，比如银行的违规经营被媒体曝光，银行的声誉将面临重大损失，这显然属于合规风险，但其与法律风险无关。

3. 社会文化风险

社会文化风险是指文化这一不确定性因素给企业经营活动带来的影响，从文化风险成因来看，社会文化风险存在并作用于企业经营的

更深领域,主要有以下几个方面:

(1) 跨国经营活动引发的社会文化风险。跨国经营使企业面临东道国文化与母国文化的差异,这种文化的差异直接影响着管理的实践,构成经营中的社会文化风险。在一种特定文化环境中行之有效的管理方法,应用到另一种文化环境中,也许会产生截然相反的结果。

(2) 企业并购活动引发的社会文化风险。并购活动导致企业双方文化的直接碰撞与交流。尤其对于跨国并购而言,面临组织文化与民族文化的双重风险。如果一个组织之中存在两种或两种以上的组织文化,对于任何一个成员来说,识别组织的目标都将是困难的;同样,在为达成组织目标而努力时,判断应当针对不同情景做出何种行为也会是困难的。

(3) 组织内部因素引发的社会文化风险。组织文化的变革、组织员工队伍的多元文化背景会导致个人层面的文化风险。广泛开展的跨国跨地区的经济合作与往来,会导致组织内部的价值观念、经营思想、决策方式不断面临冲击、更新与交替,进而在组织内部引发多种文化的碰撞与交流。即使没有并购和跨国经营,企业也会面临组织文化与地区文化、外来文化的交流问题以及组织文化的更新问题。

4. 技术风险

从技术风险范围考察,技术风险的定义有广义和狭义之分。

(1) 广义的技术风险是指与某一种新技术给某一行业或某些企业带来增长机会的同时,可能对另一行业或另一些企业形成巨大的威胁。例如,晶体管的发明和生产严重危害了真空管行业;高性能塑料和陶瓷材料的研制和开发严重削弱了钢铁业的获利能力。

(2) 狭义的技术风险是指技术在创新过程中,由于技术本身复杂性和其他相关因素变化的不确定性而导致技术创新遭遇失败的可能性。例如技术手段的局限性、技术系统内部的复杂性、技术难度过高、产品寿命的不可预测性、替代性技术的缺乏等原因都可能导致新技术夭折;又如,如果技术创新目标出现较大变化,企业现有科研水平一旦不能满足新技术目标的需求,那么技术创新就有面临失败的风险。

从技术活动过程所处的不同阶段考察,技术风险可以划分为技术设计风险、技术研发风险和技术应用风险。

(1) 技术设计风险是指技术在设计阶段,由于技术构思或设想的不全面性致使技术及技术系统存在先天"缺陷"或创新不足而引发的各种风险。例如氟利昂技术在设计之初就存在着"缺陷"。其产生的氯原子会不断分解大气中的臭氧分子而破坏臭氧层。又如,我国采用模仿创新途径开发的一些技术不能适用中国国情,在设计思路上就存在创新不足引发的风险。

（2）技术研发风险是指在技术研究或开发阶段，由于外界环境变化的不确定性、技术研发项目本身的难度和复杂性、技术研发人员自身知识和能力的有限性都可能导致技术的研发面临着失败的危险。例如，外部环境不具备一个协调规范的产权制度、市场结构、投资管理、政策组成的社会技术创新体系，没有形成一个由社会流动资本、专业技术人员、风险投资者/风险投资公司、筹资/退资渠道组成的高效便利的风险投资体系，或者从微观组织结构看，缺乏灵活的技术开发组织形式，缺乏创新观念和创业理念的企业家精神等，都会由于低水平管理、低效率运行等可能使企业的技术研发活动陷入困境难以实现预期目标。

（3）技术应用风险是指由于技术成果在产品化、产业化的过程中所带来的一系列不确定性的负面影响或效应。例如，外部环境没有良好的社会化服务和技术的聚集效应，缺乏成熟的市场经济体制、规范的市场环境、透明的行业政策等；或市场对新技术的接受程度不高；或他人的技术模仿行为；或由于市场准入的技术门槛较低，大量企业涌入致使竞争激烈；或人为的道德诚信问题等都可能使企业面临技术应用风险。

5. 自然环境风险

自然环境风险是指企业由于其自身或影响其业务的其他方造成的自然环境破坏而承担损失的风险。

自然环境风险在近几年来逐渐受到广泛关注，这主要源于"绿色行动"的环保者提高了公众的环保意识，并使其更加关心人类行为有意或无意造成的自然环境破坏。

企业需要关注的不仅是企业自身对自然环境造成的直接影响，还应包括企业与客户和供应商之间的联系，以及企业产品对自然环境造成的间接影响。例如，石油泄漏或排放到河流造成的污染、烟囱产生的空气污染、垃圾处理场的废物倾倒等产生的环境破坏，属于企业对自然环境造成的直接影响；又如，公司的产品达到了其使用寿命，则产品的处理就会产生自然环境问题，就属于企业对自然环境造成的间接影响。

6. 市场风险

市场风险指企业所面对的外部市场的复杂性和变动性所带来的与经营相关的风险。市场风险至少要考虑以下几个方面：

（1）产品或服务的价格及供需变化带来的风险；

（2）能源、原材料、配件等物资供应的充足性、稳定性和价格的变化带来的风险；

（3）主要客户、主要供应商的信用风险；

（4）税收政策和利率、汇率、股票价格指数的变化带来的风险；

(5) 潜在进入者、竞争者、与替代品的竞争带来的风险。

7. 产业风险

产业风险是指在特定产业中与经营相关的风险。在考虑企业可能面对的产业风险时,以下几个因素是非常关键的:

(1) 产业(产品)生命周期阶段。处于产业(产品)生命周期不同阶段的产业具有不同的产业风险。波特认为,在导入期,产业风险非常高;在成长期因为增长可以弥补风险,所以在此阶段可以冒险;在成熟期,企业面临周期性品牌出现的风险;在衰退期企业经营主要的悬念是什么时间产品将完全退出市场。

(2) 产业波动性。产业波动性是指迅速变化、不断上下起伏的产业。波动性产业会涉及较大的不确定性,使计划和决策变得更难。

(3) 产业集中程度。在产业集中度高的产业,在位企业具有竞争优势,特别是在受政府保护的垄断产业中,某些国家公用事业公司或国家政府所管理的公司面临很小的竞争压力和风险,而在这样的产业中,新进入者就面临着很高的进入障碍和风险。而在产业集中度低的产业中,产业内竞争激烈,企业面临着共同的产业风险。

(二) 内部风险

1. 经营风险

经营风险是指企业在运营过程中,由于内外部环境的复杂性和变动性以及主体对环境的认知能力和适应能力的有限性,而导致的运营失败或使运营活动达不到预期的目标的可能性及其损失。

经营风险至少要考虑以下几个方面:企业产品结构、新产品研发方面可能引发的风险;企业新市场开发,市场营销策略(包括产品或服务定价与销售渠道,市场营销环境状况等)方面可能引发的风险;企业组织效能、管理现状、企业文化、高、中层管理人员和重要业务流程中专业人员的知识结构、专业经验等方面可能引发的风险;期货等衍生产品业务中发生失误带来的风险;质量、安全、环保、信息安全等管理中发生失误导致的风险;因企业内、外部人员的道德风险或业务控制系统失灵导致的风险;给企业造成损失的自然灾害等风险;企业现有业务流程和信息系统操作运行情况的监管、运行评价及持续改进能力方面引发的风险。

2. 财务风险

财务风险是指企业在生产经营过程中,由于内外部环境的各种难以预料或无法控制的不确定性因素的作用,使企业在一定时期内所获取的财务收益与预期收益发生偏差的可能性。财务风险是客观存在的,企业管理者对财务风险只有采取有效措施来降低风险,而不可能完全消除风险。财务风险的内容包括以下几个方面:

(1) 筹资风险。企业筹资渠道可分为两类：一是借入资金，二是所有者投资。借入资金的筹资风险主要表现为企业是否能按时还本付息；所有者投资的筹资风险则存在于其使用效益的不确定性上。如果企业投入的资金不能满足投资者的收益目标，就会给企业今后的筹资带来不利影响。

(2) 投资风险。投资风险是指投资项目不能达到预期收益，从而影响企业盈利水平和偿债能力的风险。

(3) 资金回收风险。企业产品售出后，就从成品资金转化为结算资金，再从结算资金转化为货币资金。这两个转化过程在时间和金额上的不确定性，就是资金回收风险。

(4) 收益分配风险。收益分配是指企业实现的财务成果即利润对投资者的分配。收益分配风险是指由于收益分配而可能给企业今后的生产经营活动带来的不利影响。收益分配风险来源于两个方面：

第一，收益确认的风险。即由于客观环境因素的影响和会计方法的不当，有可能少计成本费用，多确认当期收益，从而虚增当期利润，使企业提前纳税，导致大量资金提前流出而引起企业财务风险；或者有可能多计成本费用，少确认当期收益，从而虚减了当期利润，影响了企业声誉。

第二，对投资者分配收益的形式、时间和金额的把握不当而产生的风险。如果企业处于资金紧缺时期，却以货币资金的形式对外分配收益，且金额过大，就会降低企业的偿债能力，影响企业再生产规模；而如果企业投资者得不到一定的投资回报，或单纯以股票股利的形式进行收益分配，就会挫伤投资者积极性，降低企业信誉，也会对企业今后发展带来不利的影响。

二、风险管理与风险管理会计

(一) 企业风险管理的概念

企业风险管理是一个过程，它由一个主体的董事会、管理当局和其他人员实施，应用于战略制定并贯穿于企业经营之中，旨在识别可能会影响主体的潜在事项、管理风险，以使其在该主体的风险容量之内，并为主体目标的实现提供合理保证。

这个定义反映了几个基本概念，其基本特征如下：

(1) 一个过程，它持续地流动于主体之内。

企业的风险管理并不是一个事项或环境，而是渗透于企业各项活动中的一系列行动。这些行动普遍存在于管理者对企业的日常管理中，是企业日常管理所固有的。企业风险管理机制与企业的经营活动是并存的，是由于最基本的商业原因而存在的。当企业风险管理机制成为企业的基础设施并真正成为企业的一部分时，企业的风险管理会最有效。通过建立风险管理，企业可以直接提高自身的战略执行能力，并提高企业预期和任务的实现能力。

（2）由组织中各个层级人员实施。

因此，企业的风险管理会受董事会、管理层和其他人员的影响。风险管理是通过组织内的人来完成的，是通过人的所做和所说实现的。是企业内的人制定企业的任务/预期、战略和目标，并实施企业的风险管理机制。同样，企业风险管理也影响人的行动。企业风险管理要认识到人对事物的理解、沟通或执行并不总是一致的。企业中的每个人都有不同的背景和技术能力，都有不同的需求和优势。

（3）应用于战略制定。

一个企业要确定其预期或任务，并制定其战略目标。企业的战略目标是企业最高层次的目标，它与企业的预期和任务相联系并支持预期和任务的实现。一个企业为实现其战略目标而制定战略方案，并将战略方案分解成相应的目标，再将目标层层分解到企业的各业务部门、行政部门和生产线。在制定企业的战略方案时，管理者应考虑与不同的战略方案相关的风险。

（4）贯穿于企业各个层级和单位。

为使企业的风险管理获得成功，一个企业必须从全局，从企业总体层面上考虑企业的活动。企业的风险管理应考虑组织内所有层面的活动，从企业总体的活动（如战略计划和资源分配）到各业务部门的活动（如市场部和人力资源部），到各业务流程（如生产过程和新客房信用审核）等等。企业风险管理要求企业以风险组合的观点看待风险。管理者应以总体的组合观来考虑相关风险，以决定企业总的风险组合是否与企业的风险偏好相对应。对相关的风险应予确认并采取措施使承担的风险落在企业风险偏好的范围内。对企业内部每个单位的风险而言，可能都落在该部门的风险容忍度的范围内，但从总体来看，合并后的风险可能超过了企业总体的风险偏好。企业总的风险偏好应通过对特定目标确立相应的风险容忍度的方式在企业内部向下贯彻。

（5）并把风险控制在风险容量之内。

风险容量是组织或机构为追求目标而准备或能够接受的风险水平。它代表了创新的潜在利益与改变带来的不可避免的威胁之间的平衡。在确定某一特定的风险容量时，管理者应考虑相关目标的相对重要性并将风险容量与企业的风险偏好联系在一起。在风险容量的范围之内经营更能够保证企业所承受的风险在其风险偏好的范围内。反过来，就能够对企业目标的实现提供更高程度的保证。

（6）能够向一个主体的管理当局和董事会提供合理保证。

设计合理、运行有效的风险管理能够向企业的管理者和董事会在企业目标的实现上提供合理的保证。

如果企业的风险管理有效，董事会和管理者在以下几个方面得到合理的保证：了解企业战略目标实现的程度；了解企业经营目标实现的程度；企业报告的可靠性；相关的法律和法规遵守的情况。

（7）力求实现一个或多个不同类型但相互交叉的目标。

有效的风险管理应该能够为企业目标的实现提供合理的保证，包括报告的可靠性、合法合规性目标等。本章将主体的目标分成四类：

战略——与高层次的目的相关，协调并支撑主体的目标；

经营——与利用主体资源的有效性和效率相关；

报告——与主体报告的可靠性相关；

合规——与主体符合适用的法律和法规相关。

对主体目标的这种分类使我们可以关注企业风险管理的不同侧面。这些各不相同却又相互交叉的类别——一个特定的目标可以归入多个类别，反映了不同的主体需要，并且可能成为不同管理者的直接责任。这个分类还有助于区分从每一类目标中能够期望的是什么。

一些主体采用另一类目标："保护资源"（safeguarding of resources），有时也称为"保护资产"（safeguarding of assets）。广义地看，它们是在防止主体的资产或资源的损失，这些损失可能是由于盗窃、浪费、低效率造成的，也可能就是由于糟糕的经营决策所造成的。例如以过低的价格销售产品，未能留住关键的员工或防止侵犯专利权，或者发生未曾预见到的债务。这些主要是经营目标，尽管保护的某些方面可以归入其他的类别。如果适用于法律或监管要求，这些就会变成合规问题。当与公开的报告联系起来考虑时，通常用的是保护资产的一个狭义的定义，防止或及时侦查未经授权的购买、使用或处置一个主体的资产，该资产可能对财务报表有重大影响。

企业风险管理可为实现与报告的可靠性、符合法律和法规相关的目标提供合理保证。这些类型的目标的实现处于主体的控制范围之内，并且取决于主体的相关活动完成的好坏。

但是，战略目标（如取得预定的市场份额）与经营目标（如成功地引入一条新的产品线）的实现并不总是处在主体的控制范围之内。企业风险管理不能防止糟糕的判断或决策，和可能导致一项经营业务不能达成经营目标的外部事项。但是，它的确能够增大管理当局作出更好的决策的可能性。针对这些目标，企业风险管理能够合理地保证管理当局和起监督作用的董事会及时地了解主体朝着实现目标前进的程度。

(二) 风险管理目标

传统的风险管理与企业战略联系不紧，目标是转移或避免风险，重点放在对公司行为的监督和检查上，因而传统的风险管理的目标一般与实现公司战略目标没有关系。而全面风险管理紧密联系企业战略，为实现公司总体战略目标寻求风险优化措施，因而风险管理目标的设计要充分体现这一思想。

我国《中央企业全面风险管理指引》设定了风险管理的总体目标，充分体现了这一思想，如下所示：

(1) 确保将风险控制在与公司总体目标相适应并可承受的范围内；

(2) 确保内外部，尤其是企业与股东之间实现真实、可靠的信息沟通，包括编制和提供真实、可靠的财务报告；

(3) 确保遵守有关法律法规；

(4) 确保企业有关规章制度和为实现经营目标而采取重大措施的贯彻执行，保障经营管理的有效性，提高经营活动的效率和效果，降低实现经营目标的不确定性；

(5) 确保企业建立针对各项重大风险发生后的危机处理计划，保护企业不因灾害性风险或人为失误而遭受重大损失。

(三) 风险管理原则

企业进行风险管理，一般应遵循以下原则：

(1) 融合性原则。企业风险管理应与企业的战略设定、经营管理与业务流程相结合。

(2) 全面性原则。企业风险管理应覆盖企业所有的风险类型、业务流程、操作环节和管理层级与环节。

(3) 重要性原则。企业应对风险进行评价，确定需要进行重点管理的风险，并有针对性地实施重点风险监测，及时识别、应对。

(4) 平衡性原则。企业应权衡风险与回报、成本与收益之间的关系。

特雷德韦委员会的发起组织委员会（Committee of Sponsoring Organizations of the Treadway Commission，COSO）2004 年发布了《企业风险管理——整合框架》，与其 1992 年发布的指导内部控制实践的纲领性文件《内部控制——整合框架》相比较，风险管理框架中的目标设计中增加了统驭经营、财务报告和遵循法律法规的最高层次——战略目标。

(四) 风险管理会计

企业风险管理，包括风险管理目标的设置，风险的识别、风险的评估、风险应对、风险控制，以及风险监控等活动，均建立在信息沟通的基础之上的，因此，企业必须为之建立一个全面、顺畅的会计信息支持系统，风险管理会计就是为实现这一功能而建立的会计信息系统。

第二节 企业风险管理框架

一、内部环境

内部环境是企业风险管理所有其他组成部分的基石，提供规则和结构。内部环境影响到战略和目标是如何建立的，经营活动是如何组织的，以及风险是如何被识别、评估和应对的。它影响控制活动，信息和交流系统及监管活动的设计和运作。反之，内部环境又受到实体的历史和文化的影响。内部环境由许多要素组成，包括实体员工的道德价值、能力和发展，管理部门的经营风格及如何分配权力和责任。

一个主体内部环境的重要性和它对企业风险管理的其他构成要素所能产生的正面影响或负面影响，是主体能够有效运行企业风险管理系统的核心因素。一个无效的内部环境的影响会很广泛，可能会导致财务损失、损害公众形象，或经营失败。假如一家公司有着普遍认为有效的企业风险管理系统，包括强有力而受人尊敬的高层管理者、声望卓著的董事会、富有创新意识的战略、设计良好的信息系统和控制活动、描述风险和控制职能的广泛的政策手册，以及全面的调整和监督途径。但是，它的内部环境却有重大缺陷。例如管理当局参与了十分可疑的经营业务，而董事会却视而不见。这家公司被发现曾经误报财务成果，损害了股东信心，遭遇了偿债危机，毁灭了主体的价值。最终这家公司将有非常大的可能面临破产。

一个主体的董事会是内部环境的关键部分，它对其要素有着重大影响。董事会对于管理当局的独立性、其成员的经验和才干、对活动参与和审查的程度，以及其行为的适当性都起着重要的作用。其他因素包括提出有关战略、计划和业绩方面的疑难问题和与管理当局进行商讨的程度，以及董事会或审计委员会与内部和外部审计师的交流。有效的董事会能确保管理当局保持有效的风险管理。尽管一家企业在过去可能没有遭受损失、没有暴露出明显的重大风险，董事会也不能天真地认定带有严重负面后果的事项"在这里不会发生"。应该认识到，尽管一家公司可能有合理的战略、胜任的员工、合理的经营流程和可靠的技术，但是它和所有的主体一样，对于风险而言都很脆弱，因此也需要有效运行的风险管理。

主体的战略和目标以及它们得以推行的方式建立在偏好、价值判断和管理风格的基础之上。管理当局的诚信和对道德价值观的要求影响这些转化为行为准则的偏好和判断。因为一个主体的良好声誉是如此有价值，所以行为的准则应该不仅仅是遵循法律。经营良好的企业的管理者越来越接受这样的观点，那就是道德是值得的，道德行为就是良好的经营。道德行为和管理当局的诚信是公司文化的副产品，公司文化包含道德和行为准则以及它们的沟通和强化方式。道德价值观不仅必须沟通，而且必须辅以关于是非对错的明确指南。正式的公司行为守则对有效的道德项目十分重要，是它的基础。守则致力于一系列的行为问题，例如诚信与道德、利益冲突、不合法或不恰当的支付以及反竞争的（anti-competitive）协议等。向上沟通的渠道也很重要，它带来相关信息并使员工感到舒服。

胜任能力反映实现规定的任务所需要的知识和技能。管理当局通过在主体的战略和目标与它们的执行和实现计划之间进行权衡，来决定这些任务应该完成到什么程度。通常会存在能力与成本之间的权衡，比如说，没有必要去雇用一个电气工程师来更换灯泡。

管理当局明确特定岗位的胜任能力水平，并把这些水平转换成所需的知识和技能。而这些必要的知识和技能可能又取决于个人的智力、培训和经验。在开发知识和技能水平的过程中所考虑的因素包括一个具体岗位所运用判断的性质和程度。通常会在监督的范围和所需的胜任能力水平之间作出权衡。一个主体的组织结构提供了计划、执行、控制和监督其活动的框架。相关的组织结构包括确定权力与责任的关键界限，以及确立恰当的报告途径。举例来说，内部审计职能机构的结构设计应该致力于实现组织的目标，并且允许不受限制地与高层管理当局和董事会的审计委员会接触，而且首席审计官应当向组织中能保证内部审计活动实现其职责的层级报告工作。

主体建立适合其需要的组织结构。有的是集权型的，有的是分权型的。有的有着直接报告关系，而其他的则更接近于矩阵型组织。一些主体按照行业或产品线、按照地理位置或者按照特定的配送或营销网络来进行组织。而其他的主体，包括很多州和地方政府单位以及非营利机构，则按照职能进行组织。一个主体的组织结构的适当性部分地取决于它的规模和所从事活动的性质。有着正式的报告途径和职责的高度结构化的组织，可能适合于拥有很多经营分部、包括外国业务的大型主体。然而，在一家小公司中，这种结构可能会阻碍必要的信息流动。不管采取什么样的结构，主体的组织结构都应该确保有效的企业风险管理，并采取行动以便实现其目标。

权力和职责的分配涉及个人和团队被授权并鼓励发挥主动性去指出问题和解决问题的程度，以及对他们的权力的限制。它包括确立报告关系和授权规程，以及描述恰当经营活动的政策，关键人员的知识和经验，和为履行职责而赋予的资源。一些主体将权力下放，以便使决策更接近于一线的人员。公司可以采取这种方式而变得更具市场驱动的特点，或者更关注质量——或许是消除缺陷、缩短周转时间或者提高客户满意度。通常通过将权力与受托责任（accountability）相结合来鼓励个人在限定的范围内发挥主动性。权力的委派意味着将特定经营决策的核心控制权交给较低的层级——给那些更靠近日常经营业务的人员。这可能包括授权以折扣价格销售产品，商谈长期供货合同、许可或专利，或者参加联盟或合营企业。包括雇用、定位、培训、评价、咨询、晋升、付酬和采取补偿措施在内的人力资源业务向员工传达着有关诚信、道德行为和胜任能力的期望水平方面的信息。例如，强调教育背景、前期工作经验、过去的成就和有关诚信和道德行为的证据，以便雇用资质最好的个人的准则，表明了一个主体对胜任和可信任人员的承诺。当招录活动中包括正式的、深入的招聘面试和有关该主体的历史、文化和经营风格方面的培训时，也是如此。

培训政策能够通过对未来职能与责任的沟通，以及包含诸如培训学校和研习班、模拟案例研究和扮演角色练习等活动，来加强业绩和行为的期望水平。根据定期业绩评价所进行的调换与晋升，反映了主体对于提升合格员工的承诺。包括分红激励在内的竞争性的报酬计划能够起到鼓励和强化突出业绩的作用——尽管奖金制度应该被严密并且有效地控制，以避免对报告结果的不实呈报产生不当的引导。惩戒行动所传递的信息则是对期望行为的偏离将不会得到宽宥。

随着贯穿于主体之中的问题和风险的变化和愈加复杂——部分原因在于急剧变革的技术和日益激烈的竞争，很有必要把员工武装起来以应对新的挑战。教育和培训，不管是课堂讲授、自学还是在职培训，都必须有助于个人跟上环境变革的步伐并能有效地应对。雇用胜任的人员和提供一次性培训是不够的，教育过程是持续的。

二、目标设立

（一）战略目标

目标设定是风险识别、风险评估和风险应对的前提。在管理当局识别和评估实现目标的风险并采取行动来管理风险之前，首先必须有目标。

一个主体的使命，指从广义上确定了该主体希望实现什么。不管采用什么术语,诸如"使命"(mission)、"愿景"(vision)或是"目的"(purpose),重要的是管理当局——在董事会的监督下——在广泛意义上,明确确定了主体存在的原因。由此,管理当局设定战略目标,进行战略规划,并为组织确定相关的经营、合规和报告目标。一般情况下,一个主体的使命和战略目标是稳定的,但是它的战略和许多相关的目标却更多是动态的,并且会随着内部和外部条件的变化而进行调整。随着内外部环境和条件的变化,主体战略规划和相关的目标会重新调整,以便与战略目标相协调。

战略目标是对企业战略经营活动预期取得的主要成果的期望值。战略目标的设定,同时也是企业宗旨的展开和具体化,是企业宗旨中确认的企业经营目的、社会使命的进一步阐明和界定,也是企业在既定的战略经营领域展开战略经营活动所要达到的水平的具体规定。因此,战略目标是高层次的目标,它与主体的使命/愿景相协调,并支持后者。战略目标反映了管理当局就主体如何努力为它的利益相关者创造价值所作出的选择。

在考虑实现战略目标的备选方式时,管理当局要识别一系列与战略选择相关联的风险,并考虑这些风险对实现战略目标的影响。下文和后续章节讨论的各种事项识别和风险评估技术,可以应用到战略制定过程中。通过这种方式,企业风险管理技术被应用到制定战略和目标之中。

(二)相关目标

相对于主体的所有活动而言,制定支持选定的战略并与之相协调的正确的目标是成功的关键。首先通过关注战略目标和战略,主体可能建立主体层次上的相关目标,它们的实现将会创造和保持价值。主体层次的目标与更多的具体目标相关联和整合,这些具体目标贯穿于整个组织,细化为针对诸如销售、生产和工程设计等各项活动和基础职能机构所确立的次级目标。

通过设定主体和活动层次的目标,主体能够识别关键成功因素(critical success factors)。要想达到目的,就必须正确处理好这些关键的事情。关键成功因素存在于主体、业务单元、职能机构、部门或分部之中。通过设定目标,管理当局能够根据对关键成功因素的关注来确定业绩的计量标准。

如果目标与以前的活动和业绩相一致,各项活动之间的联系就是已知的。但是,如果目标与主体过去的活动相背离,管理当局就必须指明这种联系或者应对更大的风险。在这种情况下,就更需要与新的方向相一致的业务单元目标或次级目标。

目标需要得到充分了解和可计量。企业风险管理要求各个层级的人员根据各自影响范围的不同对主体的目标有必要的了解。所有员工都必须对要实现什么有共同的认识，并且有办法去计量实现的情况。

尽管不同主体的目标各不相同，但是大致上可以分成以下几类：

（1）经营目标。

这些目标与主体经营的有效性和效率有关，包括业绩和盈利目标和保护资源不受损失的子目标。它们因管理当局对结构和业绩的选择而产生差异。经营目标需要反映主体运营所处的特定的经营、行业和经济环境。例如，经营目标需要与有关质量的竞争压力、缩短将产品投入市场的周转时间或者技术的变革相关。管理当局必须确保这些目标反映了现实和市场需求，并且采取有意义的业绩计量评估方法进行评估。一个和其子目标相关联的明确的经营目标集，是企业成功的基础。经营目标为直接配置资源提供了一个焦点；如果一个企业的经营目标并不明确，那么，其资源也不可能得到很好的配置。

（2）报告目标。

这些目标与报告的可靠性有关。它们包括内部和外部报告，可能涉及财务和非财务信息。可靠的报告为管理当局提供适合其既定目的准确而完整的信息，这些信息对达成其目的是恰当的。它支持管理当局的决策和对主体活动和业绩的监控。这类报告包括市场营销计划、每日销售报告、产品质量，以及员工和客户的满意度报告。这些报告包括财务报表及其附注、管理当局讨论分析报告以及其他提交给监管机构的报告。

（3）合规目标。

这些目标与符合相关法律和法规有关。它们取决于外部因素，在一些情况下对所有主体而言都很类似，而在另一些情况下则在一个行业内有共性。这些法律法规要求可能涉及市场、定价、税收、环境、员工福利和国际贸易。一个主体的合规记录可能会对它在社会和市场上的声誉产生极大的正面或负面影响。

（4）目标的重叠。

一种目标可能会重叠或支持其他目标。一个目标属于哪个目录项有时取决于环境。例如，提供可靠的信息给业务单位管理当局以管理和控制生产活动，可能也能达到经营和报告目标。而且，信息被用于报告环境数据给政府时，也满足了合规目标。

有些企业使用另外一种目标目录，"保护资源"，有时指的是"保护资产"，这和另一个目标目录相互重叠。更广泛地看，保护资产在于防止企业资产或资源的损失，不管是偷窃、浪费，还是无效率或失败的商业决策，比如：以低价销售产品，未能留住关键职员，阻止专利权受到侵害，或发生不可预见的负债。虽然保护资产的某些方面从属于其他目标，但这些主要都是经营目标。法律或法规有所要求的地方,这些目标就成为了合规目标。另外,在企业的财务报表中适当地反映资产损失其实也是报告性目标。

(三) 目标的达成

设定目标是企业风险管理的要素之一。虽然目标对企业从事活动的指向提供量化的"靶子",但也可能有不同程度的重要性和优先级。尽管一个企业对某些目标的达成可能会有合理的保证,但并非所有的目标都是这样。

有效的企业风险管理能够合理保证主体报告性目标与合规性目标的实现。报告和合规目标的实现往往是在主体的控制范围之内。也就是说,一旦确定了目标,主体对其从事满足目标所需要的活动的能力具有控制力。

但是如果说到战略目标和经营目标,就有所不同,因为它们的实现并不完全在主体的控制范围之内。主体可能像预期的那样运作,也可能会被竞争者所超越。这是由于外部事项——例如政府的变动、恶劣的天气以及类似的情况——的发生超出了它的控制范围。在目标设定过程中甚至可能已经考虑了某些这类事项,将它们当作具有较低可能性的事项,一旦它们发生就采用一项权变计划来处理。但是,这种计划只能缓解外部事项的影响。它不能确保目标的实现。

企业对经营目标的风险管理主要集中于:保证组织的目标的一贯性;识别关键的成功因素和风险;评估这些关键风险并作出反应;实施适当的风险反应措施;建立需要的控制;及时报告业绩和期望。对于这些目标,企业风险管理能提供合理保证:以及时的方式使管理当局(在监督方面是董事会)被告知企业朝这些目标接近的程度。

(四) 风险偏好

1. 风险偏好

风险偏好,是由管理当局制定并经董事会复核的,是企业在战略设定中的路标。有些公司可能将风险偏好表达为增长、风险和回报之间可接受的平衡,也可能是风险调整后的股东价值。非营利性组织也许将风险偏好表达为它们在为利益相关者提供价值时愿意接受的风险。

在企业风险偏好及其战略之间有一个关系。通常,诸多战略中的任何一个都可能被设计来达成预期的增长和回报目标,而增长和回报有不同的风险。企业风险管理,应用于战略设定时,能保证管理当局选择一个和其风险偏好相一致的战略。如果和某个战略相关的风险和企业的风险偏好不一致,那么,战略就应该被修正。当管理当局起初设定的战略超出了企业风险偏好,或当战略未能包含足够的风险以允许企业达成愿景，都有可能出现这种战略被修正的情况。

企业的风险偏好在企业战略中也引导了资源的配置。管理当局在企业范围内配置资源，是考虑了企业的风险偏好以及个体商业单位战略计划，以对投资的资源产生预期的回报的。管理当局试图把组织，人员，过程和组织的基础部分结合在一起，以有效地实现战略并使企业能处于风险偏好水平之内。

2. 风险容忍度

风险容忍是相对于目标的达成而言的可接受的变动水平。风险容忍能被量化，并经常用相同企业的相关目标来计量。将业绩计量同它结合在一起，能帮助实际结果处在可接受的风险容忍水平之内。在设定风险可容忍水平时，管理当局应考虑相关目标的相对重要性并将风险偏好和风险容忍水平结合起来。在风险容忍水平之内进行经营活动，使得管理当局有更大的把握确保企业维持在风险偏好之内，反过来也能确保企业达成其目标。

三、事件识别

（一）事件

事件是指源于内部或外部的可能影响企业战略贯彻或目标达成的事项。事件可能会有正面的影响，也可能会有负面的影响，甚至会有正负两面的影响。

作为事件识别的一部分，管理层认识到不确定性的存在，但不知道该事件何时发生，或者会有什么后果。管理层初始阶段考虑一系列的潜在事件——受到内部和外部因素的影响——而不必要关注该事件的潜在影响是正面的还是负面的。

潜在事件可能是明显的，也可能是模糊的，其影响可能是正面的，也可能是负面的。为避免忽略相关的事件，最好将事件的识别与事件发生的可能性评估分开进行，后者是风险评估的主题。然而，实务中存在一定的限制，通常很难知道两者之间的界限。但是，如果对达到一个重要目标而言其潜在影响很大，则即使潜在事件发生的可能性很小，管理层在事件识别阶段也不应该忽略。

事件并不是孤立地出现。一个事件可以引起另一个事件，不同的事件也可以同时发生。在事件识别中，管理层应该了解事件之间是如何相互关联的。通过对事件之间的内在关系的评价，我们可以确定指引风险管理努力发挥最好的作用。例如，中央银行利率的变动会影响外汇汇率，进而会影响公司的货币业务的盈亏。一个减少资本投资的决策延迟管理层分发系统的提升，引起额外的停工期和经营成本的上升。一个扩大营销培训的决策可能使顾客订单的重复频率和数量增加。

(二) 影响战略和目标的因素

事件识别旨在确认尽可能多的威胁，但并不对这些威胁作出评价。这自然地使得事件识别过程会将组织中尽可能多的个人纳入进来，特别是那些对正在考虑的特定风险领域有确切了解的相关人员。例如，对战略风险的评估将涉及高级管理层、高级财务人员以及战略规划领域的相关人员。对营运风险的评估将涉及营运部门的相关人员，因为这些人员对业务流程的实际运作富有洞见，并确切了解哪些威胁会阻碍营运目标的实现。

风险框架可能有助于事件识别过程的顺利实施。该框架给参与风险评估的相关人员提供了指南，能帮助他们恰当地组织被识别出来的各种威胁。该框架能按类别、按结构性元素（如战略、人员、流程、技术、数据）或按业务流程（如收入周期、支付周期、现金管理与财资管理、财务报告、营运）等方式来组织各种风险。

该风险框架中应同时考虑内部因素与外部因素，应要求并鼓励参与风险评估的相关人员从内部因素与外部因素两个方面来识别各种威胁。内部风险因素与外部风险因素如表9-1所示：

表9-1　　　　　　　　　　影响风险的因素

外部因素	内部因素
经济	基础结构
资本的可利用性	资产的可利用性
信贷发行，违约	资产的能力
集中	资本的取得
流动性	复杂性
金融市场	人员
失业	员工能力
竞争	欺诈行为
兼并/收购	健康与安全
行业竞争	流程
自然环境	能力
排放（emissions）和废弃	设计
能源	执行
自然灾害	供应商/依赖性

续表

外部因素	内部因素
可持续发展	技术
政治	数据的可信度
政府更迭	数据和系统的有效性
立法	系统选择
监管规则的改变	开发
公共政策	调配
管制	维护
社会	
人口统计	
消费者行为	
公司国籍	
隐私	
恐怖主义	
技术	
中断	
电子商务	
外部数据	
新兴技术	

（三）识别风险的方法

以下工具、诊断方法和流程可用于支持上文列出的事件识别技术：

(1) 核对清单（check list），特定某一行业或不同行业所共通的潜在风险清单。

(2) 流程图（flowcharts），又叫生产流程分析法。生产流程又叫工艺流程或加工流程，是指在生产工艺中，从原料投入到成品产出，通过一定的设备按顺序连续地进行加工的过程。该种方法强调根据不同的流程，对每一阶段和环节，逐个进行调查分析，找出风险存在的原因。

(3) 情景分析（scenario analysis），是指通过分析未来可能发生的各种情景，以及各种情景可能产生的影响来分析风险的一类方法。用情景分析法评估风险，不仅能得出具体的预测结果，而且还能分析达到未来不同发展情景的可能性及需要采取的技术、经济和政策措施，为管理者决策提供依据。

(4) 价值链分析（value chain analysis），企业风险管理者通过分析企业内外环境条件对企业经营活动的作用和影响,以发现风险因素及可能发生的损失。企业的外部环境主要包括原材料供应者、资金来源、竞争者、顾客、政府管理者等方面的情况。企业的内部环境则包括其生产条件、技术水准、人员素质、管理水平等。而企业的各种业务流程、经营的好坏最终体现在企业资金流上,风险发生的损失以及企业实行风险管理的各种费用都会作为负面结果在财务报表上表现出来。因此,企业的资产负债表、损益表、财务状况变动表和各种详细附录都可以成为识别和分析各种风险的工具。

(5) 过程描述(process mapping),分析一个过程的输入、任务、责任和输出的组合。通过分析评估影响一个过程的投入或其中的活动的内部和外部因素,主体能识别那些可能影响过程目标实现的风险。

此外,可以考虑对风险评估活动进行事后评价,即检查在先前的风险评估活动中未被识别出来的、已发生的风险。对这些风险项应做检查,以明确它们是否得到识别。如果尚未得到识别,其原因是什么或者虽已得到识别,但其严重程度未得到合理评估或被视作危害较低的风险项。在任何一种情况下,都应采取行动以修正风险评估过程,以便在将来能恰当地识别这些风险。

(四) 风险和机遇

影响主体实现目标的事项具有负面影响、正面影响,或者二者兼有。具有负面影响的事项代表风险,它需要管理当局的评估和应对。具有正面影响或者抵消风险的负面影响的事项代表机会。机会是一个事项将会发生并对实现目标和创造价值产生正面影响的可能性。代表机会的事项被反馈到管理当局的战略或目标制定过程中,以便规划行动去抓住机会。抵消风险的负面影响的事项在管理当局的风险评估和应对中予以考虑。

四、风险评估

(一) 风险评估概述

风险评估使主体能够考虑潜在事项影响目标实现的程度。管理当局从两个角度——可能性和影响——对事项进行评估,并且通常采用定性和定量相结合的方法。正如前面章节讨论的那样,外部因素和内部因素影响着可能出现的事件以及该事件对企业实现目标的影响程度。尽管一些因素对一个行业的公司而言是通用的,但对一个具体的企业而言则可能有很多独特的影响因素,因为这些企业设立的目标以及过去的选择有所不同。在风险评估中,管理层将与企业相关的潜在未来事件和业务活动结合起来考虑。这限定了形成企业风险特征的检查因素——包括企业规模、经营的复杂性以及企业活动的监管程度——并影响用来评价风险的方法。

(二) 固有风险和剩余风险

管理层既要考虑固有风险又要考虑剩余风险。固有风险是指一个企业缺乏任何用来改变风险的可能性或影响的措施时面临的风险。剩余风险则是指在管理层对风险采取了应对措施之后剩余的风险。在对风险进行评价时，管理层需要考虑预期和未预期潜在事件的影响。很多事件是常规的并重复出现，并且已经列示在管理层的计划和经营预算当中。而其他一些事件则是不可预期的，通常发生的可能性很低但其潜在的影响却很大。管理层通常对这种未预期的事件单独采取应对措施。然而，不管是预期的事件还是没有预期的事件，都会存在不确定性，并且都会对战略的实施和目标的实现产生潜在的影响。相应地，管理层需要评估那些可能对企业产生重要影响的所有潜在事件的风险。风险评估首先要对固有风险进行评估，一旦建立了风险应对措施，管理层便开始使用风险评估技术对剩余风险进行评估。

(三) 对可能性和影响进行估计

潜在事件的不确定性通过两方面进行评价——可能性和影响。可能性代表了一个特定事件发生的可能性，而影响则代表了该事件产生的后果。可能性和影响是通常采用的术语，尽管一些企业使用概率、严重性或后果等术语。有时这些词语具有更特别的内涵，比如"可能性"用诸如高、中、低等定性术语或者其他一些判断标准来表明一个特定事件发生的可能性，而"概率"则可以用来表明数量计量的结果，如百分比、发生频率或者其他的数字度量。

管理层可以选择采用诸如预期的估计或者坏情况评价，或者一个范围或分布区域等术语，来表达潜在的可能性和影响。也可以将确定的评价风险用数据或图表的形式来描述。风险映射是一个例子，它通过事件的分类、组织的目标以及其他的分组来描述风险。这有利于在包括组织的、企业部门的、职能的或程序的多个层次上报告风险。决定对一个企业所面对的大批风险进行评估需要投入多大的关注，是一件有难度的并有挑战性的工作。管理层意识到，一个发生的可能性很低且影响很小的风险通常不必要保证进一步的考虑。另外，发生的可能性很高并且潜在影响很大的风险则需要投入很多的精力进行关注。而在这两个极端之间的情形则通常很难判断，进行理性并且谨慎的分析是很重要的。

由于风险是放在一个企业的战略和目标环境中进行评估的,管理层自然的倾向是关注短期和中期的风险。然而,战略方向和目标的一些组成部分延伸至较长的期限。因此,管理层需要认知更长的时间框架,避免忽略那些可能远期之外的风险。

例如,一家在加利福尼亚经营的公司需要考虑地震中断企业经营的风险。没有一个特定的风险评估期间,地震超过里氏6.0级的可能性是高的,可能实质上就是确定的。另外,两年内发生这样一个地震的可能性是非常低的。通过建立一个时间跨度,企业对风险的相对重要性有了进一步的认识,并且提高了衡量长期和短期风险的能力。

管理层经常采用业绩计量指标来决定所达成目标的程度,并且在考虑一项风险对特定目标的实现的潜在影响时,通常使用相同的计量指标。例如,一家目标是将客户服务维持在一个特定水平上的公司,会为这个目标设计一个评级或其他的计量指标——比如客户满意指数、投诉的次数或者回头率等等。在评价一项可能影响客户服务的风险时——比如一段时间内公司网站不能使用的可能性——最好用相同的计量指标来计量影响。

风险评估看起来是一个科学的量化分析过程,但如果风险评估不当或给予了不恰当的风险权重,就可能发生非预期损失。在风险评估中需要考虑众多定性因素,比如根据重要性对风险排序,以及利用"风险地图"(risk map)可视化风险。此外,在评估风险时,应计算"最大可能损失"并在风险评估中主观应用这一指标。

理论上,风险评估活动应由组织内的全体员工不间断地履行。然而,风险评估过程必须由负责组织治理的相关人员来推动,比如董事会和审计委员会的承诺和参与,以及他们对风险的态度,应自上而下地向各个组织传达。一旦风险被识别,应将识别出来的风险提交给合适的管理层级考虑。最终形成的风险评估文件将成为组织控制环境中一个必不可少的组成部分。在大多数情况下,特别是在评估战略风险时,应定期进行风险评估,通常每年评估一次。

风险评估中一般会使用概率。例如,假设某公司损失 1 000 000 美元的概率为40%,损失 300 000 美元的概率为60%,则该公司的预期损失估计为 (0.4×1 000 000) + (0.6×300 000) = 580 000 美元。如何确定估计的损失额度以及各种情况发生的概率,这取决于评估人员的经验、所掌握的信息以及对此的主观判断。

五、风险应对

在评估了相关的风险之后,管理当局就要确定如何应对,也叫风险反应。在考虑应对的过程中,管理当局评估对风险的可能性和影响的效果,以及成本效益,选择能够使剩余风险处于期望的风险容限以内的应对。

(一) 风险应对的目标

风险应对的目标就是为组织所面临的风险提供客观且独立的评价。对各项识别出来的风险,一般根据两个标度因素(factor scale),即风险图(risk map)进行评价,这两个标度因素就是影响(impact)和可能性(likelihood)。

(1) 影响,即如果风险真的发生,会对组织的目标造成什么影响。
(2) 可能性,即风险实际发生的概率或可能性。

采用上述两个标度因素,可以在图形上绘制对风险的评价结果(即风险地图)。风险地图的横坐标表示风险发生的频率,纵坐标表示风险影响的强度,风险图的原点表示影响较小、发生的概率较低的风险因素;图中的点来自不同的业务线,代表不同的风险种类,如公司金融业务、零售银行业务等。

可以将这个图分成四个象限,其中右上方的预期损失是"高频率、高强度",风险状况非常严重,应引起管理层的高度重视,并力争避免,即,优先级较高的风险因素(即影响较大、发生的概率较高的风险因素)将位于图形的右上区间。

对于"低频率、高强度"的风险情况,应保持警惕,注意进行风险转移;对于"高频率、低强度"的风险事件,应进行积极管理,以降低风险的发生;至于"低频率、低强度"的风险,作为日常管理部分,常被纳入成本控制的范围,如图9-1所示。

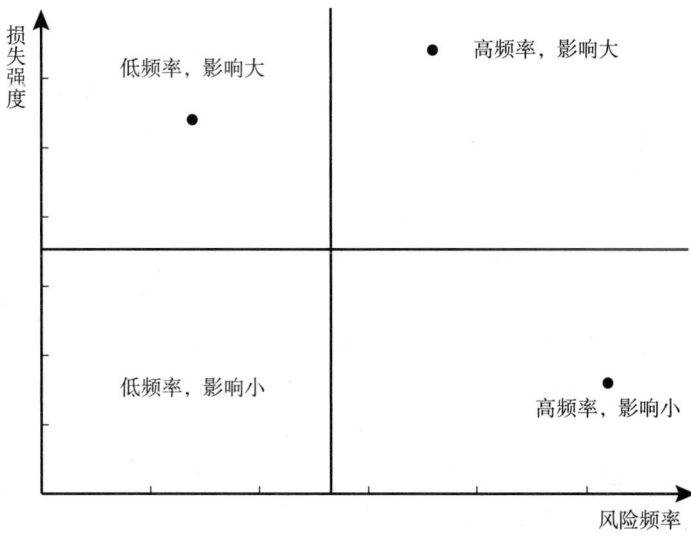

图9-1 风险等级图

(二) 风险应对的类型

风险应对可以分为以下四种类型:

回避(avoidance)——退出会产生风险的活动。风险回避可能包括退出一条产品线、拒绝向一个新的地区市场拓展,或者卖掉一个分部。

降低(reduction)——采取措施降低风险的可能性或影响,或者同时降低两者。它几乎涉及各种日常的经营决策。

分散(sharing)——通过转移风险给第三方来降低风险的可能性或影响,或者分散一部分风险。常见的技术包括购买保险产品、从事避险交易(hedging transactions)或外包一项业务活动。

承受(acceptance)——不采取任何措施去干预风险的可能性或影响。

风险规避措施是在其他应对措施的成本超过期望的收益,或者可供选择的措施不能将影响和可能性降低到一个可接受的水平的情况下采取的。风险减轻和风险分担应对措施将剩余风险减少到与企业风险承受度一致的水平,而风险接受应对措施则表明固有风险已经在企业的风险承受度以内。对许多风险而言,恰当的风险应对选择是显而易见的,企业能很好地接受。例如,对计算失效的损失恰当的风险应对措施是建立企业持续计划。而对其他风险,可供选择的方法可能没有那么明显,应要求进行更深入的识别活动,例如与减轻竞争者行为对品牌价值影响相关的应对措施可能要求市场研究测试和分析。作为企业风险管理的一部分,企业对重大风险从一系列应对措施中考虑潜在的应对措施,这体现了风险应对选择的足够深度,同时也对"现状"提出了挑战。

固有风险在最初都应作为影响较大、发生概率较高的风险来对待,因为尚未考虑对这类风险的控制措施,因此,应优先处理这类风险。对剩余(控制)风险的评价实际上是评价可能有效或无效的控制活动。例如,某项风险可能被忽略,因为评估人员在评估时所依据的内部控制实际上并未发挥作用。因此,剩余风险评估试图确认必要的关键控制,以使风险因素的影响较小、发生概率较低,随后还会继续验证这些控制,以确保控制已到位并能如期发挥效用。

通过将组织的成本从固定成本转变为变动成本,可以降低营运风险。例如,公司可以外购某些零部件或将某些活动外包,而不是自行生产这些零部件或由公司内部履行这些活动。

通过调整组织的资本结构以最小化资本成本,由此可以降低财务风险。资本成本取决于组织的资本结构中债务、优先股、留存收益和普通股的组合状况。合适的资本组合能将破产风险和代理成本降至可接受水平。

在决定采取可能的应对措施时,管理层应该考虑以下事务:

(1) 评价可能的风险应对措施对风险可能性和影响的效果——以及哪一个风险应对措施与企业的风险承受度保持一致;

(2) 评估可能的风险应对措施的成本与效益;

(3) 在处理特定风险之外,对达到企业目标可能存在的机会。

(三) 应对措施的评价

1. 评价

根据要达到与企业风险承受度相一致的剩余风险水平的意图,来分析固有风险和评价应对措施。任何一种风险应对措施的剩余风险应该与企业的风险承受度相一致。有时将几种应对措施结合起来可以达到最佳效果。类似地,特定的应对措施可能解决多种潜在事件的风险,因为风险应对措施可以解决多种风险,管理层可发现不必要保证采取额外的措施,现有的程序可能是足够的或者需要得到更好地执行。相应地,管理层需要考虑个别应对措施或者联合应对措施如何相互作用来影响潜在的事件。在评价应对措施的选择时,管理层考虑其对风险可能性和影响的后果,并了解一项应对措施可以对风险的可能性和影响产生不同的后果。在评估风险的可能性和影响的潜在应对措施时,可以参考过去的事件及其趋势,以及潜在的未来情况。在评价可供选择的应对措施时,管理层代表性地会使用与目标以及在风险评估中建立的相关风险相同的计量单位。

2. 风险应对措施中的机会

事件识别描述了企业风险管理如何来识别影响企业目标实现的事件——正面影响或者负面影响。具有潜在的正面影响的事件代表着机会,并返回到企业的战略和目标设定过程。相似地,在考虑风险应对措施时,应确认具有潜在重要的有利结果的机会,管理层可以辨别创新的措施——虽然符合本章前文中所述的风险应对措施类别,但对企业或整个行业而言则可以是全新的。这样的机会可能是表面的,当现存的风险应对措施达到有效性的极限,进一步的改进可能对风险的影响或可能性没有多少作用。汽车保险公司对特定的十字路口大量的事故创建的应对机制就是一个例子——公司决定投入资金来提高交通信号灯,从而减少事故投诉并提高利润。

3. 组合观

企业风险管理要求从整个主体范围或组合的角度去考虑风险。管理当局通常所采取的方法是首先从各个业务单元、部门或职能机构的角度去考虑风险,让负有责任的管理人员对本单元的风险进行复核评估,以反映该单元与其目标和风险容限相关的剩余风险。

通过对各个单元风险的了解，一个企业的高层管理当局能够很好地采取组合观来确定主体的剩余风险和预期目标相关的总体风险容量是否相称。不同单元的风险可能处于各该单元的风险容限之内，但是放到一起以后，风险可能会超过该主体作为一个整体的风险容限，在这种情况下需要附加的或另外的风险应对，以便使风险处于主体的风险容量之内。相反，主体范围内的风险可能会自然地相互抵消，例如，一些单个单元的风险较高，而其他的单元则对风险比较厌恶，这样整体风险就在主体的风险容量之内，从而不需要另外的风险应对。

风险组合观可以用多种方式来描述。组合观可以通过关注各个业务单元的主要风险或事项类别，或者该公司作为一个整体的风险，运用类似风险调整资本（risk-adjusted capital）或风险资本（capital at risk）等标准来获取。在计量通过盈利、增长以及有时与已配置的和可利用的资本相关的其他业绩指标表述的目标上的风险时，这种复合型指标尤其有用。这种组合观的指标能够为在业务单元之间重新配置资本和修改战略方向提供有用的信息。

举个例子：一家制造业公司对于它的经营性盈利目标采取风险组合观。管理当局采用通用的事项类别来获取各个业务单元的风险。接下来它按照类别和业务单元编制了图表，用图表说明以一个时间范围内的频率来表示的风险可能性，以及风险对盈利产生的影响。其结果是对公司所面临风险的一个复合性的或组合的观点，管理当局和董事会据此考虑风险的性质、可能性和相对大小，以及它们可能对公司的盈利产生怎样的影响。

另外一个例子：一家金融机构，它号召各个业务单元都从风险调整资本报酬的角度去制定目标、风险容限和业绩指标。这个一贯应用的尺度帮助管理当局把各个单元的组合风险评估结合起来，形成把该机构作为一个整体的风险组合观，从而使管理当局能够按照目标去考虑各个单元的风险，并确定主体是否处于其风险容量之内。

如果从组合的角度看待风险，管理当局就可以考虑它是否处于既定的风险容量之内。此外，它能够重新评价它所愿意承担的风险的性质和类型。在组合观显示风险显著低于主体的风险容量的情况下，管理当局可以决定鼓励各个业务单元的管理人员去承受目标领域的更大的风险，以便努力增进主体的整体增长和报酬。

通常，任何一个应对方案都将带来与风险容限相一致的剩余风险，风险应对方案的组合会产生最佳的效果。相反，有时一个应对能够影响多重风险，在这种情况下管理当局可以决定不再采取其他的措施来处理某个特定的风险。

评价应对方案时，管理当局需要同时考虑对风险的可能性和影响的效果，认识到一个应对方案可能会对可能性和影响产生不同的效果。举例来说，一家公司有一个位于强暴风雨地区的计算机中心，它制定了一个经营持续性计划，这个计划尽管对暴风雨发生的可能性起不到任何影响效果，但是能够减轻建筑物损坏或人员不能上班的影响。与此相反，如果选择把计算机中心迁移到另外一个少雨地区，这个决策不能降低同等暴风雨对中心造成的影响，但是能够降低中心所处地区暴风雨发生的可能性。

在分析应对的过程中，管理当局可以考虑过去的事项和趋势，以及潜在的未来情景。在评价备选的应对决策时，管理当局通常要利用与衡量相关目标相同的或适合的计量单位来进行评价。

主体同时必须考虑备选风险应对方案的相关成本与效益。一般来说，处理方程式的成本一般比较容易，在很多情况下可以非常精确地予以量化。通常考虑与开展一项应对相关的所有直接成本，以及可以实际计量的间接成本。一些主体还将与使用资源相关的机会成本也纳入考虑。但是，当风险应对方案涉及有关客户偏好的变化、竞争者的行动等市场信息或其他外部生成的信息的时候，这些方案的成本和效益难以精确计算。

控制活动是帮助确保管理当局的风险应对得以实施的政策和程序，后者是指人们直接或通过对技术的应用来执行政策的行动。控制活动可以根据与其相关的主体目标的性质——战略、经营、报告和合规——进行分类。

六、控制活动

选定了风险应对之后，管理当局就要确定用来帮助确保这些风险应对得以恰当地和及时地实施所需的控制活动。从这种意义上讲，控制活动直接建立在管理过程之中。

在选择控制活动的过程中，管理当局要考虑控制活动是如何彼此关联的。在一些情况下，一项单独的控制活动可以实现多项风险应对。在另一些情况下，一项风险应对则需要多项控制活动。还有一些情况，管理当局可能会发现现有的控制活动足以确保新的风险应对得以有效执行。

尽管控制活动一般是用来确保风险应对得以恰当实施的，但是对于特定的目标而言，控制活动本身就是风险应对。例如，对于一项确保特定的交易被恰当授权的目标而言，应对可能就是类似职责分离和由监督人员审批等控制活动。

1. 高层复核（top-level reviews）

高层管理当局对照预算、预测、以前期间和竞争者来复核实际的业绩。通过任务实现程度的计量指标来反映主要的活动——例如营销冲刺、改进生产流程以及成本抑制或降低计划等。并对新产品开发、合营企业或筹资计划的执行进行监控。

2. 直接的职能或活动管理（direct functional or activity management）

负责职能机构或活动的管理人员审核业绩报告。

3. 信息处理（information processing）

实施一系列的控制来检查交易的准确性、完整性和授权。输入的数据要经过联机编辑核对（on-line edit checks）或与经批准的控制文件相匹配。例如，一个客户的指令只有在对照了经批准的客户文件和信用限额之后才能被接受。对交易的数量化结果进行核算，对例外情况追查到底并报告给监督人员。对新系统的开发和现有系统的改变，以及对数据、文件和程序的进入都要加以控制。

4. 实物控制（physical controls）

对设备、存货、证券、现金和其他资产进行实物性的保护，定期盘点，并与控制记录上所反映的数额相比较。

5. 业绩指标（performance indicators）

把不同系列的经营或财务数据彼此联系起来并加以分析，结合调查和矫正措施形成的一项控制活动。通过调查非预期的结果或异常的趋势，管理当局可以识别由于能力不足而导致的无法达成目标的风险。管理当局可以将信息用于经营决策或追查该非预期结果。

6. 职责分离（segregation of duties）

把不同人员的职责予以分开或隔离，以便降低错误或舞弊的风险。举例来说，交易授权、记录和处理相关资产的职责就要分开。一位授权赊销的管理人员不能负责记录应收账款或处理现金回款。同样，销售人员无权修改产品价格文件或佣金比率。

控制活动一般包括两个要素：确定应该做什么的政策，以及实现政策的程序。例如，政策可能要求证券经纪商的零售分部管理人员对客户交易活动进行复核。程序就是复核本身，及时执行并注意政策中所列举的要素，例如所交易的证券的性质和数量，以及它们与客户净财富和期限之间的关系。

在很多时候，政策是口头沟通的。如果政策是一项长期持续而且充分理解的惯例，以及在沟通渠道包括很少几个管理阶层而且对员工有密切互动和监督的较小的组织中，不成文的政策能很有效。但是不管是否成文，政策都必须仔细地、有意识地和一贯地执行。如果机械地执行，缺乏对政策所针对的情况的敏锐地持续关注的话，程序就不会有用。此外，根据所观察的程序和所采取的适当的矫正措施来辨别情况也是至关重要的。后续措施可能会因企业的规模和组织结构而异。它们的范围很广，从大公司的正式报告程序——各业务单元陈述任务为什么没有实现以及应该采取什么措施来防止再次发生，直到小企业的所有者兼管理人员穿过走廊与车间管理人员就什么出了问题以及需要做什么进行交谈。

七、信息与沟通

（一）信息

随着对复杂信息系统和数据驱动的自动化决策系统和程序的依赖性与日俱增，数据的可靠性至关重要。不准确的数据可能会导致未曾识别的风险或拙劣的评估和糟糕的管理决策。

信息的质量包括：正确性、及时性、新鲜度、准确性、收集难易程度。

信息基础结构以与主体的需要相一致的时机和深度来追溯和获取信息，以便识别、评估和应对风险，并保持在它的风险容限之内。信息流动的及时性需要与主体的内部和外部环境的变动程度保持一致。

数据深度的重要性可以通过观察影响一家位于一座容易遭受洪灾的城市的经纪公司的不同事项来予以说明。为了制定经营持续性计划，管理当局对潜在的洪灾情况要保持总体意识，并且负责提醒员工什么时候要搬迁到后备场所。在这种高层次上所获取的信息足以使该公司充分地管理风险。相反，作为一个经纪商，该公司追溯和持续获取股票、债券和商品价格在几位小数上的变动。这种数据的及时性和详细程度与该公司立即对可能陷入风险的价格变动作出反应的需要相一致，例如承受与主体的风险容量不一致的特定市场门类或证券的过高的风险。

信息基础结构把原始数据转换成相应的信息，以帮助员工履行他们的企业风险管理和其他职责。信息以易于使用的方式和时机予以提供，并与所界定的责任相关联。

数据搜集、处理和储存的进步导致数据量呈指数增长。有更多的数据——通常是实时的——可供组织中更多的人利用，挑战在于通过确保正确的信息、以正确的形式、按正确的详细程度、在正确的时间流向正确的人，来避免"信息超载"（information overload）。在开发知识和信息基础结构的过程中，应该考虑各个使用者和部门不同的信息需求，以及不同的管理层级所需要的不同概略程度的信息。

（二）沟通

来自企业内部和外部的相关信息必须以一定的格式和时间间隔进

行确认、捕捉和传递，以保证企业的员工能够履行各自的职责。有效的沟通也是广义上的沟通，包括企业内自上而下、自下而上以及横向的沟通。有效的沟通还包括将相关的信息与企业外部相关方的有效沟通和交换，如客户、供应商、行政管理部门和股东等。

1. 内部

管理当局提供着眼于行为期望和员工职责的具体的和指导性的沟通。它包括对主体的风险管理理念和方法的清楚表述，以及明确的授权。有关流程和程序的沟通应该与期望的文化相协调，并支撑后者。

沟通应该有效地传达以下内容：

（1）有效的企业风险管理的重要性和相关性；

（2）主体的目标；

（3）主体的风险容量和风险容限；

（4）一套通用的风险语言；

（5）员工在实现和支撑企业风险管理的构成要素中的职能与责任。

一套相关的和详尽的行为守则，辅以员工培训项目，以及持续的公司沟通和反馈机制，与高层管理当局的行为所树立的正确的范例一起，能够强化这些重要的信息。

其中最为关键的沟通渠道位于高层管理当局和董事会之间。管理当局必须让董事会了解最新的业绩、风险和企业风险管理的运行情况，以及其他的相关事项或问题。沟通越好，董事会就能越有效地履行其监督职责——在关键问题上为管理当局充当一个能发表意见的董事会，监控它的活动，并提供建议、劝告和指导。同样，董事会也应该及时沟通其对管理当局的信息需求，并提供反馈和指导。

2. 外部

不仅在主体的内部需要恰当的沟通，与外部之间也是如此。通过畅通的外部沟通渠道，客户和供应商能够提供有关产品或服务的设计与质量的十分重要的信息，从而使一个公司能够关注变化中的客户需求或偏好。

有关主体的风险容量和风险容限的顺畅沟通十分重要，对于与其他主体通过供应链联系起来的主体或电子商务企业而言尤其如此。在这种情况下，管理当局要考虑如何使其风险容量和风险容限与它的商业伙伴相协调，以便确保它不至于通过它的伙伴不经意地承受过大的风险。

与利益相关者、监管者、财务分析师和其他外部方面的沟通提供了与他们的需求相关的信息，这样他们就能够快捷地了解主体所面临的情形和风险。这些信息应该是有意义的、中肯的和及时的，并且符合法律和监管的要求。

3. 沟通的方式

沟通可以采取类似政策手册、备忘录、电子邮件、公告板通知、网络发布和录像带信息等方式。当信息在大型会议、小型会议或一对一会谈中以口头的形式传达时，发音的腔调和肢体语言强调了所说的内容。

管理当局与员工打交道的方式能传达强有力的信息。管理人员应该记住用行动说话胜过语言。而他们的行动又受到主体的历史和文化的影响，得益于过去对他们的导师如何处理类似情况的观察。

一个有着诚信经营的历史、其文化被整个组织中的人员充分理解的主体，可能会发现沟通信息并不困难。而没有这种传统的主体就需要在沟通信息的方式上倾注更多的努力。

八、监控

对企业风险管理的监控是指评估风险管理要素的内容和运行以及一段时期的执行质量的一个过程。

一个主体的企业风险管理随着时间而变化。曾经有效的风险应对可能会变得不相关；控制活动可能会变得不太有效，或者不再被执行；主体的目标也可能发生变化。这些变化可能是由于新员工的到来、主体结构或方向的变化或者引入新流程所造成的。面对这些变化，管理当局需要确定企业风险管理的运行是否持续有效。

监控可以以两种方式进行：通过持续的监控活动或者个别评价。通常，持续监控和个别评价的某种组合会确保企业风险管理在一定时期内保持其有效性。

持续监控包含于一个主体正常的、反复的经营活动之中。持续监控被实时地执行，动态地应对变化的情况，并且植根于主体之中。因此，它比个别评价更加有效。由于个别评价发生在事后，所以通过持续监控程序通常能够更迅速地识别问题。许多主体尽管有着良好的持续监控活动，但也会定期对企业风险管理进行个别评价。感到需要经常性的个别评价的主体，应该集中精力去改进持续监控活动。

（一）持续监控活动

在正常的经营过程中，许多活动可以起到监控企业风险管理的有效性的作用。它们来自定期的管理活动，可能包括差异分析、对来自不同渠道的信息的比较，以及应对非预期的突发事件。这些活动包括定期的管理和监督活动、变量分析、压力测试，以及比较、调节和其他的常规活动。

持续监控活动一般由直线式的经营管理人员或职能式的辅助管理人员来执行,以便对他们所接收的信息的含义予以深入考虑。通过关注关系、矛盾或其他的相应含义,他们提出问题并追查必要的其他员工,以确定是否需要矫正或其他措施。持续监控活动应与经营过程中的政策所要求执行的活动区分开来。例如,作为信息系统或会计程序所要求的步骤来执行的交易审批、账户余额调节以及验证主要文件的准确性,最好界定为控制活动。

例如:与企业经营活动密切相关的企业的分部、附属公司和公司层面的销售、采购和生产经理,可以对它们发现的与其经营经验严重不符的报告提出质询。及时完整的报告以及对这些例外情况的处理能够提高程序的有效性。

(二) 个别评价

企业风险管理评价的范围和频率各不相同,取决于风险的重大性以及风险应对和管理风险过程中的相关控制的重要性。优先程度较高的风险领域和应对往往更经常被评价。对企业风险管理整体的评价可能是由许多原因所促成的:主要的战略或管理当局更迭,收购或处置,经济或政治情况变化,或者经营或处理信息的方法的变更。当作出决定要对一个主体的企业风险管理采取全面评价时,应该将注意力引导到着眼于它在战略制定中以及相关的重大活动中的应用。评价的范围还将取决于要致力于战略、经营、报告和合规中的何种目标类别。

评价通常采取自我评估的形式,负责一个特定单元或职能机构的人员决定针对他们的活动的企业风险管理的有效性。

(三) 报告缺陷

一个主体的企业风险管理的缺陷可能会从多个来源表现出来,包括主体的持续监控程序、个别评价和外部方面。缺陷是企业风险管理之中值得注意的一种情况,它可能表示一个被察觉到的、潜在的或实际的缺点,或者一个强化企业风险管理以便提高主体目标实现的可能性的机会。

报告的内容包括所有已经识别的影响企业制定和执行战略,以及设定和实现其目标的企业风险管理缺陷;所识别的提高企业实现目标可能性的机会等。

报告的渠道既包括向直接的上级报告,也包括越级报告。

第三节 风险清单

管理会计应用指引第702号——风险清单

一、风险清单概述

(一) 风险清单的定义

风险清单,是指企业根据自身战略、业务特点和风险管理要求,以表单形式进行风险识别、风险分析、风险应对措施、风险报告和沟通等管理活动的工具方法。风险清单适用于各类企业及企业内部各个层级和各类型风险的管理。

(二) 风险清单的应用目标

企业应用风险清单工具方法的主要目标,是使企业从整体上了解自身风险概况和存在的重大风险,明晰各相关部门的风险管理责任,规范风险管理流程,并为企业构建风险预警和风险考评机制奠定基础。

(三) 风险清单的应用环境

风险清单应由企业风险管理部门牵头组织实施,明确风险清单编制的对象和流程,建立培训、指导、协调、考核和监督机制。各部门对与本部门相关的风险清单的有效性负直接责任,有效性包括风险清单使用的效率和效果等。

二、风险清单的应用程序

企业应用风险清单工具方法,一般按照编制风险清单、沟通与报告、评价与优化等程序进行。

(一) 编制风险清单

企业一般按企业整体和部门两个层级编制风险清单。企业整体风险清单的编制一般按照构建风险清单基本框架、识别风险、分析风险、制定重大风险应对措施等程序进行;部门风险清单的编制可根据企业整体风险清单,梳理出与本部门相关的重大风险,依照上述流程进行。中小企业编制风险清单,也可不区分企业整体和部门。

企业风险清单基本框架(见图9-2)一般包括风险识别、风分析、风险应对三部分。风险识别部分主要包括风险类别、风险描述、关键风险指标等要素；风险分析部分主要包括可能产生的后果、关键影响因素、风险责任主体（以下简称"责任主体"）、风险发生可能性、风险后果严重程度、风险重要性等级等要素；风险应对部分主要包括风险应对措施等要素。企业构建风险清单基本框架时，可根据管理需要，对风险识别、风险分析、风险应对中的要素进行调整。

企业整体风险清单

风险识别						风险分析						风险应对
风险类别					风险描述	关键风险指标	可能产生的后果	关键影响因素	风险责任主体	风险发生可能性	风险后果严重程度	风险重要性等级	风险应对措施
一级风险		二级风险		……									
编号	名称	编号	名称	编号	名称								
1	战略风险	1.1											
		1.2											
		…											
2	营运风险	2.1											
		2.2											
		…											
3	财务风险	3.1											
		3.2											
		…											
……													

图 9-2　风险清单

风险管理部门应从全局角度识别可能影响风险管理目标实现的因素和事项，建立风险信息库，在各相关部门的配合下共同识别风险。风险识别过程应遵循全面系统梳理、全员参与、动态调整的原则，对识别出的风险进行详细描述，明确关键风险指标等。

风险管理部门应对识别出的风险进行归类、编号，根据风险性质、风险指标是否可以量化等进行归类，并以此为基础填制完成风险清单基本框架中风险类别、风险描述、关键风险指标等要素。

（二）沟通与报告

风险管理部门应根据已填列的风险识别部分的内容，在与相关部门沟通后，分析各类风险可能产生的后果，确定引起该后果的关键影响因素及责任主体，并填制完成风险清单基本框架中可能产生后果、关键影响因素、风险责任主体等要素。

各责任主体可基于风险偏好和风险应对能力，逐项分析风险清单中各类风险发生的可能性和后果严重程度，确定风险重要性等级，并填制风险发生可能性、风险后果严重程度、风险重要性等级等要素。风险重要性等级的确定方法和标准可参见本章第四节风险矩阵模型。

风险管理部门应以风险重要性等级结果为依据确定企业整体的重大风险，报企业风险管理决策机构批准后反馈给相关责任主体。

风险管理部门应将风险清单所呈现的风险信息及时传递给相关责

任主体，确保各责任主体准确理解相关的风险信息，有效开展风险管理活动。为提高风险清单应用的有效性，风险管理部门可将其纳入企业风险管理报告。

（三）评价与优化

风险管理部门应会同各责任主体结合企业的风险偏好、风险管理能力等制定相应的风险管理应对措施，填制风险清单基本框架中风险应对措施要素，由此填制完成企业整体风险清单。

风险管理部门及各责任主体可对企业整体重大风险进行进一步的分析，也可直接对各部门相关的业务流程进行细化分解，形成相关部门的风险清单。

各部门应用本风险清单进行风险管理的程序与企业整体风险清单类似，但应加强流程细节分析，突出具体应对措施，力求将风险管理切实落到业务流程和岗位责任人。

风险管理部门应会同各责任主体定期或不定期地根据企业内外部环境变化，对风险清单是否全面识别风险并准确分类、是否准确分析风险成因及后果、是否采取了恰当的风险应对措施等进行评估，及时对风险清单进行更新调整。

三、风险清单的优缺点

风险清单的主要优点是能够直观反映企业风险情况，易于操作，能够适应不同类型企业、不同层次风险、不同风险管理水平的风险管理工作。

风险清单的主要缺点则是风险清单所列举的风险往往难以穷尽，且风险重要性等级的确定可能因评价的主观性而产生偏差。

第四节 风险矩阵模型

一、风险矩阵模型概述

风险矩阵，是指按照风险发生的可能性和风险发生后果的严重程度，将风险绘制在矩阵图中，展示风险及其重要性等级的风险管理工具方法。风险矩阵是识别项目风险重要性的一种结构性方法，它能够对项目风险的潜在影响进行评估，是一种操作简便，且把定性分析与

管理会计应用指引第 701 号——风险矩阵

定量分析相结合的方法。

风险矩阵的基本原理是，根据企业风险偏好，判断并度量风险发生可能性和后果严重程度，计算风险值，以此作为主要依据在矩阵中描绘出风险重要性等级。风险矩阵适用于表示企业各类风险重要性等级，也适用于各类风险的分析评价和沟通报告。

企业应用风险矩阵，应明确应用主体（企业整体、下属企业或部门），确定所要识别的风险，定义风险发生可能性和后果严重程度的标准，以及定义风险重要性等级及其表示形式。应综合考虑所处的外部环境、企业内部的财务和业务情况，以及企业风险管理目标、风险偏好、风险容忍度、风险管理能力等。

风险矩阵为企业确定各项风险重要性等级提供了可视化的工具。但是风险矩阵是需要对风险重要性等级标准、风险发生可能性、后果严重程度等做出主观判断，可能影响使用的准确性；同时，应用风险矩阵所确定的风险重要性等级是通过相互比较确定的，因而无法将列示的个别风险重要性等级通过数学运算得到总体风险的重要性等级。

二、风险矩阵图的绘制

风险矩阵坐标，是以风险后果严重程度为横坐标、以风险发生可能性为纵坐标的矩阵坐标图。企业可根据风险管理精度的需要，确定定性、半定量或定量指标来描述风险后果严重程度和风险发生可能性。风险后果严重程度的横坐标等级可定性描述为"微小""较小""较大""重大"等（也可采用1、2、3、4等M个半定量分值），风险发生可能性的纵坐标等级可定性描述为"不太可能""偶尔可能""可能""很可能"等（也可采用1、2、3、4等N个半定量分值），从而形成M×N个方格区域的风险矩阵图（见图9-3），也可以根据需要通过定量指标更精确地描述风险后果严重程度和风险发生可能性。

企业在确定风险重要性等级时，应综合考虑风险后果严重程度和发生可能性，以及企业的风险偏好，将风险重要性等级划分为可忽视的风险、可接受的风险、要关注的风险和重大的风险等级别。对于使用半定量和定量指标描绘的矩阵，企业可将风险后果严重程度和发生可能性等级的乘积（即风险值）划分为与风险重要性等级相匹配的区间。为了突出风险矩阵的可视化效果，企业可以将不同重要性等级的风险用不同的标识进行区分。

风险矩阵图给出四种分类：

如潜在问题在C区域，为重大风险，则应该不惜成本阻止其发生，（如果成本大于可接受范围，则放弃该项目）。

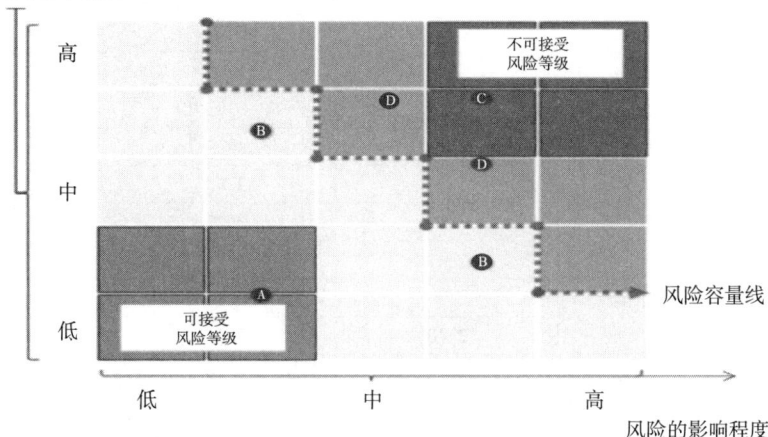

图 9-3 风险矩阵图

如潜在问题在 D 区域，为较大风险，应安排合理的费用来阻止其发生。

如潜在问题在 B 区域，为中等风险，应采取一些合理的措施来阻止其发生或尽可能降低其发生后造成的影响。

如潜在问题在 A 区域，为较小风险，可以准备应急计划，该部分的问题是反应型，即发生后再采取措施，而前三类则是预防型。

企业在逐项分析和评价需在风险矩阵中展示的风险时，注意考虑各风险的性质和企业对该风险的应对能力，对单个风险发生的可能性和风险后果严重程度的量化应注重参考相关历史数据。企业在综合职能部门和业务部门等相关方意见后，得到每一风险发生可能性和后果严重程度的评分结果。

最终，将每一风险发生的可能性和后果严重程度的评分结果组成的唯一坐标点标注在建立好的风险矩阵图中，标明各点的含义并给风险矩阵命名，完成风险矩阵的绘制。

三、风险矩阵图应用举例

X 企业开展一个项目，经过调查发现该项目可能面临 10 个潜在风险，包括竞争风险、战略管理风险、销售管理风险、市场供求风险、人力资源风险、信息管理风险、品牌管理风险、知识产权风险、政策风险、制度体系建设风险等。管理层为了确保项目顺利进行，运用风险矩阵模型对上述风险进行评估。

X 企业采用 5 分制分别给风险发生的可能性与风险的影响程度进行评分，评分结果如表 9-2 所示。

表 9-2　　X 企业潜在风险的可能性与影响程度

风险类型	风险发生的可能性	风险影响程度	综合得分
竞争风险	4.70	4.20	19.74
战略管理风险	4.20	3.81	16.00
销售管理风险	3.45	4.25	14.66
市场供求风险	3.50	3.90	13.65
人力资源风险	3.00	3.22	9.66
信息管理风险	2.47	2.17	5.36
品牌管理风险	2.10	2.83	5.94
知识产权风险	2.40	3.41	8.18
政策风险	1.18	1.53	1.81
制度体系建设风险	1.31	2.13	2.79

根据以上资料，以纵坐标为风险发生的可能性，横坐标为风险的影响程度，按照得分水平绘制风险矩阵图（如图 9-4 所示）。根据风险矩阵模型分区，其中竞争风险、战略管理风险、销售管理风险和市场供求风险影响大，可能性高，位于 D 区域，是重大风险，企业应该全力阻止其发生。政策风险与制度体系建设风险发生概率低，且影响较小，位于 A 区域，是较小风险，企业可以提前准备应对方案，在事件发生后采取措施。人力资源风险位于 C 区域，是较大风险，企业应合理安排方案阻止其发生。信息管理风险、知识产权风险和品牌管理风险位于 B 区域，是中等风险，企业可以尽量降低他们发生后产生的影响。

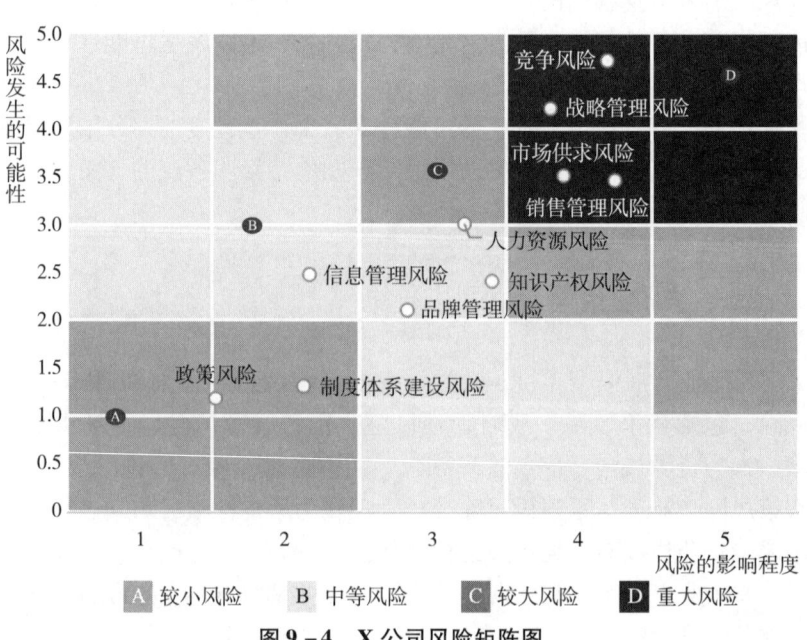

图 9-4　X 公司风险矩阵图

四、风险矩阵图模型的优缺点

风险矩阵法的优点一是为企业确定各项风险重要性等级提供了流程化、规范化、可视化的工具,增强风险沟通和报告效果,有利于企业采取有效的监管预警和及时应对;二是简便明了、直观易懂,能够把复杂的问题简单化,用图表的方式直观地把风险等级表示出来;三是风险矩阵的评价程序规范,自成一套体系,不仅适用于企业全面风险管理,还可以用于企业某一部门的管理或者某一项目的管理,适用范围广泛;四是风险矩阵不仅能够快速识别关键风险,还能对企业存在风险进行全面评估,在项目中是可以得到广泛推广的,具有比较强的灵活性;五是风险矩阵法能够加强各级的沟通,大到高层管理者,小到部门的职员,都可以参与进来,发挥员工的主观能动性,使各个层级的人发声,有利于风险管理工作从上至下的实施和开展。

但是,风险矩阵法的缺点显而易见,一是由于打分法得到风险评价的结果带有强烈的主观性,可能影响使用的不准确性,这一方面可以通过制定企业风险管理标准解决,对发生概率和影响程度的评价对不同的评价人员可以赋予不同的权重;风险矩阵法还可以借助其他方法解决主观因素的不确定性,例如:可以加强主观工作质量的提升,降低个人因素的消极影响等。二是应用风险矩阵所确定的风险重要性等级是通过相互比较确定的,因而无法将列示的个别风险重要性等级通过数学运算得到总体风险的重要性等级。

【本 章 小 结】

1. 风险的概念即企业因未来不确定性而面临的经济损失可能性。企业需识别、评估并制定应对方案来管理外部和内部风险。外部风险包括政治、法律、社会文化、技术、自然环境和市场等因素;内部风险则涵盖经营风险和财务风险。

2. 企业风险管理的概念,强调风险管理是一个持续的过程,贯穿于企业的各项决策和活动中。企业必须在不同层级和单位实施风险管理,确保风险控制在企业的风险承受范围之内。企业风险管理的目标是通过风险评估和应对,提高企业的战略执行能力和资源利用效率,确保财务报告的可靠性和法律合规性。

3. 企业风险管理的框架是由内部环境、目标设定、事件识别、风险评估、风险应对等部分组成。内部环境提供了基础,它影响企业的战略制定和风险识别,而事件识别和风险评估则帮助企业了解潜在事件的可能性及其影响。风险应对措施包括回避、降低、分散和承受风险,企业可以根据具体情况采取不同的应对措施。而控制活动是企业实施风险应对的手段，它包括高层复核、职能管理、信息处理、实物控制等。通过这些控制活动，企业可以确保风险应对措施的有效执行，从而减少风险的影响，帮助企业实现其战略目标并维持经营的稳定性。

4. 风险清单的定义、适用范围及应用目标。它提供了编制和使用风险清单的具体步骤，包括风险识别、分析和应对措施的制定。通过整体和部门两个层级的风险管理，帮助企业明确风险责任、规范管理流程，支持构建风险预警机制。该工具直观易操作，但可能因主观性而产生偏差。

5. 风险矩阵模型，风险矩阵图的绘制与应用十分简便，通过流程化、规范化和可视化的方式帮助企业快速评估风险，促进各级沟通，增强风险管理的有效性；然而，其主观性评价和数学运算的局限性可能影响准确性。

【本章重要术语】

本章重要术语

1. 风险管理会计
2. 外部风险
3. 内部风险
4. 政治风险
5. 法律风险
6. 合规风险
7. 技术风险
8. 固有风险
9. 剩余风险
10. 风险评估
11. 风险应对
12. 控制活动
13. 风险清单
14. 风险识别
15. 风险重要性等级

【复习与思考】

复习与思考

1. 什么是风险管理会计？它的主要功能是什么？
2. 企业面临的风险分为哪两大类？请简要描述每类风险的特点。
3. 风险评估的基本步骤是什么？风险评估的核心要素包括哪些？
4. 风险应对的四种主要方式是什么？企业如何选择合适的应对策略？
5. 风险管理会计如何帮助企业在不确定的市场环境中作出战略

决策？请结合具体例子说明。

6. 如何通过企业的风险管理框架有效平衡风险与收益？

7. 在进行风险评估时，定量分析和定性分析的优缺点分别是什么？企业应如何结合两者以获得更全面的评估结果？

8. 企业的组织结构与风险管理之间有什么关系？集权和分权结构如何影响风险管理的有效性？

9. 如何通过风险清单工具来提高企业的风险管理效率？请结合风险识别、风险分析和风险应对三个方面进行说明。

延伸性阅读：中冶宝钢：把政治领导力转化为企业发展力

第十章
战略管理会计

【学习目标】

通过本章学习，学生应了解战略管理的重要性，理解战略管理会计的含义、重要性及与战略管理的关系，掌握战略地图、价值链管理的具体应用，培养学生的全局观和社会责任感。

【知识框架】

```
                    ┌ 战略管理会计概述 ┌ 战略管理概述
                    │                 │ 战略管理会计概述
                    │                 └ 战略管理与战略管理会计
                    │
战略管理会计 ───────┤ 战略地图 ┌ 战略地图概述
                    │         │ 战略地图的优缺点
                    │         └ 战略地图应用举例
                    │
                    └ 价值链管理 ┌ 价值链管理概念
                                │ 价值链管理的意义
                                └ 价值链管理的具体方法
```

【引导案例】

引导案例分析要点

232 亿！厨邦再度入选"中国 500 最具价值品牌"

日前，"世界品牌实验室"（World Brand Lab）在北京揭晓2024年"中国 500 最具价值品牌"调研结果。国民调味料品牌——厨邦，以 232.39 亿元品牌价值位列榜单第 366。相比去年 175.32 亿元、第 381 位的成绩，今年厨邦品牌在榜单内共排名提升 15 位，品牌价值提升约 57 亿元。这已是厨邦连续 5 次上榜"中国 500 最具价值品牌"榜单。2020 年厨邦以 106.51 亿元首次登榜，5 年时间过去，厨邦的品牌价值已经翻了一番有余，成为快速增长的中国品牌之一。

2023年起，厨邦品牌开启了发展新征程，一个涵盖新团队、新战略和新文化等多种内涵的"新厨邦"出现在大众视野。

通过营销变革、研发创新等多项举措，力争进入世界调味品领先行列，为全球消费者带来更多优质的调味产品，持续聚焦酱油、鸡精粉等主销产品，同时开发潜力产品，兼顾蚝油、酱、料酒、醋等10多个品类，"厨邦领鲜家族"持续为万千家庭带来鲜活的产品力。"减盐不减鲜"的厨邦减盐30%特级生抽、"简单不减鲜"的厨邦零添加特级鲜生抽、"手工酿造技艺传承"的厨邦香醋、厨邦零添加镇江陈醋，多款新品成功定位于消费者的舌尖和心尖。随着多品类优化组合，厨邦领鲜家族的品牌印象将逐渐升级，品牌认知得到全新诠释。

当下，在战略管理体系、价值管理体系、人力资源管理体系、EHS管理体系、数字化管理体系的五位一体体系支持下，厨邦在"再造元年"之时，实现了连续上榜"中国500最具价值品牌"的重要目标。未来，厨邦将满载着全新发展的空间与实力，凭借其深厚的百年历史底蕴和现代品牌的价值力与影响力，为市场带来十足的"鲜"活力！

案例来源：新华网 http：//www3.xinhuanet.com/fortune/20240620/5509a77ee0d64b70a2e3097a176e495b/c.html，有修改。

请思考：

1. 从厨邦品牌的发展历程来看，其新战略的制定是基于哪些内外部环境因素的分析？

2. 厨邦连续5次上榜"中国500最具价值品牌"，其成功背后的努力和坚持体现了什么样的精神品质？

第一节 战略管理会计概述

管理会计应用指引第100号——战略管理

一、战略管理概述

（一）战略管理概念

战略是指企业从全局考虑作出的长远性的谋划。战略管理，是指对企业全局的、长远的发展方向、目标、任务和政策，以及资源配置作出决策和管理的过程。企业战略一般分为三个层次，包括选择可竞争的经营领域的总体战略、某经营领域具体竞争策略的业务单位战略（也称竞争战略）和涉及各职能部门的职能战略。

（二）战略管理的原则

企业进行战略管理，一般应遵循以下原则：

1. 目标可行原则。战略目标的设定，应具有一定的前瞻性和适当的挑战性，使战略目标通过一定的努力可以实现，并能够使长期目标与短期目标有效衔接。

2. 资源匹配原则。企业应根据各业务部门与战略目标的匹配程度进行资源配置。

3. 责任落实原则。企业应将战略目标落实到具体的责任中心和责任人，构成不同层级彼此相连的战略目标责任圈。

4. 协同管理原则。企业应以实现战略目标为核心，考虑不同责任中心业务目标之间的有效协同，加强各部门之间的协同管理，有效提高资源使用的效率和效果。

（三）战略管理的程序

企业应用战略管理工具方法，一般按照战略分析、战略制定、战略实施、战略评价和控制、战略调整等程序进行。

1. 战略分析。战略分析包括外部环境分析和内部环境分析。企业进行环境分析时，可应用态势分析法（Strength、Weakness、Opportunity、Threat，SWOT 分析）、波特五力分析和波士顿矩阵分析等方法，分析企业的发展机会和竞争力，以及各业务流程在价值创造中的优势和劣势，并对每一业务流程按照其优势强弱划分等级，为制定战略目标奠定基础。

2. 战略制定。战略制定，是指企业根据确定的愿景、使命和环境分析情况，选择和设定战略目标的过程。企业可根据对整体目标的保障、对员工积极性的发挥以及企业各部门战略方案的协调等实际需要，选择自上而下、自下而上或上下结合的方法，制定战略目标。企业设定战略目标后，各部门需要结合企业战略目标设定本部门战略目标，并将其具体化为一套关键财务指标及非财务指标的预测值。为各关键指标设定的目标（预测）值，应与本企业的可利用资源相匹配，并有利于执行人积极有效地实现既定目标。

3. 战略实施。战略实施，是指将企业的战略目标变成现实的管理过程。企业应加强战略管控，结合使用战略地图、价值链管理等多种管理会计工具方法，将战略实施的关键业务流程化，并落实到企业现有的业务流程中，确保企业高效率和高效益地实现战略目标。

4. 战略评价和控制。战略评价和控制，是指企业在战略实施过程中，通过检测战略实施进展情况，评价战略执行效果，审视战略的科学性和有效性，不断调整战略举措，以达到预期目标。企业主要应从以下几个方面进行战略评价：战略是否适应企业的内外部环境；战略是否达到有效的资源配置；战略涉及的风险程度是否可以接受；战略实施的时间和进度是否恰当。

5. 战略调整。战略调整，是指根据企业情况的发展变化和战略评价结果，对所制定的战略及时进行调整，以保证战略有效指导企业经营管理活动。战略调整一般包括调整企业的愿景、长期发展方向、战略目标及其战略举措等。

企业战略管理领域的应用工具一般包括战略地图、价值链管理等。战略管理工具，可单独应用，也可综合应用，以加强战略管理的协同性。

（四）战略管理的作用

企业处于瞬息万变的环境中，过去往往主要关注内部效率的管理，往往忽视了对外部环境的考虑。在这种情况下，战略管理显得尤为重要。

（1）战略管理为企业提供了一个清晰的发展方向。企业通过战略管理，能科学地、积极地、主动地明确自己的宗旨目标，并且确立相应的竞争优势。

（2）战略管理有助于企业合理分配资源。企业的资源包括人力、物力、财力等都是有限的。通过战略规划，企业可以确定哪些业务或项目是重点发展对象，从而将资源优先投入这些关键领域。

（3）战略管理有效的战略管理能够帮助企业建立和维持竞争优势。企业通过分析自身和竞争对手的优势和劣势，制定出差异化的战略。

（4）战略管理能够协调企业内部各个部门和业务单元的活动。当企业有了明确的战略目标后，各个部门可以围绕这个目标制定各自的工作计划，并且相互配合。

二、战略管理会计概述

（一）战略管理会计的概念

管理会计是为内部管理服务的，而企业内部管理，包括决策、预算、评价和控制，必须依据企业的发展战略展开。因此，战略管理会计就是为企业选择战略方向、制定战略规划、配置战略资源、落实战略方案而提供相关信息的会计信息系统。

（二）战略管理会计的作用[①]

1. 战略管理会计提供了超越企业会计主体本身的更广泛、更有用的信息

战略管理会计不再局限于企业内部的财务数据，而是积极向外拓展。它关注整个行业的发展动态，包括竞争对手的策略、市场趋势以及潜在的机遇与挑战。同时，它也考量宏观经济环境对企业的影响，如政策变化、利率波动等。这些信息为企业制定战略决策提供了全面的视角，帮助企业在复杂多变的商业环境中找准定位，实现可持续发展。

2. 战略管理会计改进了企业绩效评价的尺度

传统的绩效评价往往侧重于财务指标，而战略管理会计则将视角拓展得更为广泛。它不仅考量财务数据，如利润、收入等，还纳入了非财务指标，如客户满意度、市场份额、创新能力等。通过多维度的评价尺度，战略管理会计能更全面地反映企业的经营状况和战略执行效果。它促使企业从短期利益追求转向长期可持续发展，为企业的战略决策提供更准确、更有价值的绩效评估依据。

3. 战略管理会计提供了更加全面、更加有效的业绩报告

它不仅关注传统财务指标，还涵盖了非财务信息，如市场份额、客户满意度、创新能力等。通过对这些多维度数据的收集、分析和整合，战略管理会计能够更准确地反映企业的经营状况和战略执行效果。同时，它为管理层提供了前瞻性的决策支持，帮助企业在激烈的市场竞争中制定更加科学合理的战略，实现可持续发展。

三、战略管理与战略管理会计

战略管理要求企业必须确立自己的竞争优势，这种优势可以通过顾客、产品或者服务以及生产技术等各方面表达，一个企业与其竞争对手的差别是其竞争优势的基础。刘运国（2018）认为战略管理会计是适应战略管理的需要而形成的，它必须服务于企业的战略选择；战略管理会计作为战略控制的组成部分，通过战略报告的成功或者失败来对战略产生影响。战略管理会计可以提供对衡量和改变企业战略实施及其目标实现程度有用的信息。

[①] 刘运国．高级管理会计理论与实务［M］．2版．北京：中国人民大学出版社，2018年10月第1次印刷．

第二节 战略地图

管理会计应用指引第 101 号——战略地图

一、战略地图概述

战略地图由罗伯特·卡普兰（Robert S. Kaplan）和戴维·诺顿（David P. Norton）提出。他们是平衡计分卡的创始人，在对实行平衡计分卡的企业进行长期的指导和研究的过程中，两位学者发现，企业由于无法全面地描述战略，管理者之间及管理者与员工之间无法沟通，对战略无法达成共识。"平衡计分卡"只建立了一个战略框架，而缺乏对战略进行具体而系统、全面的描述。战略地图是在平衡计分卡的基础上发展来的，与平衡计分卡相比，它增加了两个层次的东西，一是颗粒层，每一个层面下都可以分解为很多要素；二是增加了动态的层面，也就是说战略地图是动态的，可以结合战略规划过程来绘制。

战略地图，是指为描述企业各维度战略目标之间因果关系而绘制的可视化的战略因果关系图。战略地图可以应用平衡计分卡的财务、客户、内部业务流程、学习与成长等四个维度为主要内容，通过分析各维度的相互关系，绘制战略因果关系（见图 10-1）。企业可根据自身情况对各维度的名称、内容等进行修改和调整。企业应用战略地图工具方法，应注重通过战略地图的有关路径设计，有效使用有形资源和无形资源，高效实现价值创造；应通过战略地图实施将战略目标与执行有效绑定，引导各责任中心按照战略目标持续提升业绩，服务企业战略实施。

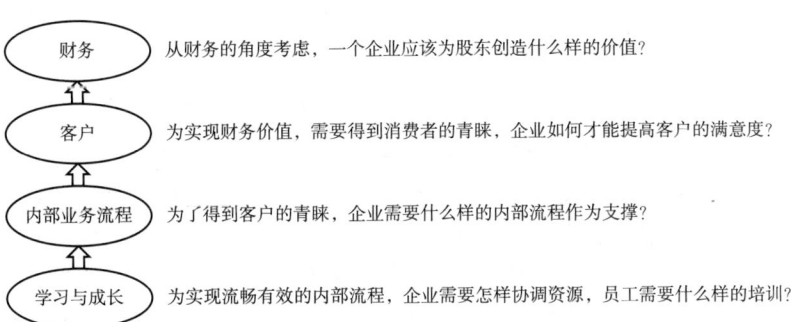

图 10-1 战略地图的基本原理

1. 财务维度

战略主题一般可划分为两个层次：第一层次一般包括生产率提升和营业收入增长等；第二层次一般包括创造成本优势、提高资产利用率、增加客户机会和提高客户价值等。

2. 客户维度

企业应对现有客户进行分析，从产品（服务）质量、技术领先、售后服务和稳定标准等方面确定、调整客户价值定位。企业一般可设置客户体验、双赢营销关系、品牌形象提升等战略主题。

3. 内部业务流程维度

企业应根据业务提升路径和服务定位，梳理业务流程及其关键增值（提升服务形象）活动，分析行业关键成功要素和内部营运矩阵，从内部业务流程的管理流程、创新流程、客户管理流程、遵循法规流程等角度确定战略主题，并将业务战略主题进行分类归纳，制定战略方案。

4. 学习与成长维度

企业应根据业务提升路径和服务定位，分析创新和人力资本等无形资源在价值创造中的作用，识别学习与成长维度的关键要素，并相应确立激励制度创新、信息系统创新和智力资本利用创新等战略主题，为财务、客户、内部业务流程维度的战略主题和关键业绩指标（key performance indicator，KPI）提供有力支撑。

二、战略地图的优缺点

战略地图的主要优点：第一，能够把企业的战略目标进行清晰化处理，不再是模糊的概念。第二，能将战略目标可视化，以直观的图像等形式呈现出来。第三，战略地图与战略关键绩效指标（KPI）以及具体的战略举措建立起明确的联系。正因为如此，战略地图为企业战略实施提供了有力的可视化工具，让我们在实施战略的过程中能够更有针对性地采取行动，确保战略目标的顺利实现。

战略地图的主要缺点：第一，需要多维度、多部门的协调。这意味着不同部门、不同专业领域的人员要共同参与，协调难度较大。第二，实施成本高。从前期的规划设计到后续的推广应用，都需要投入大量的人力、物力和时间资源。第三，战略地图必须与战略管控相融合，才能真正实现战略实施。如果缺乏有效的管控机制，战略地图可能无法发挥应有的作用，导致战略执行出现偏差，影响企业的发展目标。

基于因果关系链的战略地图管理模式迭代

三、战略地图应用举例

【例10-1】A公司是国内泛射频领域的龙头公司,集研发、制造、销售于一体。公司主营业务包括NFC天线、CDS天线、LCP射频传输线、射频前端器件、无线充电、精密连接器、高端连接线束、接触类弹片等的生产与经营。要想在通信设备行业这样的高技术知识密集型产业立足,长期持续的研发投入是至关重要的。A公司在全球范围内陆续布局了12个研发与销售中心,并在中国的深圳、北京、常州,越南建立制造中心。同时,在瑞典、日本、美国、中国的深圳建立前沿研发中心。

随着通信设备产业的成熟,同质化现象严重,提升了设备制造商之间的竞争水平。运营商对宽带投资放缓导致光配线分销、制造厂商业绩不佳。光纤、光缆厂商实现了较快增长,但因产能过剩仍然导致光纤光缆价格严重下滑。去年,A公司意外亏损了6 300余万元,并且董事会与执行层之间的信任出现危机,董事会对管理层的能力产生了质疑,并对本年8亿元的销售目标和5 200万元的利润目标非常没有信心。在此背景下,A公司管理层决定通过利用战略地图工具澄清公司战略并分解关键绩效指标,以期扭转亏损达成目标。

(一) A公司战略地图设计

1. 战略目标设定

顶层的A公司发展愿景是成为"全球领先的一站式泛射频解决方案提供商",其使命是致力于通过对基础材料、基础技术的研究,创造出值得信赖的创新产品与解决方案,为客户创造价值。

2. 确定与股东/利益相关者的价值差距

A公司目前与股东/利益相关者的价值差距直观表现在亏损6 300余万元的现状与本年实现5 200万元净利润的目标的差距。对此,A公司设定的财务层面目标直截了当,提升公司的整体盈利能力,实现8亿元销售额、5 200万元净利润的目标。A公司确定的业务改善路径双管齐下,一方面通过在必要利润基础上增加客户基础和增加现有客户业务等目标来实现收入增长;生产率方面强调行业成本领先和产能利用率的提高,即降本增效。A公司没有经过管理的"降本"大约有5%的可操作空间。8个亿的销售额,按照10%的利润,通过5%的降本,应当可挤压出3 600万元的利润。

3. 定位客户价值

客户层面确定A公司必须如何满足客户对质量、成本和交货的要求,从而实现收入和利润增长目标。A公司前5大客户营业收入占比在70%左右，故其客户层面的核心是"大客户聚焦战略"。A公司的产品均为强定制化产品，通过对目标市场和客户进行分析，确定出"高客户满意度和忠诚度"的价值主张。具体包括五个策略性任务目标：高创新度的产品、增值服务、卓越的产品质量、及时交付、合作共赢的战略客户伙伴关系。

4. 确定业务流程优化主题

内部流程层面强调为支持客户目标而创造流程和获得必备的能力，既要能够支撑财务维度收入增长和成本降低目标，又要能够支撑客户维度"高客户满意度和忠诚度"的价值主张。

为了实现成本领先，要求采购部门降低5%的采购成本。运营管理方面通过筛选和培养战略合作供应商、建立零部件系统化、模块化供应流程以降低采购成本。具体而言，将供应商分成三类：第一类是指定供应商，即个别供应商是客户指定的供应商，降本的空间较小，A公司有3家指定供应商且把降本目标设置为1%。第二类是规模供应商，即年采购总额在500万元以上的，降本目标为10%。A公司规模供应商共有8个，采购需要重点管理以上核心供应商，建立战略合作关系。第三类就是零星供应商，即年采购额很少的供应商。然而，这样的供应商数量又非常大，这类供应商不做降本要求。

A公司前期亏损的原因很大程度上是因为产能利用率低，使得公司产品的固定成本非常高。而A公司所处行业内可以进行网分置换，通过不同公司的闲置设备的置换来提升闲置设备的利用率。故可通过制定网分置换计划，优化资产利用流程等方式以提升产能利用率至50%。客户管理方面，A公司为实现客户对质量水平的要求，升级制造流程，生产部门详细编制生产日报表，记录并监控每人每天损失工时和不良品数量；优化新客户识别和关系管理流程。

创新流程具体是核心技术的提升和开发周期成本的管理。A公司在这方面需保持高研发投入，尤其是5G天线系统、射频前端等技术研发的投入，如5G射频材料、Sub-6MIMO天线、毫米波相控阵列天线等，为迎接5G时代奠定基础。社会法规流程是通过安全环保的工作环境和社会环境保护员工利益，成立A公司公益基金会，形成可持续传播的社会影响力。

5. 确定学习与成长主题

学习和成长层面支持了实现其他层面目标的气氛创造，在所有流程中构建了能力并整合了信息技术，是战略得以实现的根基。A公司团队采用"精英战略"，对员工价值观的要求是"结果导向、追求极致、勇于担当、本分"，在此价值观标准下吸收和保留合适的员工并构建高绩效文化。由于A公司的信息化、自动化水平不高，尤其是数据处理工具的应用欠缺，故需要整合高效的信息技术水平。A公司总经理是结果导向的领导,故要求领导团队具有较强的目标感和协作能力。

6. 进行资源配置

A 公司根据战略地图进行了战略预算管理,进行业务梳理和预算重编。根据客户的不同属性进行分类分析、定位,从而让管理层明确不同客户管理的资源匹配计划。

7. 绘制战略地图

战略只有被清晰地描述出来才可能被理解,被理解才能被执行,战略地图能清晰地描述战略,A 公司战略地图如图 10-2 所示。

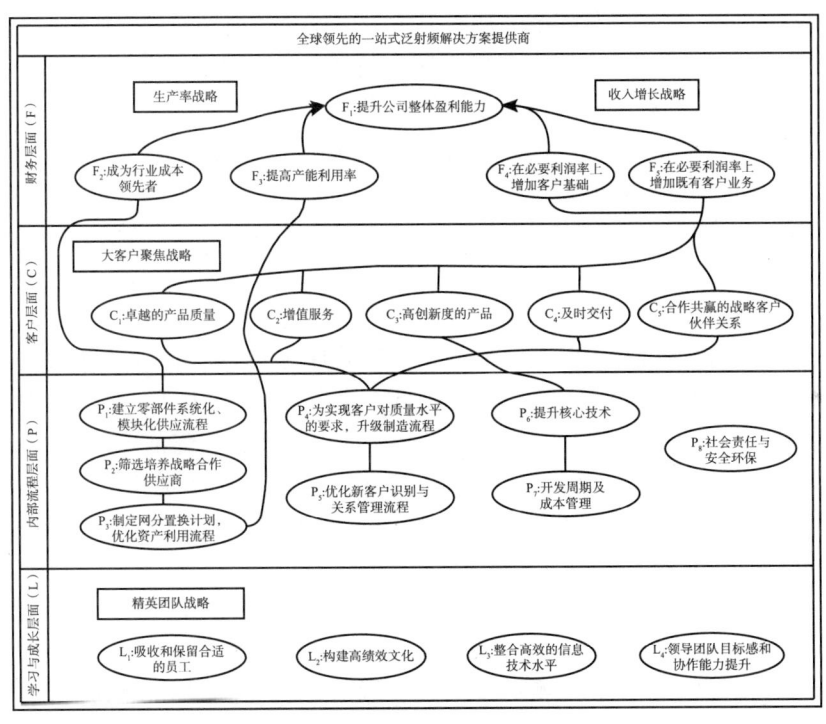

图 10-2　A 公司战略地图

(二) A 公司战略地图实施

为了保障战略地图的实施,A 公司成立了战略管理项目组。项目组的成员包括:财务部、人力资源部、销售部、研发部、市场部、采购部、生产中心的负责人。财务部管理会计协助项目组工作,财务总监任项目执行经理,A 公司的董事长兼总经理任名誉经理。

1. 战略执行

结合公司整体目标,根据各部门具体业务情况制定分部门的具体目标,各个环节的操作方向锁定指标和目标实施行动计划。为避免战略地图被架空,指标和目标需相应落实到各个管理层成员。A 公司的关键战略是"成本领先""大客户聚焦""战略合作供应商""精英战略"。为了最大程度调动企业资源，A公司还组建了由相应高管为首的无边界小组专门负责关键战略的执行，形成了更基础的协同关系。

2. 执行报告与持续改善

A公司每月召开一次经营分析会，各部门根据各自的战略执行报告，将当月完成情况与管控目标作对比，使各部门和管理层对执行成果有了全维度认识，动态评价战略目标达成的可能性。A公司在经营分析会上将实际和目标的每一项差异都进行分解，分解至具体的产品、部门、客户、区域、责任人等。由每个部门自己寻找数据背后的业务问题，分析最佳实践，或者需要吸取哪些教训。通过成功经验的总结来复制成功，按照重要性排序，制定下一个月详细的行动计划。然后由管理团队进行评价，给出修正建议。

对于没有找到问题的分析报告是不可能被提交的，始终围绕目标进行定位纠偏，及时给出报告，合理分配资源，直至实现企业战略目标逐步落地。

3. 评价激励

经过对销售、生产、采购流程的梳理，业务和财务数据的实时监控，并在原定战略KPI与战略行动计划的基础上，每月一次根据战略执行报告及时纠偏。最终，A公司当年营业收入超8亿元，实现净利润6 308万元，达成了财务层面的目标。在"成本领先战略"下，A公司的销售费用率成功控制在2%以下，管理费用率也持续下降至3%、研发费用率5.9%，财务费用率不到1%，主营业务成本率从81%降至74%。

客户方面，"大客户战略"使A公司受益颇多。A公司所在的通信设备行业高度集中、供应商认证制度严格，随着大客户产品放量，A公司可以不断扩大市场份额，产生规模效应；同时大客户引领新技术，可以享受创新带来的溢价。但是，"大客户战略"也使A公司面临一些问题：当年大客户产品整体销量减少则直接影响了A公司的业绩。故A公司下一步着力于切入大客户产业链，取得更多国际大客户供应商资质。在巩固现有客户的同时积极发展国内及韩国新客户，将前五大客户收入占营业收入比例降至40%左右的合理水平。

内部流程方面，零部件系统化、模块化供应带来的效果显著。A公司的存货周转率从90天下降至43天。制造流程的升级方面，A公司自动化生产水平、低成本全自动、半自动柔性制造能力均有实质性提高。为了提升核心技术，A公司持续保持高研发投入，先后设计20余款天线产品。同时，A公司的5G毫米波实验室开展5G毫米波天线系统、5G射频传输材料应用及高频电磁仿真研究等，还承担了深圳发改委第五代移动通信毫米波技术工程实验室建设项目。未来 A 公司还需专注 5G 天线领域，不断开发结构简单、加工步骤少、性能优越的 5G 天线产品并申请相应技术专利。A 公司的管理层与研发生产人员素质有了明显的提高，相应地，产品生产的效率和质量、生产资源的使用效率、订单交付能力、质量控制能力也有了提高。但人力资本方面还存在的问题是财务部、人力资源部基层员工整体能力不强，如使用 Excel 处理两小时可以完成的多维度多月份多部门的费用数据分析，员工花费两周时间才能完成，数据处理工具的运用不熟练致使效率低下。A 公司需要注重相应部门人员的职业技能培训。此外，A 公司的信息化建设也有了突破：上线了 ERP 系统的核心——主生产计划（MPS）和物料需求计划（MRP），实施后订单达成率从 30% 提升至 90%。未来，A 公司还应推进信息化建设，以 ERP 为核心建设外围信息系统。

A 公司为实现战略目标设计了相应的激励机制。以公司管理层为例，设计了期权激励计划。实现本年 8 亿元的销售目标和 5 200 万元的利润目标，即兑现本年期权激励计划。本年实现销售额 8 亿余元，净利润 6 000 余万元，管理层期权兑现，员工士气高涨，A 公司市值上涨 10 倍。A 公司进一步设计了新一期的限制性股票激励计划和多期的员工持股计划加大对管理层及核心员工的激励力度，推动公司内部团结一致和整体的高效发展。

案例来源：温素彬，盛佳丽. 战略地图：解读与应用案例 [J]. 会计之友，2020，(17)：150–156.

第三节　价值链管理

一、价值链管理概念

价值链是指为生产产品或者提供劳务而产生的、从原材料采购开始到销售给顾客的一系列价值生产作业的集合。企业的价值创造是通过一系列活动构成的，这些活动可分为基本活动和辅助活动。基本活动包括内部后勤、生产作业、外部后勤、市场和销售、服务等；辅助活动则包括采购、技术开发、人力资源管理和企业基础设施等。价值链的概念强调了企业内部各个活动之间的联系以及企业与外部环境的关系。企业并非孤立地进行价值创造，而是在一个相互依存的价值系统中运作。

二、价值链管理的意义

(一) 提升企业竞争力

价值链管理有助于企业深入剖析自身运营环节。通过优化内部基本活动和辅助活动,如改进生产流程、提高采购效率等,能降低成本、提高质量。同时,对纵向价值链的管理,能加强与上下游企业协同,获取更优质资源和稳定市场。横向对比竞争对手可发现优势与不足,从而实施差异化或成本领先战略。这一系列措施综合起来,能显著提升企业在市场中的竞争力,使企业在产品、价格、渠道等方面更具优势,获得更多市场份额。

(二) 优化资源配置

在内部价值链中,企业能明确哪些活动消耗资源多、哪些增值高,从而合理分配人力、物力和财力。例如,将更多资源投入高附加值的研发环节。在纵向价值链中,与供应商和客户紧密协作,可以根据需求调整资源流向。对于横向价值链,了解竞争对手资源利用情况后,企业能避免资源浪费在无优势领域,将资源聚焦于自身核心价值环节,实现资源利用效率的最大化。

(三) 支持战略决策

价值链管理帮助企业确定自身在行业中的位置,明确核心竞争力所在。在制定战略时,如果企业在某个价值环节成本较低且质量较高,可考虑成本领先战略;若在技术研发环节有独特优势,则可走差异化战略。对于多元化战略决策,通过分析价值链延伸方向的潜在价值,可判断进入新领域的可行性。此外,在战略调整过程中,价值链管理能让企业及时发现价值环节的变化,以便快速做出反应,保障战略的有效性。

三、价值链管理的具体方法

价值链分析主要的步骤有:识别价值链作业;识别每一项价值作业的成本动因;通过降低成本或者增加价值来建立可持续的竞争优势。价值链管理的具体方法主要包括以下三种。

(一) 内部价值链管理

内部价值链管理聚焦于企业内部的价值创造活动,涵盖了从原材

比亚迪:基于内部价值链的战略成本管理

料投入到产品产出并交付给客户的整个过程中，企业内部各个环节之间的相互关联与协作。这些环节包括基本活动（如进货后勤、生产作业、出货后勤、市场营销和售后服务）和辅助活动（如企业基础设施、人力资源管理、技术开发和采购）。企业内部价值链管理就是找出企业最基本的价值链，并对其进行分析，分解为单独的作业，并根据企业的战略目标进行价值作业之间的权衡、取舍、调整，提高效率、提高产品质量和服务质量，从而增强企业自身的竞争力。

（二）纵向价值链管理

纵向价值链管理涉及企业与其上下游企业之间的关系，向上延伸到供应商，包括原材料供应商、零部件供应商等；向下延伸到客户，包括批发商、零售商和最终消费者。它强调企业在整个产业供应链中的定位和协同合作。典型的纵向价值链是：供应商1——供应商2——企业——批发商——零售商——消费者。纵向价值链管理的目标通过与上下游企业建立紧密的合作关系，实现整个产业链的协同效应，如成本降低、质量提升、交货期缩短等。

（三）横向价值链管理

横向价值链管理主要关注企业与同行业竞争对手之间的关系，包括对竞争对手的价值链分析。通过对竞争对手价值链管理，可以测算出竞争对手的成本水平、成本构成和成本产生情况，并与企业产品成本一一比较，揭示出决定竞争优势的差异所在，从而根据企业不同的战略，确定扬长避短的策略，争取成本优势。

（四）价值链管理应用举例

【例10-2】阿里巴巴与京东的比较

1. 内部价值链比较

在人力资源管理方面，阿里巴巴集团已经充分认识到团队合作对企业成长的重要性。目前该企业已经建立了一整套细致且完善的人才培养激励制度，并通过理想激励与股权激励的整合，增强了员工的归属感，使他们能够心甘情愿地为企业的理想而奋斗。同时阿里巴巴还认识到了社会环境对人力资源管理的影响，抓住了经济危机带来的机遇，大量吸收来自其他企业的优秀人才，通过引入优秀管理人才实现了自身管理理念的升级。而这些措施都能在提升员工积极性的基础上实现企业生产效率的提高，从而实现生产周期的缩短。京东商城则是通过强调员工的个人发展与绩效激励调动其工作积极性的。由经营数据可知，京东有超过70%的高管是从企业内部提拔上来的，这种内部选拔制度能够在保持企业愿景与员工个人发展要求高度一致的同时，大幅度提升员工的企业忠诚度。与此同时，京东还提高了工作人员的薪资待遇，这就为企业挽留高素质人才创造了条件，为京东之后的发展奠定了基础。而与员工创造能力紧密相关的绩效评价制度也推动了员工工作积极性的提高，加速了分配公平的进程。因此可以预测阿里巴巴与京东的生产周期都会随着员工工作积极性的提高而逐渐缩短。

因为电商企业并不直接进行产品的生产，所以这里将生产模式改革与技术创新结合在一起，集中分析这两家企业在生产模式创新方面的差别。由于阿里巴巴集团主要是通过向买卖双方提供在线交易机会和条件，从交易平台收益的规模化管理中获益的，它在这方面主要采用的是拆分、细化现有平台的策略，通过更加贴合客户的需求，提升商品与服务质量，最终实现现有资金链的升级。而京东则是通过增加现有产品的种类和将经营方式由全部自营向第三方平台销售转变，降低了客户成本，扩展了企业的目标人群，最终提高了企业资金链的稳定性。这方面可以说阿里巴巴与京东商城是不分伯仲的。

2. 横向价值链比较

在目前电商行业的竞争环境方面，阿里巴巴与京东的经营策略各有优势。阿里巴巴主要是借助了自身的海量用户优势。由于它进入电商行业较早，到目前为止已经发展出超过1 000万的注册用户，成为了行业的"领头羊"。如此大的客户群体为其资金流通的稳定提供了坚实的基础。而且相比其他企业，阿里的经营模式已经发展到了比较成熟的阶段，目前它形成的一些衍生服务也能够为平台经营提供支持。所以笔者认为作为电商行业领先者的阿里巴巴能够通过规模效应打击竞争者，保持企业的市场占有率。而京东则主要是通过差异化战略来限制竞争者发展的。例如：它通过加大对信息系统与物流运输设备的投入，极大地提高了产品的市场适应性与运输速率，使自己的产品在客户满意度与配送速度方面明显优于同类企业。此外它还通过优化自身的售后服务，在这一方面建立起短期内难以撼动的企业优势。综上所述，京东与阿里虽然选取了不同的竞争战略，但是最终都实现了打击潜在市场进入者的目的。

3. 纵向价值链比较

原材料的供应是企业进行生产经营活动的前提，而在主要进行平台经营而较少进行产品生产的电商行业中供应的重要性就更加突出了。阿里巴巴集团在发展的过程中就深受供应问题的困扰。在经营的早期由于供应数量有限，阿里巴巴选择了通过降低淘宝卖家准入门槛来吸引更多的供应商。这一策略在最初的确有助于资金的稳定流通，但也为企业带来了严重的商品质量不合格问题。随着市场竞争的加剧，这一问题极大地影响了企业的后续发展。因此在改进与供应商关系方面，阿里选择的是通过细化与拆分原有平台、提高筛选供应商的标准，同时利用细分的市场实现了供应商供货的专业性与稳定性，优化了市场环境，最终实现了应付账款周转率的提高。而京东在调整与供应商的关系方面则落后于阿里巴巴，它是主要是通过由自身独营供货向第三方平台建设的转换扩大供应商的数量的。因此可以说阿里的供应已经发展到了由专注规模转向专注质量方面，而京东仍停留在解决供应的数量问题上。

在面向顾客的纵向价值链分析阶段，阿里巴巴选择的是提高商品与顾客需求切合度的方法。通过对顾客需求的细分，它为不同的顾客设计了个性化的商品与服务，从而实现了顾客满意度的提升，这在资金链上体现为存货周转率与应收账款周转率的上升。而京东则是由目前影响顾客满意度的因素入手，提出了物流调度能够对顾客的需求数量起限制作用。目前京东已在江苏宿迁建立了总面积达6 000多平方米的全国呼叫中心，并通过执行统一标准的客户体系大大提高了企业的调度速度。同时京东还认识到了客户的需求是趋向复杂化与多样化的，在这样的市场环境中仅凭企业自己的供应是不可能满足现有顾客需求的，所以京东开始转向对第三方平台的建设。以上这些都能够提升客户在京东购物时的满意度，从而加快了经营周转速率，大大缩短了它的经营周期。

除以上纵向供应链分析的两方面外，京东还进行了向价值链两端的行业扩张。其在总结电商企业的经营经验的基础上，认识到了物流速度能够严重影响企业的销售活动，由此京东萌生了向物流行业扩张的想法。目前京东已在1 300多个行政区县推出了"限时达""极速达""夜间配"等配送服务。这些都能够加快企业的销售过程，在提升顾客满意度，优化企业资金链的同时，大大缩短了企业资金流通的周期，提升京东的存货周转率与应收账款周转率，以上阿里巴巴与京东价值链分析简要对比如表10-1所示。

表10-1　　　　　　阿里巴巴与京东价值链分析简要对比

分析维度		阿里巴巴	京东
内部价值链分析	人力资源管理	建立健全激励制度，广泛吸纳外来人才	内部提拔制度与高薪酬激励结合
	生产模式创新	拆分、细化现有平台	由全部自营向第三方平台销售转变
横向价值链分析	打击竞争者策略	通过规模效应打击竞争者	通过差异化战略限制竞争者发展

续表

分析维度		阿里巴巴	京东商城
纵向价值链分析	供应商管理	细化拆分平台，提高供应商准入标准	独营供货向第三方平台建设转换
	顾客满意度	个性化服务提高顾客需求切合度	建设物流调度中心，提升运输速度
	多元化经营策略	未进行多元化经营	向物流行业扩张，缩短周转周期

案例来源：温素彬，李文思. 管理会计工具及应用案例——企业价值链的三维分析法及应用案例 [J]. 会计之友, 2016 (9): 134-137.

【本 章 小 结】

1. 战略管理是指对企业全局的、长远的发展方向、目标、任务和政策，以及资源配置作出决策和管理的过程。战略管理应遵循目标可行原则、资源匹配原则、责任落实原则、协同管理原则，按照战略分析、战略制定、战略实施、战略评价和控制、战略调整等程序进行战略管理。

2. 战略管理会计就是为企业选择战略方向、制定战略规划、配置战略资源、落实战略方案而提供相关信息的会计信息系统。战略管理会计的特点包括提供了超越企业会计主体本身的更广泛及更有用的信息、改进了企业绩效评价的尺度、提供了更加全面及更加有效的业绩报告。

3. 战略地图，是指为描述企业各维度战略目标之间因果关系而绘制的可视化的战略因果关系图。战略地图可以应用平衡计分卡的财务、客户、内部业务流程、学习与成长等四个维度为主要内容，通过分析各维度的相互关系，绘制战略因果关系图。

4. 价值链是指为生产产品或者提供劳务而产生的、从原材料采购开始到销售给顾客的一系列价值生产作业的集合。价值链管理有助于企业提升企业竞争力、优化资源配置、支持战略决策。价值链管理的具体方法主要包括以下三种：内部价值链管理、纵向价值链管理和横向价值链管理。

【本章重要术语】

1. 战略管理
2. 战略管理会计
3. 战略地图
4. 内部价值链管理

本章重要术语

5. 纵向价值链管理
6. 横向价值链管理

复习与思考

1. 请阐述战略管理与战略管理会计的关系。
2. 请阐述战略管理会计的特点。
3. 请阐述战略地图的优缺点。
4. 请阐述价值链管理的作用。

复习与思考

延伸性阅读：发展新质生产力是推动高质量发展的内在要求和重要着力点

第十一章 管理会计信息化

【学习目标】

通过对本章的学习，帮助学生了解管理会计信息化的重要性；了解管理会计的主要模块；了解企业管理会计报告的重要性与必要性。

【知识框架】

管理会计信息化
- 管理会计信息化概述
  - 管理会计信息化有关概念
  - 管理会计信息化发展
  - 管理会计信息化的作用
- 管理会计信息化建设
  - 企业业务活动
  - 管理会计活动
  - 管理会计信息化建设的环境
  - 管理会计信息化建设的原则
  - 管理会计信息化建设的程序
- 管理会计信息化的主要模块
  - 成本管理模块
  - 预算管理模块
  - 绩效管理模块
  - 投资管理模块
  - 管理会计报告模块
- 企业管理会计报告
  - 企业管理会计报告概念
  - 企业管理会计报告分类
  - 企业管理会计报告流程

【引导案例】

ABC 集团主动变革，通过财务数智化转型促进业财融合与管理会计创新，助力财务"管控、共享、赋能"三类职责有效落地，主要包含"纵横"双维的系统创新。

引导案例分析要点

一、在横向维度上，发力业财融合

在横向维度上，从全流程切入，通过高效协同和资源整合，实现业务与财务的深度融合，提升企业的运营效率和用户体验。围绕业财连接点和决策点做透业财融合全流程，通过引入OCR（光学字符识别）、AI（人工智能）、RPA（机器人流程自动化）、区块链等数字技术，重塑销售到收款、采购到付款、研发到产品、售后服务、资产管理五大主价值流的财务流程，并向前延伸驱动业务流程升级，构建业财深度融合的"敏前台+强中台+稳后台"的数智化业财平台。

这些年，ABC集团通过建设"敏前台+强中台+稳后台"的数智化业财体系，打破了部门壁垒，业务和财务的组织边界发生了动态迁移，企业内部沟通、协调和合作变得更加高效。稳后台作为集团统一的开发平台和通用能力库，为整个业财平台提供稳定的技术支撑、安全支撑和权限管理等通用能力。强中台则是通过解耦原有的烟囱系统，依据业务对象内聚为财务预算管理、成本控制、资金管理、税务管理、档案管理等10个能力中心，为业务提供高效、精准的财务服务。敏前台作为无边界的应用，通过微前端等技术按场景、按领域的不同，快速将业务能力和通用能力拼装成业务需要的解决方案和财务工作平台，为各产业提供差异化的财务决策支持。

二、在纵向维度上，赋能战略落地

在纵向维度上，主要是强化战略执行决策以及对终端行为、环境的快速感知和响应，建立以数据贯通为基础的数智化决策体系（分析→决策→执行）。

决策体系的底层是数据资产的支撑，即通过事前明确数据分类标准，进行有针对性的数据清洗、加工和治理，将供应商、客户、员工形成的"市场、供应链、产品、售后"等多维业务数据和"结算、资产、税务"形成的财务数据进行聚合分类，统一主数据管理标准，厘清数据血缘，为融入业务、经营分析决策提供有力保障。顶层是数据赋能模型，聚焦可决策的业务行为，基于业财数据构建多维度分析的数据模型，锁定行为不足、管理短板，形成从财务到业务活动末梢逐层展开的数据网络，加速企业数据价值释放，为业务经营管理决策提供精准有效的数据支撑。同时，构建投资大屏、经营三表等可视化看板，实现核心指标要素即时动态可视；通过BI（商业智能）等可视化分析工具提炼数据价值，帮助财务人员溯源归因，最终实现以数据洞察驱动经营决策。

以经营绩效管理为例，针对业务经营的投入产出指标，如量、价、料、工、费等，将这些多维度的经营数据拆细到可量化的最小颗粒度，再匹配到营销、采购、产品企划等不同价值链场景下的业务行为和流程，找出关键动因并锁定到项目、型号、工序的相关节点人员，驱动改善业务行为，实现投入产出效率最优、资源配置价值最大化，将目标、执行、管理、协同场景融为一体，达到报表到天、价值到人、追溯到因的精细化预算管理与战略驱动作用。

请思考：

ABC集团如何通过数智化转型，提升运营效率和用户体验？

管理会计应用指引第802号——管理会计信息系统

第一节　管理会计信息化概述

在当下这个大数据与网络交织的时代，数据之间的联系越发紧密，强化对数据及信息处理的能力，已成为企业发展的根本所在。身处信息化浪潮之中，管理会计的进步必须依托信息化的利器，以增强企业的核心竞争力与适应能力，进而充分释放管理会计的潜能，推动企业现代化管理水平向更高层次发展。管理会计与信息化的融合，无疑是会计领域发展的必然趋势。

相较于财务会计核算系统，管理会计系统对数据量的需求更为庞大，数据分析处理的流程亦更为繁杂。在众多数据面前，若缺乏计算机辅助，仅依靠管理会计人员手工处理，其工作量之巨，几乎令人难以应对。因此，管理会计工作的有效推进，务必依托于管理会计信息系统的构建与应用，管理会计的信息化进程无疑将与管理会计的发展紧密同步。

一、管理会计信息化有关概念

管理会计，作为独立于财务会计的会计体系分支，扮演着至关重要的控制角色，它为企业的内部控制人员提供了必需的管理资讯。这一领域不仅丰富了传统会计的职能，还强化了对企业活动的监控力度。会计信息化，即指企业经营者利用电脑、互联网等先进技术，对各种会计数据进行搜集、处理、整合、传输和利用，从而为企业的管理决策提供了及时而全面的信息支持。

管理会计在企业中的应用离不开信息化的助力，随着企业持续发展的步伐，管理会计的信息化已成为推进管理会计进程的必然选择。

管理会计的核心职能在于向企业决策者提供关键信息，而会计信息化的优势在于能够借助尖端科技，迅速地向管理者传递至关重要的资讯。信息化技术的运用，使得管理会计得以最大限度地发挥其价值潜能。

管理会计信息系统，是以财务和业务数据为核心，依托计算机技术和网络通信等现代信息技术，对管理会计数据进行搜集、整合、处理、分析及汇报等一连串操作，为企业高效实施管理会计活动，提供全方位、实时、精确的信息支持的多个功能模块的有机整合。

管理会计信息化，即信息技术在管理会计领域的深度应用，具体而言，是指专门为管理会计设计的系统在企业中的应用，构成企业信息化战略的关键部分。目前，我国企业对于管理会计信息化的理解与运用尚处于初级阶段。

二、管理会计信息化发展

（一）我国管理会计信息化的发展历程

遵循中国会计学会会计信息化专业委员会（2009 年）对会计信息化进程的分期标准，我国管理会计信息化的发展脉络大体上可以划分为以下几个重要阶段。

1. **核算型软件开发与应用阶段（1979～1996 年）**

在 20 世纪八九十年代，随着计算机及局域网技术的逐步普及，我国迈入了信息技术的新时代。改革开放和市场经济的迅猛发展，对会计核算效率提出了更为严峻的挑战。在这一轮信息化浪潮的推动下，我国企事业单位纷纷启用计算机，模拟传统手工会计工作，开启了财务会计电算化的新篇章。会计信息系统的发展经历了由单项业务处理向部门级别处理的转变，实现了部门内会计信息的交流与共享。然而，在企业整体层面，部门间的会计信息共享尚待实现，管理会计的信息化尚处于筹备阶段。在此期间，研究重点主要集中在电算化概念和会计信息系统的开发应用。到了这一阶段的尾声，一些学者已开始倡导会计电算化应由核算型向管理型转型。

2. **管理型系统开发与应用阶段（1996～2000 年）**

我国改革开放正迈向深化阶段，企业身处国内外市场竞争的浪潮之中，会计职能已不止步于单纯的核算，更需拓展至管理范畴。在具体实践中，企业内部业务与财务信息亟须融合，打破业务部门与财务部门数据隔绝所形成的孤岛现象刻不容缓。20 世纪 90 年代中后期，随着互联网及 IT 技术在我国的勃兴，会计信息化迎来了第二次发展高潮。在此浪潮推动下，国内财务软件开发商迎来了发展的新机遇，为会计软件由核算型向管理型的转变提供了强有力的技术支撑。企业逐渐重视起如何借助会计信息提升管理与决策效能，计算机化管理会计的实践开始崭露头角。

3. 一体化系统开发与应用阶段（2000～2006年）

在我国经济高速发展的推动下，企业管理水平亦随之提升。在这一阶段，ERP已从理论概念转化为众多企业的实际应用。领先的企业开始将ERP系统更多地投入支持业务发展上，通过整合企业内部的信息资产、人力资源与财务系统，旨在优化经营管理、增强产品服务及客户关系。ERP系统的引入，标志着管理会计信息化与业务财务融合的初步尝试。在此时期，关于管理会计信息化的研究主要围绕系统功能及ERP的应用展开。张宏等（2005年）提出了预算管理、成本管理与控制、获利能力分析以及绩效衡量等模块的划分与实施策略。当时，大部分企业仅采用单一的财务会计信息系统，在信息搜集、加工及处理过程中，管理会计的基本信息往往被汇总或忽视，导致信息含量不足。随着会计信息化第二次浪潮进入后期，互联网技术在我国迅速普及，会计软件和信息系统呈现出网络化趋势。相应的研究主要聚焦于网络财务报告，而关于网络与管理会计信息化的研究则相对较少，主要集中在适用性探讨上。

4. 嵌入型平台开发与应用阶段（2006～2013年）

经济全球化不断发展，我国从区域经济大国向全球经济大国转变，经济结构深化调整，经济发展逐步进入新常态。新技术的兴起，掀起了以规范化、标准化、知识化、智能化、互联化、云化、社会化、产业化为主要标志的会计信息化第三次浪潮。如何在知识经济时代、信息时代，实现企业管理效率和效益的提升是管理会计信息化面临的问题。信息技术在管理会计的应用出现了管理会计软件功能细分化、专业化和集成化的特点。基于不同生产经营和管理的需要。部分在管理会计领域比较领先的软件厂商开始探索管理会计专业化软件服务——专业化的管理会计套件。2014年财政部发布《关于全面推进管理会计体系建设的指导意见》之后，管理会计信息化也进入了快速发展时期。近十年的时间，我国管理会计软件已经覆盖了预算管理、成本管理、战略管理、营运管理、绩效管理等管理会计工具运用的主要领域。近年来，管理会计信息化逐步开始从独立的管理会计工具应用系统的构建向集成式的管理会计信息系统的构建过渡。

5. 商业智能（BI）的融合阶段（2014年至今）

2014年，财政部发布的《关于全面推进管理会计体系建设的指导意见（征求意见稿）》提出，推进面向管理会计的信息系统建设。在这一阶段"互联网＋"的大背景下，互联网和信息技术的创新带动管理会计信息化纵深发展。管理会计信息化的新成果表现在工具创新和体系建立上，迭代更新的技术工具创新不断推动着管理会计信息化建设前进的脚步，促进管理会计信息系统的建立。

企业群体秉持先进管理理念，积极探索构建管理会计信息化体系。他们普遍采纳的模式是，运用尖端且专业的管理会计信息系统，在 ERP 模块的基础上打造数据仓库，并将此数据仓库视为财务会计管理的根本支柱，进而对数据进行精细加工与深度分析，以重塑管理会计的信息全貌。这一做法目前依旧占据国内企事业单位财务管理会计信息化建设的主流地位。

尽管市场上已有软件供应商针对市场需求推出了名为企业绩效管理套件（Enterprise Performance Management，EPM）的管理会计套件，但由于管理会计理论研究尚未深入，且各类工具与方法相互独立，构建一套系统化的管理会计信息化软件面临着极大的挑战。这导致国内外学术界对管理会计信息化的研究相对较少，实务界的应用亦缺乏统一的标准。

在这个背景下，我国管理会计的发展迎来了第三个阶段，即基于商业智能（Business Intelligence，BI）的管理会计信息系统。BI 技术的快速发展，尤其是其多维度建模能力和专业信息处理技术，使其成为大数据时代的领先者。管理会计迫切需要信息化系统提供的模型化、多视角和大数据支持。此外，市场上主流的绩效管理软件（EPM）供应商往往也是智能软件的开发者，这极大地促进了技术的融合。依托 BI 技术平台，这些供应商成功构建了涵盖计划预算、管理报告、盈利和成本分析、平衡计分卡、管理仪表盘等多样化功能的管理会计应用体系。

（二）国外管理会计信息化的发展历程

1. 理论研究、基础理论方面

海外研究人员采纳了多种理论框架，以深入剖析会计信息系统的理论基础：他们依据权变理论（contingency theory）探讨信息系统与企业需求之间的互动；运用社会资本理论（social capital theory）及行动者网络理论（actor-network theory）分析系统部署过程中各参与者之间的互动关系，尤其是对更广泛的利益相关者和商业活动进行了特别关照；此外，他们还依托社会交换论（social exchange theory）对不同功能的系统进行了比较研究。在技术层面，研究焦点主要聚集在信息系统支持的账务处理和财务报告等方面，而对于管理会计与信息系统的交叉研究却相对较少，尤其是对管理会计具体行为与信息系统之间关联的探讨更是鲜见。在主流会计研究领域，对信息化研究缺乏足够的重视，这从主流文献中对信息化相关文献的引用频率较低便可可见一斑。

2. 实践应用方面

在 21 世纪初，尽管发达国家企业的 ERP 信息系统部分内嵌功能尚未与其他软件实现无缝集成，导致系统潜力未得到充分挖掘，但从企业全局视角来看，高度集成化的系统尚未广泛普及，尤其是一些小型企业尚未接纳此类系统。ERP 系统与大数据技术的融合，为管理会计提供了丰富的内外部数据资源，但目前管理会计主要仍局限于提供描述性及部分预测性分析，指导性分析相对匮乏。依托平衡计分卡理论，运用商业智能的管理会计数据分析框架，使得企业能在财务、客户、内部流程、学习与成长等四个维度上，综合运用描述性、预测性及指导性分析。

自 20 世纪 90 年代至 21 世纪初，发达国家的前沿企业已通过引入数据仓库、在线分析处理、数据挖掘以及 XML、XBRL 等网络技术，冲破了信息处理的时空界限，实现了会计信息的高效集成与整合，极大提升了处理能力。在大数据时代背景下，企业信息系统将纳入更多类型的数据，如移动端、网页和扫描端数据等。数据挖掘技术的应用涵盖了成本管理、资产管理、预算管理和收入管理等多个领域，主要措施包括分类、选择、预测以及优化存货管理，定义成本动因，以及估计和预测项目与产品成本，实施方法主要依赖于神经网络的估计与优化功能。

三、管理会计信息化的作用

延伸性阅读：信息化为支撑 提升管理效率

管理会计信息化进程的推进，使得企业得以紧密监控和分析生产经营的各个环节。随着企业管理的信息化、网络化，大量数据源自网络大数据，显著缩短了信息采集与分析的周期，为管理层提供了决策的时间优势。同时，企业内部的信息传递变得更为顺畅高效，有效弥补了传统会计核算管理的不足；这为企业开展预测和决策提供了有力支持，管理会计通过对财务会计数据的深入分析、预测与控制，信息化系统中的模型和计算机工具极大地增强了管理者决策的精准度和效率，同时也大幅降低了人力和时间成本，为企业节约了大量资金。信息技术的飞速发展，正推动企业从传统会计向战略管理会计转型，传统会计模式亦将逐步被战略管理会计所替代。

管理会计信息化的进步，不仅使得企业间的沟通更加顺畅，还强化了企业与客户之间的互动，显著提高了客户的满意度和忠诚度，从而充分发挥了管理会计的核心价值。大数据与网络技术的持续发展，要求企业不仅要掌握数据之间的关联，更要能够解读数据背后的深层含义，构建起完善的管理控制系统，确保管理会计在企业中实现持续且深入的发展。

第二节　管理会计信息化建设

构建管理会计信息系统的首要步骤在于对企业运营流程及管理会计流程的深入剖析。通过细致梳理并分析业务流程和管理会计流程中涵盖的各项活动，我们可以清晰地界定管理会计所包含的具体活动要素及其流程结构。

一、企业业务活动

（一）企业业务的含义

企业作为社会的基本经济单元，肩负着在社会分工体系中为客户创造价值的重任，以此获取维系自身生存与发展的必要利润。因此，有条不紊的盈利活动构成了企业最根本的任务。在现实环境中，每一家企业都是通过其独特的业务活动来确保自身的生存与发展基础。企业的所有作为，最终都可以追溯至提升业务质量这一核心目标。

那么，企业的业务究竟涵盖哪些内容呢？在日常生活中，我们对业务的理解通常是指"个人或机构所从事的本职工作"。业务一词，是对个人或组织追求利益的行业性行为的统称。对于企业来说，业务通常是指通过向他人提供商品或服务以获取利润的所有活动。这些活动范围或广或窄，从宏观的研发、生产、销售到售后服务，到微观的生产环节，无所不包。随着产业内分工的深化，传统的企业业务逐渐细分为多个独立企业的活动，比如专门从事产品研发的企业、专注于零部件生产的企业等。不同的业务领域不仅意味着活动的专业化，也意味着各自必须遵守的规则不同，活动的对象和结果也大相径庭。因此，如何准确识别企业的业务活动，成为了一个关键问题。

（二）企业业务的种类

企业的业务形态繁多，依照生产与再生产的基本流程，对于生产加工型企业来说，大致可以划分为购进与付款循环、生产与成本循环、销售与回款循环、投资与融资循环等几个主要类别。这些类别在实质内容及相互关系上，均展现出各自的独特性。

1. 购进与付款循环业务

企业的购进与付款循环，涉及采购各种原材料及劳务、完成验收入库及货款支付等环节，是生产经营准备过程中的一系列业务集合。

这一循环通常遵循请购、订货、验收、付款四个标准化步骤。以原材料采购为例，这一典型的循环主要涉及仓储和财务两大关键部门。在仓储部门，主要工作职责涵盖了订购单的制定与审核、订购单的编制、原材料的验收与储存，以及在原材料入库后，由仓库管理员负责编制入库单并对原材料进行分类存放，确保仓储区域的独立性和对非相关人员的安全限制。而在财务部门，主要职责集中在付款凭单的编制、负债的确认与记录，同时严格执行现金支出记录人员与现金、有价证券及其他资产管理人员的分离制度。

2. 生产与费用循环业务

生产与费用循环涵盖了原材料向产成品转变的整个过程。在这一循环中，主要业务活动包括制定生产计划、组织生产实施、发放原材料、核算产品成本，以及储存和发出产成品、记录存货等环节。这些活动通常涉及生产计划部门、仓储部门、生产部门、人事部门、会计部门以及外部监管机构等多个部门的协作。

生产计划部门负责基于客户订单或对销售预测和存货需求的分析来确定生产权。若决定进行生产，该部门便签发预先编号的生产通知单，并对所有发出的生产通知单进行编号和记录控制。此外，还需编制材料需求报告，详列所需材料和零件及其库存情况。

仓储部门依据生产部门批准和签字的领料单发放原材料，并根据入库单接收产成品。领料单可按单一材料或多种材料开具，并通常一式三联，由领料部门、仓储部门和会计部门分别保存和使用。

生产部门在接到生产通知单并领取原材料后，将生产任务分配至每位生产工人，并交付相应的原材料以执行生产任务。

人事部门负责为生产岗位配置合适的人员，并通过科学合理的薪酬制度激发工人的生产积极性。生产过程中的各类记录文件，如生产通知单、领料单、计工单、入库单等，均需汇集至会计部门。会计部门负责对这些文件进行检查和核对，以监控和控制生产过程中存货的实物流转，并与相关部门协作，对生产成本进行核算和控制。

外部监管机构则负责对生产活动进行监督，例如环保部门的监管职能。

3. 企业的销售与收款循环业务

企业的销售与收款循环主要由商品或劳务的交换及现金回收等经营活动构成，以商品销售为例，这一循环包括的主要业务环节有接受顾客订单、审批信用、按销售单供货、发货、收款以及应收账款的管理。这些环节通常涉及订单管理、信用管理、仓储、发货、财务以及外部监管等多个部门。

订单管理部门负责区分现金销售与赊销，并根据管理层授权标准筛选接受赊销订单。在批准客户订单后，该部门通常需要制备一式多

延伸性阅读：管理会计信息化——搭建 B2B 交易平台

联的销售单。信用管理部门则负责审批销售单的信用，接收到销售单后，会将之与客户已授权的赊销信用额度及未结账款余额进行比较，以判断是否继续提供赊销。

仓库部门的工作是按照批准的销售单供货，以防止未授权的发货行为。发货部门则负责按照销售单发送货物，确保发货商品与销售单一致。财务部门需向顾客开具账单，并根据销售发票编制记账凭证，进而登记销售明细账和应收账款明细账，或库存现金、银行存款日记账。此外，财务部门还负责处理和记录现金、银行存款的收入，记录销售折扣与折让，注销坏账以及提取坏账准备等。外部监管部门则承担着对销售活动进行监督的职责。

4. 投资与筹资循环业务

投资与筹资的循环，是筹资活动与投资活动相互交织的交易事项的总和。筹资活动，旨在满足企业生存与发展的资金需求，通过调整资本结构和债务规模，进行资金的筹集。这一过程主要包括借款交易和股东权益交易两大类。而投资活动，则是企业通过资产转让，获取新的资产权益，以实现财富增值或其他利益追求，其交易形式涵盖股权性投资和债权性投资。这些业务活动涉及资金需求方、投资方及第三方机构。在资金需求方，企业的重要筹资决策由董事会授权高级管理层负责，财务部门具体执行实施细节。投资方同样需对企业重要投资活动进行决策、授权、审批和执行。第三方机构，如投资银行、担保公司和监管机构等，各司其职，为企业的投资活动提供支持与服务，投资银行协助企业完成投资业务，担保公司为企业的资金需求提供担保，监管机构则对股票发行等行为实施监督。

二、管理会计活动

管理会计致力于巩固企业内部管理，将追求最大化经济效益作为核心宗旨，以现代企业的运营活动及其价值创造为研究对象。通过对财务数据等信息的深度处理与再度利用，它承担着经济流程的预算监管、责任评估审核，以及未来预测与决策辅助等多重职能，构成了会计领域的一个重要分支。

管理会计采用一系列专业方法，对财务会计所提供的数据及其他相关信息进行细致加工、系统整理与详尽报告，确保企业各级管理层能够依据这些信息对日常经济活动进行有效的规划与控制，同时协助决策者制定精准的专业决策。

（1）在采购与付款流程中，管理会计必须对采购价格、采购数量、采购订单执行状况、在途物资、应付账款以及采购的整体情况展开详尽的统计与分析，旨在确保库存保持在最佳状态，同时降低采购成本。此举亦助力决策者对采购人员和供应商实施更加科学的管理策略。

（2）在生产和成本管理领域，管理会计需对产品成本进行精准核算与深入分析，探寻成本驱动因素，从而为确立标准成本、控制生产成本及评估生产部门的绩效提供有力支撑。

（3）在销售与收款流程中，管理会计需对销售合同的履行状况、销售利润的达成程度、销售增长幅度、应收账款的账龄分析、资金回收效率等关键指标进行详尽的统计与剖析，旨在对客户的信用等级和忠诚度实施有效管理。同时，通过分析各类产品的盈利水平，预测不同区域与销售人员的市场潜力，评估各销售部门及业务人员的业绩表现，并预判未来的销售走向，从而为构建营销策略和生产规划提供坚实的数据支持。

（4）在投资业务的领域内，管理会计肩负着对资本预算的精准制定，同时，对资本成本、投资回报率、投资回收期、净现值、内含报酬率以及获利指数等关键指标进行周密的规划与监控，以确保为资金筹集及投资决策提供有力的数据支撑与策略辅助。

延伸性阅读：嵌入区块链的跨组织管理会计创新

三、管理会计信息化建设的环境

企业进行管理会计信息化建设，一般应具备以下条件：

（1）对企业战略、组织结构、业务流程、责任中心等有清晰定义；

（2）设有具备管理会计职能的相关部门或岗位，具有一定的管理会计工具方法的应用基础以及相对清晰的管理会计应用流程；

（3）具备一定的财务和业务信息系统应用基础，包括已经实现了相对成熟的财务会计系统的应用，并在一定程度上实现了经营计划管理、采购管理、销售管理、库存管理等基础业务管理职能的信息化。

四、管理会计信息化建设的原则

企业进行管理会计信息化，必须建设和应用管理会计信息系统，一般应遵循以下原则。

（一）系统集成原则

管理会计信息系统各功能模块应集成在企业整体信息系统中，与财务和业务信息系统紧密结合，实现信息的集中统一管理及财务和业务信息到管理会计信息的自动生成。

（二）数据共享原则

企业建设管理会计信息系统应实现系统间的无缝对接，通过统一的规则和标准，实现数据的一次采集，全程共享，避免产生信息孤岛。

（三）规则可配原则

管理会计信息系统各功能模块应提供规则配置功能，实现其他信息系统与管理会计信息系统相关内容的映射和自定义配置。

（四）灵活扩展原则

管理会计信息系统应具备灵活扩展性，通过及时补充有关参数或功能模块，对环境、业务、产品、组织和流程等的变化及时做出响应，满足企业内部管理需要。

（五）安全可靠原则

应充分保障管理会计信息系统的设备、网络、应用及数据安全，严格权限授权，做好数据灾备建设，具备良好的抵御外部攻击能力，保证系统的正常运行并确保信息的安全、保密、完整。

五、管理会计信息化建设的程序

管理会计信息化建设既包括管理会计信息系统的规划和建设过程，也包括系统的应用过程。

（一）管理会计信息系统规划和建设

管理会计信息系统的规划与建设，通常涵盖系统规划、实施以及维护等多个阶段。

在规划阶段，企业须将管理会计信息系统纳入整体信息系统建设的蓝图之中，恪守全局规划、分阶段落实的原则。依据企业的战略定位和管理会计应用目标，明确具体的应用需求，并因地制宜，逐步推动实施。

在实施环节，企业需制定周密的实施计划，明确划分实施的关键阶段、相关活动以及各项任务的时序安排。实施过程大致分为项目准备、系统设计、实现、测试上线以及运维支持等步骤。

在项目准备阶段，企业需完成信息系统建设的前期基础工作，包括确立实施目标、界定组织与业务范围，调研信息系统需求，进行可行性评估，制定项目计划、资源配置和项目管理规范，以及进行项目动员和初步培训。系统设计阶段，企业应对现有信息系统应用状况、管理会计现状及信息系统需求进行调研，梳理应用模块和流程，进而制定实施方案。系统实现阶段，企业主要负责完成数据标准化、系统配置、功能及接口开发以及单元测试等任务。在测试上线阶段，企业需执行系统的整体测试、权限设置、部署、数据导入、用户培训以及上线切换等环节。如有必要，还应进行预上线演练。

完成管理会计信息系统的规划与实施后，企业还应重视系统的日常运维与支持，确保日常运行维护的顺畅，并进行上线后的持续培训与系统优化。

（二）管理会计信息系统的应用

管理会计信息系统的应用流程大致涵盖输入、处理及输出三大阶段。在输入阶段，系统负责收集或录入数据。管理会计信息系统须配备明确定义的数据规则接口，以便自动抓取财务及业务数据。此外，系统还应支持手动输入其他数据，以适应业务调整及补充信息的需要；处理阶段，系统利用管理会计工具模型对数据进行加工处理。管理会计信息系统可充分运用数据挖掘、在线分析处理等商业智能技术，通过相关工具实现数据的综合查询、分析统计，从而挖掘出有助于企业管理的关键信息；输出阶段，系统提供多样化的人机交互工具及成熟的办公软件，自动生成或导出数据报告。数据报告的展示应重视可读性与可视化。最终输出的系统结果既可独立以报表或报告形式呈现给用户，亦可输出或集成至其他信息系统中，为各级管理部门提供实时、相关的管理信息。

第三节 管理会计信息化的主要模块

管理会计信息化建设的主要模块包括成本管理、预算管理、绩效管理、投资管理、管理会计报告以及其他功能模块。

一、成本管理模块

成本管理模块旨在集成成本控制的核心功能，涵盖了成本要素、成本中心及成本对象的详细设定，并配备灵活的成本核算方案。该模块通过整合财务会计核算、业务处理及人力资源等相关模块的数据，执行精确的成本核算作业，输出包括按产品、批次（订单）、环节及区域划分的多元化成本数据报告。此外，基于这些详尽的成本信息，模块还支持深入的成本分析，以实现成本的有效监管。从而，为企业提供涵盖事前规划、过程控制以及事后评估的全面成本管理辅助。

成本核算工作旨在对企业生产经营活动中各项交易或事项的实际成本信息进行系统的搜集、汇总和梳理，进而准确计算出实际发生的成本数据。该过程支持多样化的成本计算与分摊策略，确保实际成本得到精确的衡量、分摊与分配。所涉及的输入信息通常涵盖业务事项的记录和货币化的计量数据。企业需运用特定的成本工具和方法，如完全成本法、变动成本法、作业成本法、目标成本法、标准成本法等，构建相应的计算模型，并以各级成本中心作为核算的核心单元，开展成本核算的处理流程。在成本核算流程完成后，系统应能提供实际成本数据及满足管理层和各业务部门需求的成本核算报告。

成本分析旨在对实际成本数据进行详尽的分类与对比，通过对成本与利润驱动因素的深入探究，形成客观的评价结论，并据此编制形式多样的分析报告及评价指标。所涉输入信息通常涵盖既定的成本标准或计划数据，以及成本核算子模块所生成的实际成本数据。企业需依据这些输入数据及既定规则，选取恰当的分析评价方法——诸如差异分析、趋势分析、结构分析等——对各个成本中心的成本绩效进行细致的比较分析，进而汇总编制出涵盖各个责任中心及企业整体成本绩效的报告，最终形成成本分析报告及成本绩效评价报告以供输出。

成本预测则着眼于对不同成本对象在未来周期内的成本进行估算与预测。预测的输入信息一般包括业务规划数据、成本评估结果、成本预测的前提假设，以及历史数据和行业对比数据等。企业应采用成本预测模型——例如算术平均法、加权平均法、平滑指数法等——来预测下一个工作周期的成本需求，并结合实际经验或行业基准数据对模型预测结果进行必要的调整，最终输出成本预测报告。

成本控制旨在遵循既定的成本费用目标，对构成成本费用的各个要素进行细致规划、有效限制与适时调整，以便及时纠正任何偏差，遏制成本费用的超额支出，确保实际消耗严格控制在预算计划之内。成本控制所需的信息输入通常涵盖成本费用目标与政策、成本分析报告、预算控制等多个方面。企业需构建一套工作流审批授权体系，以规范费用控制流程，同时通过成本预警机制来实施成本处理的各个环节，最终输出费用支付清单和成本控制报告。

成本管理模块应支持基于指标分摊、基于作业分摊等多种分摊策略，通过运用预定义规则，实现对成本要素、期间、作业等多维度的精确分摊。

二、预算管理模块

预算管理模块应实现的主要功能包括对企业预算参数设置、预算管理模型搭建、预算目标制定、预算编制、预算执行控制、预算调整、预算分析和评价等全过程的信息化管理。

预算目标与计划的制定核心在于落实企业战略目标与业务规划，确保预算启动及筹备流程的顺利进行。输入此类计划设定的关键信息通常涵盖企业愿景与战略蓝图、市场内外部环境分析、投资者及管理层期望、历史绩效数据、未来经营预测，以及公司的战略行动方案、各业务单元的主要业绩指标等。企业需对内外部环境与挑战进行深入剖析，评估预算的多种可能方案，并制定详尽的业务规划，进而形成企业及各业务单元的主要绩效指标与部门业务规划等成果。

预算编制的核心任务包括确立预算目标、细化预算分解与下达、编制及汇总预算内容，以及执行预算审批程序。这一过程融合了自顶向下与自底向上的多种编制路径，同时支持固定预算、弹性预算、零基预算、滚动预算、作业预算等多种编制策略。预算编制所依赖的输入数据通常涵盖历史绩效记录、关键绩效指标、预算驱动要素、管理费用标准等。企业需运用恰当的预测技术（如趋势预测、平滑预测、回归预测等）构建预测模型，以辅助设定预算目标。依据预算管理体系，系统应自动分解预算目标，优化预算审批流程，并自动完成预算的汇总工作。最终输出的成果应包括各责任中心的预算方案。预算管理模块应具备为企业定制多时段、多情景、多版本、多维度预算计划的能力，以适应预算编制的多样化需求。

预算执行控制的核心在于确保预算信息模块与财务及业务系统间的即时数据交互，实现对财务与业务预算执行的动态监控。该控制流程的输入数据通常涵盖企业各业务单元及部门的关键绩效指标、业务规划、预算执行控制标准，以及实际预算执行状况等。企业需通过数据的审核、对照及汇总分析，以揭示预算目标与执行成效之间的差距；构建预算监控模型，对超预算行为进行预警和限制，并编制预算执行状况报告；同时，实施预算控制的审核流程及特殊预算管理措施。最终，输出的成果包括预算执行差异分析报告和经营调整策略等。

预算调整的核心在于对选定责任中心的预算数据进行精准修正，并确保整个调整过程的顺畅执行。调整过程中所需的输入数据通常涉及企业不同业务单元及部门的关键绩效指标，以及预算执行的详细差异分析报告。企业将基于完善的预算管理体系，对调整后的数据进行智能化分解，同时简化预算调整的审批程序，实现预算的自动整合。调整工作完成后，将生成包含各责任中心预算调整报告及更新绩效指标的综合成果。

预算分析和评价主要提供多种预算分析模型，实现在预算执行的数据基础上，对预算数和实际发生数进行多期间、多层次、多角度的预算分析，最终完成预算的业绩评价，为绩效考核提供数据基础。预算分析和评价的输入信息一般包括预算指标及预算执行情况,以及业绩评价的标准与考核办法等数据。企业应建立差异计算模型实现预算差异的计算,辅助实现差异成因分析过程,最终输出部门、期间、层级等多维度的预算差异分析报告等。

三、绩效管理模块

绩效管理模块主要实现业绩评价和激励管理过程中各要素的管理功能,一般包括业绩计划和激励计划的制定、业绩计划和激励计划的执行控制、业绩评价与激励实施管理等,为企业的绩效管理提供支持。

绩效管理模块应当承担起为企业关键绩效指标提供细致定义与灵活配置的职能,且能够无缝对接其他模块,自动抓取各业务单元或责任中心的真实绩效数据。通过对这些数据的有效计算与分析,该模块能够输出精确的绩效执行状况报告以及深入的差异分析报告。

业绩计划的拟定与激励机制的设定,核心在于确立绩效管理的目标与准则,涵盖绩效目标的细化与部署、业绩及激励计划的制定流程,以及审批程序的执行。输入数据主要涉及企业及其各级责任中心的战略性与年度经营性关键绩效指标,还包括企业的绩效评估与审核标准、激励方式及其相应的条件等基础信息。处理环节通常包括构建完善的指标体系、分配指标权重、设定业绩目标值、选取评价计分方法,并制定包括薪酬、能力提升、职业成长等多维度的激励计划,最终输出针对各级考核主体的业绩计划与绩效激励方案。

业绩计划和激励计划的执行控制主要实现预算系统与各业务系统的即时数据交换,实现对业绩计划与激励计划执行情况的实时控制等。业绩计划和激励计划的执行控制的输入信息一般包括绩效实际数据以及业绩计划和激励计划等。企业应建立指标监控模型,根据指标计算方法计算指标实际值,比对实际值与目标值的偏差,输出业绩计划和激励计划执行差异报告等。

业绩评价和激励实施管理主要实现对计划的执行情况进行评价,形成综合评价结果,向被评价对象反馈改进建议及措施等。业绩评价和激励实施管理的输入信息一般包括被评价对象的业绩指标实际值和目标值、指标计分方法和权重等。企业应选定评分计算方法计算评价分值,形成被评价对象的综合评价结果,输出业绩评价结果报告和改进建议等。

四、投资管理模块

投资管理模块主要实现对企业投资项目进行计划和控制的系统支

持过程，一般包括投资计划的制定和对每个投资项目进行的及时管控等。

投资管理模块应与成本管理模块、预算管理模块、绩效管理模块和管理会计报告模块等进行有效集成和数据交换。

投资管理模块应辅助企业实现投资计划的编制和审批过程。企业可以借助投资管理模块定义投资项目、投资程序、投资任务、投资预算、投资控制对象等基本信息；在此基础上，制定企业各级组织的投资计划和实施计划，实现投资计划的分解和下达。

投资管理模块应实现对企业具体投资项目的管控过程。企业可以根据实际情况，将项目管理功能集成到投资管理模块中，也可以实施单独的项目管理模块来实现项目的管控过程。

项目管理模块主要实现对投资项目的系统化管理过程，一般包括项目设置、项目计划与预算、项目执行、项目结算与关闭、项目报告以及项目后审计等功能。

项目设置主要完成项目定义（如项目名称、项目期间、成本控制范围、利润中心等参数），以及工作分解定义、作业和项目文档等的定义和设置，为项目管理提供基础信息。项目计划与预算，主要完成项目里程碑计划、项目实施计划、项目概算、项目利润及投资测算、项目详细预算等过程，并辅助实现投资预算的审核和下达过程。项目里程碑计划，一般包括对项目的关键节点进行定义，在关键节点对项目进行检查和控制，以及确定项目各阶段的开始和结束时间等。项目执行，主要实现项目的拨款申请，投资计量，项目实际发生值的确定、计算和汇总，以及与目标预算进行比对，对投资进行检查和成本管控。项目结算，通过定义的结算规则，运用项目结算程序，对项目实现期末结账处理。结算完成后，对项目执行关闭操作，保证项目的可控性。项目报告，项目管理模块应向用户提供关于项目数据的各类汇总报表及明细报表，主要包括项目计划、项目投资差异分析报告等。项目后审计，企业可以根据实际需要，在项目管理模块中提供项目后辅助审计功能，依据项目计划和过程建立工作底稿，对项目的实施过程、成本、绩效等进行审计和项目后评价。

五、管理会计报告模块

管理会计报告模块应实现基于信息系统中财务数据、业务数据自动生成管理会计报告，支持企业有效实现各项管理会计活动。

管理会计报告模块应为用户生成报告提供足够丰富、高效、及时的数据源，必要时应建立数据仓库和数据集市，形成统一规范的数据集，并在此基础上，借助数据挖掘等商务智能工具方法，自动生成多维度报表。

管理会计报告模块应为企业战略层、经营层和业务层提供丰富的通用报告模板。

管理会计报告模块应为企业提供灵活的自定义报告功能。企业可以借助报表工具自定义管理会计报表的报告主体、期间（定期或不定期）、结构、数据源、计算公式以及报表展现形式等。系统可以根据企业自定义报表的模板自动获取数据进行计算加工，并以预先定义的展现形式输出。

管理会计报告模块应提供用户追溯数据源的功能。用户可以在系统中对报告的最终结果数据进行追溯，可以层层追溯其数据来源和计算方法，直至业务活动。

管理会计报告模块可以独立的模块形式存在于信息系统中，从其他管理会计模块中获取数据生成报告；也可内嵌到其他管理会计模块中，作为其他管理会计模块重要的输出环节。

管理会计报告模块应与财务报告系统相关联，既能有效生成企业整体报告，也能生成分部报告，并实现整体报告和分部报告的联查。

第四节　企业管理会计报告

管理会计应用指引第801号——企业管理会计报告

一、企业管理会计报告概念

企业管理会计报告，是指企业运用管理会计方法，根据财务和业务的基础信息加工整理形成的，满足企业价值管理和决策支持需要的内部报告。其目标是为企业各层级进行规划、决策、控制和评价等管理活动提供有用信息。

企业管理会计报告的形式要件包括报告的名称、报告期间或时间、报告对象、报告内容以及报告人等。企业管理会计报告的对象是对管理会计信息有需求的各个层级、各个环节的管理者。企业管理会计报告的内容应根据管理需要和报告目标而定，易于理解并具有一定灵活性。企业管理会计报告的编制、审批、报送、使用等应与企业组织架构相适应。

企业可根据管理的需要和管理会计活动的性质设定报告期间。一般应以日历期间（月度、季度、年度）作为企业管理会计报告期间，也可根据特定需要设定企业管理会计报告期间。

企业应建立管理会计报告组织体系，根据需要设置管理会计报告相关岗位，明确岗位职责，企业各部门都应履行提供管理会计报告所需信息的责任。企业管理会计报告体系应根据管理活动全过程进行设计，在管理活动各环节形成基于因果关系链的结果报告和原因报告。企业管理会计报告体系可按照多种标准进行分类，包括但不限于：

（1）按照企业管理会计报告使用者所处的管理层级可分为战略层管理会计报告、经营层管理会计报告和业务层管理会计报告；

（2）按照企业管理会计报告内容可分为综合企业管理会计报告和专项企业管理会计报告；

（3）按照管理会计功能可分为管理规划报告、管理决策报告、管理控制报告和管理评价报告；

（4）按照责任中心可分为投资中心报告、利润中心报告和成本中心报告；

（5）按照报告主体整体性程度可分为整体报告和分部报告。

二、企业管理会计报告分类

（一）战略层管理会计报告

战略层管理会计报告是为战略层开展战略规划、决策、控制和评价以及其他方面的管理活动提供相关信息的对内报告。战略层管理会计报告的报告对象是企业的战略层，包括股东大会、董事会和监事会等。战略层管理会计报告包括但不仅限于战略管理报告、综合业绩报告、价值创造报告、经营分析报告、风险分析报告、重大事项报告、例外事项报告等。这些报告可独立提交，也可根据不同需要整合后提交。战略管理报告的内容一般包括内外部环境分析、战略选择与目标设定、战略执行及其结果，以及战略评价等。战略层管理会计报告应精炼、简洁、易于理解，报告主要结果、主要原因，并提出具体的建议。

综合业绩报告的内容一般包括关键绩效指标预算及其执行结果、差异分析以及其他重大绩效事项等。价值创造报告的内容一般包括价值创造目标、价值驱动的财务因素与非财务因素、内部各业务单元的资源占用与价值贡献，以及提升公司价值的措施等。经营分析报告的内容一般包括过去经营决策执行情况回顾、本期经营目标执行的差异及其原因、影响未来经营状况的内外部环境与主要风险分析、下一期的经营目标及管理措施等。风险分析报告的内容一般包括企业全面风险管理工作回顾、内外部风险因素分析、主要风险识别与评估、风险管理工作计划等。

重大事项报告是针对企业的重大投资项目、重大资本运作、重大

延伸性阅读：得力文具基于阿米巴模式的内部管理报告体系

融资、重大担保事项、关联交易等事项进行的报告。例外事项报告是针对企业发生的管理层变更、股权变更、安全事故、自然灾害等偶发性事项进行的报告。

(二) 经营层管理会计报告

经营层管理会计报告是为经营管理层开展与经营管理目标相关的管理活动提供相关信息的对内报告。经营层管理会计报告的报告对象是经营管理层。主要包括全面预算管理报告、投资分析报告、项目可行性报告、融资分析报告、盈利分析报告、资金管理报告、成本管理报告、绩效评价报告等。经营层管理会计报告应做到内容完整、分析深入。

全面预算管理报告的内容一般包括预算目标制定与分解、预算执行差异分析以及预算考评等。

投资分析报告的内容一般包括投资对象、投资额度、投资结构、投资进度、投资效益、投资风险和投资管理建议等。

项目可行性报告的内容一般包括项目概况、市场预测、产品方案与生产规模、厂址选择、工艺与组织方案设计、财务评价、项目风险分析,以及项目可行性研究结论与建议等。

融资分析报告的内容一般包括融资需求测算、融资渠道与融资方式分析及选择、资本成本、融资程序、融资风险及其应对措施和融资管理建议等。

盈利分析报告的内容一般包括盈利目标及其实现程度、利润的构成及其变动趋势、影响利润的主要因素及其变化情况,以及提高盈利能力的具体措施等。企业还应对收入和成本进行深入分析。盈利分析报告可基于企业集团、单个企业,也可基于责任中心、产品、区域、客户等进行。

资金管理报告的内容一般包括资金管理目标、主要流动资金项目如现金、应收票据、应收账款、存货的管理状况、资金管理存在的问题以及解决措施等。企业集团资金管理报告的内容一般还包括资金管理模式(集中管理还是分散管理)、资金集中方式、资金集中程度、内部资金往来等。

成本管理报告的内容一般包括成本预算、实际成本及其差异分析,成本差异形成的原因以及改进措施等。

业绩评价报告的内容一般包括绩效目标、关键绩效指标、实际执行结果、差异分析、考评结果,以及相关建议等。

(三) 业务层管理会计报告

业务层管理会计报告是为企业开展日常业务或作业活动提供相关

信息的对内报告。其报告的报告对象是企业的业务部门、职能部门以及车间、班组等。应根据企业内部各部门、车间或班组的核心职能或经营目标进行设计，主要包括研究开发报告、采购业务报告、生产业务报告、配送业务报告、销售业务报告、售后服务业务报告、人力资源报告等。业务层管理会计报告应做到内容具体，数据充分。

研究开发报告的内容一般包括研发背景、主要研发内容、技术方案、研发进度、项目预算等。采购业务报告的内容一般包括采购业务预算、采购业务执行结果、差异分析及改善建议等。采购业务报告要重点反映采购质量、数量以及时间、价格等方面的内容。生产业务报告的内容一般包括生产业务预算、生产业务执行结果、差异分析及改善建议等。生产业务报告要重点反映生产成本、生产数量以及产品质量、生产时间等方面的内容。

配送业务报告的内容一般包括配送业务预算、配送业务执行结果、差异分析及改善建议等。配送业务报告要重点反映配送的及时性、准确性以及配送损耗等方面的内容。销售业务报告的内容一般包括销售业务预算、销售业务执行结果、差异分析及改善建议等。销售业务报告要重点反映销售的数量结构和质量结构等方面的内容。

售后服务业务报告的内容一般包括售后服务业务预算、售后服务业务执行结果、差异分析及改善建议等。售后服务业务报告重点反映售后服务的客户满意度等方面的内容。人力资源报告的内容一般包括人力资源预算、人力资源执行结果、差异分析及改善建议等。人力资源报告重点反映人力资源使用及考核等方面的内容。

三、企业管理会计报告流程

企业管理会计报告流程包括报告的编制、审批、报送、使用、评价等环节。由管理会计信息归集、处理并报送的责任部门编制。

企业应根据报告的内容、重要性和报告对象等，确定不同的审批流程。经审批后的报告方可报出。应合理设计报告报送路径，确保企业管理会计报告及时、有效地送达报告对象。企业管理会计报告可以根据报告性质、管理需要进行逐级报送或直接报送。

企业应建立管理会计报告使用的授权制度，报告使用人应在权限范围内使用企业管理会计报告；对管理会计报告的质量、传递的及时性、保密情况等进行评价，并将评价结果与绩效考核挂钩；充分利用信息技术，强化管理会计报告及相关信息集成和共享，将管理会计报告的编制、审批、报送和使用等纳入企业统一信息平台。企业应定期根据管理会计报告使用效果以及内外部环境变化对管理会计报告体系、内容以及编制、审批、报送、使用等进行优化。

企业管理会计报告属内部报告，应在允许的范围内传递和使用。相关人员应遵守保密规定。

【本章小结】

1. 管理会计信息化是促进管理会计体系建设的基础。在信息时代，企业要有效开展管理会计工作，必须依靠信息技术。信息化支持管理会计理念与方法落地，支撑管理会计功能发挥和价值实现，是提升管理效率的重要手段。

管理会计信息化显著促进财务会计的转型进程。传统的财务会计管理模式往往局限于事后核算与审查，而管理会计信息化则强调实时数据分析与全过程信息掌控。这种转变不仅提升了财务管理的效率，还使企业能够紧密结合自身实际管理需求及战略发展目标，从而为企业决策提供更为精准、可靠的数据支持。此外，管理会计信息化有利于提升风险预测能力。在复杂的市场环境中，企业的风险预测和判断能力至关重要。通过管理会计信息化建设，可以建立完善的风险预判机制，提高风险预防水平，降低企业发展过程中的风险概率。

管理会计信息化有利于提高企业决策水平。管理会计工作侧重于财务数据分析与运用，而传统会计主要进行数据整合和记录。信息化使得管理会计能够提供更为详细的数据分析，为企业管理者制定战略决策提供可靠依据。

综上所述，管理会计信息化的重要性不仅体现在提升管理效率和决策水平上，还在于推动财务会计转型和提升风险预测能力，从而确保企业在激烈的市场竞争中保持优势。

2. 管理会计信息系统的模块主要包括成本管理模块、预算管理模块、绩效管理模块和报告模块。这些模块共同构成了管理会计信息系统，为企业提供全面的管理会计信息支持。

成本管理模块关注企业的成本结构和成本控制，帮助企业理解和优化成本结构，从而作出更有效的经营决策。

预算管理模块涉及企业的预算编制、执行、监控和调整，确保企业资源得到有效分配和使用。

绩效管理模块评估企业的绩效表现，帮助企业衡量和提升运营效率。

报告模块生成各种管理报告，帮助企业管理者了解企业的财务状况、经营成果和现金流量等情况。

这些模块通过集成在企业信息系统中，以企业信息系统中财务和业务数据为基础，借助系统的技术手段实现管理会计应用的过程，为企业有效开展管理会计活动提供支持。

3. 管理会计在企业价值管理中处于核心地位，直接参与决策过程，为企业提供管理信息，帮助企业分析发展前景，规避风险，优化资源配置。通过建立完备的控制系统和严格的考核措施，管理会计能够帮助企业对其经营目标进程有正确的了解，通过正确考评企业内部有关部门的工作业绩，为企业修订决策、调整财务计划提供客观依据。

在企业战略制定和实施的过程中，管理者可以通过管理会计报告分析过去的经营结果，实现面向未来的战略决策。这有助于企业在不断变化的商业环境中保持敏锐的洞察力，提升财务管理效率。

最后，管理会计报告体系应根据管理活动全过程进行构造，形成基于因果关系链的结果报告和原因报告。这有助于企业在各个管理层级、各个环节进行高效管理。

本章重要术语

【本章重要术语】

1. 管理会计信息系统
2. 购进与付款循环业务
3. 生产与费用循环业务
4. 销售与收款循环业务
5. 投资与筹资循环业务

复习与思考

【复习与思考】

1. 企业进行管理会计信息化建设应具备哪些条件？
2. 管理会计信息化的作用是什么？

附 录

附表 1

复利终值系数 （F/P，i，n） 表

期数	1%	2%	3%	4%	5%	6%	7%	8%	9%	10%	11%	12%	13%	14%	15%	16%	17%	18%	19%	20%
1	1.0100	1.0200	1.0300	1.0400	1.0500	1.0600	1.0700	1.0800	1.0900	1.1000	1.1100	1.1200	1.1300	1.1400	1.1500	1.1600	1.1700	1.1800	1.1900	1.2000
2	1.0201	1.0404	1.0609	1.0816	1.1025	1.1236	1.1449	1.1664	1.1881	1.2100	1.2321	1.2544	1.2769	1.2996	1.3225	1.3456	1.3689	1.3924	1.4161	1.4400
3	1.0303	1.0612	1.0927	1.1249	1.1576	1.1910	1.2250	1.2597	1.2950	1.3310	1.3676	1.4049	1.4429	1.4815	1.5209	1.5609	1.6016	1.6430	1.6852	1.7280
4	1.0406	1.0824	1.1255	1.1699	1.2155	1.2625	1.3108	1.3605	1.4116	1.4641	1.5181	1.5735	1.6305	1.6890	1.7490	1.8106	1.8739	1.9388	2.0053	2.0736
5	1.0510	1.1041	1.1593	1.2167	1.2763	1.3382	1.4026	1.4693	1.5386	1.6105	1.6851	1.7623	1.8424	1.9254	2.0114	2.1003	2.1924	2.2878	2.3864	2.4883
6	1.0615	1.1262	1.1941	1.2700	1.3401	1.4185	1.5007	1.5869	1.6771	1.7716	1.8704	1.9738	2.0820	2.1950	2.3131	2.4364	2.5652	2.6996	2.8398	2.9860
7	1.0721	1.1487	1.2299	1.3159	1.4071	1.5036	1.6058	1.7138	1.8280	1.9487	2.0762	2.2107	2.3526	2.5023	2.6600	2.8262	3.0012	3.1855	3.3793	3.5832
8	1.0829	1.1717	1.2668	1.3686	1.4775	1.5938	1.7182	1.8509	1.9926	2.1436	2.3045	2.4760	2.6584	2.8526	3.0590	3.2784	3.5115	3.7589	4.0214	4.2998
9	1.0937	1.1951	1.3048	1.4233	1.5513	1.6895	1.8385	1.9990	2.1719	2.3579	2.5580	2.7731	3.0040	3.2519	3.5179	3.8030	4.1084	4.4355	4.7854	5.1598
10	1.1046	1.2190	1.3439	1.4802	1.6289	1.7908	1.9672	2.1589	2.3674	2.5937	2.8394	3.1058	3.3946	3.7072	4.0456	4.4114	4.8068	5.2338	5.6947	6.1917
11	1.1157	1.2434	1.3842	1.5395	1.7103	1.8983	2.1049	2.3316	2.5804	2.8531	3.1518	3.4786	3.8359	4.2262	4.6524	5.1173	5.6240	6.1759	6.7767	7.4301
12	1.1268	1.2682	1.4258	1.6010	1.7959	2.0122	2.2522	2.5182	2.8127	3.1384	3.4985	3.8960	4.3345	4.8179	5.3503	5.9360	6.5801	7.2876	8.0642	8.9161
13	1.1381	1.2936	1.4685	1.6651	1.8856	2.1329	2.4098	2.7196	3.0658	3.4523	3.8833	4.3635	4.8980	5.4924	6.1528	6.8858	7.6987	8.5994	9.5964	10.6993
14	1.1495	1.3195	1.5126	1.7317	1.9799	2.2609	2.5785	2.9372	3.3417	3.7975	4.3104	4.8871	5.5348	6.2613	7.0757	7.9875	9.0075	10.1472	11.4198	12.8392
15	1.1610	1.3459	1.558	1.8009	2.0789	2.3966	2.7590	3.1722	3.6425	4.1772	4.7846	5.4736	6.2543	7.1379	8.1371	9.2655	10.5387	11.9737	13.5895	15.4070
16	1.1726	1.3728	1.6047	1.8730	2.1829	2.5404	2.9522	3.4259	3.9703	4.5950	5.3109	6.1304	7.0673	8.1372	9.3576	10.7480	12.3303	14.1290	16.1715	18.4884
17	1.1843	1.4002	1.6528	1.9479	2.2920	2.6928	3.1588	3.7000	4.3276	5.0545	5.8951	6.8660	7.9861	9.2765	10.7613	12.4677	14.4265	16.6722	19.2441	22.1861
18	1.1961	1.4282	1.7024	2.0258	2.4066	2.8543	3.3799	3.9960	4.7171	5.5599	6.5436	7.6900	9.0243	10.5752	12.3755	14.4625	16.8790	19.6733	22.9005	26.6233
19	1.2081	1.4568	1.7535	2.1068	2.5270	3.0256	3.6165	4.3157	5.1417	6.1159	7.2633	8.6128	10.1974	12.0557	14.2318	16.7765	19.7484	23.2144	27.2516	31.9480
20	1.2202	1.4859	1.8061	2.1911	2.6533	3.2071	3.8697	4.6610	5.6044	6.7275	8.0623	9.6463	11.5231	13.7435	16.3665	19.4608	23.1056	27.3930	32.4294	38.3376

附表 2

复利现值系数 (P/F, i, n) 表

期数	1%	2%	3%	4%	5%	6%	7%	8%	9%	10%	11%	12%	13%	14%	15%	16%	17%	18%	19%	20%
1	0.9901	0.9804	0.9709	0.9615	0.9524	0.9434	0.9346	0.9259	0.9174	0.9091	0.9009	0.8929	0.8850	0.8772	0.8696	0.8621	0.8547	0.8475	0.8403	0.8333
2	0.9803	0.9612	0.9426	0.9246	0.9070	0.8900	0.8734	0.8573	0.8417	0.8264	0.8116	0.7972	0.7831	0.7695	0.7561	0.7432	0.7305	0.7182	0.7062	0.6944
3	0.9706	0.9423	0.9151	0.8890	0.8638	0.8396	0.8163	0.7938	0.7722	0.7513	0.7312	0.7118	0.6931	0.6750	0.6575	0.6407	0.6244	0.6086	0.5934	0.5787
4	0.9610	0.9238	0.8885	0.8548	0.8227	0.7921	0.7629	0.7350	0.7084	0.6830	0.6587	0.6355	0.6133	0.5921	0.5718	0.5523	0.5337	0.5158	0.4987	0.4823
5	0.9515	0.9057	0.8626	0.8219	0.7835	0.7473	0.7130	0.6806	0.6499	0.6209	0.5935	0.5674	0.5428	0.5194	0.4972	0.4761	0.4561	0.4371	0.4190	0.4019
6	0.9420	0.8880	0.8375	0.7903	0.7462	0.7050	0.6663	0.6302	0.5963	0.5645	0.5346	0.5066	0.4803	0.4556	0.4323	0.4104	0.3898	0.3704	0.3521	0.3349
7	0.9327	0.8706	0.8131	0.7599	0.7107	0.6651	0.6227	0.5835	0.5470	0.5132	0.4817	0.4523	0.4251	0.3996	0.3759	0.3538	0.3332	0.3139	0.2959	0.2791
8	0.9235	0.8535	0.7894	0.7307	0.6768	0.6274	0.5820	0.5403	0.5019	0.4665	0.4339	0.4039	0.3762	0.3506	0.3269	0.3050	0.2848	0.2660	0.2487	0.2326
9	0.9143	0.8368	0.7664	0.7026	0.6446	0.5919	0.5439	0.5002	0.4604	0.4241	0.3909	0.3606	0.3329	0.3075	0.2843	0.2630	0.2434	0.2255	0.2090	0.1938
10	0.9053	0.8203	0.7441	0.6756	0.6139	0.5584	0.5083	0.4632	0.4224	0.3855	0.3522	0.3220	0.2946	0.2697	0.2472	0.2267	0.2080	0.1911	0.1756	0.1615
11	0.8963	0.8043	0.7224	0.6496	0.5847	0.5268	0.4751	0.4289	0.3875	0.3505	0.3173	0.2875	0.2607	0.2366	0.2149	0.1954	0.1778	0.1619	0.1476	0.1346
12	0.8874	0.7885	0.7014	0.6246	0.5568	0.4970	0.4440	0.3971	0.3555	0.3186	0.2858	0.2567	0.2307	0.2076	0.1869	0.1685	0.1520	0.1372	0.1240	0.1122
13	0.8787	0.7730	0.6810	0.6006	0.5303	0.4688	0.4150	0.3677	0.3262	0.2897	0.2575	0.2292	0.2042	0.1821	0.1625	0.1452	0.1299	0.1163	0.1042	0.0935
14	0.8700	0.7579	0.6611	0.5775	0.5051	0.4423	0.3878	0.3405	0.2992	0.2633	0.2320	0.2046	0.1807	0.1597	0.1413	0.1252	0.1110	0.0985	0.0876	0.0779
15	0.8613	0.7430	0.6419	0.5553	0.4810	0.4173	0.3624	0.3152	0.2745	0.2394	0.2090	0.1827	0.1599	0.1401	0.1229	0.1079	0.0949	0.0835	0.0736	0.0649
16	0.8528	0.7284	0.6232	0.5339	0.4581	0.3936	0.3387	0.2919	0.2519	0.2176	0.1883	0.1631	0.1415	0.1229	0.1069	0.0930	0.0811	0.0708	0.0618	0.0541
17	0.8444	0.7142	0.6050	0.5134	0.4363	0.3714	0.3166	0.2703	0.2311	0.1978	0.1696	0.1456	0.1252	0.1078	0.0929	0.0802	0.0693	0.0600	0.0520	0.0451
18	0.8360	0.7002	0.5874	0.4936	0.4155	0.3503	0.2959	0.2502	0.2120	0.1799	0.1528	0.1300	0.1108	0.0946	0.0808	0.0691	0.0592	0.0508	0.0437	0.0376
19	0.8277	0.6864	0.5703	0.4746	0.3957	0.3305	0.2765	0.2317	0.1945	0.1635	0.1377	0.1161	0.0981	0.0829	0.0703	0.0596	0.0506	0.0431	0.0367	0.0313
20	0.8195	0.6730	0.5537	0.4564	0.3769	0.3118	0.2584	0.2145	0.1784	0.1486	0.1240	0.1037	0.0868	0.0728	0.0611	0.0514	0.0433	0.0365	0.0308	0.0261

附表 3　年金终值系数（F/A, i, n）表

期数	1%	2%	3%	4%	5%	6%	7%	8%	9%	10%	11%	12%	13%	14%	15%	16%	17%	18%	19%	20%
1	1.0000	1.0000	1.0000	1.0000	1.0000	1.0000	1.0000	1.0000	1.0000	1.0000	1.0000	1.0000	1.0000	1.0000	1.0000	1.0000	1.0000	1.0000	1.0000	1.0000
2	2.0100	2.0200	2.0300	2.0400	2.0500	2.0600	2.0700	2.0800	2.0900	2.1000	2.1100	2.1200	2.1300	2.1400	2.1500	2.1600	2.1700	2.1800	2.1900	2.2000
3	3.0301	3.0604	3.0909	3.1216	3.1525	3.1836	3.2149	3.2464	3.2781	3.3100	3.3421	3.3744	3.4069	3.4396	3.4725	3.5056	3.5389	3.5724	3.6061	3.6400
4	4.0604	4.1216	4.1836	4.2465	4.3101	4.3746	4.4399	4.5061	4.5731	4.6410	4.7097	4.7793	4.8498	4.9211	4.9934	5.0665	5.1405	5.2154	5.2913	5.3680
5	5.1010	5.2040	5.3091	5.4163	5.5256	5.6371	5.7507	5.8666	5.9847	6.1051	6.2278	6.3528	6.4803	6.6101	6.7424	6.8771	7.0144	7.1542	7.2966	7.4416
6	6.1520	6.3081	6.4684	6.6330	6.8019	6.9753	7.1533	7.3359	7.5233	7.7156	7.9129	8.1152	8.3227	8.5355	8.7537	8.9775	9.2068	9.4420	9.6830	9.9299
7	7.2135	7.4343	7.6625	7.8983	8.1420	8.3938	8.6540	8.9228	9.2004	9.4872	9.7833	10.0890	10.4047	10.7305	11.0668	11.4139	11.7720	12.1415	12.5227	12.9159
8	8.2857	8.5830	8.8923	9.2142	9.5491	9.8975	10.2598	10.6366	11.0285	11.4359	11.8594	12.2997	12.7573	13.2328	13.7268	14.2401	14.7733	15.3270	15.9020	16.4991
9	9.3685	9.7546	10.1591	10.5828	11.0266	11.4913	11.9780	12.4876	13.0210	13.5795	14.1640	14.7757	15.4157	16.0853	16.7858	17.5185	18.2847	19.0859	19.9234	20.7989
10	10.4622	10.9497	11.4639	12.0061	12.5779	13.1808	13.8164	14.4866	15.1929	15.9374	16.7220	17.5487	18.4197	19.3373	20.3037	21.3215	22.3931	23.5213	24.7089	25.9587
11	11.5668	12.1687	12.8078	13.4864	14.2068	14.9716	15.7836	16.6455	17.5603	18.5312	19.5614	20.6546	21.8143	23.0445	24.3493	25.7329	27.1999	28.7551	30.4035	32.1504
12	12.6825	13.4121	14.1920	15.0258	15.9171	16.8699	17.8885	18.9771	20.1407	21.3843	22.7132	24.1331	25.6502	27.2707	29.0017	30.8502	32.8239	34.9311	37.1802	39.5805
13	13.8093	14.6803	15.6178	16.6268	17.7130	18.8821	20.1406	21.4953	22.9534	24.5227	26.2116	28.0291	29.9847	32.0887	34.3519	36.7862	39.4040	42.2187	45.2445	48.4966
14	14.9474	15.9739	17.0863	18.2919	19.5986	21.0151	22.5505	24.2149	26.0192	27.9750	30.0949	32.3926	34.8827	37.5811	40.5047	43.6720	47.1027	50.8180	54.8409	59.1959
15	16.0969	17.2934	18.5989	20.0236	21.5786	23.2760	25.1290	27.1521	29.3609	31.7725	34.4054	37.2797	40.4175	43.8424	47.5804	51.6595	56.1101	60.9653	66.2607	72.0351
16	17.2579	18.6393	20.1569	21.8245	23.6575	25.6725	27.8881	30.3243	33.0034	35.9497	39.1899	42.7533	46.6717	50.9804	55.7175	60.9250	66.6488	72.9390	79.8502	87.4421
17	18.4304	20.0121	21.7616	23.6975	25.8404	28.2129	30.8402	33.7502	36.9737	40.5447	44.5008	48.8837	53.7391	59.1176	65.0751	71.6730	78.9792	87.0680	96.0218	105.9306
18	19.6147	21.4123	23.4144	25.6454	28.1324	30.9057	33.9990	37.4502	41.3013	45.5992	50.3959	55.7497	61.7251	68.3941	75.8364	84.1407	93.4056	103.7403	115.2659	128.1167
19	20.8109	22.8406	25.1169	27.6712	30.5390	33.7600	37.3790	41.4463	46.0185	51.1591	56.9395	63.4397	70.7494	78.9692	88.2118	98.6032	110.2846	123.4135	138.1664	154.7400
20	22.0190	24.2974	26.8704	29.7781	33.0660	36.7855	40.9955	45.7620	51.1601	57.2750	64.2028	72.0524	80.9468	91.0249	102.4436	115.3797	130.0329	146.6280	165.4180	186.6880

年金现值系数表 (P/A, i, n)

附表 4

期数	1%	2%	3%	4%	5%	6%	7%	8%	9%	10%	11%	12%	13%	14%	15%	16%	17%	18%	19%	20%
1	0.9901	0.9804	0.9709	0.9615	0.9524	0.9434	0.9346	0.9259	0.9174	0.9091	0.9009	0.8929	0.8850	0.8772	0.8696	0.8621	0.8547	0.8475	0.8403	0.8333
2	1.9704	1.9416	1.9135	1.8861	1.8594	1.8334	1.8080	1.7833	1.7591	1.7355	1.7125	1.6901	1.6681	1.6467	1.6257	1.6052	1.5852	1.5656	1.5465	1.5278
3	2.9410	2.8839	2.8286	2.7751	2.7232	2.6730	2.6243	2.5771	2.5313	2.4869	2.4437	2.4018	2.3612	2.3216	2.2832	2.2459	2.2096	2.1743	2.1399	2.1065
4	3.9020	3.8077	3.7171	3.6299	3.5460	3.4651	3.3872	3.3121	3.2397	3.1699	3.1024	3.0373	2.9745	2.9137	2.8550	2.7982	2.7432	2.6901	2.6386	2.5887
5	4.8534	4.7135	4.5797	4.4518	4.3295	4.2124	4.1002	3.9927	3.8897	3.7908	3.6959	3.6048	3.5172	3.4331	3.3522	3.2743	3.1993	3.1272	3.0576	2.9906
6	5.7955	5.6014	5.4172	5.2421	5.0757	4.9173	4.7665	4.6229	4.4859	4.3553	4.2305	4.1114	3.9975	3.8887	3.7845	3.6847	3.5892	3.4976	3.4098	3.3255
7	6.7282	6.4720	6.2303	6.0021	5.7864	5.5824	5.3893	5.2064	5.0330	4.8684	4.7122	4.5638	4.4226	4.2883	4.1604	4.0386	3.9224	3.8115	3.7057	3.6046
8	7.6517	7.3255	7.0197	6.7327	6.4632	6.2098	5.9713	5.7466	5.5348	5.3349	5.1461	4.9676	4.7988	4.6389	4.4873	4.3436	4.2072	4.0776	3.9544	3.8372
9	8.5660	8.1622	7.7861	7.4353	7.1078	6.8017	6.5152	6.2469	5.9952	5.7590	5.5370	5.3282	5.1317	4.9464	4.7716	4.6065	4.4506	4.3030	4.1633	4.0310
10	9.4713	8.9826	8.5302	8.1109	7.7217	7.3601	7.0236	6.7101	6.4177	6.1446	5.8892	5.6502	5.4262	5.2161	5.0188	4.8332	4.6586	4.4941	4.3389	4.1925
11	10.3676	9.7868	9.2526	8.7605	8.3064	7.8869	7.4987	7.1390	6.8052	6.4951	6.2065	5.9377	5.6869	5.4527	5.2337	5.0286	4.8364	4.6560	4.4865	4.3271
12	11.2551	10.5753	9.9540	9.3851	8.8633	8.3838	7.9427	7.5361	7.1607	6.8137	6.4924	6.1944	5.9176	5.6603	5.4206	5.1971	4.9884	4.7932	4.6105	4.4392
13	12.1337	11.3484	10.6350	9.9856	9.3936	8.8527	8.3577	7.9038	7.4869	7.1034	6.7499	6.4235	6.1218	5.8424	5.5831	5.3423	5.1183	4.9095	4.7147	4.5327
14	13.0037	12.1062	11.2961	10.5631	9.8986	9.2950	8.7455	8.2442	7.7862	7.3667	6.9819	6.6282	6.3025	6.0021	5.7245	5.4675	5.2293	5.0081	4.8023	4.6106
15	13.8651	12.8493	11.9379	11.1184	10.3797	9.7122	9.1079	8.5595	8.0607	7.6061	7.1909	6.8109	6.4624	6.1422	5.8474	5.5755	5.3242	5.0916	4.8759	4.6755
16	14.7179	13.5777	12.5611	11.6523	10.8378	10.1059	9.4466	8.8514	8.3126	7.8237	7.3792	6.9740	6.6039	6.2651	5.9542	5.6685	5.4053	5.1624	4.9377	4.7296
17	15.5623	14.2919	13.1661	12.1657	11.2741	10.4773	9.7632	9.1216	8.5436	8.0216	7.5488	7.1196	6.7291	6.3729	6.0472	5.7487	5.4746	5.2223	4.9897	4.7746
18	16.3983	14.9920	13.7535	12.6593	11.6896	10.8276	10.0591	9.3719	8.7556	8.2014	7.7016	7.2497	6.8399	6.4674	6.1280	5.8178	5.5339	5.2732	5.0333	4.8122
19	17.2260	15.6785	14.3238	13.1339	12.0853	11.1581	10.3356	9.6036	8.9501	8.3649	7.8393	7.3658	6.9380	6.5504	6.1982	5.8775	5.5845	5.3162	5.0700	4.8435
20	18.0456	16.3514	14.8775	13.5903	12.4622	11.4699	10.5940	9.8181	9.1285	8.5136	7.9633	7.4694	7.0248	6.6231	6.2593	5.9288	5.6278	5.3527	5.1009	4.8696